Juristische Fall-Lösungen

Fritzsche
Fälle zum BGB · Allgemeiner Teil

Fälle zum BGB
Allgemeiner Teil

von

Dr. Jörg Fritzsche

o. Professor an der Universität Regensburg

4. Auflage

Verlag C.H.Beck München 2012

www.beck.de

ISBN 978 3 406 63460 4

© 2012 Verlag C.H.Beck oHG
Wilhelmstraße 9, 80801 München
Druck und Bindung: Druckhaus Nomos
In den Lissen 12, 76547 Sinzheim

Satz: Druckerei C.H.Beck Nördlingen
(Adresse wie Verlag)

Gedruckt auf säurefreiem, alterungsbeständigem Papier
(hergestellt aus chlorfrei gebleichtem Zellstoff)

Vorwort

In der Ausbildung im Zivilrecht wird man frühzeitig – vielerorts gleich im ersten Semester – mit dem Allgemeinen Teil des BGB konfrontiert. Diese hoch abstrakte Materie behält ihre Bedeutung bis ins Staatsexamen. Dieser Band soll Studienanfängern zeigen, wie man den Vertragsschluss und die anderen im AT geregelten Rechtsfragen in ein Anspruchsgutachten einbaut. Außerdem enthält er ausgewählte Fälle zu wichtigen Standardproblemen der Rechtsgeschäftslehre, deren Umsetzung in der Fallbearbeitung man frühzeitig erlernen und im weiteren Studienverlauf immer sicherer beherrschen muss. Ohne Anspruch auf Vollständigkeit wiederholen die Fälle den Stoff des BGB AT und vertiefen ihn zum Teil. Da es zur Vorauflage wenig Anmerkungen der Leserschaft gab, scheint der Inhalt zurzeit den Bedürfnissen zu entsprechen. Gleichwohl wurde zur Vertiefung der Fall 22 aufgenommen, der sich mit den Grenzen des Abstraktionsprinzips befasst. Außerdem wurden zwei Fälle zusammengefasst, da teils kritisiert wurde, die Fälle seien unterschiedlich lang. Insofern sei angemerkt, dass das Buch an sich nicht als Klausurensammlung gedacht ist, sondern die Anwendung des Stoffes des Allgemeinen Teils des BGB relativ flächendeckend darstellen soll.

Ganz am Anfang steht eine allgemeine Einführung in die Technik der zivilrechtlichen Fallbearbeitung. Bei den anschließenden Fällen folgen auf den Sachverhalt weiterhin kurze Vorüberlegungen, die dem Anfänger das Herangehen an den jeweiligen Fall erleichtern sollen, ohne die Lösung des Falles allzu sehr vorzuzeichnen, damit man sie sich selbst erarbeiten kann. Daher beschränken sich die Vorüberlegungen meist auf technische Hinweise zum Aufbau, zur Prüfungsreihenfolge oder zu allgemeinen Aspekten, die man angesichts „offensichtlicher" Probleme eines Falles nicht vergessen sollte. Denn man soll mit diesem Buch die Lösung von Fällen üben können und sollte daher tunlichst den frühzeitigen Blick auf die den Vorüberlegungen auf Wunsch des Verlags folgende Gliederung der Lösung vermeiden. Wer nach Fällen zu einem konkreten Themengebiet sucht, findet Hinweise zu den konkreten Problemen des Falles (fast nur noch) im Inhaltsverzeichnis und im Index.

Die Literatur- und Rechtsprechungshinweise in den Fußnoten sind zum Nacharbeiten und Vertiefen gedacht; sie dienen zugleich als Beispiele dafür, wie man in Hausarbeiten oder Seminararbeiten zitieren sollte. Man muss natürlich nicht alles nachlesen. Was bei der Anfertigung von Hausarbeiten zu beachten ist, findet sich nun am Ende in Teil 3 des Buches.

Für ihre Mitwirkung bei der Neuauflage dieses Werkes danke ich meinen studentischen Mitarbeiterinnen *Bettina Danzer und Kim Röntgen* sowie meiner Sekretärin *Gabriele Schmitt* **und den Leserinnen und Lesern,** deren Anregungen und Hinweise ich gerne berücksichtigt habe, soweit sie mit der Zielsetzung eines Werkes für das Grund- und beginnende Hauptstudium vereinbar erschienen. Hinweise, wo man noch etwas verbessern könnte, sind natürlich weiterhin erwünscht und können an fritzsche.lehrstuhl@jura.uni-r.de geschickt werden.

Regensburg, im März 2012   *Jörg Fritzsche*

Inhaltsverzeichnis

2. Teil. Fälle

3. Teil. Hinweise zur Anfertigung von Hausarbeiten

Abkürzungsverzeichnis

a. A.	anderer Ansicht
a. a. O.	am angegebenen Ort
a. E.	am Ende
a. F.	alte Fassung
a. M.	anderer Meinung
abl.	ablehnend
ABl. EG	Amtsblatt der Europäischen Union bzw. Gemeinschaften
Abs.	Absatz
abw.	abweichend
AcP	Archiv für die civilistische Praxis (Zeitschrift)
AEG	Allgemeines Eisenbahngesetz
AG	Amtsgericht
AGB	Allgemeine Geschäftsbedingungen
AgrarR	Agrar- und Umweltrecht (Zeitschrift)
allg.	allgemein
allg. M.	allgemeine Meinung
Alt.	Alternative
Anm.	Anmerkung
AP	Arbeitsgerichtliche Praxis (Zeitschrift)
arg.	Argument
Art.	Artikel
AuA	Arbeit und Arbeitsrecht (Zeitschrift)
Aufl.	Auflage
AuR	Arbeit und Recht (Zeitschrift)
ausf.	ausführlich
BAG	Bundesarbeitsgericht (http://www.bundesarbeitsgericht.de)
BAGE	amtliche Entscheidungssammlung des BAG
BauR	Baurecht (Zeitschrift)
BB	Betriebsberater (Zeitschrift)
Bd.	Band
Begr. zum RegE	Begründung zum Regierungsentwurf
bes.	besonders
BGB	Bürgerliches Gesetzbuch
BGBl.	Bundesgesetzblatt (http://www.bundesanzeiger.de/bgbl1.htm)
BGH	Bundesgerichtshof (http://www.bundesgerichtshof.de/)
BGHZ	Entscheidungen des Bundesgerichtshofs in Zivilsachen (zitiert nach Band und Seite)
BR-Drs.	Bundesratsdrucksache
BT-Drs.	Bundestagsdrucksache (zitiert nach Legislaturperiode/laufende Nummer)
BVerfG	Bundesverfassungsgericht (http://www.bverfg.de)
BVerfGE	amtliche Entscheidungssammlung des BVerfG
bzgl.	bezüglich
bzw.	beziehungsweise

c. i. c. .... culpa in contrahendo
ca. .... circa
CR .... Computer und Recht (Zeitschrift)

d. h. .... das heißt
DB .... Der Betrieb (Zeitschrift)
ders. .... derselbe
dies. .... dieselbe(n)
DuD .... Datenschutz und Datensicherheit (Zeitschrift)
(URL: http://www.dud.de/)

EG .... Europäische Gemeinschaft
EGBGB .... Einführungsgesetz zum BGB
Einf. .... Einführung
Einl. .... Einleitung
entspr. .... entsprechend
etc. .... et cetera
EU .... Europäische Union (http://www.europa.eu.int)
EuGH .... Gerichtshof der Europäischen Gemeinschaften
(http://www.curia.eu.int)
EuGHE .... Sammlung der Rechtsprechung des Gerichtshofs und des
Gerichts Erster Instanz der Europäischen Gemeinschaften
EuZW .... Europäische Zeitschrift für Wirtschaftsrecht
EWG .... Europäische Wirtschaftsgemeinschaft

f. .... folgende
ff. .... fortfolgende
Fn. .... Fußnote
FS .... Festschrift

gem. .... gemäß
GG .... Grundgesetz für die Bundesrepublik Deutschland
GmbH .... Gesellschaft mit beschränkter Haftung
GoA .... Geschäftsführung ohne Auftrag
grdl. .... grundlegend
grds. .... grundsätzlich

h. L. .... herrschende Lehre
h. M. .... herrschende Meinung
HGB .... Handelsgesetzbuch
Hrsg. .... Herausgeber
Hs. .... Halbsatz

i. d. F. .... in der Fassung
i. d. R. .... in der Regel
i. H. v. .... in Höhe von
i. R. d. .... im Rahmen des/der
i. S. d. .... im Sinne des/im Sinne der

i.S.v. .... im Sinne von
i.V.m. .... in Verbindung mit
insb. .... insbesondere

JA .... Juristische Arbeitsblätter (Zeitschrift)
JR .... Juristische Rundschau (Zeitschrift)
JURA .... JURA: Juristische Ausbildung (Zeitschrift)
JuS .... Juristische Schulung (Zeitschrift)
JZ .... Juristen-Zeitung (Zeitschrift)

K&R .... Kommunikation & Recht (Zeitschrift)
krit. .... kritisch

LG .... Landgericht
lit. .... Littera (Buchstabe)
lt. .... laut

m.Anm. .... mit Anmerkung
m.w.N. .... mit weiteren Nachweisen
m.z.n. .... mit zahlreichen Nachweisen
MDR .... Monatsschrift für Deutsches Recht (Zeitschrift)
MMR .... MultiMedia und Recht

n.F. .... neue Fassung
NJ .... Neue Justiz (Zeitschrift)
NJW .... Neue Juristische Wochenschrift (Zeitschrift)
NJW-RR .... Neue Juristische Wochenschrift – Rechtsprechungsreport
                              Zivilrecht (Zeitschrift)
Nr. .... Nummer
NZA .... Neue Zeitschrift für Arbeitsrecht

OLG .... Oberlandesgericht
OLGR .... OLG-Report. Schnelldienste zur Zivilrechtsprechung der
                              Oberlandesgerichte (für den jeweils angegebenen OLG-Bezirk)
OLGZ .... Entscheidungen der Oberlandesgerichte in Zivilsachen

PBefG .... Personenbeförderungsgesetz
PFV (pVV) .... positive Forderungsverletzung (Vertragsverletzung)
ProdHaftG .... Produkthaftungsgesetz
Protokolle .... Protokolle der Kommission für die zweite Lesung des
                              Entwurfs des BGB (1897)

RdA .... Recht der Arbeit (Zeitschrift)
RG .... Reichsgericht
RGZ .... Entscheidungen des Reichsgerichts in Zivilsachen
RL .... Richtlinie
Rn. .... Randnummer
RRa .... ReiseRecht-aktuell (Zeitschrift)
Rspr. .... Rechtsprechung

S. .... Satz oder Seite
s. .... siehe
s. o. .... siehe oben
s. u. .... siehe unten
sog. .... so genannt
st. Rspr. .... ständige Rechtsprechung
StGB .... Strafgesetzbuch
str. .... streitig

TranspR .... Transportrecht (Zeitschrift)

u. a. .... unter anderem
Urt. .... Urteil
usw. .... und so weiter

v. .... vom
v. a. .... vor allem
VersR .... Versicherungsrecht (Zeitschrift)
vgl. .... vergleiche
VIZ .... Vermögens- und Immobilienrecht (Zeitschrift)
Vorbem. .... Vorbemerkung
VuR .... Verbraucher und Recht (Zeitschrift)

Wg. .... wegen
WM .... Wertpapiermitteilungen (Zeitschrift)
WRP .... Wettbewerb in Recht und Praxis (Zeitschrift)

z. B. .... zum Beispiel
ZEuP .... Zeitschrift für Europäisches Privatrecht
ZfA .... Zeitschrift für Arbeitsrecht
ZGS .... Zeitschrift für das gesamte Schuldrecht
ZHR .... Zeitschrift für das gesamte Handels- und Wirtschaftsrecht
ZIP .... Zeitschrift für Wirtschaftsrecht
ZPO .... Zivilprozessordnung
ZRP .... Zeitschrift für Rechtspolitik
ZVglRWiss .... Zeitschrift für vergleichende Rechtswissenschaft

Paragrafen ohne weitere Gesetzesbezeichnung sind solche des BGB.

Verzeichnis der abgekürzt zitierten Literatur

Kommentare zum BGB

Bamberger/Roth/
Bearbeiter .... *Bamberger/Roth*, BGB, Kommentar, 3. Aufl., 2012
Erman/*Bearbeiter* .... *Erman*, BGB, 13. Aufl., 2011
HK/*Bearbeiter* .... *Dörner u. a.*, Handkommentar zum BGB, 7. Aufl., 2012
Jauernig/*Bearbeiter* .... *Jauernig*, BGB, 14. Aufl., 2011
MünchKomm/
Bearbeiter .... Münchener Kommentar zum BGB, 6. Aufl., 2012
Palandt/*Bearbeiter* .... *Palandt*, BGB, 71. Aufl., 2012
Soergel/*Bearbeiter* .... *Soergel*, BGB, Kommentar, 13. Aufl., 2000 ff.
Staudinger/*Bearbeiter* ... *Staudinger*, BGB, Kommentar, 13. Bearbeitung (fortlaufend)
Thomas/Putzo/
Bearbeiter .... *Thomas/Putzo*, ZPO, Kommentar, 32. Aufl., 2011

Lehrbücher

Bork .... *Bork*, Allgemeiner Teil des Bürgerlichen Gesetzbuchs, 3. Aufl., 2011
Brox/Walker .... *Brox/Walker*, Allgemeiner Teil des BGB, 35. Aufl., 2011
Faust .... *Faust*, BGB, Allgemeiner Teil, 2. Aufl., 2007
Flume .... *Flume*, Allgemeiner Teil des bürgerlichen Rechts, Bd. II: Das Rechtsgeschäft, 4. Aufl., 2001
Hirsch .... *Hirsch*, Der allgemeine Teil des BGB, 6. Aufl., 2009
Köhler .... *Köhler*, BGB Allgemeiner Teil, 35. Aufl., 2011
Larenz .... *Larenz*, Allgemeiner Teil des deutschen Bürgerlichen Rechts, 7. Aufl., 1989
Larenz/Wolf .... *Larenz/Wolf*, Allgemeiner Teil des bürgerlichen Rechts, 9. Aufl., 2004
Leipold .... *Leipold*, BGB I: Einführung und allgemeiner Teil, 6. Aufl., 2010
Medicus .... *Medicus*, Allgemeiner Teil des BGB, 10. Aufl., 2010
Medicus/Lorenz I .... *Medicus/Lorenz*, Schuldrecht I – Allgemeiner Teil, 19. Aufl., 2010
Medicus/Petersen .... *Medicus/Petersen*, Bürgerliches Recht, 23. Aufl., 2011
Musielak .... *Musielak*, Grundkurs BGB, 12. Aufl., 2011
Pawlowski .... *Pawlowski*, Allgemeiner Teil des BGB, Grundlehren des bürgerlichen Rechts, 7. Aufl., 2003
Schwab/Löhnig .... *Schwab/Löhnig*, Einführung in das Zivilrecht, 18. Aufl., 2010

1. Teil. Technik der zivilrechtlichen Fallbearbeitung und Beispielsfall

A. Erlernen der Rechtsanwendungstechnik

In Vorlesungen und mit Hilfe von Lehrbüchern erlernt man in erster Linie den **1** Stoff eines Rechtsgebietes. Das Wissen wird daher eher theoretisch unter starker Betonung von Zusammenhängen zwischen verschiedenen Aspekten und Rechtsgebieten vermittelt. Auch nach regelmäßigem Besuch der Vorlesung und Vor- oder wenigstens Nachbereitung mit Hilfe eines Lehrbuchs hat man „nur" Kenntnisse eines Rechtsgebiets erworben, beherrscht die Rechtsanwendung aber typischerweise nicht oder allenfalls am Rande und eher theoretisch. Daher gibt es an den Universitäten besondere Veranstaltungen mit vielfältigen Namen (propädeutische Übungen, Konversationsübungen, Fallbearbeitungen usw.), in denen man die Technik der Falllösung – und damit der Rechtsanwendung – erlernt. Das vorliegende Buch soll diese ergänzen und Studierenden (nicht nur) der ersten Semester die Möglichkeit geben, die Falllösungstechnik selbst zu trainieren. Denn das Schreiben von Klausuren und Hausarbeiten ist in der deutschen Juristenausbildung ein ganz wesentlicher Aspekt: Von Anfang an wird in Prüfungen regelmäßig das Wissen nicht theoretisch abgefragt, sondern eingebunden in praktische Fälle. Diese fachgerechte Bearbeitung von Fällen ist bereits eine Vorbereitung auf die spätere Tätigkeit in einem juristischen Beruf, zu der neben anderen Aspekten stets auch die Anwendung des materiellen Rechts zählt.

Das A und O der Rechtsanwendung ist deren Training – insbesondere Studienan- **2** fänger/innen müssen sich zunächst an die in der Regel unbekannte Herangehensweise und Argumentationstechnik gewöhnen. Besucht man nur entsprechende Lehrveranstaltungen an der Universität, besteht die Gefahr, dass man sich berieseln lässt, selbst wenn man versucht, im Unterricht mitzuarbeiten. Es ist aber erfahrungsgemäß etwas ganz anderes, selbst ohne fremde Hilfe eine Falllösung auszuarbeiten und niederzuschreiben. Dieses Problem zu lösen, soll das vorliegende Buch helfen.

B. Aufbau und Verwendung dieses Werkes

Einen echten Lernerfolg in Sachen „Falllösungstechnik" erzielt man nur, wenn man **3** tatsächlich versucht, zunächst eine eigene Lösung der in diesem Buch enthaltenen Fälle auszuarbeiten, ehe man den Lösungsvorschlag durchliest. Da die Fälle unterschiedlich lang und unterschiedlich schwierig sind, wird man für die eigene Lösung unterschiedlich viel Zeit benötigen. Am Anfang braucht man besonders lange, da man noch völlig ungeübt ist. Nach einiger Zeit wird man zumindest die gedankliche Vorarbeit schneller bewältigen und irgendwann auch im Ausformulieren – dem letztlich entscheidenden Schritt, der gut vorbereitet sein will – ein wenig Routine erlangen. Benutzt man das Buch nur als Begleitlektüre, wird dies wenig bringen.

Vor den Lösungen zu den einzelnen Fällen finden sich jeweils Vorüberlegungen, die **4** auf inhaltliche und formelle Probleme des jeweiligen Falles hinweisen und dadurch eine Hilfestellung für das Erarbeiten der eigenen Lösung geben sollen. Diese Vor-überlegungen sind am Anfang des Buches ausführlicher gehalten, weil man sich am Anfang besonders schwer tut. Im Laufe der Zeit sollte man allmählich eine gewisse Routine entwickeln. Deshalb beschränken sich die Vorüberlegungen später mehr und mehr auf wenige Besonderheiten. Auf diese Weise sollte man sich auf Klausuren zu Themen des allgemeinen Teils des BGB gut vorbereiten können. Auch in den Falllösungen selbst kann man im Laufe der Zeit dazu übergehen, unproblema-tischere Dinge weniger intensiv zu behandeln als ganz am Anfang. Weil es gerade für Anfänger sehr schwierig ist, sicher zu beurteilen, wann man was wie intensiv behandelt, finden sich zu dieser Frage in den einzelnen Falllösungen immer wieder einmal Hinweise. Für die Vorbereitung auf die Anfängerübung und die Zwischen-prüfung im Bürgerlichen Recht sei zusätzlich das in der gleichen Reihe erschienene Buch „Fälle zum Schuldrecht I" empfohlen, das die weiteren Themenschwerpunkte der Zwischenprüfung abdeckt.

5 In dieser Einleitung folgt zunächst eine abstrakte Einführung in die Grundstruktu-ren der juristischen Fallbearbeitungstechnik. Dann schließt sich der Sachverhalt des ganz einfachen Beispielsfalls an, der dazu dient, die weiteren Details der Falllö-sungstechnik im Zivilrecht zu erlernen. Der Fall wird deshalb nicht sofort gelöst, sondern es finden sich zunächst verschiedene Erläuterungen, wie man an die Falllö-sung herangeht und was man dabei zu beachten hat. Diese theoretischen Erklärun-gen werden jeweils anhand von Beispielsfällen praktisch untermauert, so dass sich allmählich die Lösung ergibt. Die gesamten Ausführungen sind bewusst sehr aus-führlich gehalten, weil man die Regeln eher einhalten kann, wenn man ihren Sinn und Zweck versteht. Deshalb wiederholen sich einzelne Hinweise auch an verschie-denen Stellen.

C. Das juristische Anspruchsgutachten

6 Während der juristischen Ausbildung im Studium besteht die Aufgabe, die es in Übungsarbeiten und im Examen zu bewältigen gilt, typischerweise in der Erstellung eines **Rechtsgutachtens.** Seine Erstellung und damit die juristische Fallbearbeitung folgt bestimmten vorgegeben Regeln, die man in Klausuren strikt einhalten muss, sobald ein Fall zur Bearbeitung gegeben wird, oder anders ausgedrückt: sobald ein Lebenssachverhalt geschildert und nach „Ansprüchen" gefragt wird. Im Zivilrecht geht es in aller Regel um sog. **Ansprüche** (§ 194 Abs. 1): Man hat zu untersuchen, ob im vorgegebenen Sachverhalt (mindestens) eine Person von einer oder mehreren anderen Personen ein bestimmtes Tun oder Unterlassen verlangen kann. Abwei-chende Fragestellungen, etwa nach dem Eigentum an einer Sache, sind möglich; sie ändern aber an der Vorgehensweise nichts, da auch sie im Wege des Rechtsgutach-tens zu klären sind. Im juristischen Studium soll man neben Grundkenntnissen in wichtigen Rechtsgebieten vor allem die Rechtsanwendung erlernen.

7 Schreibt man anstelle des Anspruchsgutachtens eine rechtliche Erörterung oder gar einen Aufsatz, hat man die gestellte Aufgabe nicht erfüllt und wird im Regelfall durchfallen, keinesfalls aber eine auch nur ansatzweise gute Note erzielen. Abstrakte Ausführungen darf man nur ganz ausnahmsweise in sog. Themenklausuren im Staatsexamen oder bei (expliziten) Wissensfragen in Anfängerarbeiten machen.

I. Gutachten und Urteil

Grundsätzlich unterscheidet man zwei Typen von juristischen Arbeiten, nämlich **8**
das Gutachten und das Urteil (oder allgemeiner die Entscheidung). Beide bilden
allerdings keinen Gegensatz, sondern spielen eher in unterschiedlichen Situationen
bzw. Verfahrensstadien eine Rolle.

1. Gutachten und Urteil als unterschiedliche Aufgabentypen

Der Richter entscheidet am Ende einen Rechtsstreit durch ein Urteil (oder einen **9**
Beschluss, das hängt von der Verfahrensart und ähnlichen Dingen ab). Darin
spricht er dem Kläger seine Klageforderung gemäß dem Klageantrag zu oder weist
die Klage ab. Am Anfang der Entscheidung steht der Urteilsausspruch, der sog. Te-
nor, der im Wesentlichen lediglich verkündet, ob der Beklagte zu einer Leistung
verurteilt oder die Klage abgewiesen wird. Nachdem der Richter dann im (beim
Urteil sog.) Tatbestand geschildert hat, um welches tatsächliche Geschehen es geht,
erläutert er in den Gründen, warum er der Klage ganz oder teilweise entsprochen
hat bzw. warum er sie ganz oder teilweise abgewiesen hat. Das Ergebnis steht also
am Anfang und wird anschließend begründet. Gibt der Richter der Klage statt,
kann er sich darauf beschränken, *einen* rechtlichen Grund dafür anzugeben, warum
er dies tut. Er braucht nicht darauf einzugehen, dass man auch noch aus weiteren
Gründen zu dem gleichen Ergebnis kommen könnte.

Das Gutachten, das man an der Uni eigentlich immer schreiben soll, unterscheidet **10**
sich bereits im Aufbau vom Urteil. Es bildet aber keinen Gegensatz zum Urteil,
sondern ist unter Umständen eher eine Art von Vorstufe: Auch ein Richter kann am
Anfang eines Rechtsstreits in der Regel noch nicht wissen, wie er diesen entscheiden
wird, und muss deshalb typischerweise gutachtliche Erwägungen anstellen: Er muss
darüber nachdenken, welche Rechtsfragen die Klage aufwirft. Er wird zwar in der
Klageschrift meist gewisse Andeutungen dazu finden. Doch beruhen diese Ausführungen natürlich auf der Sicht der jeweiligen Prozesspartei und müssen deshalb
nicht objektiv zutreffend sein.

Zur Klärung der Rechtslage erstellt daher sowohl der Richter als auch der Studien- **11**
anfänger zunächst einmal ein Rechtsgutachten. Das Gutachten dient der umfassen-
den Klärung aller von einem Fall aufgeworfenen Rechtsfragen; dabei beschränkt
man sich allerdings auf die jeweils relevanten Rechtsfragen, die durch das jeweilige
Rechtsschutzbegehren der Parteien vorgegeben werden. Im Zivilrecht prüft man
demzufolge, ob Ansprüche der Beteiligten gegeneinander bestehen. Man untersucht
dazu, entsprechend dem jeweiligen Antrag, den vorgegebenen Lebenssachverhalt
unter allen erdenklichen rechtlichen Aspekten, die für die konkrete Fragestellung
von Belang sind. Aus diesem Grund ist es anders aufgebaut als das Urteil: Das Ergebnis steht nicht am Anfang, sondern erst am Ende. Es wird nicht begründet, sondern hergeleitet. Dazu wirft man fortlaufend Fragen auf, die dann nacheinander
abgearbeitet und beantwortet werden. Da das **Gutachten** im Gegensatz zum Urteil
auf **sämtliche Anspruchsgrundlagen** eingeht, die das klägerische Begehren stützen
könnten, ist es in der Regel umfangreicher als ein Urteil zum gleichen Thema. In
einem Gutachten ist grundsätzlich im Rahmen des Arbeitsauftrags auf **alle rechtlichen Aspekte** einzugehen, die für die Lösung des Falles von Bedeutung sind. (Was
das genau bedeutet, wird noch erläutert.)

12   **Hinweis:**
Auch der Richter muss grundsätzlich auf alle rechtlichen Aspekte eingehen, wenn er die Klage vollständig abweist. Freilich kann er auch hier wieder das Ergebnis begründen, er muss es nicht herleiten.

2. Gutachtenstil und Urteilsstil (Entscheidungsstil), Juristendeutsch

13   Entsprechend ihren unterschiedlichen Zwecken haben sich für Gutachten und Urteile bzw. andere Entscheidungen im Laufe der Zeit unterschiedliche Formulierungsstile gebildet, die man im Laufe der juristischen Ausbildung ebenfalls erlernen und üben muss. Man spricht von **Gutachtenstil** und **Urteilsstil**.

14   Das Urteil wird begründet, es sagt aus, wie etwas ist und warum. Es wird im Indikativ formuliert und zeichnet sich durch die Verwendung kausaler Konjunktionen („weil", „da", „denn" usw.) aus. Das Urteil beginnt also – am Beispiel einer Kaufpreisklage – etwa wie folgt: „Die zulässige Klage ist begründet. Der Kläger kann von der Beklagten gem. § 433 Abs. 2 Zahlung des vereinbarten Kaufpreises verlangen. Denn die Parteien haben einen wirksamen Kaufvertrag geschlossen, der auch durch die Anfechtungserklärung der Beklagten vom 1. 4. 2001 nicht vernichtet worden ist …"

15   Das Gutachten untersucht dagegen, **ob** etwas irgendwie ist. Deshalb wirft es ständig Fragen auf und geht ihnen dann nach. Man verwendet dazu typischerweise den Konjunktiv und konditionale bzw. finale Konjunktionen. Das wirkt gerade zu Studienbeginn oftmals ziemlich abschreckend. Aber zum einen gewöhnt man sich daran, und zum anderen kann man, wenn man sich an den „Gutachtenstil" erst einmal gewöhnt hat, auf den Konjunktiv auch wieder verzichten, weil er nicht die einzige sprachliche Möglichkeit ist, ein ordnungsgemäßes Gutachten zu schreiben. Zu Studienbeginn sollte man sich aber dazu zwingen, ihn zu benutzen, damit man auch tatsächlich ein Gutachten schreibt und nicht aus Versehen ein Urteil. Das Gutachten zum Kaufpreisanspruch des Verkäufers gegen den Käufer beginnt daher etwa wie folgt: „V könnte gegen K einen Anspruch auf Kaufpreiszahlung gem. § 433 Abs. 2 haben. Dazu ist erforderlich, dass die beiden einen Kaufvertrag abgeschlossen haben …"

16   Schließlich sei an dieser Stelle noch ein Wort zum Thema **„Juristendeutsch"** verloren:[1] Wie andere Fachleute auch verwenden Juristen eine Fachsprache, an die man sich gewöhnen muss. Es gibt Fachausdrücke, die ohne weiteres als solche zu erkennen sind, aber auch andere, die in der Alltagssprache ebenfalls geläufig sind, aber eine andere Bedeutung haben. Insbesondere das Gesetz verwendet oft ganz allgemeine Begriffe, um eine möglichst große Vielzahl von tatsächlichen Vorgängen erfassen zu können.[2] Im konkreten rechtlichen Zusammenhang kann sich dann ein Spannungsverhältnis zwischen einem natürlichen und dem juristischen Verständnis ergeben; so nehme man etwa den Begriff des „wesentlichen Bestandteils" einer Sache und versuche, sich darunter etwas vorzustellen. Anschließend kann man dann einen Blick in § 93 BGB werfen und weitere Überraschungen erleben, wenn man in einem Kommentar[3] nachliest, was dessen Worte bedeuten. Vor diesem Hinter-

---

1   Dazu etwa *Schapp*, JZ 2004, 473 ff. m. w. N.
2   Vgl. nur *Schapp*, JZ 2004, 473, 479 zum Begriff der „Wegnahme" beim Diebstahl.
3   Z. B. bei Bamberger/Roth/*Fritzsche*, § 93 Rn. 8 oder Palandt/*Ellenberger*, § 93 Rn. 3.

grund muss man sich stets um einen sehr juristisch-exakten Ausdruck bemühen – gleichwohl muss die Aussage, die man treffen will, natürlich verständlich bleiben.[4]

II. Anspruch und Anspruchsmethode

Im Zivilrecht wird in aller Regel nach sog. Ansprüchen gefragt, deren Bestehen (oder Nichtbestehen) man in einem Gutachten untersuchen soll. Dazu muss man sich vorab folgende Grundbegriffe merken. **17**

1. Anspruch

Was überhaupt ein Anspruch ist, definiert § 194 Abs. 1. Ein Anspruch ist demnach das „Recht, von einem anderen ein Tun oder Unterlassen zu verlangen". Worin dieses Tun oder Unterlassen im konkreten Einzelfall besteht, ist beliebig. Was im vorgegebenen Fall wer von wem genau will, ergibt sich aus der Fragestellung (dazu näher unten Rn. 44 ff.). **18**

2. Anspruchsgrundlage, Tatbestand, Rechtsfolge

Die Normen, aus denen sich Ansprüche ergeben, nennt man **Anspruchsgrundlagen**. Nicht jede gesetzliche Vorschrift ist eine Anspruchsgrundlage. Es gibt auch Definitions-, Zurechnungs- und sonstige Hilfsnormen. Zu Studienbeginn fragt man sich natürlich ständig, ob eine Vorschrift wohl eine Anspruchsgrundlage ist und woran man dies erkennen kann. Das ist eigentlich relativ einfach. Anspruchsgrundlagen sind in aller Regel so formuliert, dass eine Person unter bestimmten Voraussetzungen von einer anderen etwas *verlangen* kann bzw. – aus umgekehrter Perspektive – dass sie der anderen zu etwas *verpflichtet* ist. Wenn man sich das merkt und ein wenig übt, ist das Erkennen von Anspruchsgrundlagen relativ einfach. Um dafür ein Gefühl zu entwickeln, kann man beispielsweise die §§ 2, 90, 433, 434, 812, 985 einmal durchlesen und anhand des Wortlauts entscheiden, welche drei dieser Vorschriften Anspruchsgrundlagen enthalten und welche nicht. **19**

Bei der Klärung der Frage, ob eine Vorschrift eine Anspruchsgrundlage ist (oder allgemeiner: eine Rechtsfolgenorm), ist es hilfreich, sich die Grundstruktur der einschlägigen Rechtsnormen zu verdeutlichen. Rechtsfolgenormen bestehen aus einem **Tatbestand** und einer **Rechtsfolge**. Der Tatbestand umschreibt – sehr abstrakt – einen bestimmten Sachverhalt, ein Geschehen oder sonst etwas, was vorausgesetzt ist. Nur wenn der Sachverhalt vorliegt, löst die Vorschrift die in ihr vorgesehene Rechtsfolge aus. Besonders anschaulich wird dies – auch wenn die Norm mit dem Thema „Allgemeiner Teil des BGB" nichts zu tun hat – in § 823 Abs. 1: „Wer vorsätzlich oder fahrlässig das Leben, den Körper, die Gesundheit, die Freiheit, das Eigentum oder ein sonstiges Recht eines anderen widerrechtlich verletzt, ist dem anderen zum Ersatz des daraus entstehenden Schadens verpflichtet." Der erste Teil des Satzes bis zum letzten Komma enthält den Tatbestand, also das abstrakt umschriebene Geschehen, das im konkreten Lebenssachverhalt verwirklicht sein muss, damit die im zweiten Teil des Satzes ausgesprochene Rechtsfolge – die Schadensersatzverpflichtung – eingreift. **20**

---

[4] Vgl. die Gegenbeispiele von *Schapp,* JZ 2004, 473, 479 f., 480 f.

3. Anspruchsmethode – historische Methode

21 Da das zivilrechtliche Denken von der Kategorie des Anspruchs beherrscht wird, dominiert in der Fallbearbeitung die so genannte **Anspruchsmethode,** die es im Weiteren näher kennen zu lernen gilt. Es handelt sich dabei um eine bestimmte (logische) Herangehensweise an die Lösung eines „Falles". Theoretisch könnte man jeden Fall auch historisch untersuchen, d.h. eine rechtliche Würdigung des Geschehensablaufs in der Reihenfolge der einzelnen Ereignisse vornehmen. Dazu neigen Studienanfänger übrigens. Die **historische Methode** verwendet man aber nur ausnahmsweise, etwa wenn einmal gefragt ist, wer Eigentümer einer Sache oder Erbe eines anderen ist. Wenn nach konkreten **Ansprüchen** gefragt ist, ist ein historisches Vorgehen dagegen wenig effektiv. Es kann dazu führen, dass man Umstände des Sachverhalts rechtlich würdigt, die für den zu prüfenden Anspruch völlig unerheblich sind (etwa wenn der Fall Ausschmückungen enthält oder wenn mehrere Personen vorkommen, die Aufgabe aber auf Ansprüche gegen einzelne beschränkt ist). Deshalb hat sich allgemein die Anspruchsmethode durchgesetzt. Sie knüpft an die Frage an, um welches konkrete Begehren („Anspruchsziel") es in dem Fall geht und welche gesetzliche(n) Bestimmung(en) oder vertragliche(n) Vereinbarung(en) dieses konkrete Begehren als Rechtsfolge vorsehen, und stellt für die Untersuchung bestimmte **Regeln** auf (dazu näher Rn. 25 ff.). Das lässt sich im Überblick an einem kleinen **Beispielsfall** zeigen: Der K betritt eine Bäckerei und verlangt ein Pinienkernbrot, das ihm die Verkäuferin unter Nennung des Preises übergibt. Zu prüfen ist, ob K den Kaufpreis bezahlen und das Brot abnehmen muss: Hier muss man nun als Erstes eine Norm finden, die diese Rechtsfolge ausspricht. Man muss also erkennen, dass es um einen (Kauf-)Vertrag geht, und im BGB die einschlägigen Normen zu diesem Vertragstyp finden. In concreto ist die Verpflichtung zur Kaufpreiszahlung in § 433 Abs. 2 geregelt. Das ist hier die richtige Anspruchsgrundlage. Nun liegt die Frage nahe, was denn bei § 433 Abs. 2 der Tatbestand ist, der die Rechtsfolge „Verpflichtung zur Kaufpreiszahlung" auslöst. Der Tatbestand beschränkt sich darauf, dass ein Kaufvertrag vorliegen muss, oder anders formuliert, dass Käufer und Verkäufer (die Parteien) einen Kaufvertrag abgeschlossen haben müssen. Das muss man also hauptsächlich untersuchen, damit man weiß, ob der Anspruch nun besteht oder nicht. Der Abschluss von Verträgen aller Art ist eine so grundlegend-allgemeine Rechtsfrage, dass sie im Allgemeinen Teil des BGB in den §§ 145 ff. geregelt ist.

III. Die Anspruchsprüfung im Gutachten

22 Für den **Anspruchsaufbau** gibt es bestimmte **Regeln,** die für Studienanfänger sehr verwirrend und/oder übertrieben formalistisch wirken. Diese Regeln beruhen auf praktischen Erfahrungen und hängen auch mit rechtlichen Aspekten zusammen, die man erst im Laufe des Studiums nach und nach erlernt und die sich am Anfang aufgrund ihrer Komplexität nicht verständlich machen lassen. Das lässt sich leider nicht vermeiden und ist auch nicht so schlimm: Denn von Anfänger(inne)n verlangt man in Übungsaufgaben nur Dinge, die bereits in den Vorlesungen und Fallübungen behandelt worden sind. Deshalb sollten sich Anfänger/innen das Folgende durchlesen und dabei berücksichtigen, dass das Rechtsstudium einem großen Puzzle ähnelt, bei dem man zunächst anfängt, ein paar Dinge zusammenzufügen, während der Rest erst im Laufe der Zeit hinzukommt. Wenn man das Pferd quasi von hinten aufzäumt, gilt es Folgendes zu beachten:

1. Prüfung der einzelnen Anspruchsgrundlagen

Zu Studienbeginn wird man meist nur mit einfachen Aufgaben konfrontiert, in **23** denen es nur eine Anspruchsgrundlage gibt. Für deren Untersuchung gibt es in aller Regel eine zwingende **Prüfungsreihenfolge,** die sich **aus dem logischen Zusammenspiel der einzelnen Tatbestandsmerkmale** ergibt. Die Reihenfolge muss man sich häufig merken, da sie nicht zwingend mit der Abfolge der einzelnen Merkmale im Gesetzeswortlaut übereinstimmt. Paradebeispiel dafür ist der bereits erwähnte § 823 Abs. 1, der mit den Worten „Wer vorsätzlich oder fahrlässig ..." anfängt, doch darf man diese Voraussetzung keinesfalls als erste untersuchen.

Für den Prüfungsaufbau der einzelnen Anspruchsgrundlagen gilt grundsätzlich Fol- **24** gendes: Man muss zunächst einen sog. **Obersatz** bilden, der das hypothetische Anspruchsziel formuliert, also z.B.: X könnte gegen K einen Anspruch auf Kaufpreiszahlung gem. § 433 Abs. 2 haben. Dann formuliert man einen **Untersatz,** der die Voraussetzungen dafür nennt. Anschließend folgt die Subsumtion, die zu einem Ergebnis, dem **Schlusssatz** führt. Diese Darstellung ist so aber in Wirklichkeit zu stark vereinfacht: Man muss typischerweise bei jeder Anspruchsgrundlage mehrere Voraussetzungen prüfen und dabei für jede einzelne Tatbestandsvoraussetzung jeweils einen Obersatz formulieren, um dann die jeweiligen Voraussetzungen im Untersatz zunächst allgemein zu erläutern und den Sachverhalt zu subsumieren. Es kann auch gut sein, dass eine Tatbestandsvoraussetzung ihrerseits wieder von weiteren Voraussetzungen abhängt: Der Kaufpreisanspruch von oben setzt voraus, dass die Parteien einen Kaufvertrag geschlossen haben, und der Abschluss eines Vertrags hängt seinerseits wieder von mehreren Voraussetzungen ab. Im Prinzip wiederholt sich dieser Vorgang also im gesamten Gutachten ständig bei jeder denkbaren Anspruchsgrundlage und all ihren Tatbestandsvoraussetzungen und deren Voraussetzungen. Ständig sagt man daher, etwas müsse gegeben sein, wozu erforderlich sei, dass es sich auf bestimmte Weise verhalte, um dann zu prüfen, ob der Sachverhalt dem entspricht oder nicht. Jeweils mündet die Subsumtion in das Ergebnis, dass der (momentane) Obersatz erfüllt ist, und dann wendet man sich dem nächsten Punkt zu, bei dem sich das Ganze wiederholt, sofern das Vorliegen dieses nächsten Aspekts nicht völlig unproblematisch feststellbar ist (vgl. unten Rn. 31).

2. Die Subsumtion

Entscheidend für die Lösung jedes einzelnen Falls ist, ob sein konkreter Lebens- **25** sachverhalt den Tatbestand einer (Rechtsfolge-, Anspruchs-)Norm erfüllt oder nicht. Dies klärt man im Wege der so genannten **Subsumtion,** also der **Unterordnung** der einzelnen Elemente des Lebenssachverhalts unter die einzelnen Elemente des gesetzlichen Tatbestandes.

Im Beispielsfall aus Rn. 21 kommt es – wie erwähnt – darauf an, dass die Voraus- **26** setzung „Kaufvertrag" vorliegt. Dazu muss man dies als Obersatz formulieren, und sodann im Untersatz angeben, wie ein Vertrag zustande kommt, nämlich durch zwei übereinstimmende Willenserklärungen, Antrag (§ 145) und Annahme. Jetzt kann man immer noch nicht lossubsumieren, sondern muss erst einmal die beiden Untervoraussetzungen näher untersuchen. Man wird also jeweils einen weiteren Obersatz bilden, dass zunächst ein Antrag und dann eine Annahme vorliegen muss. Jeweils wird man die Anforderungen in Untersätzen darlegen und erst bei diesen tatsächlich zur Subsumtion gelangen, d. h.: Man muss in dem Fall zunächst prüfen, ob K durch sein Verlangen nach dem Pinienkernbrot dem Inhaber der Bäckerei den Abschluss eines Kaufvertrags i. S. v. § 145 angetragen hat. Dann formuliert man die Anforderungen an ein Vertragsangebot (vgl. dazu unten Rn. 65 sowie etwa Fall 2 Rn. 3 ff.) und vergleicht anschließend das tatsächliche Geschehen mit der juristischen Definition des Antrags. So kommt man schließlich zu dem (Zwischen-) Ergebnis, ob die Äußerung des K tatsächlich den Anforderungen an ein Vertragsangebot entspricht. In diesem einfachen Beispiel ist das zwar gewissermaßen offensichtlich, aber zu Studienbeginn muss man auch einfache Dinge noch ganz genau untersuchen. Der Vorgang der Subsumtion wiederholt sich dann bei der Annahme des Vertragsantrags des K durch die Verkäuferin. Kann man auch diese feststellen, ist der Vertrag geschlossen, der Anspruch entstanden.

27 Die **Subsumtion** ist also von elementarer Bedeutung, weil sie zur **eigentlichen Lösung** des konkreten Falles führt. Deshalb muss man sie üben und sich vor allem dazu zwingen, sie auch vorzunehmen. (Nicht nur) Studienanfänger/innen neigen oft dazu, sich zwar die Erfordernisse des Gutachtenstils einzuprägen, also Obersätze zu bilden. Sie vergessen dann aber häufig die Subsumtion. Die aufgeworfene Frage bleibt also unbeantwortet, man liest nur „K müsste durch seine Erklärung einen Antrag i. S. v. § 145 gemacht haben", und anschließend wenden sich die Ausführungen der Annahme dieses Antrags zu. Eine solche „Lösung" ist keine.

3. Aufbau bei mehreren Anspruchsgrundlagen und Anspruchsinhalten

28 Wie bereits erwähnt, kann es auch für den gleichen Anspruchsinhalt, für das gleiche Rechtsschutzbegehren, unterschiedliche rechtliche Grundlagen geben. **Im Gutachten muss man** im Rahmen des konkreten Auftrags **grundsätzlich alle in Betracht kommenden Anspruchsgrundlagen prüfen!** Nehmen wir an, der Gast wirft im Restaurant ein Glas um, das auf den Boden fällt und zerbricht. Hier kann Schadensersatz aufgrund einer vertraglichen Pflichtverletzung nach § 280 Abs. 1 geschuldet sein und daneben aufgrund einer Eigentumsverletzung nach § 823 Abs. 1, der keinen Vertrag voraussetzt. Die verschiedenen Anspruchsgrundlagen müssen einander keineswegs ausschließen; das ist sogar nur ausnahmsweise der Fall. Bei mehreren konkurrierenden Anspruchsgrundlagen stellt sich zwangsläufig die Frage, in welcher Reihenfolge man die einzelnen Anspruchsnormen zu untersuchen hat. Dafür gibt es die folgende Grundregel, die zwar nicht völlig zwingend ist, an die sich aber gerade Studienanfänger/innen tunlichst halten sollten:

> (1) Vertragliche Ansprüche (z. B. § 433 Abs. 1 S. 1, § 433 Abs. 2, § 535 Abs. 1);
>
> (2) „Vertragsähnliche Ansprüche" (§ 280 Abs. 1 i. V. m. §§ 311 Abs. 2, 241 Abs. 2, sog. culpa in contrahendo) und Ansprüche aus sonstigen gesetzlichen Sonderbeziehungen (insb. Geschäftsführung ohne Auftrag, §§ 677 ff.);
>
> (3) Dingliche Ansprüche (z. B. §§ 985, 1004 Abs. 1 S. 1, 862 Abs. 1);
>
> (4) Bereicherungsansprüche (§§ 812 ff.),
>
> (5) Deliktische Ansprüche (§§ 823 ff. oder z. B. §§ 7, 18 StVG).

29 Von der Möglichkeit einer Anspruchsgrundlagenkonkurrenz abgesehen, können auch deshalb mehrere Normen zu prüfen sein, weil eine Person gegen eine andere

Ansprüche mit unterschiedlichen Inhalten erhebt. A verlangt beispielsweise von B die Vergütung einer erbrachten Leistung, Schadensersatz wegen Beschädigung einer Sache und Herausgabe einer anderen. In solchen Fällen sollte man sein Gutachten zunächst nach **Anspruchszielen** gliedern, also Ansprüche des A gegen B (1) auf Erfüllung, (2) auf Schadensersatz, (3) auf Herausgabe usw. Sofern es für das gleiche Anspruchsziel mehrere Anspruchsgrundlagen gibt, muss man diese dann wieder in der oben angegebenen Reihenfolge untersuchen.

4. Mehrere Beteiligte

Es gibt natürlich auch Fälle mit mehr als zwei Beteiligten, in denen man Ansprüche **30** der einzelnen Personen gegen andere Figuren des Falls untersuchen muss. **Wenn in der Aufgabe nichts anderes vermerkt ist und sich auch aus den Forderungen der Personen im Sachverhalt nichts anderes ergibt, muss man alle Ansprüche prüfen, die zwischen den Personen des Falles bestehen können!** Zu Studienbeginn spielt dies meist nur in Hausarbeiten eine Rolle, spätestens im Staatsexamen aber auch in Klausuren. Es bietet sich dann zumeist an, das Gutachten nach den einzelnen Beteiligten zu gliedern: Ansprüche des A, Ansprüche des B, Ansprüche des C. Soweit ein Beteiligter Ansprüche gegen mehrere andere Personen erhebt, sollte man dann weiter untergliedern: Ansprüche des A gegen B, Ansprüche des A gegen D, Ansprüche des A gegen F. Bei den Ansprüchen gegen eine einzelne Person ist dann ggf. wieder nach Anspruchsinhalten und Anspruchsgrundlagen zu gliedern. – Es kann aber auch sein, dass die Aufgabe eine etwas andere Reihenfolge nahe legt: So kann die Frage z. B. in einem Fall mit fünf Beteiligten lauten: „Von wem kann A die Herausgabe der Taschenuhr verlangen? Kann B Ersatz seiner Schäden verlangen?" In diesem Fall müsste man das Gutachten nach Herausgabeansprüchen des A und Schadensersatzansprüchen des B gliedern und dann jeweils Ansprüche gegen jeden möglichen Anspruchsgegner prüfen.

5. Unterscheidung von Wesentlichem und Unwesentlichem – Gewichtung

Wie bereits früher erwähnt, soll ein **Gutachten die rechtlichen Probleme des Fal-** **31** **les umfassend erörtern.** Deshalb muss man im Grundsatz alle denkbaren Ansprüche der einzelnen Personen eines Falles gegeneinander untersuchen. In aller Regel wird die Aufgabe so eingegrenzt, so dass man immerhin weiß, was man nicht prüfen soll. Was von der Aufgabenstellung umfasst ist, muss man aber umfassend rechtlich untersuchen. Gleichwohl darf man im Gutachten **nur auf solche Aspekte näher eingehen,** die in irgendeiner Weise für die Lösung der Aufgabe **relevant** oder gar **problematisch** sind. Alles andere wird entweder kurz abgehandelt oder sogar ganz weggelassen.

Die **Anspruchsvoraussetzungen** – also den Tatbestand der Anspruchsnorm – muss **32** man stets vollständig durchprüfen, bis entweder eine Voraussetzung fehlt oder alle vorliegen. Dagegen gilt bei den **Einwendungen,** also Gegenrechten des Anspruchsgegners (dazu unten Rn. 67 ff.), dass man nur auf die Tatbestände eingeht, deren Vorliegen der Sachverhalt mehr oder weniger nahe legt oder die vom Anspruchsgegner nach der Sachverhaltsangabe sogar ausdrücklich erhoben wurden. Generell gilt, dass man **Aufbauschemata** insofern mit einer gewissen Vorsicht handhaben muss: Nicht jede Voraussetzung einer Norm muss im konkreten Fall problematisch und näher zu behandeln sein. So kann man beispielsweise in der Regel ohne Aufwand feststellen, ob jemand gem. §§ 104 Nr. 1, 106 nicht voll geschäftsfähig ist. Enthält der Sachverhalt keine Altersangaben oder ähnliche Hinweise, geht man auf die Geschäftsfähigkeit überhaupt nicht ein. Finden sich dagegen Altersangaben, steht damit auch sogleich fest, ob die Person unter § 104 Nr. 1 oder § 106 fällt. Bei derart unproblematischen Rechtsfragen – aber wirklich nur dort! – darf man den **Urteilsstil** verwenden. Der Gutachtenstil ist zu aufwändig, wenn etwas offensichtlich vorliegt. – Gleiches gilt etwa in folgenden Fällen: Der Sachverhalt teilt mit, dass V dem K eine Sache verkauft – hier geht man nicht näher auf den Vertragsschluss ein. Der Sachverhalt erwähnt, dass A dem B eine Bestellung schickt und daraufhin von diesem eine Auftragsbestätigung erhält – hier braucht man grundsätzlich aus dem Zugang der Erklärung des A nach § 130 Abs. 1 S. 1 kein Problem zu machen, weil dieser angesichts der Reaktion des B erfolgt sein muss usw.

33 Auch bei den Anspruchsgrundlagen gilt Ähnliches. So ist es – auch wenn dies nicht Thema dieses Bandes ist – insbesondere im Bereich der Ansprüche aus unerlaubter Handlung oftmals so, dass man zunächst § 823 Abs. 1 näher prüft und im Ergebnis bejaht. Da die in der Norm genannten Rechte meist aber auch Anknüpfungspunkt für Straftaten sind, wird sich ein Anspruch gleichen Inhalts auch noch auf § 823 Abs. 2 in Verbindung mit einem Straftatbestand stützen lassen, eventuell auch noch auf weitere Normen. Diese weiteren Anspruchsgrundlagen sind oftmals dann nicht mehr so wichtig, man kann sie kurz erwähnen, ohne sie wirklich zu prüfen. Unter Umständen kann man auch § 823 Abs. 1 kurz abhandeln, *wenn* man zuvor bereits einen Schadensersatzanspruch gem. § 280 Abs. 1 wegen Verletzung einer Pflicht nach § 241 Abs. 1 bejaht hat *und* dabei bereits die Merkmale genannt hat, auf die es bei § 823 ankommt.

34 Zu Studienbeginn (aber auch später) wird man sich nun freilich fragen: Wie erkenne ich denn, was im vorliegenden Fall wesentlich und was unwesentlich, was problematisch ist und was nicht? Darauf gibt es leider nur die wenig befriedigende Antwort: Das lernt man im Laufe der Zeit (oder nie, dann sollte man lieber etwas anderes studieren).

D. Das Herangehen an den einzelnen Fall

I. Überblick über den Ablauf und Zeiteinteilung

35 Bei der Lösung eines Falles ist es nicht ratsam, sogleich nach den rechtlichen Problemen zu suchen und die Lösung niederzuschreiben. Dann wird man vermutlich allenfalls einen Teil der Probleme erkennen und unter Umständen auf eine ganz falsche Lösungsschiene geraten. Deshalb muss man sich **die folgenden Schritte** verinnerlichen und sie vor allem **einhalten.**

36 Die Bearbeitung beginnt mit der sorgfältigen Erfassung des Sachverhalts; dann sind die rechtlichen Aspekte des Falles gedanklich herauszuarbeiten und möglichst gleichzeitig zu notieren (Rn. 39 ff.). Anschließend sollte man über den Ablauf der Lösung nachdenken und die Erkenntnisse sämtlicher Vorüberlegungen in einer stichwortartigen Lösungsskizze zusammentragen. Erst nach einer nochmaligen kritischen Würdigung des Ergebnisses beginnt man mit der Niederschrift der Lösung.

Wichtig ist immer eine gute **Zeiteinteilung,** die man sich im Laufe der Zeit antrai-   37
nieren muss, weil die Zeit in der Regel eher knapp bemessen ist. Bei einem Gutachten kann man sich für das Staatsexamen als Faustregel merken, dass die Vorarbeiten
und die Niederschrift der Lösung jeweils etwa die **Hälfte der Arbeitszeit** ausma-
chen sollten. Bei sehr umfangreichen Fällen verschiebt sich dieses Verhältnis zugunsten der Niederschrift. Das Gleiche gilt zu Studienbeginn, weil man das juristische Formulieren noch nicht gut beherrscht und deshalb für das Ausformulieren
länger braucht. Daher sollten Studienanfänger/innen bei zweistündigen Klausuren
versuchen, bereits nach ca. 50 Minuten mit den Vorüberlegungen fertig zu sein, um
in den restlichen 70 Minuten in Ruhe formulieren und am Ende alles noch einmal
durchlesen zu können. Man darf aber nicht zu früh mit der Niederschrift beginnen,
weil dann die Gefahr besteht, dass die Lösung nicht hinreichend durchdacht ist und
man Fehler oder übersehene Probleme erst beim Ausformulieren entdeckt. Dies
kann dazu führen, dass das bisher Geschriebene teilweise unbrauchbar wird.

Die Zeiteinteilung sollte man stets im Hinterkopf behalten und vorsichtshalber die   38
Uhr vor sich auf den Tisch legen. Kommt man bei der Erstellung der Lösungsskizze
an einer Stelle nicht weiter, sollte man erst einmal über einen anderen Teil der Lösung nachdenken, der von dem Problem nicht abhängig ist. Oft hilft diese gedankliche Zäsur, das zunächst unüberwindliche Problem später doch in den Griff zu
bekommen.

II. Erfassen des Sachverhalts und der rechtlichen Probleme

Ein ebenso banaler wie wichtiger Aspekt macht den Anfang. Da man einen Fall   39
lösen soll, muss man seine Einzelheiten zur Kenntnis nehmen und deshalb den (so
genannten) Sachverhalt zunächst **mindestens zweimal durchlesen.** Erst wenn zumindest in den Grundzügen klar ist, worum es in tatsächlicher Hinsicht geht, kann
man intensiver über die Lösung nachzudenken beginnen. Wenn der Sachverhalt
nicht allzu kompliziert und/oder lang ist, kann man beim zweiten Durchlesen bereits den Bearbeitervermerk, also die Aufgabenstellung, berücksichtigen, und die
Fallangabe gezielt auf die Fragestellung hin lesen. Bei längeren Aufgaben kann man
das unter Umständen erst später tun.

Ganz wichtig ist es zudem, den Sachverhalt nach Erfassung der Rechtsfragen so   40
hinzunehmen, wie der Aufgabensteller ihn ausgearbeitet hat. In den Sachverhalt
darf nichts hineininterpretiert werden, was ihm nicht unmittelbar entnommen
werden kann. Gerade Studienanfänger neigen zunächst dazu, irgendwelche „nahe
liegenden" Annahmen zu machen. Die sog. „Sachverhaltsquetsche" ist eine Tod-
sünde. Wenn sich etwas aus dem Sachverhalt nicht ergibt, ist es auch nicht so.

> **Hinweis:**   41
> Leider kommt es gelegentlich trotz aller Bemühungen vor, dass der Sachverhalt nicht ganz eindeutig
> ist. Dann sollte man sich unter Beachtung der Vorgabe, dass man grundsätzlich nichts hineininter-
> pretieren darf, darum bemühen, ihn möglichst lebensnah auszulegen. Aber auch dabei ist stets zu er-
> wägen, dass es selbst bei lebensnaher Betrachtung mehrere Möglichkeiten geben kann. Deshalb gibt
> es bei den einzelnen Fällen gelegentlich Hinweise zu diesem Problemfeld.

Bei komplizierten Sachverhalten mit mehreren Beteiligten ist eine **Fallskizze,** die   42
die beteiligten Personen und ihre Rechtsbeziehungen zueinander graphisch darstellt,
zweckmäßig, unter Umständen sogar zwingend erforderlich. Denn oft werden zwi-

schen verschiedenen Personen ganz unterschiedliche Rechtsverhältnisse vorliegen, die man nicht miteinander verwechseln oder gar vermengen darf. Kommen in einem Sachverhalt besonders viele Daten und/oder Ereignisse vor, empfiehlt sich zudem eine **Zeittabelle.**

43 Hat man also die Fallangabe hinreichend zur Kenntnis genommen, kann man mit den **rechtlichen Überlegungen** zur Aufgabe beginnen. Dabei wiederum ist der Sachverhalt immer im Auge zu behalten, um festzustellen, ob die angedachten rechtlichen Probleme im konkreten Fall wirklich eine Rolle spielen. Nur ein ständiges Hin und Her zwischen rechtlichen Überlegungen und Sachverhaltserfassung führt zu einer guten Falllösung. Alle Probleme, die man bei der Erfassung des Sachverhalts erkennt bzw. zu erkennen glaubt, sollte man **als Stichworte sofort notieren,** damit man sie nicht im Zuge weiterer Überlegungen und der Konzentration auf andere Aspekte wieder vergisst und in der Lösung am Ende übersieht. Da die Prüfung jedes Anspruchs mit einer **Anspruchsgrundlage** beginnen muss, ist es auch wichtig, sich über diese Vorschrift(en) möglichst **frühzeitig** Gedanken zu machen und nicht unabhängig davon über vermeintlichen Problemen zu grübeln. Denn die einzelnen Anspruchsgrundlagen haben jeweils unterschiedliche Voraussetzungen, und für sie können auch unterschiedliche Hilfsnormen gelten. Es kann also sein, dass ein „Problem", an das man bei der Lektüre des Falles gedacht hat, sich in concreto gar nicht stellt. So kann – um es an einem Beispiel zu illustrieren – der Abschluss eines Vertrages im Wege der Einigung ein Problem sein, wenn die Parteien z.B. nicht über den Preis sprechen, den die eine für die Leistung der anderen zahlen soll. Handelt es sich aber um einen Dienstvertrag i.S.v. § 611, so hilft § 612 über die Schwierigkeiten in der Regel hinweg (und ebenso §§ 632, 653 in ihren Anwendungsbereichen), während man beim Kaufvertrag nach anderen Wegen suchen muss.

III. Herausarbeitung und Beachtung der Fallfrage

44 Gar nicht so selten muss man sich eine konkrete Fallfrage erst erarbeiten, um auf diese Weise zu einem Arbeitsauftrag für das zu erstellende Gutachten zu gelangen. Dabei ist immer das im Zivilrecht herrschende Anspruchsdenken zu berücksichtigen. Wie schon erwähnt, sind im Zivilrecht stets Ansprüche zu untersuchen, wenn die Aufgabenstellung nichts anderes vorgibt. Zur Herausarbeitung der zu untersuchenden Ansprüche gilt der Merksatz mit den vier W: „Wer will was von wem woraus?"

45 Vor diesem Hintergrund gibt es allerdings unterschiedliche Arten von Fallfragen. In unserem Beispielsfall liegen konkrete Fallfragen vor, denen bereits zu entnehmen ist, wer was von wem will. Dann hat man einen feststehenden Auftrag und muss nur noch die Frage des „woraus" klären, also mit anderen Worten die in Betracht kommende(n) Anspruchsgrundlage(n) herausarbeiten. So wird es sich zu Studienbeginn häufig verhalten, aber nicht zwingend immer.

46 Es kann aber auch sein, dass nach Ansprüchen gefragt ist, die einem Beteiligten aus einem Ereignis zustehen. Dann sind sämtliche Ansprüche gegen alle in Betracht kommenden Personen zu prüfen. Insofern ist bereits mehr Phantasie gefragt. Die Frage kann aber auch noch abstrakter formuliert sein und lautet dann im Extremfall: „Wie ist die Rechtslage?" Dann muss man mit Hilfe der „Vier-W-Frage" zunächst alle denkbaren Rechtsbeziehungen zwischen den beteiligten Personen ermitteln, um entsprechende Fallfragen selbst zu erarbeiten und dann zu lösen. Man muss also zunächst untersuchen, wer von wem etwas will und eine entsprechende Grobgliederung nach Personenbeziehungen vornehmen. Eine gewisse Einschränkung kann sich dann daraus ergeben, dass in der Sachverhaltsangabe bereits einzelne Personen gegen andere Forderungen erheben. Meist geht es dann in Wirklichkeit nur darum, die entsprechenden Ansprüche zu untersuchen.

Hat man geklärt, wer von wem etwas will, muss man unter Umständen – also wenn **47** dies nicht irgendwie vorgegeben ist – weiter klären, was der jeweilige Anspruchsteller vom Anspruchsgegner will. Er kann z. B. wollen, dass dieser eine vertraglich vereinbarte Leistung erbringt, eine Sache herausgibt oder Schadensersatz leistet. Dann muss man auch noch nach diesen unterschiedlichen Anspruchsinhalten differenzieren. Für jeden Anspruchsinhalt *kann* es durchaus mehrere Anspruchsgrundlagen geben, die im Gutachten alle zu untersuchen sind.

Schließlich muss man sich – selbst im größten Prüfungsstress – dazu zwingen, die **48** Aufgaben- und Fragestellung zu beachten. Leider kommt es immer wieder vor, dass Studierende Aspekte eines Falles in der Lösung behandeln, die nach der Aufgabenstellung gar nicht zu untersuchen waren. Diese Ausführungen können nicht in die Bewertung einfließen, es ist gerade so, als gäbe es sie nicht. Das wäre zwar unter Umständen nicht so schlimm, doch ist die Zeit für die Bearbeitung im Regelfall so knapp, dass man mit Überflüssigem vergeudete Zeit nicht mehr kompensieren kann und am Ende nicht fertig wird.

IV. Erstellen einer Lösungsskizze

Hat man den Sachverhalt erfasst und ggf. die Fallfrage herausgearbeitet, beginnt **49** man mit der zweiten Phase der Lösung, nämlich dem Erstellen einer **Lösungsskizze.** Man beginnt also nicht etwa gleich damit, die Lösung auszuformulieren, sondern man skizziert sie zunächst in ihren Umrissen. Dazu **notiert** man zunächst einmal die **Anspruchsgrundlage(n),** die man nach den ersten Überlegungen für mehr oder weniger einschlägig hält. Auch in dieser Phase gilt, dass man weitere **Probleme** des Falls oder auch **Einwendungstatbestände** – kurzum: alles, was von Relevanz sein könnte – gleich als Stichwort notieren sollte, damit man bereits Gefundenes nicht im Laufe der weiteren Überlegungen durch das Nachdenken über andere Aspekte wieder vergisst.

Für jede einzelne Anspruchsgrundlage, auf die man gestoßen ist, muss man sich **50** eine gesonderte Lösungsskizze erstellen. Man sollte bei allen Anspruchsgrundlagen stets **jedes Tatbestandsmerkmal** als Stichwort notieren: So ergibt sich von allein eine Art **Gliederung** für die später niederzuschreibende Lösung, und man vermeidet zugleich, dass man eine Voraussetzung vergisst. Bereits erkannte echte oder vermeintliche **Probleme** sollte man nun den passenden Tatbestandsmerkmalen **zuordnen.** Denn es ist wichtig, alles an der richtigen Stelle und in der richtigen Reihenfolge zu untersuchen. Wichtig ist dabei, die Tatbestandsmerkmale nicht einfach nur zu notieren, sondern auch unter Berücksichtigung des Sachverhalts zu **überlegen,** ob sie erfüllt sind oder nicht oder ob das näherer Betrachtung bedarf. Jetzt muss man also auch **subsumieren,** um festzustellen, ob die jeweilige Anspruchsgrundlage letztlich eingreift oder nicht. Dabei stößt man unter Umständen auf weitere Probleme des Falls, die nicht so offensichtlich waren, dass man sofort auf sie gestoßen wäre, oder man erkennt, dass ein zunächst vermutetes „Problem" in Wirklichkeit gar keines ist. Darin liegt eine ganz **wichtige Funktion des korrekten Aufbaus** und der genauen Prüfung aller Voraussetzungen – das ist also entgegen dem Eindruck, den viele Studierende zu Beginn haben, keine bloße Förmlichkeit oder gar Schikane. Kommt man nach Subsumtion und Problembearbeitung zu dem **Ergebnis,** dass ein einzelnes Tatbestandsmerkmal im konkreten Fall erfüllt ist oder auch nicht, vermerkt man auch dies in der Lösungsskizze mit einem (+) bzw. (–). Im Falle eines (–) stellt sich die Frage, ob es alternative Tatbestandsmerkmale gibt; ist das – wie zumeist – nicht der Fall, ist die Prüfung dieser Anspruchsgrundlage beendet, und man vermerkt als Ergebnis zu ihr ebenfalls ein (–). Im Falle eines (+) geht die Prüfung weiter, bis man am Ende für die Anspruchsgrundlage insgesamt ein (+) feststellen kann. Dann untersucht man ggf. die nächste Anspruchsgrundlage für das gleiche Begehren, also z. B. für Schadensersatz (und eventuell dann wieder sämtliche Anspruchsgrundlagen für die Herausgabe einer Sache usw.).

51 Hat man die Lösung des ganzen Falls in diesem Sinne durchgearbeitet, sollte man immer noch einmal überlegen, ob man nicht irgendwo eine Anspruchsgrundlage oder auch nur ein Problem **übersehen** oder etwas möglicherweise falsch beurteilt hat. Es ist nämlich besser, mit der Ausformulierung der Lösung ein wenig später zu beginnen, als beim Niederschreiben der Lösung plötzlich zu bemerken, dass man wesentliche Aspekte übersehen hat. Die Lösung nachträglich abzuändern, ist sehr schwierig, weil man häufig nicht an alle Auswirkungen der Änderungen denkt. Daher sollte man vor der Niederschrift der Lösung auch nochmals darauf achten, ob man bei der Lösungsskizze von richtigen Sachverhaltsannahmen ausgegangen ist. Gelegentlich prägt man sich im „Prüfungsstress" nämlich etwas falsch ein.

V. Niederschrift und Arbeit „am Gesetz"

52 Der letzte, aber natürlich für das Ergebnis wichtigste Arbeitsschritt ist die **ausformulierte Niederschrift des Gutachtens.** Es sei nochmals betont, dass Studienanfängern die **Formulierungen** am Anfang meist große **Schwierigkeiten** bereiten. Deshalb müssen sie in der Klausur auf jeden Fall viel **Zeit** für die Niederschrift einkalkulieren. Beim Ausformulieren des Gutachtens muss man nämlich an viele Dinge denken: (1) Man muss die **Lösungsskizze vollständig** in einen ausformulierten Text **umsetzen** und sollte dabei nichts vergessen. (2) Beim Ausformulieren muss man insbesondere an den **Gutachtenstil** denken. Dieser besteht nicht nur aus der Nennung einer Anspruchsgrundlage im Einleitungssatz des Gutachtens; er muss grundsätzlich bei jeder Tatbestandsvoraussetzung wiederkehren! (3) Man muss bei jeder Tatbestandsvoraussetzung die notwendige **Subsumtion** vornehmen, die in den Stichpunkten der Lösungsskizze oftmals allenfalls rudimentär vorhanden sein wird. So reicht es z. B. nicht aus, beim Vertragsschluss das Vorliegen einer Annahmeerklärung anzuprüfen, also darauf hinzuweisen, der B müsse den Antrag angenommen haben. Vielmehr ist anhand der Erklärung des B zu untersuchen, ob er dies getan hat oder nicht. Dazu genügt es wiederum nicht, in der Lösung die Erklärung des B wiederzugeben, sondern man muss konkret darlegen, warum sich daraus eine Annahme ergibt (oder nicht) und dann als Zwischenergebnis festhalten, dass die Annahme erfolgt ist (oder nicht). (4) Überhaupt muss man zu jeder einzelnen Voraussetzung, die man untersucht, ein **Zwischenergebnis** liefern und am Ende natürlich zu einem **Endergebnis** gelangen. Auch das vergessen Studienanfänger häufig, insbesondere bei den einzelnen Voraussetzungen.

Im endgültigen Gutachten muss man das Gesetz hinreichend oft zitieren, damit für **53** den Leser deutlich wird, auf welchen Normen die rechtlichen Überlegungen beruhen. Zu Beginn des Studiums ist man oft so sehr mit der Anwendung des Rechts und der Formulierung im Gutachtstil beschäftigt, dass man die Gesetzeszitate vergisst. Daher muss man sich von Anfang an (auch noch) zwingen, die jeweils gerade angewendete Norm zu zitieren; am besten bemüht man sich, diese schon in die Lösungsskizze aufzunehmen. Nach Vollendung der Niederschrift sollte man möglichst nachkontrollieren, ob man das Gesetz hinreichend zitiert hat. Fehlende Zitate schlagen sich negativ in der Endnote nieder. Übrigens ist es üblich, zur Verminderung der Schreibarbeit bei den Zitaten am Anfang des Gutachtens einen Hinweis der folgenden Art aufzunehmen (z. B. als Fußnote): **„Alle Paragrafen ohne Gesetzesangabe sind solche aus dem BGB."**

Die Lektüre und das Zitieren des Gesetzes sind – nicht nur zu Beginn des Studiums **54** – auch deshalb wichtig, weil man häufig glaubt, „den Stoff" zu beherrschen, und deshalb gar nicht in das Gesetz hineinschaut. Der Blick ins Gesetz erleichtert aber die Rechtsfindung – dieser alte Satz hat seine Berechtigung. Oftmals enthält das Gesetz nicht nur die Aussage, an die man sich erinnert, sondern zusätzliche Regelungen, aus denen sich gerade für den konkreten Fall etwas ergibt. Daher gehört es zu den elementaren Regeln, selbst im Bereich des Basiswissens vorsichtshalber doch im Gesetz nachzuschauen, ob darin wirklich (nur) steht, was man zu wissen glaubt. In Übungs- und Examensarbeiten kommt es leider immer wieder und keineswegs nur vereinzelt vor, dass ein Absatz 1 Satz 1 gefunden wird, nicht aber der sich anschließende Absatz 2 oder auch nur Satz 2.

Außerdem muss man die einschlägigen Normen **so genau wie möglich zitieren. 55** Wenn man etwa einen Anspruch aus einem Kaufvertrag prüft, kann man nicht einfach „§ 433" angeben. Die Norm enthält in ihren beiden Absätzen verschiedene Anspruchsgrundlagen für unterschiedliche Personen. Oder: Untersucht man die Anfechtung wegen arglistiger Täuschung durch einen Dritten, kann man nicht nur „§ 123 Abs. 2" prüfen, da die Norm zwei Sätze hat, die unterschiedliche Konstellationen regeln. Man muss also ggf. erst § 123 Abs. 2 S. 1 zitieren und prüfen und ggf. auch noch § 123 Abs. 1 S. 2. Bei einer Anfechtung wegen Irrtums darf man nicht nur „§ 119" schreiben, und selbst die Angabe „§ 119 Abs. 1" ist noch zu ungenau, weil der erste Absatz zwei Alternativen mit unterschiedlichen Anfechtungsgründen enthält. Man muss hier also noch „Alt. 1" oder „Alt. 2" hinzuzitieren; den „Gipfel" bilden insofern Vorschriften wie § 812. Auch wenn dies auf den ersten Blick kleinlich erscheinen mag, muss man sich dennoch daran halten. Eine genaue Zitierweise ist notwendig, um zu verdeutlichen, dass man weiß, dass es an der Stelle mehrere Regelungen gibt, und dass man wirklich den richtigen Tatbestand prüft, also auch erkannt hat, um was es eigentlich geht. Ungenaue Zitate wirken sich in der Endnote ebenfalls negativ aus.

E. Beispielsfall

Nach all diesen Erläuterungen soll nun versucht werden, all diese Regeln zur Erstel- **56** lung eines juristischen Anspruchsgutachtens in eine erste Falllösung umzusetzen.

Damit sich Anfänger ohne Rechtskenntnisse auf die Gutachtentechnik und den Stil konzentrieren können, ist der folgende Fall bewusst extrem einfach gehalten. Demzufolge hält sich der Begründungsaufwand zunächst – das gilt nicht nur für den Einführungsfall – auch meist in Grenzen. Deshalb sei gleich klargestellt: Später, wenn man den Stoff und die Rechtsanwendungstechnik besser beherrscht, wird man einen derart einfachen Fall nicht so ausführlich untersuchen bzw. sich bei der Ausformulierung der Lösung viel kürzer fassen. Die Argumentationstechnik, die man zur Bewältigung von echten Rechtsproblemen benötigt, kommt im Laufe der Zeit hinzu.

Sachverhalt

Victor hat nach einem Semester Jurastudiums eingesehen, dass er sich mit der Gutachtentechnik nie wird anfreunden können, und ins Studienfach Chemie gewechselt. Um die finanziellen Verluste gering zu halten, beschließt er, sein Lehrbuch zum Allgemeinen Teil des BGB zu verkaufen. Zufällig trifft er die Jurastudentin Karolin und erzählt ihr von seiner Absicht. Karolin bekundet ihr Interesse, das Buch zu erwerben. Victor verlangt daraufhin 5 €. Karolin ist einverstanden. Beide kommen überein, dass das Buch am nächsten Morgen um 10 Uhr vor der Bibliothek Recht gegen Zahlung des Kaufpreises übergeben werden soll.
Kann Karolin (K) das Buch von Victor (V) verlangen?
Abwandlungen:
1. Karolin ist geisteskrank.
2. Nach einem Streit hat Victors Freundin das Buch verbrannt.
3. Karolin hat das Buch sofort bezahlt. Victor ist am nächsten Tag entgegen der Absprache nicht mit dem Buch erschienen und spurlos verschwunden. Erst genau drei Jahre später läuft er Karolin zufällig über den Weg. Victor meint, nach so langer Zeit müsse er Karolin das Buch nicht mehr überlassen.

Gliederung

Lösung

I. Erfassung von Sachverhalt und Fragestellung; Abwandlungen

Zunächst ist der oben vorgegebene Sachverhalt zu erfassen, dann die Aufgabenstel- **57** lung. Der Fall ist ganz einfach und vom Tatsächlichen her schnell erfasst. Die Fragestellung ist konkret – Kann Karolin (K) jeweils das Buch von Victor (V) verlangen? Dabei fällt auf, dass es hier einen **Ausgangsfall** und gleich drei **Abwandlungen** gibt. Solche Fallvarianten werden in Übungsaufgaben häufig verwendet. Man sollte zunächst den Ausgangsfall und dann die Abwandlungen nacheinander lösen und keinesfalls alles miteinander vermengen. Bei Fallvarianten liegt zwar die Vermutung nahe, dass die Abwandlung des Sachverhalts auch die rechtliche Beurteilung im Ergebnis verändert – das ist aber keineswegs zwingend. Auf jeden Fall ist aber in der Falllösung auf die Abweichung einzugehen. Soweit sich Ausgangsfall und Variante decken, braucht man übrigens bei der Variante nicht alles nochmals hinzuschreiben. Man kann also meist **nach oben verweisen** und prüft dann, wie sich der Unterschied im Geschehen auf die rechtliche Beurteilung auswirkt.

II. Suche nach der Anspruchsgrundlage

Die Suche nach der einzigen für die Lösung vom Beispielsfall in Betracht kommen- **58** den Anspruchsgrundlage gestaltet sich selbst für Anfänger/innen einfach: Das geschilderte Geschehen hat wohl offensichtlich zu einem Kaufvertrag geführt. Die etwas untechnisch formulierte Frage „Kann Karolin das Buch von Viktor verlangen?" muss man dann juristisch uminterpretieren: Es ist nach dem (Hauptleistungs-)-Anspruch der Käuferin K gegen den Verkäufer V aus dem Kaufvertrag gefragt und dieser findet sich in § 433 Abs. 1 S. 1. Das ist also die Anspruchsgrundlage, mit der die Anspruchsprüfung beginnt. – Wie bereits früher erwähnt, muss man stets überlegen, was der Anspruchsteller will, ob sein Begehren auf einem Vertrag beruht oder nicht, bzw. um welchen Vertrag oder welche Art von sonstigem Geschehen es sich handeln könnte.

III. Beginn der Ausformulierung mit Anspruchsgrundlage und Einleitungssatz

Wie bereits dargelegt, ist in der Ausbildung an der Universität typischerweise ein **59** Rechtsgutachten zu erstellen. Bei einem Gutachten wird die zu behandelnde Frage am Anfang der jeweiligen Prüfung eines Anspruchs, aber auch wieder bei den einzelnen Tatbestandsvoraussetzungen als hypothetisches Ergebnis vorangestellt. Der dabei zu verwendende Gutachtenstil zeichnet sich durch überdurchschnittlich häufige Verwendung des Konjunktivs aus. Auf diese Weise geht man Tatbestandsmerkmal für Tatbestandsmerkmal durch, wobei man immer mit der Frage beginnt, ob es vorliegt, dies dann prüft und schließlich das Ergebnis schlussfolgert. Daher kennzeichnet den Gutachtenstil auch das häufige Auftauchen von Worten wie „daher", „deshalb", „also", „infolgedessen", „somit" usw.

Damit ergibt sich für das Gutachten zu unserem Fall der Einleitungssatz: „K könnte **60** gem. § 433 Abs. 1 S. 1 gegen V einen Anspruch auf Übereignung und Übergabe des Buches haben." In dieser Formulierung ist der abstrakte Rechtssatz des § 433

Abs. 1 S. 1 enthalten, aber immerhin schon auf unseren Fall und die Position der Anspruchstellerin konkretisiert. Man sollte in den Einleitungssatz also wegen der notwendigen Genauigkeit des Ausdrucks möglichst die exakte **Formulierung aus dem Gesetz übernehmen,** wie dies eben geschehen ist. Eine **laienhafte Formulierung** der Art „Man muss untersuchen, ob K das Buch nach § 433 verlangen kann" muss man von Anfang an **konsequent vermeiden.** Hier bleibt nicht nur die genaue Anspruchsgrundlage unklar, sondern auch der Anspruchsgegner und der Inhalt des Anspruchs (Übereignung und Übergabe des Buchs im Gegensatz zur bloßen Übergabe).

IV. Prüfung der Anspruchsvoraussetzungen

61 Mit dem Einleitungssatz ist das Gutachten erst eröffnet. Nun ist zu untersuchen, ob der Anspruch besteht. Dazu ist Voraussetzung, dass zwischen V und K ein Kaufvertrag zustande gekommen ist. Im Gutachtenstil fährt man daher etwa mit dem folgenden Satz fort: „Dazu müsste zwischen K und V ein wirksamer Kaufvertrag vorliegen."

62 Im Folgenden ist jetzt zu prüfen, ob die einzelnen Tatbestandsmerkmale des abstrakten Rechtssatzes des § 433 Abs. 1 S. 1 in unserem konkreten Lebenssachverhalt vorliegen. Diese Prüfung nennt man *Subsumtion* (s. o. Rn. 25 ff.). Man versucht dabei, jedes Element des Sachverhalts einem Tatbestandsmerkmal zuzuordnen. Das bedeutet im Ausgangsfall: der Tatbestand des § 433 Abs. 1 S. 1 lautet: „Durch den Kaufvertrag wird der Verkäufer einer Sache verpflichtet, dem Käufer ...". Dem Kaufvertrag (bzw. seinem Abschluss) ist im Sachverhalt der Passus von „Zufällig trifft er ..." bis „Karolin ist einverstanden" zuzuordnen. Ist dieser Passus geeignet, als Vertragsschluss aufgefasst zu werden, liegt ein Kaufvertrag vor, und man kann am Ende die Schlussfolgerung ziehen: „Also ist V gem. § 433 Abs. 1 S. 1 verpflichtet, K das Buch zu übereignen und zu übergeben."

63 Um dahin zu gelangen, muss man den Abschluss eines Kaufvertrages nun genau prüfen. Wann ein Vertrag vorliegt, verrät § 433 Abs. 1 S. 1 nicht. Das ergibt sich aber aus den Bestimmungen der §§ 145 ff. Diese Normen sind selbst keine Anspruchsgrundlagen, denn sie regeln nur den Vertragsschluss. Solche Vorschriften, die man im Zusammenhang mit der Anspruchsgrundlage ergänzend heranziehen muss, nennt man Hilfsnormen. Damit ein Kaufvertrag vorliegt, muss gemäß §§ 145 ff. ein Antrag und eine uneingeschränkte Annahme vorliegen. Der Antrag (= Angebot) muss nach dem Idealbild des BGB so bestimmt sein, dass er vom Empfänger mit einem bloßen „Einverstanden" angenommen werden kann. Dazu müssen wenigstens die beiderseitigen Hauptleistungspflichten als wesentliche Vertragsbestandteile („essentialia negotii") feststehen oder aus den Umständen bestimmbar sein. Weder die Mitteilung des V, das Buch verkaufen zu wollen, noch die erste Reaktion der K lassen einen Anhaltspunkt für den Kaufpreis erkennen; sie erfüllen diese Anforderungen daher nicht. Vielmehr kann hier erst die Erklärung des V, für das Buch 5 € haben zu wollen, als Angebot im Sinne des § 145 angesehen werden. K erklärt dann sofort ihr Einverständnis, mithin die Annahme, § 147 Abs. 1. Der Kaufvertrag ist abgeschlossen.

64 Im Ausgangsfall sind damit die Vorüberlegungen zur Entstehung des Anspruchs bereits abgeschlossen. Der Anspruch auf Übergabe und Übereignung des Buches ist also wirksam entstanden. Geprüft wurde also nur der Anspruchstatbestand selbst, nicht etwa irgendwelche Wirksamkeitshindernisse (dazu sogleich Rn. 68 ff.), weil solche nicht ersichtlich sind. Da für gewöhnliche Kaufverträge kein Formerfordernis besteht, würde man beispielsweise auf diese Frage nicht eingehen. Man prüft nur das, was zu prüfen der Fall Anlass gibt, wobei die Anforderungen hier im Laufe der Ausbildung allmählich etwas gelockert werden. Vom Anfänger verlangt man in der Regel ein sehr genaues Arbeiten, einmal, um beurteilen zu können, ob die Arbeitsweise prinzipiell verstanden worden ist, und zum anderen, weil der Anfänger ja naturgemäß nur wenig Wissen hat, das man prüfen kann.

Die Lösung des Ausgangsfalles kann ausformuliert wie folgt lauten: „K könnte gem. **65** § 433 Abs. 1 S. 1 gegen V einen Anspruch auf Übereignung und Übergabe des Buches haben. Dazu müsste zwischen K und V ein wirksamer Kaufvertrag vorliegen. Dies ist der Fall, wenn übereinstimmende Willenserklärungen vorliegen. Erforderlich ist zunächst ein hinreichend bestimmter Antrag i. S. v. § 145, durch den V dem K den Abschluss eines Kaufvertrags über ein Buch so konkret anträgt, dass diese nur noch zuzustimmen braucht. Die Erklärung des V, sein Buch verkaufen zu wollen, ist noch zu unbestimmt, da der Preis nicht feststeht. Erst als er erklärt, für das Buch 5 € haben zu wollen, liegt ein Angebot vor. Dieses Angebot müsste K angenommen haben. Dies hat sie durch ihre vorbehaltlose Erklärung, mit dem Preis einverstanden zu sein, getan. Deshalb liegt ein wirksamer Kaufvertrag vor. Also kann K von V Übereignung und Übergabe des Buches verlangen."

Hinweis: **66**
In unserem Sachverhalt ist der Gang der Vertragsverhandlungen etwas näher beschrieben. Dies gibt Anlass, auf den Vertragsschluss näher einzugehen. Angenommen, im Fall würde es einfach nur heißen „V verkauft K ein Buch für 15 €", dann wäre es verfehlt, auf den Vertragsschluss einzugehen: Zum einen steht dieser dann unzweifelhaft fest, und zum anderen ist gar nicht erkennbar, wer welche Erklärung abgegeben hat.

V. Einwendungen in der Anspruchsprüfung

Meistens ist es mit der Prüfung des reinen Anspruchstatbestandes nicht getan, son- **67** dern man muss noch weitere Fragen behandeln, nämlich das Vorliegen von Einwendungen. Dies sollen unsere drei Fallvarianten verdeutlichen.

1. Begriff der Einwendung

Was versteht man unter **Einwendungen?** Der Begriff entstammt eigentlich dem **68** Zivilprozessrecht und meint dort all das, was der Beklagte gegen die Klageforderung vorbringt, eben einwendet. Der Begriff der Einwendungen wird aber auch im materiellen Zivilrecht verwendet, das dem Richter die Regeln vorgibt, nach denen er einen Rechtsstreit zu entscheiden hat.[5]

In materiell-rechtlicher Hinsicht unterscheidet man **drei Arten** von Einwendungen **69** mit unterschiedlichen Wirkungen. Einwendungen können entweder bereits die Entstehung des Anspruchs hindern oder einen wirksam entstandenen Anspruch untergehen lassen oder auch nur seine zwangsweise Durchsetzung verhindern. Dementsprechend unterteilt man die Einwendungen in rechtshindernde, rechtsver-

---

[5] Zum Begriff der Einwendungen (und Einreden) näher *Ulrici/Purrmann,* JuS 2011, 104.

nichtende und rechtshemmende und prüft sie in der Fallbearbeitung auch in dieser (logischen) Reihenfolge. Bei manchen dieser Einwendungen ist es für den Eintritt der Rechtsfolgen (und damit auch für die Berücksichtigung im Prozess) notwendig, dass der Anspruchsgegner sich auf sie beruft. Diese Einwendungen nennt man dann Einreden.

70 Auch für die Prüfung von Einwendungen gilt wieder die Notwendigkeit, Obersätze zu bilden. Der Obersatz enthält jeweils den eigentlichen Einwendungstatbestand, also die Norm, aus der sich die Rechtsfolge der jeweiligen Einwendung ergibt.

2. Rechtshindernde Einwendungen

71 Die Prüfung eines Anspruchs setzt sich nach den Anspruchsvoraussetzungen häufig mit der Frage fort, ob der Anspruch wirksam entstanden ist, oder anders ausgedrückt, ob rechtshindernde Einwendungen vorliegen. Bei Verträgen führen diese dazu, dass der ganze Vertrag nicht wirksam ist und demzufolge auch keine vertraglichen Ansprüche bestehen können. Dies ist etwa der Fall, wenn der zu prüfende Vertrag einer bestimmten Form bedürfte und diese nicht eingehalten wäre, § 125 S. 1. Weitere rechtshindernde Einwendungen ergeben sich etwa aus § 105 Abs. 1 (Geschäftsunfähigkeit), §§ 117 Abs. 1, 118 (Willensmängel), Gesetzes- oder Sittenverstoß (§§ 134 bzw. 138 Abs. 1 sowie Wucher, § 138 Abs. 2) und im Falle der Anfechtung aus § 142 Abs. 1.

72 **Hinweis:**
Die Einordnung der Anfechtung als rechtshindernd oder rechtsvernichtend ist umstritten (näher dazu Fall 3 Rn. 22). Für den Fallaufbau ist das letztlich egal, da man üblicherweise nicht mit Überschriften nach Einwendungstypen gliedert, sondern die verschiedenen Kategorien nur durch die Prüfungsreihenfolge berücksichtigt. Auswirkungen ergeben sich eher bei der Rückabwicklung.

73 In Variante 1 zum Beispielsfall ist K geisteskrank. Wo baut man nun dies in die Falllösung ein? Gemäß § 104 Nr. 2 ist ein Geisteskranker geschäftsunfähig. Seine Willenserklärung ist gemäß § 105 Abs. 1 nichtig. Damit kann ein vertraglicher Anspruch nicht entstehen. Es handelt sich also um eine rechtshindernde Einwendung, die im Anschluss an den eigentlichen Anspruchstatbestand geprüft wird. Die Prüfung für die Fallvariante 1 läuft also zunächst genauso ab wie im Ausgangsfall, doch ist anschließend noch die rechtshindernde Einwendung des § 105 Abs. 1 zu prüfen. Da sie vorliegt, ist der Anspruch aus § 433 Abs. 1 S. 1 nicht wirksam entstanden, und K kann das Buch nicht verlangen.

74 Bei der Ausformulierung der Lösung kann man für den deckungsgleichen Teil des Falls nach oben verweisen und sich auf das neu Hinzutretende beschränken. Da man jetzt die Unwirksamkeit des Vertrags erst noch näher untersuchen muss, darf man allerdings die Aussage aus Rn. 65 zur Wirksamkeit hier nicht übernehmen. Daher könnte man etwa das Folgende schreiben:

75 „Wie bereits oben geprüft, haben die Parteien grundsätzlich einen Kaufvertrag geschlossen. Jedoch könnte die Willenserklärung der K gem. § 105 Abs. 1 nichtig sein. Dazu müsste K geschäftsunfähig sein. Gem. § 104 Nr. 2 ist geschäftsunfähig, wer sich in einem nicht nur vorübergehenden, die freie Willensbestimmung ausschließenden Zustand krankhafter Störung der Geistestätigkeit befindet. Da K geisteskrank und somit infolge einer pathologischen Störung dauerhaft nicht in der Lage ist, einen freien Willen zu bilden, ist sie gem. § 104 Nr. 2 geschäftsunfähig.

Somit ist ihre Willenserklärung gem. § 105 Abs. 1 nichtig. Da ihre Annahme also nicht wirksam war, ist auch kein wirksamer Kaufvertrag zustande gekommen. K hat keinen Anspruch aus § 433 Abs. 1 S. 1 gegen V.

3. Rechtsvernichtende Einwendungen

Variante 2 betrifft eine andere Einwendungsart, nämlich eine rechtsvernichtende **76** Einwendung. Der Anspruch ist zunächst – wie im Ausgangsfall – wirksam entstanden, aber möglicherweise nachträglich wieder entfallen. Rechtsvernichtende Einwendungen prüft man dann mit der Eingangsfrage, ob der Anspruch untergegangen oder erloschen ist. Rechtsvernichtende Einwendungen finden sich in § 275 Abs. 1 (Unmöglichkeit), § 362 Abs. 1 (Erfüllung), §§ 378 f. (Hinterlegung), § 389 (Aufrechnung), § 397 (Erlass), § 346 Abs. 1 (Rücktritt) usw. Ausnahmsweise gibt es (seit 2002) auch rechtsvernichtende Einreden, nämlich in § 275 Abs. 2 und 3 (Unzumutbarkeit der Leistung).

In unserer Variante 2 könnte ein Fall der nachträglichen Unmöglichkeit der Leis- **77** tung vorliegen, § 275 Abs. 1 (Achtung, Gutachtenstil!). Man unterscheidet zwischen objektiver und subjektiver Unmöglichkeit (§ 275 Abs. 1), je nachdem, ob jedermann oder nur der Schuldner die Leistung nicht erbringen kann. Da das Buch zerstört wurde, liegt objektive Unmöglichkeit vor. Damit ist V hier gemäß § 275 Abs. 1 von seiner Verpflichtung aus § 433 Abs. 1 S. 1 befreit. – Ob er stattdessen Schadensersatz schuldet, ist im Augenblick nicht gefragt. Die Lösung setzt sich also im Anschluss an den Ausgangsfall folgendermaßen fort:

„Der Anspruch der K könnte gem. § 275 Abs. 1 ausgeschlossen sein. Dazu müsste **78** dem Schuldner V oder jedermann die Leistung unmöglich sein. Da das Buch nach Vertragsschluss zerstört worden ist, kann es von niemandem mehr übergeben und übereignet werden. Damit ist V von seiner Leistungspflicht frei, § 275 Abs. 1. – Ergebnis: K hat gegen V keinen Anspruch.“

4. Rechtshemmende Einwendungen

In Variante 3 geht es um den dritten Einwendungstyp, nämlich um eine rechts- **79** hemmende Einwendung. Bei diesem Einwendungstyp ist der Anspruch wirksam entstanden und auch nicht wieder untergegangen. Dennoch ist er nicht durchsetzbar, wenn sich der Schuldner auf die Einwendung beruft. Diese Art von Einwendungen nennt man auch Einreden, weil sie voraussetzen, dass der Schuldner sie geltend macht. In einem Prozess muss das Gericht alle anderen Einwendungen von Amts wegen berücksichtigen, d. h. auch wenn der Schuldner sich nicht auf sie beruft. Einreden darf der Richter aber nur beachten, wenn feststeht, dass der Schuldner sie erhoben hat.

Einreden kann man von (sonstigen) Einwendungen dadurch unterscheiden, dass sie **80** immer als Leistungsverweigerungsrechte formuliert sind. Dies zeigt etwa ein Blick auf die Einrede der Verjährung gemäß § 214 Abs. 1: Die Verjährung ist eine rechtsausschließende (oder peremptorische) Einrede, die die Durchsetzung des Anspruchs dauernd hemmt. Daneben gibt es auch noch aufschiebende (dilatorische) wie die Stundung und rechtsbeschränkende wie etwa die Einrede des nichterfüllten Vertrags nach § 320 Abs. 1. Dort ist für gegenseitige Verträge wie den Kaufvertrag festgelegt, dass in der Regel keine Partei vorleistungspflichtig ist, sondern die Leistungen Zug-um-Zug zu erbringen sind, also im unmittelbaren Austausch.

81 In Variante 3 hat K ihre kaufvertraglich geschuldete Leistung erbracht. Erst nach drei Jahren trifft sie den V, der ihr das Buch aufgrund des Kaufvertrags nach wie vor schuldet. Denn aufgrund des Zeitablaufs könnte man zwar grundsätzlich daran denken, dass ihr Anspruch verjährt ist. Doch führt die Verjährung gemäß § 214 Abs. 1 nicht dazu, dass der Anspruch wegfällt. Wie erwähnt, gibt die Verjährung dem Verpflichteten nur das Recht, seine Leistung zu verweigern. Nach welcher Zeit ein Anspruch verjährt, ist dem Gesetz zu entnehmen. Die Grundvorschrift enthält § 195 für alle zivilrechtlichen Ansprüche. Danach tritt Verjährung erst nach Ablauf von drei Jahren ein. Wann die Frist beginnt, regelt § 199 Abs. 1 mit hier nicht interessierenden ergänzenden Regelungen in den weiteren Absätzen. Allerdings muss man stets prüfen, ob es nicht speziellere – insbesondere kürzere – Verjährungsvorschriften gibt, wie etwa § 438 Abs. 1 Nr. 3, aber auch längere, wie z. B. §§ 196 ff. Für den Anspruch des Käufers findet man eine solche Norm aber nicht. Da die Frist von drei Jahren nach § 195 gem. § 199 Abs. 1 erst mit dem Jahresende beginnt, ist der Anspruch der K noch nicht verjährt. Der Einwand des V geht also ins Leere.

82 **Hinweis:**
Die Verjährung sollte man in der Falllösung nur ansprechen, wenn Anlass dazu besteht. Dies ist dann der Fall, wenn sich entweder eine Partei auf Verjährung beruft – wie in unserem Fall – *oder* wenn im konkreten Fall eine Verjährung ernsthaft in Betracht kommt – was in unserem Fall nicht der Fall wäre.

83 Die Lösung lautet also: „Möglicherweise kann V die Leistung gem. § 214 Abs. 1 verweigern. Dazu müsste der Anspruch der K aus § 433 Abs. 1 S. 1 verjährt sein. Dieser Anspruch verjährt in der Regelverjährungsfrist des § 195, die gem. § 199 Abs. 1 mit dem Ende des Jahres beginnt, in denen die weiteren Voraussetzungen der Norm gegeben sind. Da hier erst drei Jahre seit dem Vertragsschluss vergangen sind, ist der Übereignungsanspruch an dem Tag, als K den V wieder trifft, noch nicht verjährt. V ist also nicht gemäß § 214 Abs. 1 zur Leistungsverweigerung berechtigt. – K kann somit gem. § 433 Abs. 1 S. 1 Übereignung und Übergabe des Buches von V verlangen."

F. Weitere Hinweise

84 Die ganzen theoretischen Erläuterungen zur Falllösung kann man sich naturgemäß am Anfang nur schwer einprägen, weil nicht nur die Arbeitstechnik, sondern auch die gesamte Materie, um die es eigentlich geht, sehr fremd ist. Deshalb folgen jetzt noch einige Hinweise, die man nicht unbedingt alle gleich zu lesen braucht, aber zumindest vor der ersten echten Prüfung zur Kenntnis nehmen sollte. Zusätzliche Hinweise zur **Anfertigung von Hausarbeiten** finden sich am Ende dieses Buches in Teil 3.

I. Berücksichtigung des Prüferhorizontes

85 Wenn man eine Übungs- oder Examensaufgabe schreibt, sollte man über all die fachlichen Aspekte hinaus daran denken, dass der Prüfer oder die Prüferin nur ein

Mensch ist, der – entgegen landläufigen Vorstellungen – typischerweise gar nichts Böses will und auch kein Interesse daran hat, jemanden durchfallen zu lassen. Er/Sie hat aber die Aufgabe, die jeweiligen Arbeiten entsprechend ihrer individuellen Qualität zu bewerten. Um die Bewertung der Arbeit nicht allzu sehr zu erschweren und bei der korrigierenden Person eine negative Stimmung aufkommen zu lassen, sollte man sich in Klausuren um die folgenden Dinge bemühen:

1. Korrekturrand

Der Korrektor muss seine Bewertung irgendwie nachvollziehbar begründen. Dazu **86** braucht er einen Korrekturrand, typischerweise das rechte Drittel einer Seite.

2. Aufbau, Gliederung, Seitennummerierung

Auch wenn das am Anfang vor allem in Klausuren schwerfallen mag, sollte man **87** doch versuchen, dem Leser den Eindruck zu vermitteln, dass man geordnete Gedanken zu Papier gebracht hat. Dazu gehört neben dem oben dargelegten **Aufbau** auch, ihn durch ein gewisses Maß an **erkennbarer Gliederung** kenntlich zu machen. Am Ende der Vorüberlegungen, die zur Lösungsskizze geführt haben, sollte man die einzelnen Gliederungspunkte mit einer Ober- und Unternummerierung versehen, also die verschiedenen Anspruchsgrundlagen etwa mit römischen, ihre Anspruchsvoraussetzungen und die Einwendungen mit arabischen Ziffern und weitere Unterpunkte z. B. mit Buchstaben durchnummerieren und möglichst auch noch eine knappe Überschrift hinzusetzen.

Die Blätter, auf die man die Klausur schreibt, sollte man **durchnummerieren,** da **88** sie immer einmal durcheinander geraten können. Bei größeren Zäsuren innerhalb der Klausur – neue Anspruchsgrundlage, neue Personenbeziehung usw. – kann man zudem erwägen, auf einer neuen Seite zu beginnen, damit man später ggf. noch die Möglichkeit hat, etwas – auch mit Hilfe neuer Blätter – einzufügen.

3. Schriftbild

Man sollte versuchen, möglichst **leserlich** zu **schreiben.** Unleserliche Schrift wirkt **89** sich oft negativ auf die Bewertung aus. Die Bewertung einer juristischen Arbeit ist nichts, was ganz eindeutigen und objektiven Regeln folgen könnte. Dazu sind etwa der richtige Aufbau und die Argumentation viel zu wichtig, und diese entziehen sich einer brauchbaren Umsetzung in ein scheinbar objektives Punkteschema. Wenn es aber auf den Gesamteindruck ankommt, kann dieser nachhaltig dadurch gestört werden, dass die Schrift nicht leserlich ist und jedes Wort einzeln entziffert werden muss. Erfahrungsgemäß gelingt es in besonders hartnäckigen Fällen auch nicht nach einigen Seiten der Lektüre, sich an die jeweilige „Sauklaue" zu gewöhnen. Muss man aber jedes Wort einzeln entziffern, entsteht kein klarer Eindruck von der Gesamtqualität der Arbeit.

4. Sprache, Stil, Argumentation

Da die Waffe der Juristen nun einmal das Wort ist, sollte man nicht nur sauber **90** schreiben, sondern auch – im Rahmen des angesichts des Gutachtenstils Möglichen – auf einen brauchbaren Stil und richtige Grammatik achten. Beide sind erfahrungsgemäß Voraussetzung für eine ordentliche Argumentation. Man sollte also keine allzu komplizierten Sätze konstruieren, die für den Leser nur schwer verständlich sind. Man muss sich möglichst klar und eindeutig ausdrücken.

91 Schließlich muss man bei der Formulierung des Gutachtens darauf achten, sich *für einen Fachmann verständlich* auszudrücken. Man darf also nicht davon ausgehen, dass der Korrektor die Lösung ja ohnehin kennt, sondern muss das Gutachten für jemanden schreiben, der zwar fachlich vorgebildet ist, sich aber mit der Lösung des Falls nicht näher beschäftigt hat. Für diesen Leser müssen die Ausführungen plausibel und nachvollziehbar sein.

92 Dies ist insbesondere auch bei den Begründungen, im Rahmen der Subsumtion und für notwendige Problemlösungen zu beachten. Man darf grundsätzlich nicht einfach etwas behaupten, sondern man muss mit Hilfe von Sachverhalt und Gesetz begründen, warum es sich so verhält, es sei denn, dies ist „offensichtlich". Selbst dann sollte man mit der Verwendung des Begriffs „offensichtlich" und ähnlichen Worten vorsichtig sein, weil nur selten etwas wirklich offensichtlich ist. Im Übrigen muss man darauf achten, mit nachvollziehbaren, die Gesetze der Logik beachtenden Erwägungen zu einem Ergebnis zu gelangen.

II. Berücksichtigung von Kontroversen zu Problemen

93 Die Lösung juristischer Fälle lässt sich nicht mit Methoden erreichen, die an Exaktheit denen der Mathematik vergleichbar wären. Die Rechtsanwendung ist ohnehin häufig mit der Notwendigkeit einer Interessenabwägung verbunden, etwa weil das Gesetz – im Zivilrecht etwa in § 313 Abs. 1 – eine solche vorschreibt oder weil sie aus sonstigen Gründen notwendig wird. Hinzu kommt, dass oftmals auch nicht ohne weiteres klar ist, ob ein bestimmter Sachverhalt unter den Tatbestand einer Norm zu subsumieren ist. Vielleicht hat man vom Wortlaut des Gesetzes her Zweifel, vielleicht rühren diese aber auch vom Ergebnis her. Man muss dann die allgemein anerkannten Auslegungsmethoden für Gesetze heranziehen, und wenn die Entscheidung letztlich vom Sinn und Zweck eines Gesetzes abhängt, landet man oft wieder de facto bei einer Interessenabwägung.

94 Diese Faktoren führen dazu, dass es oftmals in der Rechtsprechung und der Rechtslehre (oder zwischen den beiden) umstritten ist, ob eine Norm einen Sachverhalt erfasst und wie der Fall zu lösen ist. Mit solchen juristischen Kontroversen wird man bei der Falllösung häufig konfrontiert. Dann gehört es zur Aufgabe (nicht nur) im Gutachten, das Problem und die zu seiner Lösung in Literatur und Rechtsprechung vertretenen Ansichten darzustellen und herauszuarbeiten, zu welchen Ergebnissen die unterschiedlichen Auffassungen für den konkreten Sachverhalt gelangen. Sofern alle Meinungen zum gleichen Ergebnis gelangen, kann man es bei der Feststellung belassen, dass dem so ist und deshalb eine Entscheidung der Kontroverse unterbleiben kann. Ergeben sich aber Unterschiede im Ergebnis, muss man eine eigene Stellungnahme zur Lösung des Problems abgeben. Dabei sollte man die Argumente der unterschiedlichen Auffassungen würdigen und sich dann der Meinung anschließen, deren Argumente man für überzeugender hält. Daraus ergibt sich dann auch die „eigene" Lösung des Falles. Wie man das macht, ist in diversen Fällen weiter unten in diesem Buch beschrieben, z.B. in Fall 3 und 4.

Natürlich sind die Anforderungen an die Darstellung von Streitständen von der Art **95** der Arbeit abhängig, die man gerade schreibt. In einer Hausarbeit gehört es zur Aufgabe, die unterschiedlichen Auffassungen mit Hilfe von Bibliotheken und Datenbanken herauszuarbeiten und auch jeweils durch Quellenangaben zu belegen (dazu näher in Teil 3). Da man viel Zeit hat, muss das auch einigermaßen sorgfältig geschehen. In Klausuren sind die Anforderungen zwangsläufig geringer, da man hier keine Literatur zur Verfügung hat. Es reicht daher, die Meinungen knapp darzustellen, was freilich voraussetzt, dass man sie kennt, also in Grundzügen auswendig gelernt hat. Angaben zu Vertretern der verschiedenen Auffassungen werden nicht erwartet (und schlagen sich auch nicht in der Bewertung nieder).

In diesem Fallbuch werden die Kontroversen meist eher ausführlich wie in einer **96** Hausarbeit, manchmal auch eher knapp wie in einer Klausur dargestellt. Den Unterschied bemerkt man bei der Lektüre ohne weiteres am Umfang der Diskussion und der Anzahl der Fußnoten mit Quellenangaben, deshalb wird das nicht weiter gekennzeichnet. Literaturhinweise gibt es in diesem Buch immer, damit interessierte Studierende die Möglichkeit haben, sich intensiver in die Materie einzuarbeiten, ohne allzu viel Zeit zu verlieren. In Klausuren sind sie natürlich nicht verlangt (und zu Hausarbeiten: s. Teil 3 hinter den Fällen).

2. Teil. Fälle

Fall 1. Geändertes Angebot

Sachverhalt

K will eine nostalgische Toast-Hawaii-Party veranstalten. Er bittet daher mit Schreiben vom 30. 5. mehrere Großhändler um ein Angebot für die Lieferung von 500 Dosen Ananas in Scheiben. Mit Schreiben vom 2. 6. antwortet ihm der V, er könne ihm Konserven zum Preis von 0,40 € je Dose verkaufen. Das Schreiben wird am 3. 6. um 10 Uhr in den Briefkasten des Ladens des K eingeworfen. K ist zu dieser Zeit geschäftlich unterwegs und kehrt um 11 Uhr in sein Geschäft zurück. Um 11.05 Uhr, noch bevor K den Briefkasten geleert hat, ruft V den K an. Er erklärt dem K, er könne sein schriftliches Angebot nicht aufrechterhalten und die Konserven nur mehr zu einem Preis von 0,55 € verkaufen. K entgegnet geistesgegenwärtig, er bestehe auf Lieferung zu den ursprünglich angebotenen Bedingungen. Anschließend entnimmt er dem Briefkasten das Schreiben mit dem Angebot zum Preis von 0,40 €.

Kann K von V Lieferung zu einem Preis von 0,40 € pro Dose verlangen?

Abwandlung: V ruft bereits morgens um 8 Uhr an. K versteht am Telefon fälschlich „0,45 €" pro Dose, weil er gerade niesen musste. Das veranlasst ihn zu der Aussage „Na, gut." Kann V von ihm Zahlung von 275 € verlangen?

Vorüberlegungen

Der Fall ist einfach: Man muss vor allem den Vertragsschluss prüfen und dabei den Zugang der Annahmeerklärung näher untersuchen. Den Vertragsschluss prüft man, soweit die Sachverhaltsangaben dies ermöglichen, chronologisch. Man beginnt mit der ersten in Richtung auf einen Vertragsschluss deutenden Erklärung und untersucht, ob sie einen Antrag i.S.v. § 145 darstellt. Häufig ist die erste „Erklärung" nur eine Aufforderung zur Angebotsabgabe (invitatio ad offerendum), die oft noch nicht bestimmt genug ist und bei der es stets am objektiven Willen zur Rechtsbindung fehlt.

Der Vertragsschluss hängt hier im Wesentlichen von der Rechtzeitigkeit des Widerrufs (§ 130 Abs. 1 S. 2) des Angebots ab, die ihrerseits davon abhängt, wann die Angebotserklärung selbst zugegangen ist. Dies sollte man sauber prüfen; besondere Schwierigkeiten ergeben sich insofern beim Ausgangsfall nicht.

In der Abwandlung ist der Widerruf deutlich früher erfolgt. Freilich hat sich K jetzt mit dem neuen Angebot des V einverstanden erklärt, weil er es am Telefon falsch verstanden hat. Das hat auf die Widerrufserklärung *als solche* keine Auswirkungen. Es stellt sich aber die Frage, ob nun ein Vertrag zustande gekommen ist oder nicht.

Dies hängt davon ab, unter welchen Voraussetzungen eine mündliche Erklärung wirksam wird. Das Gesetz regelt die Frage in § 130 nicht, weil die Norm ausdrücklich auf Willenserklärungen unter Abwesenden abstellt und nach dem allgemeinen Rechtsgedanken, der in § 147 Abs. 1 S. 2 enthalten ist, telefonische Willenserklärungen als solche unter Anwesenden zu behandeln sind.[1]

Gliederung

Lösung

Anspruch K gegen V auf Lieferung zu 0,40 € pro Dose, § 433 Abs. 1 S. 1

1 K könnte gegen V einen Anspruch aus § 433 Abs. 1 S. 1 auf Lieferung von 500 Dosen Ananas in Scheiben zu einem Preis von 0,40 € pro Dose haben.

2 Voraussetzung dafür ist zunächst, dass zwischen V und K ein wirksamer Kaufvertrag mit diesem Inhalt zustande gekommen ist. Ein Kaufvertrag wird durch zwei übereinstimmende Willenserklärungen, nämlich Angebot (§ 145) und Annahme (§ 147 Abs. 1 S. 1) geschlossen.

I. Angebot

3 Ein Angebot (Antrag, § 145) könnte zunächst in dem Schreiben des K an den V vom 30. 5. liegen. Dazu müsste es alle wesentlichen Bestandteile des zu schließenden Vertrags (essentialia negotii) enthalten und von einem Rechtsbindungswillen

---

[1] Vgl. zum Ganzen Palandt/*Ellenberger*, § 130 Rn. 14; *Köhler*, § 6 Rn. 19.

getragen sein.[2] In dem Schreiben vom 30. 5. fehlt es an der Festlegung eines Preises, so dass das Schreiben nur eine Aufforderung zur Abgabe von Angeboten (invitatio ad offerendum)[3] darstellt. Im Übrigen will sich K, für die Empfänger erkennbar, noch nicht binden, so dass auch der Rechtsbindungswille fehlt.

Doch könnte V durch sein Schreiben vom 2. 6. ein Angebot abgegeben haben. Da **4** dieses Schreiben alle wesentlichen Bestandteile des Kaufvertrags – Kaufpreis, Kaufgegenstand, Menge – festlegt, erfüllt es die inhaltlichen Voraussetzungen eines wirksamen Angebots.

1. Wirksamwerden des Angebots durch Zugang, § 130 Abs. 1 S. 1

Das Angebot müsste gem. § 130 Abs. 1 S. 1 wirksam geworden sein. V hat es an K **5** geschickt, eine Abgabe ist also erfolgt. Zum Wirksamwerden einer empfangsbedürftigen Willenserklärung ist gem. § 130 Abs. 1 S. 1 außerdem der Zugang beim Erklärungsempfänger erforderlich, mit dem das Angebot bindend wird, vgl. § 145.[4] Nach ganz h.M. ist eine Willenserklärung zugegangen, wenn sie so in den Machtbereich des Empfängers gelangt, dass dieser unter normalen Verhältnissen die Möglichkeit hat, vom Inhalt der Erklärung Kenntnis zu nehmen.[5] Denn die bloße Absendung kann nach dem Wortlaut des § 130 Abs. 1 S. 1 nicht ausreichen, und auf die tatsächliche Kenntnisnahme darf es nicht ankommen, weil der Empfänger den Zugang sonst verhindern könnte. Wird, wie hier, ein Brief in den Briefkasten des Empfängers eingeworfen, so ist der Zugang anzunehmen, sobald nach der Verkehrsanschauung mit einer Leerung durch den Empfänger zu rechnen war. Im konkreten Fall wurde der Brief an die Geschäftsadresse des K gesandt. Bei Zustellungen an das Geschäftslokal ist es üblich, dass die während der Geschäftszeit eingehende Post sehr bald, wenn nicht sofort nach Zustellung durchgesehen wird.[6] Deshalb ist nach richtiger Meinung in solchen Fällen der Zugangstatbestand sofort mit Einlegen des Briefes in den Geschäftsbriefkasten vollendet, im vorliegenden Fall also bereits um 10 Uhr, weil dies in die Geschäftszeit fällt. Das Angebot ist dem K also um 10 Uhr zugegangen und damit grundsätzlich gem. § 130 Abs. 1 S. 1 wirksam geworden.

> **Hinweis:** **6**
> Man müsste nicht unbedingt bereits hier den genauen Zeitpunkt des Zugangs klären, sondern könnte dies auch erst beim Widerruf tun. Da die Feststellung aber leicht fällt, kann sie auch gleich an dieser Stelle erfolgen.

2. Widerruf des Angebots, § 130 Abs. 1 S. 2 i.V.m. S. 1

Das Angebot wäre gem. § 130 Abs. 1 S. 2 i.V.m. S. 1 doch nicht wirksam gewor- **7** den, wenn V es wirksam widerrufen hätte. Dies setzt eine rechtzeitige Widerrufserklärung gegenüber dem Erklärungsempfänger K voraus.

Die telefonische Mitteilung des V an K, er könne an seinem schriftlichen Angebot **8** zu 0,40 € pro Dose nicht festhalten, ist gem. §§ 133, 157 als konkludente Wider-

---

2 Palandt/*Ellenberger*, § 145 Rn. 1 f.
3 Zur Rechtsfigur der invitatio ad offerendum vgl. *Köhler*, § 8 Rn. 9.
4 *Köhler*, § 6 Rn. 13; HK/*Dörner*, § 130 Rn. 1.
5 BGHZ 137, 205, 208; *BGH* NJW 2004, 1320; Palandt/*Ellenberger*, § 130 Rn. 5.
6 *Köhler*, § 6 Rn. 13.

rufserklärung auszulegen. Da es sich um eine (fern-)mündliche Erklärung handelt, stellt sich zunächst die Frage, wie sie wirksam wird. Nach dem Rechtsgedanken des § 147 Abs. 1 S. 2 handelt es sich bei fernmündlichen Erklärungen um solche unter Anwesenden.

9 Mit dem Zugang beschäftigt sich § 130 Abs. 1 S. 1, doch gilt die Vorschrift ihrem eindeutigen Wortlaut nach nur für Erklärungen unter Abwesenden. Es ist heute aber anerkannt, dass auch bei Erklärungen unter Anwesenden der Grundgedanke des § 130 Abs. 1 S. 1 gilt, also der Zugang entscheidet.[7] Freilich stellt sich bei ihnen die Frage der Kenntnisnahmemöglichkeit typischerweise nicht. Da es hier um eine (fern-)mündliche Erklärung geht, gilt die so genannte Vernehmungstheorie, d. h. die Erklärung geht dann zu, wenn der Empfänger sie (zutreffend) vernimmt.[8] Dies ist im vorliegenden Fall am 3. 6. um 11.05 Uhr geschehen; in diesem Zeitpunkt ist dem K die Widerrufserklärung zugegangen.

10 Fraglich ist, ob der Widerruf um 11.05 Uhr i. S. v. § 130 Abs. 1 S. 2 rechtzeitig erfolgt ist. Dazu müsste er dem K entweder vor oder zeitgleich mit dem Vertragsangebot zugegangen sein. Da das Angebot dem K bereits um 10.00 Uhr durch Einwurf in seinen Briefkasten zugegangen ist, erfolgte der Widerruf zu spät und konnte somit das Wirksamwerden des Angebots nicht mehr hindern.

11 **Hinweis:**
Hätte V das Angebot selbst um 6.00 Uhr in den Briefkasten des K geworfen und den Widerruf um 6.30 Uhr, so wären beide Willenserklärung gleichzeitig in dem Zeitpunkt zugegangen, in dem K gewöhnlich sein Geschäft öffnet. Der Widerruf wäre damit rechtzeitig erfolgt, das Angebot also nicht wirksam geworden.

3. Zwischenergebnis

12 Das schriftliche Angebot des V ist um 10 Uhr wirksam geworden und für den V gem. § 145 bindend, da er sich einen Widerruf nicht vorbehalten hat.

II. Annahme

13 Die Annahme erfordert ein uneingeschränktes Einverständnis mit dem angebotenen Vertragsschluss. K hat dem V am Telefon erklärt, er bestehe auf der Lieferung zu den ursprünglichen Konditionen. Damit hat er das Angebot des V ohne jede Einschränkung angenommen. Diese Erklärung ist dem V unter Anwesenden zugegangen (arg. § 147 Abs. 1 S. 2) und damit analog § 130 wirksam geworden.

14 Zu einem Vertragsschluss führt die Annahme aber nur, wenn sie auch rechtzeitig erfolgt ist, vgl. §§ 146, 150 Abs. 1. Daher ist zu prüfen, ob das Angebot des V nicht bereits nach § 146 erloschen war, als K die Annahme erklärte. Da V das Angebot unter Abwesenden gemacht und darin keine Annahmefrist nach § 148 gesetzt hatte, ergibt sich die Annahmefrist aus § 147 Abs. 2. Danach muss die Annahme bis zu dem Zeitpunkt erfolgen, in dem sie der Antragende regelmäßig erwarten kann. Da K das Angebot noch am Tag seines Zugangs auf den Telefonanruf des V (vgl. § 147 Abs. 1 S. 2, Abs. 2) hin sofort angenommen hat, erfolgte die Annahme rechtzeitig.

---

7 *Köhler,* § 6 Rn. 19.
8 *BGH* NJW 1989, 1723; Palandt/*Ellenberger,* § 130 Rn. 14.

Somit führte die Annahme des K zum Vertragsschluss zwischen den Parteien, wes- 15
halb V zur Lieferung der Dosen zum Gesamtpreis von 200 € verpflichtet ist.

> **Hinweis:** 16
> In dem Telefonanruf des V kann folglich allenfalls ein Angebot auf Vertragsänderung (vgl. § 311
> Abs. 1) gesehen werden, das K aber nicht angenommen hat. Da im Sachverhalt nichts darauf hin-
> deutet, dass der Sinneswandel des V auf einem Kalkulationsirrtum beruhen könnte, gibt es keinen
> Anlass, auf eine eventuelle Anfechtungsmöglichkeit einzugehen. Der Sachverhalt ist so hinzuneh-
> men, wie er ist; man darf nichts „hinzudichten".

III. Ergebnis

K kann von V gem. § 433 Abs. 1 S. 1 Lieferung der 500 Dosen Ananas zu einem 17
Preis von 0,40 € pro Dose verlangen.

Abwandlung: Anspruch V gegen K auf Zahlung von 275 €, § 433 Abs. 2

V hat gegen K einen Anspruch auf Zahlung von 275 € gem. § 433 Abs. 2 Alt. 1, 18
wenn die beiden einen Kaufvertrag entsprechenden Inhalts abgeschlossen haben.

I. Vertragsantrag des V

Zunächst hat V dem K den Abschluss eines Vertrags mit einem Gesamtkaufpreis 19
von 200 € (0,40 € pro Dose) angeboten (s. o. Rn. 4). Dieser Vertragsantrag ist dem
K um 10 Uhr zugegangen und damit wirksam geworden, wenn V ihn nicht rechtzeitig nach § 130 Abs. 1 S. 2 widerrufen hat.

Bereits um 8 Uhr hat V dem K am Telefon erklärt, er könne sein ursprüngliches 20
Angebot nicht mehr aufrechterhalten und die Konserven nur noch zu einem höheren Preis verkaufen. Damit hat er eindeutig zum Ausdruck gebracht, das ursprüngliche Angebot solle nicht mehr gelten. K hat die Erklärung insofern auch zutreffend
vernommen, so dass sie durch Zugang wirksam geworden ist. Dass K den neuen
Preis falsch verstanden hat, vermag daran nichts zu ändern. Diese Widerrufserklärung ist K vor dem eigentlichen Vertragsantrag zugegangen. Damit sind die Voraussetzungen des § 130 Abs. 1 S. 2 erfüllt; das Angebot zu 0,40 € je Dose ist nicht
wirksam geworden.

Jedoch hat V dem K mit der Widerrufserklärung zugleich angeboten, ihm die Do- 21
sen zu einem Stückpreis von 0,55 € zu liefern. Fraglich ist wiederum, ob dieses Angebot wirksam geworden ist. Da die Erklärung am Telefon erfolgte, ist sie nach dem
in § 147 Abs. 1 S. 2 enthaltenen verallgemeinerungsfähigen Rechtsgedanken unter
Anwesenden erfolgt.

Auf Willenserklärungen unter Anwesenden ist § 130 seinem eindeutigen Wortlaut 22
nach unanwendbar. Dennoch besteht Einigkeit, dass das Zugangsprinzip auch für
sie gilt. Bei nicht verkörperten, insbesondere mündlichen, Erklärungen erfordert
der Zugang wegen ihrer Flüchtigkeit zusätzlich, dass der Empfänger die Erklärung
auch richtig versteht (sog. strenge Vernehmungstheorie).[9] Denn der Erklärende

---

[9] *BGH* WM 1989, 650, 652 aE; HK/*Dörner*, § 130 Rn. 12, 20; Staudinger/*Singer*, § 130 Rn. 112 ff.
m. w. N. – Zum Zugang gegenüber Behinderten vgl. *Neuner*, NJW 2000, 1822, 1825 f.

kann sich vergewissern, ob die Erklärung richtig angekommen ist, während der Empfänger – jedenfalls später – keine Möglichkeit mehr hat, ihren Inhalt nachzuprüfen. Da K die Erklärung falsch verstanden hat, ist sie demnach nicht wirksam geworden.

23 Umstritten ist allerdings, ob dies auch dann gilt, wenn für den Erklärenden nicht erkennbar ist, dass der Empfänger die Erklärung nicht oder falsch verstanden haben könnte. Eine starke Literaturmeinung meint, im Interesse des Verkehrsschutzes könne man dem Erklärenden das Risiko nicht auferlegen, dass der Empfänger hörbehindert oder einfach unaufmerksam ist (sog. eingeschränkte Vernehmungstheorie).[10] Im vorliegenden Fall durfte V freilich nicht davon ausgehen, dass K ihn richtig verstanden habe, da dieser gerade niesen musste. Damit bedarf die Kontroverse hier keiner Entscheidung, da das Ergebnis gleich bleibt: Der neue Antrag des V ist mangels Vernehmung durch K ebenfalls nicht wirksam geworden.

24 **Hinweis:**
Ohne das Niesen käme die eingeschränkte Vernehmungstheorie zur Wirksamkeit des Antrags. Da K die Annahme erklärt hat, könnte er seine Erklärung allenfalls noch gem. § 119 Abs. 1 Alt. 1 anfechten (Inhaltsirrtum), freilich mit der Konsequenz, Schadensersatz nach § 122 Abs. 1 leisten zu müssen. Dann musste V auch nicht von einem Irrtum des K ausgehen, sodass seinem Ersatzanspruch § 122 Abs. 2 BGB entgegenstehen würde.

II. Antrag durch K?

25 Es bleibt noch die Möglichkeit, dass K dem V durch seine vermeintliche Annahmeerklärung einen Vertragsantrag gemacht hat. Doch stellt sich seine Erklärung aus der Sicht des objektiven Empfängerhorizonts nicht so dar.

III. Ergebnis

26 Mangels Einigung ist kein Vertrag zwischen K und V zustande gekommen. V hat also auch keinen Kaufpreisanspruch gem. § 433 Abs. 2

---

[10] So etwa *Köhler,* § 13 Rn. 19; *Bork,* Rn. 631 m.w.N.; *Larenz/Wolf,* § 26 Rn. 32; Soergel/*Hefermehl,* § 122 Rn. 21.

Fall 2. Hilfe unter Freunden

Nach BGHZ 21, 102.

Sachverhalt

A betreibt einen Lieferservice für belegte Brötchen und andere kleinere Mahlzeiten, die er selbst anfertigt und unter Verwendung von Kühlfahrzeugen an Unternehmen ohne eigene Kantine liefert. Eines Morgens erscheint der Fahrer F nicht zur Arbeit, was A gegenüber seinen Kunden in arge Verlegenheit bringt. Er bittet deshalb seinen Bekannten B, der früher bei ihm angestellt war und gerade Urlaub hat, schnell einmal bei ihm auszuhelfen, und weist darauf hin, dass B ihm noch einen Gefallen schulde. B meint erst, er habe keine Lust, in seinem Urlaub zu arbeiten. Als A ihm eindringlich schildert, dass er sich in einer Notlage befinde, Kunden verlieren könne und wirklich nicht wisse, woher er sonst Hilfe bekommen könne, meint B schließlich, er wolle dem A nun doch den Gefallen tun und ihm helfen, weil dieser ihm früher auch einmal geholfen habe.

Als B dann nach einer halben Stunde immer noch nicht da ist, fragt sich A, ob er von B verlangen kann, dass dieser ihm im Lieferservice aushilft.

Abwandlung: B hilft schließlich bei A aus. Da er schon lange nicht mehr mit einem Kühlfahrzeug unterwegs war, schaltet er während der Fahrt versehentlich die Kühlanlage seines Lieferfahrzeugs ab. Die gerade herrschende hochsommerliche Hitze führt dazu, dass die Ware schon ab 11 Uhr zu verderben beginnt. Die Kunden wollen die unansehnliche Ware nicht kaufen. A entgeht dadurch ein Gewinn von 100 €; außerdem muss er die Waren im Wert von 200 € wegwerfen.

A fragt sich nun, ob er von B Schadensersatz verlangen kann. Dieser meint, wegen eines so kleinen Versehens hafte man nicht, wenn man ohne Bezahlung tätig werde.

Vorüberlegungen

Der Fall entspricht einem altbekannten Standardfall aus der Rechtsprechung, der seit Jahrzehnten diskutiert wird. Es geht vor allem um die Frage, ob ein Gefälligkeitsverhältnis als (heute) Schuldverhältnis i. S. d. § 311 Abs. 2 angesehen werden kann, weil dies erhebliche Konsequenzen für die Haftung (nur Deliktsrecht oder auch vertragsähnlich?) hat. Da dies über den Anfängerstoff zum Allgemeinen Teil hinausgeht, besteht der Fall aus zwei Teilen: Im Ausgangsfall geht es nur die Frage, ob ein Anspruch auf eine Leistung besteht oder nicht. Darauf kann man sich beschränken, wenn man bislang nur den Stoff des Allgemeinen Teils erlernt hat.

Die angedeuteten Probleme des Ausgangsfalls lassen sich im Rahmen des vertraglichen Erfüllungsanspruchs abhandeln, für den man zunächst die passende Anspruchsgrundlage ermitteln muss. Allzu viele unentgeltliche Verträge kennt das BGB zum Glück nicht, und der passende sollte aus den Vorlesungsstunden zur Willenserklärung und ihrem Tatbestand bekannt sein. Übrigens sollte man unentgeltliche Verträge als solche bezeichnen und die in der Literatur[1] anzutreffenden „Gefälligkeitsverträge" vermeiden: Bei einem Vertrag hat man regelmäßig eine rechtliche Bindung, bei der Gefälligkeit dagegen gerade nicht. Für eine ordentliche Lösung muss man die entscheidenden Abgrenzungskriterien kennen, die der BGH in der oben angeführten Entscheidung aufgestellt hat, und wissen (oder herleiten), wessen Horizont über die Abgrenzung zwischen rechtsgeschäftlichem Handeln und außerrechtlich-gesellschaftlichen Abreden entscheidet. Bei welcher Anspruchsvoraussetzung bzw. welchem Tatbestandsmerkmal man diese Frage zu erörtern hat, sollte man erkennen können.

In der Abwandlung ist die Haftung im Gefälligkeitsverhältnis nach schuldrechtlichen Normen zu prüfen. Die deliktische Haftung hätte im Originalsachverhalt des BGH wenig geholfen, denn ein von B geschickter Angestellter hatte dort den Fehler gemacht, so dass im Zweifel § 831 Abs. 1 S. 2 eingegriffen hätte. Deshalb untersucht das Urteil die vertragsähnliche Haftung, die sich nach heutiger Rechtslage leichter begründen lässt als vor der Schuldrechtsreform von 2002. Man muss die Ausführungen in der BGH-Entscheidung mit der gebotenen zeitlichen Distanz interpretieren.

Gliederung

---

[1] Vgl. nur Staudinger/*Martinek*, § 662 Rn. 6 ff.

Lösung

Anspruch A gegen B auf Hilfe im Lieferservice gem. § 662

A könnte gegen B einen Anspruch auf Hilfe im Lieferservice aus einem Auftrag, **1** § 662, haben.

I. Vertragsschluss

Dazu müsste zwischen A und B ein entsprechender Vertrag durch Antrag und An- **2** nahme (§§ 145 ff.) zustande gekommen sein. Dies könnte grundsätzlich der Fall sein: A hat B um unentgeltliche Aushilfe gebeten, was sich aus dem objektiven Empfängerhorizont (§§ 133, 157) als Vertragsantrag i.S.v. § 145 darstellen könnte, der auf Abschluss eines Auftrags gerichtet war. B hat sich damit einverstanden er- klärt, hätte den Antrag also angenommen.

Der vertragliche Erfüllungsanspruch setzt jedoch eine rechtliche Bindung voraus, **3** die im vorliegenden Fall wegen der Unentgeltlichkeit der in Frage stehenden Tätig- keit näherer Untersuchung bedarf. Zwar steht die Unentgeltlichkeit einer Rechts- bindung nicht entgegen, wie die Existenz u.a. der §§ 662 ff. belegt. Dennoch ist zu untersuchen, ob eine solche Bindung hier tatsächlich gewollt war oder ob es statt- dessen um eine bloße Gefälligkeit gesellschaftlicher Art ging, die keine rechtlichen Verpflichtungen begründet. Für letzteres spricht, dass B dem A aufgrund ihrer pri- vaten Beziehungen Hilfe leisten wollte und ihm noch einen Gefallen „schuldete". Ob B dem A tatsächlich nur eine außerrechtliche Gefälligkeit erweisen wollte, ist im Wege der Auslegung seiner Erklärung gemäß §§ 133, 157 zu ermitteln, welche nicht nur den Inhalt eines Rechtsgeschäfts klärt, sondern auch die Frage, ob ein solches überhaupt vorliegt.[2] Da die Erklärung des B zu einem Vertragsschluss füh- ren könnte, richtet sich ihre Auslegung entgegen dem Wortlaut des § 133 nicht allein nach dem wahren Willen des B, sondern in erster Linie nach ihrem Verständ- nis durch einen objektiven und vernünftigen Betrachter (§ 157), da man nur so die schutzwürdigen Belange des Empfängers A berücksichtigen kann.[3] Etwas anderes gilt nur, wenn der Empfänger nicht schutzwürdig ist, weil er richtig erkennt, was der Erklärende gewollt hat oder dies jedenfalls bei Anwendung der ihm zumutbaren Sorgfalt hätte erkennen können.

---

[2] BGHZ 21, 102, 106 f.
[3] *Larenz/Wolf,* § 28 Rn. 11 ff.

4 Bei Hilfszusagen unter Bekannten liegt nach Treu und Glauben in der Regel die Annahme nahe, dass die Hilfe freiwillig erfolgen soll und sich der Gefällige *nicht zur Hilfeleistung verpflichten* will. Doch ist für den konkreten Fall zu untersuchen, ob es Anhaltspunkte für einen Bindungswillen gibt. Dafür hat die Rechtsprechung bestimmte objektive Kriterien entwickelt, aus denen man auf das Vorliegen eines Rechtsbindungswillens schließen kann. Zu diesen Kriterien zählen v.a. die Art der Gefälligkeit, ihr Grund und Zweck, ihre wirtschaftliche und rechtliche Bedeutung für den Empfänger, die Interessenlage der Parteien, der Wert einer anvertrauten Sache, das erkennbare Interesse des Begünstigten sowie die dem Leistenden erkennbare Gefahr, in welche die andere Partei durch eine fehlerhafte Leistung geraten kann.[4] Wendet man diese Kriterien an, so ergibt sich Folgendes: Die Auslieferung seiner Waren und damit die Tätigkeit des B ist für A von wirtschaftlicher Bedeutung, da er seine Kunden nicht verärgern will. Dies war für B auch ohne weiteres erkennbar, ebenso der Umstand, dass A Schäden drohten, wenn B seine Zusage nicht einhalten würde. Andererseits hatte A den B unter Hinweis auf einen geschuldeten „Gefallen" um Hilfe gebeten, und B hatte sich bei seiner Hilfszusage ebenfalls auf diesen Aspekt und Gedanken bezogen. Dies spricht nach §§ 133, 157 gegen einen Verpflichtungswillen des B und für die Zusage eines nicht bindenden Freundschaftsdienstes (a.A. mit entsprechender Begründung vertretbar).

II. Zwischenergebnis

5 Ein Vertrag liegt nicht vor.

III. Ergebnis

6 Ein Anspruch des A gegen B auf (Liefer-)Tätigkeit aus § 662 scheidet daher aus.

Abwandlung

I. Anspruch des A gegen B auf Schadensersatz gem. § 280 Abs. 1

7 A könnte gegen B wegen des Untergangs der Ware und des entgangenen Gewinns ein Schadensersatzanspruch gem. § 280 Abs. 1 zustehen. Dazu müsste B schuldhaft eine Pflicht aus einem Schuldverhältnis verletzt haben.

8 **Hinweis:**
Aus Gründen der Übersichtlichkeit bietet es sich vor allem für Anfänger an, vor dem Einstieg in die Fallprüfung in einem einleitenden Satz alle zu prüfenden Tatbestandsmerkmale der Anspruchsgrundlage kurz anzusprechen („roter Faden").

1. Schuldverhältnis

9 Dazu müsste zwischen A und B ein wirksames Schuldverhältnis zustande gekommen sein. Gem. § 311 Abs. 1 erfordert ein rechtsgeschäftliches Schuldverhältnis grundsätzlich einen Vertrag.

a) Auftrag, § 662

10 Zwischen A und B könnte ein Auftrag gem. § 662 zustande gekommen sein, wenn B sich gegenüber A verpflichten wollte, ein ihm von A übertragenes Geschäft für

---

4 BGHZ 21, 102, 106 f.; BGHZ 56, 204, 210.

diesen unentgeltlich zu besorgen. Wie oben dargelegt (Rn. 1 ff.), wollte sich B aus der Sicht des objektiven Empfängerhorizonts aber nicht zur Hilfeleistung (im Sinne eines echten Leistungsversprechens, § 241 Abs. 1) verpflichten.

b) Gefälligkeitsverhältnis

Ein wirksames Schuldverhältnis könnte aufgrund eines rechtsgeschäftlichen Gefäl- **11** ligkeitsverhältnisses zustande gekommen sein. Ein solches Gefälligkeitsverhältnis begründet zwar keine Leistungspflichten bezüglich der Ausführung der Gefälligkeit. Das rechtsgeschäftliche Element liegt bei Fehlen einer Leistungspflicht jedoch (ggf.) darin, dass der Gefällige die rechtliche Relevanz seiner tatsächlichen Leistungs-erbringung erkennt. Dann muss der Gefällige, wenn er die Gefälligkeit durchführt, bestimmte Sorgfaltspflichten beachten.[5] Hiervon sind die Fälle der rein tatsächli-chen Gefälligkeiten des täglichen Lebens abzugrenzen, bei denen keinerlei schuld-rechtliche Beziehungen zwischen den Parteien bestehen.[6]

> **Hinweis:** **12**
> Man muss folglich differenzieren zwischen so genannten Gefälligkeitsverträgen (z. B. Auftrag), Gefäl-ligkeitsverhältnissen mit rechtsgeschäftlichem Charakter (die als Schuldverhältnis im Sinne des § 311 Abs. 2 ohne Primärleistungspflicht in Betracht kommen) und reinen Gefälligkeitsverhältnissen. So hat es jedenfalls der BGH in seiner klassischen Entscheidung angenommen und zu begründen ver-sucht. Zumindest aus heutiger Sicht vermag die Begründung des Gerichts nicht zu überzeugen, denn zunächst wird ein Wille zur rechtlichen Bindung i. S. eines Vertragsschlusses verneint, dann aber doch ein rechtsgeschäftliches bzw. besser rechtsgeschäftsähnliches Schuldverhältnis angenommen. Dabei verwendet das Gericht die Kriterien, die es seitdem selbst für die Abgrenzung von Vertrag und Gefälligkeit heranzieht. Daher sollte man die Ausführungen in dieser sehr alten Entscheidung heute wohl dem § 311 Abs. 2 Nr. 3 zuordnen, mit dem sich ein Schuldverhältnis relativ leicht begründen lässt und den es seinerzeit noch nicht gab.

Ob im Einzelfall ein rechtsgeschäftsähnliches Gefälligkeitsverhältnis, also ein ähnli- **13** cher geschäftlicher Kontakts i. S. von § 311 Abs. 2 Nr. 3 vorliegt oder eine rein tat-sächliche Gefälligkeit, hängt wiederum von einer Auslegung des Verhaltens des Ge-fälligen gemäß §§ 133, 157 ab. Entscheidend ist dabei wiederum nicht der innere Wille des Gefälligen, sondern die Deutung seines Verhaltens unter Würdigung aller Umstände des Einzelfalls aus der Sicht eines sorgfältigen Dritten.[7] Dabei sind u. a. die rechtliche und wirtschaftliche Bedeutung der Angelegenheit, der Wert einer anvertrauten Sache und das Haftungsrisiko des Gefälligen heranzuziehen.[8]

Im vorliegenden Fall spricht das Haftungsrisiko des B gegen das Vorliegen eines **14** Rechtsbindungswillens. Für einen ähnlichen geschäftlichen Kontakt (§ 311 Abs. 2 Nr. 3) sprechen hingegen der Wert des Transportfahrzeugs und die Gefahren, die sich für A durch einen unerfahrenen Fahrer ergeben können, namentlich die Risi-ken für die transportierten Waren und die ordnungsgemäße Erfüllung der vertragli-chen Pflichten des A gegenüber seinen Kunden. Daher ist die Übernahme der Hil-feleistung als Gefälligkeitsverhältnis anzusehen, dass einen ähnlichen geschäftlichen Kontakt i. S. v. § 311 Abs. 2 Nr. 3 darstellt.[9]

---

[5] BGHZ 21, 102, 106, 108; *Larenz,* Lehrbuch des Schuldrechts, Bd. 2, Teilbd. 1, 13. Aufl., 1986, S. 412.

[6] Palandt/*Grüneberg,* Einl. v. § 241 Rn. 7.

[7] BGHZ 21, 106 f.

[8] BGHZ 56, 210.

[9] Vgl. ausdrücklich BGHZ 27, 102, 108, 110.

15 **Hinweis:**

In der alten Entscheidung des BGH wird dagegen geprüft, ob ein Gefälligkeitsverhältnis im tatsächlichen oder im rechtsgeschäftlichen Bereich vorliegt, und aus letzterem dann ein gesetzliches Schuldverhältnis abgeleitet, was nach alter Rechtslage nicht unumstritten war.[10] Wie oben erläutert, sollte man diese gekünstelt wirkende Abgrenzung heute so nicht mehr versuchen.

c) Zwischenergebnis

16 Ein Schuldverhältnis zwischen A und B besteht.

2. Pflichtverletzung

17 Weiter müsste B eine Pflicht aus dem Schuldverhältnis objektiv verletzt haben. In Ermangelung einer Hauptleistungspflicht kommt hier nur die Verletzung einer Nebenleistungspflicht in Betracht. Gemäß § 241 Abs. 2 sind in einem Schuldverhältnis beide Parteien verpflichtet, auf die Interessen des anderen Teils Rücksicht zu nehmen. Daraus folgt, dass B hier seine gefälligkeitshalber übernommene Aushilfe bei A so erbringen musste, dass es zu keinen Schädigungen von Rechtsgütern (hier: Eigentum am Kühlfahrzeug und an den transportierten Waren) und Interessen (hier: Vertragsbeziehungen zu Kunden) verletzt werden. B hat versehentlich die Kühlanlage während der Fahrt ausgeschaltet und somit diese Pflicht verletzt.

3. Rechtswidrigkeit

18 Die Rechtswidrigkeit ist durch die Pflichtverletzung indiziert.

4. Vertretenmüssen

19 B müsste gem. § 280 Abs. 1 S. 2 die Pflichtverletzung zu vertreten haben.

a) Allgemeiner Haftungsmaßstab

20 Der Schuldner hat gemäß § 276 Abs. 1 S. 1 grundsätzlich Vorsatz und Fahrlässigkeit zu vertreten. In Betracht kommt hier Fahrlässigkeit, also die Außerachtlassung der im Verkehr erforderlichen Sorgfalt, § 276 Abs. 2. B hätte sich vor der Fahrt mit der Technik eines Kühlwagens vertraut machen bzw. sich diese (aus seiner früheren Tätigkeit) wieder ins Gedächtnis zurückrufen müssen, bevor er die Fahrt antrat. Da er dies unterlassen hat, hat er auch die im Verkehr erforderliche Sorgfalt außer Acht gelassen. Einfache Fahrlässigkeit i. S. v. § 276 Abs. 2 ist also zu bejahen.

b) Spezieller Haftungsmaßstab?

21 Zu prüfen ist, ob zugunsten des B eine Haftungsmilderung eingreift. Zwar ist eine solche in den §§ 276 ff. oder an anderer Stelle für unentgeltlich bzw. gefälligkeitshalber tätige Schuldner nicht vorgesehen. Jedoch könnte man aus einer analogen Anwendung der §§ 521, 599, 690 eine Haftung für einfache Fahrlässigkeit ausschließen.[11] Für die Analogie spricht, dass die genannten Vorschriften für unentgeltliche Vertragstypen eine Haftungsmilderung vorsehen und B ebenfalls unentgeltlich tätig ist. Das Fehlen einer Haftungsmilderung bei bloßen Gefälligkeitsverhältnissen

---

10 *Willoweit,* JuS 1986, 96 m. w. N.; ablehnend etwa *Eisenhardt,* Allgemeiner Teil des BGB, 5. Aufl., 2004, Rn. 78.

11 *Hoffmann,* AcP 167 (1967), 394, 395 f.

könnte einen Wertungswiderspruch bedeuten, denn hätte B mit Rechtsbindungswillen einen „Gefälligkeitsvertrag" geschlossen, wäre seine Haftung in den Fällen der §§ 521, 599, 690 auf grobe Fahrlässigkeit beschränkt. Es erscheint zweifelhaft, ob man einen Schuldner, der nicht einmal eine vertragliche Bindung eingehen wollte, demgegenüber strenger haften lassen kann.[12] Dies spricht dafür, dass hier eine planwidrige Regelungslücke – als Voraussetzung jeder Analogie – vorliegen könnte. Diese könnte man, da es hier auch um eine unentgeltliche Tätigkeit mit vergleichbarer Interessenlage geht, durch die entsprechende Anwendung des in den genannten Vorschriften enthaltenen allgemeinen Rechtsgedankens schließen.

Gegen die Analogie sprechen allerdings mehrere Aspekte: Zum einen kann man den **22** besagten Vorschriften nicht ohne weiteres einen allgemeinen Rechtsgedanken entnehmen, weil sie keine einheitliche Regelung treffen: Während die §§ 521, 599 eine Haftung nur für grobe Fahrlässigkeit vorsehen, ordnet § 690 eine Haftung für die Sorgfalt in eigenen Angelegenheiten (§ 277) an. Zum anderen und vor allem aber ist sowohl für den Auftrag als weiteren „Gefälligkeitsvertrag" als auch für die Geschäftsführung ohne Auftrag gerade keine Haftungsmilderung vorgesehen.[13] Dies spricht dafür, dass es an einer Regelungslücke fehlt und die Analogie deshalb unzulässig ist. Daher kommt eine analoge Anwendung der §§ 521, 599, 690 auf den vorliegenden Fall nicht in Betracht.

Hinweis: **23**
Grobe Fahrlässigkeit liegt vor, wenn die im Verkehr erforderliche **objektive** Sorgfalt des § 276 Abs. 1, 2 in besonders schwerem Maße verletzt worden ist, also wenn schon einfachste, ganz nahe liegende Überlegungen nicht angestellt werden und nicht beachtet wird, was im gegebenen Fall jedem hätte einleuchten müssen.[14] – Demgegenüber gilt bei der Haftung für die eigenübliche Sorgfalt ein **subjektiver** Maßstab: Wer besonders sorgsam mit seinen Sachen umgeht, haftet demnach auch für einfache Fahrlässigkeit; wer eher nachlässig ist, haftet aber gem. § 277 doch für Vorsatz und grobe Fahrlässigkeit.

c) Abrede über eine Haftungsbegrenzung?

Weiter ist zu untersuchen, ob die Haftung des B durch eine konkludente Parteiab- **24** rede oder aufgrund ergänzender Auslegung auf Vorsatz und grobe Fahrlässigkeit beschränkt ist.

Die bloße Tatsache, dass B sich aus reiner Gefälligkeit unentgeltlich zur Verfügung **25** stellte, reicht noch nicht aus, um eine konkludent vereinbarte Haftungsbeschränkung annehmen zu können.[15] Auch die Freundschaft zwischen A und B führt zu keiner anderen Beurteilung.[16] Allerdings hält die Rechtsprechung einen Haftungsausschluss für leicht fahrlässiges Verhalten im Einzelfall dann für möglich, wenn einerseits der Geschädigte an der Gefälligkeit ein außergewöhnlich starkes Interesse hat und andererseits die Gefälligkeit für den Schädiger ein derart hohes Haftungsrisiko darstellt, dass die Durchführung ohne Haftungsausschluss und Versicherungsschutz schlichtweg unvernünftig erscheinen müsste. In einem solchen Fall hätte sich

---

[12] Vgl. *Medicus/Petersen*, Rn. 369; HK/*Schulze*, Vor § 241 Rn. 21.

[13] Staudinger/*Martinek*, § 662 Rn. 41 ff.; ausführlich zur vertraglichen Haftung für Gefälligkeiten *Gehrlein*, VersR 2000, 415 ff.

[14] Palandt/*Grüneberg*, § 277 Rn. 5.

[15] *BGH* VersR 1978, 625.

[16] Vgl. zu innerfamiliären Gefälligkeiten BGHZ 43, 72, 76 m.w.N.; *BGH* NJW 1966, 41; VersR 1967, 157.

der Geschädigte der Bitte des Schädigers nach Haftungsbeschränkung nicht verschließen können. Es könne dann davon ausgegangen werden, dass – jedenfalls hinsichtlich der typischerweise auftretenden Gefahren – ein Haftungsausschluss für einfache Fahrlässigkeit vereinbart worden wäre.[17] Anderer Ansicht nach handelt es sich bei der Annahme eines konkludenten Haftungsausschlusses um eine bloße Fiktion,[18] die einem reinen „Billigkeitsjudiz" entspringt und daher nur zu Rechtsunsicherheiten führt.[19]

26 Die Frage, ob eine Haftungsbeschränkung in Gefälligkeitsverhältnisse unter bestimmten Umständen hineininterpretiert werden darf, muss nicht entschieden werden, wenn eine Haftungsbeschränkung im vorliegenden Fall ohnehin nicht in Betracht kommt: Zwar lag der Einsatz des B durchaus im besonderen Interesse des A, da dieser durch die Erkrankung seines eigenen Arbeitnehmers Gefahr lief, seine vertraglichen Verpflichtungen gegenüber den Kunden nicht erfüllen zu können, so dass er auf die Hilfe des B angewiesen war. Allerdings hatte es B selbst in der Hand, durch sorgfältiges Verhalten das Schadensrisiko zu beschränken. Abgesehen davon stellt die fehlende Praxis bei der Bedienung des Kühlfahrzeugs kein für B unkalkulierbares Risiko dar, das der Gefälligkeit typischerweise innewohnt. Hätte B darauf hingewiesen, wäre zwischen den Parteien vernünftigerweise wohl kein Haftungsausschluss vereinbart, sondern B nochmals in die Bedienung des Fahrzeugs eingewiesen worden. Eine Haftungsbeschränkung kann daher auch nicht im Wege der ergänzenden Vertragsauslegung in das Gefälligkeitsverhältnis hineininterpretiert werden, zumal hier an sich ein Vertrag gar nicht geschlossen wurde, obwohl dies möglich gewesen wäre. B haftet daher gem. § 276 Abs. 1 S. 1 auch für einfache Fahrlässigkeit (a. A. vertretbar).

27 Hinweis:
Eine konkludente Beschränkung der Haftung des Schädigers auf Vorsatz und grobe Fahrlässigkeit hat der BGH bei einer Gefälligkeitsfahrt angenommen, bei der ein Mitfahrer wegen der Alkoholisierung des Fahrers das Steuer übernehmen musste und es dann – wegen der geringen Fahrpraxis des Mitfahrers – zu einem Unfall kam. Hier bejahte der BGH sowohl das untragbare Risiko des nicht versicherten Mitfahrers als auch das besondere Interesse des alkoholisierten Fahrers, der sich bei Weiterfahrt strafbar gemacht hätte.[20] Hauptsächlicher Grund war wohl der fehlende Versicherungsschutz.

5. Rechtsfolge: Schadensersatz

28 Schließlich müsste dem A durch die Pflichtverletzung des B ein ersatzfähiger Schaden entstanden sein. Schaden ist jeder unfreiwillige Vermögensverlust. Hier sind Waren im Eigentum des A verdorben, sodass ihm ein Schaden entstanden ist. Die Ursache dafür lag darin, dass B infolge einer Unachtsamkeit die Kühlanlage ausgeschaltet hat. Somit hat B durch seine Pflichtverletzung adäquat-kausal einen Schaden des A herbeigeführt.

29 Dieser Schaden ist gemäß § 249 Abs. 1 grundsätzlich im Wege der Naturrestitution zu ersetzen. A ist so zu stellen, wie er stehen würde, wenn das zum Schadensersatz verpflichtende Ereignis nicht eingetreten wäre. Ohne die Pflichtverletzung wären die Waren nicht verdorben, und A hätte aus ihrem Verkauf einen Gewinn

---

[17] *BGH* VersR 1980, 384, 385; *LG Aachen* NJW-RR 1987, 800; *LG Bonn* NJW-RR 1994, 797, 798.
[18] Staudinger/*Schiemann*, § 254 Rn. 65.
[19] *BGH* JZ 1964, 60, 61; zustimmend *Stoll*, JZ 1964, 61 f.
[20] *BGH* VersR 1980, 384, 385.

erzielt. Da man die verdorbenen Speisen nicht wieder genießbar machen kann, ist insofern die Naturalrestitution unmöglich, sodass B gem. § 251 Abs. 1 stattdessen Wertersatz leisten muss. Der Wert der verdorbenen Waren lag bei 200 €. Den entgangenen Gewinn in Höhe von 100 € kann man dagegen nach § 249 Abs. 1 i. V. m. § 252 ersetzen.

Hinweis: 30
Sind vertretbare Sachen i. S. v. § 91 zerstört worden, ist eine Naturalrestitution im Wege der Verschaffung gleichartiger und gleichwertiger Ersatzsachen möglich. Sollte A also nur Mahlzeiten liefern, die er selbst fertig von einem Lieferanten bezieht, könnte er nach § 249 Abs. 1 Ersatzlieferung oder gem. § 249 Abs. 2 S. 1 den hierzu erforderlichen Geldbetrag verlangen.

6. Ergebnis

A kann von B gem. § 280 Abs. 1 Ersatz für den Wert der verdorbenen Waren und 31 den entgangenen Gewinn in Höhe von insgesamt 300 € verlangen.

II. Anspruch des A gegen B auf Schadensersatz gem. § 823 Abs. 1

A könnte gegen B auch gem. § 823 Abs. 1 einen Anspruch auf Schadensersatz we- 32 gen der verdorbenen Ware und des ihm entgangenen Gewinns haben.

1. Voraussetzungen

Das Abschalten der Kühlanlage durch B führte zum Verderb der auszuliefernden 33 Mahlzeiten, noch bevor sie den Empfänger erreichten. Damit hat B widerrechtlich das Eigentum des A beschädigt. Dies ist fahrlässig geschehen (s. o. Rn. 26).

2. Beschränkung der Deliktshaftung bei Gefälligkeiten

Auch für die deliktische Haftung ist eine Haftungsbeschränkung zu prüfen, da B 34 für A nur aus Gefälligkeit die Fahrt übernommen hat. Wie schon oben (Rn. 19 ff.) festgestellt, ist eine solche Begrenzung hier aber nicht anzunehmen.

3. Schaden und Ersatz

Der gem. §§ 251 Abs. 1, 252 ersatzfähige Schaden beträgt 300 € (s. o. Rn. 29).   35

4. Ergebnis

A kann von B Zahlung von 300 € Schadensersatz auch gem. § 823 Abs. 1 verlan- 36 gen.

Fall 3. Versehentliche Bürgschaft

Nach BGHZ 91, 324 = NJW 1984, 2279 mit Anm. Canaris.

Sachverhalt

Grandauer (G) steht mit Schmid (S) in Geschäftsbeziehungen. Schmid gerät im Laufe der Zeit in erhebliche Zahlungsrückstände. Deshalb verlangt Grandauer von Schmid am 8. 9. ultimativ die Beibringung von Sicherheiten, die dieser daraufhin verspricht. Schmid ruft sofort sehr aufgeregt seinen Bankier (B) an. Dieser verspricht ihm, sich um die Angelegenheit zu kümmern. Bei der Durchsicht der Unterlagen stellt er fest, dass er zu Grandauers Gunsten bereits eine Bürgschaft übernommen hat. Diese bezieht sich allerdings auf die Verbindlichkeiten eines anderen Kunden mit dem Nachnamen Schmid, was der Bankier aber nicht bemerkt. Infolgedessen erhält Grandauer vom Bankier des Schmid ein Schreiben vom 8. 9., in dem es heißt: „… Zugunsten der Firma Schmid, B Straße, M, habe ich gegenüber Ihrer Firma die selbstschuldnerische Bürgschaft in Höhe von 150 000 € übernommen. Ich wäre Ihnen für eine kurze Mitteilung sehr verbunden, wie hoch sich die Verpflichtungen der Firma Schmid bei Ihnen derzeit belaufen." Grandauer teilt dem Bankier mit Schreiben vom 17. 9. mit, dass er Forderungen gegen Schmid i. H. v. 100 000 € hat. Am 24. 9. erhält er einen weiteren Brief des Bankiers, der ihm erklärt, er habe keine Bürgschaft für die Verbindlichkeiten des Schmid übernommen. Am 6. 10. stellt der Bankier in einem weiteren Brief klar, dass das Schreiben vom 8. 9. auf einem Irrtum beruhe. Am 17. 11. erklärt er vorsorglich die Anfechtung einer eventuellen Bürgschaftserklärung. Da Schmid inzwischen völlig insolvent ist, nimmt Grandauer den Bankier aus der Bürgschaft in Anspruch. – Mit Erfolg?

Vorüberlegungen

Diese klassische BGH-Entscheidung behandelt das Problem aus dem berühmten „Trierer Weinversteigerungsfall" : Setzt der Tatbestand der Willenserklärung konstitutiv ein (sog.) Erklärungsbewusstsein voraus? Muss sich jemand, der eine Handlung vorgenommen hat, die für einen neutralen Dritten wie eine Willenserklärung aussieht, daran festhalten lassen, auch wenn er eine Willenserklärung gar nicht abgeben wollte und sich deshalb der Wirkung auf Dritte nicht bewusst war?

In der Klausur prüft man deshalb – was nur ganz selten erforderlich ist – den objektiven und den subjektiven Tatbestand der Willenserklärung: Zunächst muss man klären, ob das fragliche Verhalten aus der Sicht eines objektiven Empfängers (§§ 133, 157) äußerlich wie eine Willenserklärung wirkt. Dann gilt es, im subjektiven Tatbestand – bei den drei „Willensarten" – auf das eigentliche Problem einzugehen. Ob man der h. M. oder der Gegenauffassung folgt, ist für das Bestehen der Klausur und die erzielbare Note in der Regel egal. Man muss die in Rechtsprechung und Schrifttum vertretenen Meinungen in ihren Grundzügen kennen und in ihren

Auswirkungen auf die Lösung des Falls darlegen (vgl. oben Teil I Rn. 93 ff.). Soweit sie zu unterschiedlichen Ergebnissen gelangen, muss man die Kontroverse entscheiden.

Vorab muss man natürlich die Anspruchsgrundlage finden, die zum Fall passt und bei deren Voraussetzungen man das Problem erörtern kann. Da feststeht, dass es um die Inanspruchnahme aus einer Bürgschaft geht, kann man die passende Norm mit Hilfe des Stichwortverzeichnisses der Gesetzessammlung finden und ihr als Studienanfänger/in entnehmen, dass die Bürgschaft – entgegen laienhafter Vorstellung – ein Vertrag ist. Daher sollte man nicht vergessen, dass der Vertragsschluss Antrag *und* Annahme erfordert.

Ein paar spätere Prüfungspunkte gehen dann über das Anfängerwissen hinaus; sie hängen mit der Bürgschaftsforderung zusammen und sind den §§ 765 ff. zu entnehmen.

Gliederung

Lösung

I. Anspruch des G gegen B auf Zahlung von 100 000 € aus § 765 Abs. 1

1 G könnte gegen B gem. § 765 Abs. 1 ein Anspruch auf Zahlung von 100 000 € zustehen, wenn B gegenüber G zugunsten des S eine Bürgschaft i. H. v. mindestens 100 000 € übernommen hat, dem G gegen S tatsächlich eine Forderung in dieser Höhe zusteht und der Forderung aus der Bürgschaft keine Einreden entgegenstehen.

1. Anspruch aus § 765 Abs. 1 entstanden

a) Abschluss eines wirksamen Bürgschaftsvertrags zwischen G und B

2 G kann B nur dann in Anspruch nehmen, wenn zwischen beiden ein wirksamer Bürgschaftsvertrag gem. § 765 zustande gekommen ist, wonach sich B für die dem G gegen S zustehenden Forderungen verbürgt hat. Ein Bürgschaftsvertrag setzt zwei übereinstimmende Willenserklärungen voraus, Antrag und Annahme.

aa) Antrag des B, § 145

3 Das Schreiben des B an den G vom 8. 9. könnte einen Antrag zum Abschluss eines Bürgschaftsvertrages darstellen. Dazu müsste es eine wirksame Willenserklärung entsprechenden Inhalts enthalten. Eine Willenserklärung ist eine auf die Herbeiführung einer Rechtsfolge gerichtete Willensäußerung.[1] B erklärte, dass er gegenüber G zugunsten der S eine selbstschuldnerische Bürgschaft in Höhe von 150 000 € übernommen habe. Dieser Erklärung müsste – für G objektiv erkennbar – ein entsprechender (subjektiver) Wille zum Abschluss eines Bürgschaftsvertrages zugrunde gelegen haben.[2]

4   **Hinweis:**
Die folgende Untersuchung des objektiven und subjektiven Tatbestands der Willenserklärung wird **nur ganz ausnahmsweise** deshalb vorgenommen, weil der Aufgabensteller erkennbar auf das Problem des fehlenden Erklärungsbewusstseins abstellt. **Normalerweise** geht man auf diese Feinheiten **nicht** ein, weil es im Regelfall im Bereich des Handlungs- und Erklärungswillens keine Probleme gibt und es für einen abweichenden Geschäftswillen des Erklärenden die Möglichkeit der Irrtumsanfechtung nach § 119 Abs. 1 gibt. Die folgende Darstellung ist sehr **ausführlich;** in einer Klausur wird dies so nicht erwartet, wohl aber in einer **Hausarbeit.**

(1) Objektiver Tatbestand der Willenserklärung

5 Ob das Schreiben als Willenserklärung auszulegen ist, bestimmt sich gem. §§ 133, 157 danach, ob ein objektiver Empfänger aufgrund der zu berücksichtigenden Gesamtumstände davon ausgehen durfte, dass B mit dem Schreiben einen rechtsgeschäftlichen Willen zum Ausdruck bringen wollte.[3] Das Schreiben des B genügt grundsätzlich allen objektiven Anforderungen an eine Willenserklärung, die auf den Abschluss eines Bürgschaftsvertrags gerichtet ist: Gläubiger und Schuldner sind ge-

---

1   *BGH* NJW 2001, 289, 290; Palandt/*Ellenberger,* Einf. v. § 116 Rn. 1; MünchKomm/*Armbrüster,* Vor § 116 Rn. 3; Erman/*Arnold,* Vor § 116 Rn. 1.
2   BGHZ 97, 372, 377 f.; *Musielak,* § 2 Rn. 56; *Köhler,* § 6 Rn. 2.
3   *Musielak,* § 3 Rn. 104; eingehend zur Auslegung von Willenserklärungen *Sosnitza,* JA 2000, 708, 714 ff.; *Brox/Walker,* § 6 Rn. 124 ff.; Erman/*Arnold,* Vor § 116 Rn. 6.

nau bezeichnet, die Verbindlichkeiten, für die gehaftet werden soll, der Höhe nach bestimmt, und der Haftungswille kommt ausreichend deutlich zum Ausdruck. Zweifel könnte jedoch die Formulierung „haben wir … übernommen" wecken. Bei genauer Betrachtung könnte diese Wortwahl nahe legen, dass B am 8. 9. keine Bürgschaftserklärung abgeben, sondern G lediglich darüber informieren wollte, dass eine entsprechende Bürgschaft schon bestehe. Dies hätte G bei sorgfältiger Deutung des Schreibens möglicherweise erkennen können und es deshalb nicht als Bürgschaftsversprechen verstehen dürfen, sondern nur als Tatsachenmitteilung.

Doch sind bei der Auslegung gem. §§ 133, 157 aus dem Empfängerhorizont auch **6** die Umstände zu berücksichtigen, unter denen eine Erklärung abgegeben wird. G hatte von S die Stellung von Sicherheiten verlangt und erhielt anschließend das Schreiben einer Bank, in dem von der Übernahme einer Bürgschaft für die Schulden des S die Rede war. Da er offenbar kein Jurist ist, musste die fragliche Formulierung bei G auch nicht unbedingt Aufmerksamkeit erregen. Denn Laien fassen die Übernahme einer Bürgschaft nicht selten eher als einseitigen Akt auf, und Banken verwenden, wie Verwaltungen, oftmals eine eher sonderbar anmutende Diktion. Daher durfte G das Schreiben des B vom 8. 9. gem. §§ 133, 157 als Angebot zum Abschluss eines Bürgschaftsvertrages auslegen. Der objektive Tatbestand einer Willenserklärung ist also erfüllt.

Hinweis: **7**
Stürzen Sie sich in Fällen fehlenden Erklärungsbewusstseins nicht vorschnell auf den subjektiven Tatbestand der (vermeintlichen) Willenserklärung. Zunächst muss aus dem objektiven Empfängerhorizont eine Willenserklärung vorliegen. Ohne den Anschein einer wirksamen Willenserklärung kommt es weder auf das fehlende Erklärungsbewusstsein noch auf dessen rechtliche Konsequenzen an![4]

(2) Subjektiver Tatbestand der Willenserklärung

Zu prüfen ist, ob der objektive Erklärungsinhalt von einem entsprechenden Willen **8** des B getragen war. Dies ist der Fall, wenn B bei Abgabe der Erklärung einen entsprechenden Handlungs-, Erklärungs- und Geschäftswillen hatte.[5] Da B das Schreiben bewusst angefertigt und abgeschickt hat, liegt der Handlungswille vor.

Zweifelhaft erscheint dagegen der Erklärungswille des B. d. h. der Willen bzw. das **9** Bewusstsein, überhaupt eine rechtsgeschäftliche Erklärung abzugeben und somit rechtliche Folgen herbeizuführen.[6] B ging beim Verfassen des Briefes davon aus, gegenüber G schon früher eine Bürgschaft i. H. v. 150 000 € übernommen zu haben. Darüber wollte er G mit seinem Schreiben lediglich informieren bzw. den Schuldenstand des S abfragen. Einen Vertragsantrag, also eine Willenserklärung, wollte B hingegen nicht abgeben. Fraglich ist, welche Folgen das Fehlen des Erklärungsbewusstseins für die Wirksamkeit der Willenserklärung hat.[7]

---

[4]   Vgl. hierzu *Ahrens*, JZ 1984, 986, 987, in einer kritischen Anmerkung zu der Entscheidung des *OLG Düsseldorf* (OLGZ 1982, 240), in der das OLG zunächst das objektive Vorliegen einer Willenserklärung wegen fehlenden Rechtsscheins ablehnte und daraus das Fehlen des Erklärungsbewusstseins folgerte (!).

[5]   *Leipold*, § 10 Rn. 5 ff.; *Köhler*, § 6 Rn. 3; Erman/*Arnold*, Vor § 116 Rn. 2; MünchKomm/*Armbrüster*, Vor § 116 Rn. 22 ff.

[6]   Soergel/*Hefermehl*, Vor § 116 Rn. 12; *Musielak*, § 2 Rn. 56.

[7]   Soergel/*Hefermehl*, Vor § 116 Rn. 12 ff. m. w. N.

(a) Willenstheorie

10 Die Anhänger der sog. *Willenstheorie*[8] halten das Erklärungsbewusstsein für eine unabdingbare Voraussetzung einer Willenserklärung. Sei sich der Erklärende nicht einmal bewusst, im Rechtsverkehr aufzutreten, liege keine privatautonome Gestaltung vor. Es verstoße somit gegen die Selbstbestimmung des Individuums, wollte man ihn dennoch am objektiv Erklärten festhalten. Den Schutz des gutgläubigen Empfängers, der im Vertrauen auf die Wirksamkeit der Willenserklärung schon Aufwendungen gemacht habe, könne eine analoge Anwendung des § 122 gewährleisten. Begründet wird diese Ansicht mit einem Erst-Recht-Schluss aus § 118: Nach dieser Norm ist eine Erklärung nichtig, von der der Erklärende wusste, dass sie rechtliche Folgen nach sich ziehen kann, und bei der er lediglich gehofft hat, sein Gegenüber würde erkennen, dass sie nicht ernst gemeint ist. Ist aber schon eine solche Erklärung nichtig, muss dies erst recht für eine Erklärung gelten, bei welcher sich der Erklärende nicht einmal bewusst war, dass sie rechtliche Folgen nach sich ziehen könnte. – Dieser Ansicht zufolge stellt das Schreiben des B keinen Antrag auf Abschluss eines Bürgschaftsvertrages dar. Ein möglicher Vertrauensschaden wäre analog § 122 zu ersetzen.

(b) Erklärungstheorie

11 Nach der sog. *Erklärungstheorie*[9] ist eine ohne Erklärungsbewusstsein abgegebene Willenserklärung dagegen aus folgenden Erwägungen heraus wirksam: Bei einem Erklärungsirrtum, bei dem Wille und Erklärung etwa infolge eines Versprechers auseinander fallen, ist der Erklärende sich der konkreten Rechtsfolgen seiner Erklärung nicht bewusst. Ob sich jemand aber nur über die konkrete Rechtsfolge seiner Erklärung oder darüber irrt, mit ihr überhaupt Rechtsfolgen auslösen zu können, macht für die Interessenlage von Erklärendem und Erklärungsempfänger keinen wirklichen Unterschied. Der Erklärende soll daher durch die analoge Anwendung von § 119 Abs. 1 eine Wahlmöglichkeit erhalten, entweder das objektiv Erklärte gelten zu lassen oder anzufechten.[10] In letzterem Fall ist er selbstverständlich zum Ersatz des Vertrauensschadens verpflichtet. – Demnach ist das Schreiben des B vom 8. 9. als Antrag auf Abschluss eines Bürgschaftsvertrages zu qualifizieren.

(c) Herrschende Meinung

12 Auch der BGH[11] und ihm folgend die h. L.[12] stellen auf den Empfängerhorizont ab: Für den Empfänger der Erklärung mache es keinen Unterschied, ob ein Irrtum oder fehlendes Erklärungsbewusstsein vorliege – beides sei für ihn im Regelfall nicht er-

---

8   *Canaris*, NJW 1984, 2279, 2281 f.; *Fabricius*, JuS 1966, 1; *Singer*, Selbstbestimmung und Verkehrsschutz im Recht der Willenserklärungen, 1995, S. 169 ff.; *Wieacker*, JZ 1967, 385, 389; *Thiele*, JZ 1969, 405, 407; w. N. bei *Hirsch*, Rn. 718.

9   *Bydlinski*, JZ 1975, 1 ff.; *Gudian*, AcP 169 (1969), 232 ff.; wohl auch *Brehmer*, JuS 1986, 440, 444, der die vom *BGH* vertretene „Erklärungsfahrlässigkeit" ausdrücklich mit der Begründung ablehnt, sie führe zu einer Begünstigung des fahrlässig Handelnden, da nur diesem das Wahlrecht eingeräumt werde.

10   So *Bydlinski*, JZ 1975, 1, 5; *ders.*, Privatautonomie und objektive Grundlagen des verpflichtenden Rechtsgeschäfts, 1967, S. 162 ff., 176 ff.

11   Grundlegend BGHZ 91, 324, 329 ff.; ebenso BGHZ 109, 171, 177; *BGH* NJW 1995, 953; BGHZ 149, 129.

12   *Emmerich*, JuS 1984, 971; *Brox/Walker*, § 6 Rn. 135; *Medicus*, BR, Rn. 130; *Ahrens*, JZ 1984, 986 f.; *Hirsch*, Rn. 719 ff. m. w. N.; *Jahr*, JuS 1989, 249, 256; *Köhler*, § 7 Rn. 5.

kennbar.[13] Allerdings verlangt auch diese Ansicht eine Zurechnung, d.h. eine Willenserklärung wird nur dann angenommen, wenn der „Erklärende" hätte erkennen können, dass sein Verhalten als Willenserklärung aufgefasst wird und sein Verhalten tatsächlich so aufgefasst wurde (sog. Erklärungsfahrlässigkeit).[14] Andernfalls, d.h. bei fehlender Erklärungsfahrlässigkeit und fehlendem Schutzbedürfnis auf Seiten des Empfängers (etwa: Kenntnis) bleibt das Erklärungsbewusstsein Tatbestandselement einer Willenserklärung. Dies wird letztlich damit begründet, dass die Rechtsordnung dem Einzelnen die Möglichkeit gibt, eine Willenserklärung durch beinahe beliebige Verhaltensweisen abzugeben. Damit korrespondiert aber im Interesse des Rechtsverkehrs eine Haftung des Handelnden, wenn sein Verhalten von einem vernünftigen objektiven Dritten als Willenserklärung aufgefasst werden darf (Erklärungsrisiko).[15] Nicht unproblematisch ist dabei allerdings das Erfordernis der Erklärungsfahrlässigkeit, das mit dem Tatbestand der Willenserklärung nur schlecht in Einklang zu bringen ist. Flume,[16] Brehmer[17] und Medicus[18] lehnen es als Fremdkörper ab und nehmen bei fehlendem Erklärungsbewusstsein stets eine (zunächst) wirksame Willenserklärung an. Auch dieser Ansicht nach ist das Schreiben ein wirksamer Antrag auf Abschluss eines Bürgschaftsvertrages. B hätte bei Beachtung der notwendigen Sorgfalt erkennen können, dass G mangels anderer vernünftiger Auslegungsmöglichkeiten das Schreiben nur als annahmefähiges Bürgschaftsversprechen ansehen konnte, so dass Erklärungsfahrlässigkeit gegeben ist. Aufgrund seines durch das Schreiben begründeten Vertrauens in den Bürgschaftswillen des B ist G auch schutzwürdig. B muss sich den Rechtsschein einer Willenserklärung zurechnen lassen. Ein Antrag auf Abschluss eines Bürgschaftsvertrages liegt somit vor.

(d) Stellungnahme

Wegen der unterschiedlichen Ergebnisse bedarf die Kontroverse zumindest einer **13** teilweisen Entscheidung. Die Willenstheorie, nach der eine ohne Erklärungsbewusstsein abgegebene Willenserklärung nichtig sein soll, ist abzulehnen. Der Erst-Recht-Schluss aus § 118 überzeugt nicht. Denn zum einen ist die Wertung des § 118 aus heutiger Sicht fragwürdig, da sie dem wahren Willen des Erklärenden bei empfangsbedürftigen Willenserklärungen den völligen Vorrang vor dem Verkehrsschutz gewährt. Dies ist mit der allgemein anerkannten Lehre von der Auslegung aus dem Empfängerhorizont kaum zu vereinbaren. Zum anderen besteht beim fehlenden Erklärungsbewusstsein ein gravierender Unterschied zum Scherzgeschäft: Bei Letzterem ist sich der Erklärende bewusst, etwas an sich Rechtserhebliches zu erklären, was er aber in Wirklichkeit nicht will. Dagegen macht sich derjenige, der ohne Erklärungsbewusstsein handelt, über einen rechtsgeschäftlichen Willen gar keine Gedanken. Es ist daher nahe liegend, ihm eine Wahlmöglichkeit einzuräumen, entweder das objektiv Erklärte gelten zu lassen oder die Erklärung anzufechten. Dadurch ist seinem von der Willenstheorie betonten Interesse an einer privatautonomen Gestaltung seiner Angelegenheiten hinreichend Rechnung getragen,

---

[13] *Brox/Walker*, § 6 Rn. 135.

[14] BGHZ 91, 324, 329, für die Ausdehnung dieser Rspr. auf Fälle schlüssigen Verhaltens ohne Erklärungsbewusstsein vgl. BGHZ 109, 171, 177 f. sowie *BGH* NJW 1995, 953.

[15] Vgl. etwa *Medicus*, BR, Rn. 130.

[16] *Flume*, § 20/3; 23/1.

[17] *Brehmer*, JuS 1986, 440, 444.

[18] *Medicus*, BR, Rn. 130.

ohne den Verkehrsschutz völlig zu vernachlässigen. Da hier eine „Erklärungsfahrlässigkeit" jedenfalls vorliegt, bedarf die weitere Kontroverse über deren Notwendigkeit innerhalb der h. M. hier keiner Entscheidung; ein Antrag des B liegt vor.

14   **Hinweis:**
Folgt man der Willenstheorie, endet hier die Prüfung des § 765 Abs. 1 mit der Feststellung, dass keine Willenserklärung, also kein Bürgschaftsversprechen/-antrag und damit auch kein Bürgschaftsvertrag vorliegt. Dann ist ein Schadensersatzanspruch des G analog § 122 gegen B zu untersuchen, von
dem die Vertreter der Willenstheorie ausgehen. Ersatzfähig ist nur der Vertrauensschaden, den man
anhand des Sachverhalts kaum feststellen kann: Falls G ohne die Erklärung der B vom 8. 9. seine
Forderungen gegen S noch umgehend hätte eintreiben können und dies auch getan hätte, kann man
einen solchen Schaden in Höhe der Differenz zwischen dem Nominalwert der Verbindlichkeiten des
S bei G und der Quote, die G in der Insolvenz erhält, bejahen.

bb) Annahme der Bürgschaftserklärung durch G

15   Den Antrag auf Abschluss eines Bürgschaftsvertrages hat G durch sein Schreiben
vom 17. 9. angenommen, das eindeutig zum Ausdruck bringt, dass er die Bürgschaft ggf. in Anspruch nehmen will.

cc) Keine Formnichtigkeit nach § 125 S. 1

16   Eine Formnichtigkeit der Bürgschaftserklärung gem. § 125 S. 1 kommt hier nicht
in Betracht, da B die in § 766 S. 1 vorgeschriebene Schriftform eingehalten hat. Da
B Kaufmann i. S. v. § 1 HGB ist, wäre dies gem. § 350 HGB allerdings gar nicht
erforderlich gewesen.

17   **Hinweis:**
Die Formgültigkeit der Bürgschaft ist hier offensichtlich und bedarf daher keiner Diskussion. Deshalb darf man sie im Urteilsstil feststellen. Kurz ansprechen muss man die Einhaltung einer gesetzlich vorgeschriebenen Form aber stets. Für Anfänger reicht die Feststellung der Einhaltung der Form.
Fortgeschrittene müssen auch die Ausnahmeregelung des § 350 HGB kennen und können ihr Wissen dem Prüfer in der oben gewählten knappen Weise gefahrlos mitteilen. Weiterer Hinweis für Anfänger: Das Formerfordernis des § 766 und die Ausnahmeregelung des § 350 HGB beziehen sich
nur auf die Erklärung des Bürgen!

dd) Zwischenergebnis

18   Somit ist zwischen B und G ein Bürgschaftsvertrag zustande gekommen.

b) Bestehen der Hauptforderung

19   Von einem Bestehen der Hauptforderung des G gegen die S i. H. v. 100 000 € ist
auszugehen.

c) Zwischenergebnis

20   Die Forderung des G gegenüber B auf Zahlung von 100 000 € aus § 765 Abs. 1 ist
somit entstanden.

2. Anspruch gem. § 142 Abs. 1 untergegangen?

21   Der Anspruch des G könnte jedoch gem. § 142 Abs. 1 untergegangen sein, wenn
ein Anfechtungsgrund vorliegt und B das Rechtsgeschäft gegenüber dem richtigen
Anfechtungsgegner fristgerecht angefochten hat.

Hinweis: **22**

Es ist umstritten, ob die Anfechtung eines Rechtsgeschäfts schon die Entstehung des Anspruchs verhindert (rechtshindernde Einwendung)[19] oder ihn nachträglich untergehen lässt (rechtsvernichtende Einwendung).[20] Die erste Ansicht beruft sich auf die in § 142 Abs. 1 normierte Ex-tunc-Wirkung der Anfechtung („… von Anfang an nichtig …"): Ein von Anfang an nichtiges Rechtsgeschäft sei nie wirksam entstanden. Die andere Ansicht weist demgegenüber darauf hin, dass § 142 Abs. 1 eine gesetzliche Fiktion enthält („… ist es als von Anfang an nichtig anzusehen …"). Das Rechtsgeschäft ist also zunächst einmal wirksam und wird nur dann beseitigt, wenn der Anfechtungsberechtigte nach § 143 Abs. 1 die Anfechtung auch tatsächlich erklärt. Soweit es um Ansprüche geht, die auf der Willenserklärung (als Teil des Vertragsschlusses) beruhen, ist diese Kontroverse ohne Bedeutung, weil sie sich lediglich an der Stelle niederschlägt, an der man die Anfechtung prüft, und in der Formulierung des Obersatzes (Anspruch nicht entstanden oder Anspruch wieder untergegangen). Insofern ist es weder üblich noch erforderlich, die Kontroverse anzusprechen. Die Formulierung des Obersatzes muss aber zum gewählten Aufbau passen. – Bedeutung erlangt die Kontroverse dagegen im Rahmen der Rückabwicklung erbrachter Leistungen nach der Anfechtung. Stellt die Anfechtung eine rechtshindernde Einwendung dar, erfolgt die Rückabwicklung nach § 812 Abs. 1 S. 1 Alt. 1 (condictio indebiti); ist sie eine rechtsvernichtende Einwendung, wird nach § 812 Abs. 1 S. 2 Alt. 1 kondiziert (condictio ob causam finitam). Man muss die entsprechende Anspruchsgrundlage auswählen und (erst) beim Fehlen bzw. Wegfall des Rechtsgrundes auf die Anfechtung des Vertrags eingehen. Auch dort braucht man aber die Kontroverse in der Regel nicht zu diskutieren, sondern nur zu begründen, dass der Rechtsgrund von Anfang an fehlt bzw. weggefallen ist.

a) Anfechtungsgrund

Ein Anfechtungsgrund könnte sich für B aus § 119 Abs. 1 ergeben. Dazu müsste **23** ihm bei Abgabe des Bürgschaftsversprechens ein Erklärungs- oder Inhaltsirrtum unterlaufen sein. B erklärt fehlerfrei, was er erklären will, so dass ein Erklärungsirrtum nach § 119 Abs. 1 Alt. 2 ausscheidet; trotz des Wortlauts dieses Tatbestandes ist der Fall des fehlenden Erklärungsbewusstseins nicht gemeint. In Betracht kommt aber ein Inhaltsirrtum i. S. v. § 119 Abs. 1 Alt. 1, falls B sich über den Inhalt bzw. die Bedeutung seiner Erklärung irrte. Dies wird im Schrifttum zum Teil mit der Erwägung bejaht, dass der Irrtum über das Vorliegen einer Willenserklärung bzw. des Anscheins einer Willenserklärung inhaltlicher Natur sei.[21]

Der Gesetzgeber des BGB hat jedoch die Frage des fehlenden Erklärungsbewusst- **24** seins nicht geregelt. Deshalb geht § 119 Abs. 1 – wie sein Wortlaut erkennen lässt – von dem Fall aus, dass der Handelnde tatsächlich eine Willenserklärung abgeben wollte. Daher ist die Vorschrift nicht unmittelbar anwendbar.

Wie bereits dargelegt (oben Rn. 12), macht es jedoch nach h. M.[22] für die Interessen **25** sowohl des Erklärenden als auch des Erklärungsempfängers keinen Unterschied, ob der Erklärende über den Inhalt bzw. die Bedeutung seiner Erklärung irrt oder darüber, überhaupt rechtsgeschäftlich zu handeln. In allen Fällen unterliegt er einer Fehlvorstellung und löst eine nicht gewollte Rechtsfolge aus. Der Umstand, dass die regelungsbedürftige Fallvariante des fehlenden Erklärungsbewusstseins in das BGB keinen Eingang gefunden hat, legt das Vorliegen einer ungewollten Regelungslücke

---

19 HK/*Schulze*, § 812 Rn. 7; *Larenz/Canaris*, § 68 I 1.

20 Vgl. Palandt/*Sprau*, § 812 Rn. 26; RGRK/*Heimann-Trosien*, § 812 Rn. 82.

21 S. etwa *Larenz/Wolf*, § 36 Rn. 25 f.

22 *BGH* NJW 2002, 363, 365; BGHZ 91, 324 ff.; 109, 171, 177; *BGH* NJW 1995, 953; *Emmerich*, JuS 1984, 971; *Brox/Walker*, § 6 Rn. 135; *Medicus/Petersen*, Rn. 130; *Ahrens*, JZ 1984, 986 f.; *Hirsch*, Rn. 719 ff. m. w. N.; *Jahr*, JuS 1989, 249, 256; *Köhler*, § 7 Rn. 5.

nahe, so dass eine analoge Anwendung des § 119 Abs. 1 auf Fälle fehlenden Erklärungsbewusstseins gerechtfertigt erscheint.[23] Ein Anfechtungsgrund liegt also analog
§ 119 Abs. 1 vor.

b) Anfechtungserklärung

26 B müsste die Anfechtung gem. § 143 Abs. 1 und 2 gegenüber seinem Vertragspartner G erklärt haben.

aa) Schreiben des B vom 24. 9.

27 Zu prüfen ist, ob man das Schreiben des B an G vom 24. 9. mit dem Inhalt, er
habe überhaupt keine Bürgschaft übernommen, als Anfechtungserklärung i. S. d.
§ 143 Abs. 1 auslegen kann. Eine Anfechtungserklärung ist eine empfangsbedürftige Willenserklärung, die eindeutig erkennen lässt, dass das vorgenommene Rechtsgeschäft rückwirkend beseitigt werden soll. Der ausdrückliche Gebrauch des Wortes
„anfechten" ist jedoch nicht zwingend erforderlich.[24] Schon das Bestreiten einer
nach dem Erklärungsinhalt übernommenen Verpflichtung ist für die Auslegung als
Anfechtungserklärung bereits ausreichend.[25] Allerdings muss sich aus der Erklärung
unzweideutig ergeben, dass die Willenserklärung wegen eines Rechtsmangels angefochten wurde.[26] Auch wenn nicht der genaue Anfechtungsgrund angegeben werden muss,[27] so sind zumindest die tatsächlichen Gründe anzugeben, auf denen die
Anfechtung beruht.[28] Das Schreiben des B vom 24. 9. enthält jedoch ausschließlich
die Erklärung, dass keine Bürgschaft übernommen wurde. Auf die Gründe, die dieser Aussage zugrunde liegen, geht B hingegen nicht ein. Das Schreiben vom 24. 9.
stellt daher keine Anfechtungserklärung dar.

bb) Schreiben vom 6. 10. und 17. 11.

28 In dem Schreiben vom 6. 10. erklärt B, dass sein Schreiben vom 8. 9. auf einem
Irrtum beruhe. Im Zusammenhang mit ihrem Schreiben vom 24. 9. wird deutlich,
dass B das Bürgschaftsversprechen versehentlich erklärt hat und es deshalb rückwirkend beseitigt wissen will. Damit sind die inhaltlichen Voraussetzungen einer Anfechtungserklärung erfüllt. Abgesehen davon erklärte B am 17. 11. ein weiteres Mal
die Anfechtung.

c) Anfechtungsfrist

29 Die Anfechtungserklärung müsste gegenüber G gem. § 121 Abs. 1 S. 1 unverzüglich, also ohne schuldhaftes Zögern, nach Kenntniserlangung vom Irrtum erfolgt
sein. B musste aufgrund des Schreibens vom 17. 9., in dem G die Höhe der ver-
bürgten Verbindlichkeiten mitteilte, erkennen, dass G sein Schreiben vom 8. 9. als

---

23 *Köhler,* § 7 Rn. 5.
24 BGHZ 88, 240, 245; 91, 324, 331 = NJW 1984, 2279, 2280 mwN; Staudinger/*Roth,* § 143
    Rn. 3 ff. mwN.
25 BGHZ 91, 324, 331 = NJW 1984, 2279, 2280; *BGH* NJW-RR 1988, 566; 1995, 859.
26 *BGH* NJW 1984, 2279, 2280; dagegen *Canaris,* NJW 1984, 2281 f., der zu Bedenken gibt, dass
    eine Willenserklärung typischerweise nie „unzweideutig" zu sein braucht. In solchen Fällen sei die
    Willenserklärung gem. §§ 133, 157 auszulegen.
27 Palandt/*Ellenberger,* § 143 Rn. 3.
28 Staudinger/*Roth,* § 143 Rn. 11; Soergel/*Hefermehl,* § 143 Rn. 2.

Bürgschaftserklärung auffasste und auffassen durfte.[29] Fraglich ist, ob seine erste Anfechtungserklärung vom 6. 10. als unverzüglich anzusehen ist. Dies hängt davon ab, ob man den Zeitraum vom 17. 9. bis zum 6. 10. noch als angemessene Überlegungsfrist toleriert. Angesichts der Tatsache, dass sich B am 24. 9. darüber im Klaren war, nicht an seine Bürgschaftserklärung gebunden sein zu wollen, ist eine weitere Frist von zwei Wochen unnötig. Das Zögern des B ist auch fahrlässig i. S. d. § 276 Abs. 2. Die Anfechtungserklärung vom 6. 10. ist somit verfristet. Gleiches gilt für die noch später erfolgte Anfechtungserklärung vom 17. 11.

d) Zwischenergebnis

Der Anspruch des G gegen B gem. § 765 Abs. 1 auf Zahlung von 100 000 € ist nicht untergegangen. **30**

3. Anspruch durchsetzbar

Möglicherweise kann B dem Anspruch des G die Einrede der Vorausklage gem. **31** § 771 entgegenhalten. Danach könnte B die Zahlung an G verweigern, bis dieser gegen S einen Zwangsvollstreckungsversuch angestrengt hat. Allerdings ist die Einrede gem. § 773 Abs. 1 Nr. 1 ausgeschlossen, wenn sich B – wie hier – als Selbstschuldner (selbstschuldnerische Bürgschaft) verpflichtet hat. Der Anspruch des G gegen B ist daher auch durchsetzbar.

II. Ergebnis

G kann von B gem. § 765 Abs. 1 Zahlung von 100 000 € verlangen. **32**

---

[29] An dieser Stelle könnte man auch anderer Auffassung sein. Das Schreiben des G vom 17. 9. könnte bei B auch die Annahme ausgelöst haben, G befinde sich bzgl. des Bestehens einer Bürgschaft im Irrtum.

Fall 4. Erklärung auf Abwegen

Sachverhalt

Professor Parzival Pandekt (P) hat von Ferdinand Feuilleton (F), der eine Fachbuchhandlung betreibt, ein Kaufangebot für eine antiquarische Ausgabe des BGB aus dem Jahre 1900 zum Preis von 100 € erhalten. Er fertigt umgehend ein Antwortschreiben, in dem er dieses Angebot annimmt. Danach kommen ihm Zweifel, und er beschließt, die Sache zu überschlafen. Deshalb schickt er das ausgedruckte und bereits unterzeichnete Schreiben nicht ab, sondern lässt es auf seinem Schreibtisch direkt neben dem Postausgang liegen. Als seine Sekretärin Soraya Sorgsam (S) das Schreiben dort am nächsten Morgen findet, glaubt sie, es sei versehentlich aus dem Postausgang heraus gefallen. Pflichtbewusst bringt sie den Brief sogleich zur unmittelbar neben der Universität liegenden Fachbuchhandlung und übergibt ihn dem Feuilleton. Pandekt hat die Angelegenheit über Nacht wieder vergessen. Als ihm Feuilleton das Buch nebst Rechnung liefert, teilt ihm Pandekt mit, er habe das Angebot doch gar nicht angenommen. Die eigenmächtige Übermittlung des Briefs durch seine Sekretärin, die sich nun herausstellt, könne ihn zu nichts verpflichten.

Muss Pandekt das Buch abnehmen und bezahlen?

Vorüberlegungen

Wie man § 130 Abs. 1 entnehmen kann, entfaltet eine Willenserklärung ihre rechtlichen Wirkungen nur, wenn sie durch Abgabe und Zugang wirksam wird. Da eine Erklärung als solche hier vorliegt und sie bei F auch angekommen ist, liegt das Problem – entgegen der Regel – bei der Abgabe, deren Definition man kennen sollte. P hat die Erklärung selbst nicht abgeschickt und auch S nicht mit der Übermittlung betraut. Gewisse Ähnlichkeiten mit der Konstellation aus Fall 3 um das fehlende Erklärungsbewusstsein sind zumindest aus der Sicht des Empfängers der Willenserklärung nicht zu leugnen. So verwundert es nicht, dass die Lösung auch dieses Falles umstritten ist.

Am Ende der Lösung könnte man beim Ergebnis noch einen Hinweis machen, dass F von P analog § 122 Abs. 1 BGB Schadensersatz verlangen könne. Dies setzt allerdings voraus, dass man entweder der überwiegenden Auffassung folgt oder sich im Rahmen der Mindermeinung (vgl. unten Rn. 9) dafür entscheidet. Notwendig ist ein solcher Hinweis nicht, da die Fragestellung auf den Erfüllungsanspruch beschränkt ist. Dennoch wird ein solcher quasi „nahe liegender" Hinweis keinen Punktabzug zur Folge haben. Grundsätzlich ist aber mit „an sich überflüssigen" Hinweisen Vorsicht geboten; daher wurde unten auf den Hinweis verzichtet.

Gliederung

Lösung

Anspruch des F gegen P auf Abnahme des BGB und Zahlung von 100 € gem. § 433 Abs. 2

I. Lösung nach herrschender Meinung

1. Anspruch entstanden

F könnte gegen P gem. § 433 Abs. 2 einen Anspruch auf Abnahme der antiquarischen Ausgabe des BGB sowie Zahlung des Kaufpreises i. H. v. 100 € haben, wenn zwischen beiden ein entsprechender Kaufvertrag zustande gekommen ist. Ein Kauf- **1** vertrag kommt durch zwei übereinstimmende, aufeinander bezogene Willenserklärungen, Antrag und Annahme (§§ 145, 147), zustande.[1]

a) Antrag, § 145

2 Erforderlich ist zunächst ein Vertragsantrag i.S.v. § 145, der alle wesentlichen Bestandteile des abzuschließenden Vertrags enthält. F hat P den Kauf einer antiquarischen Ausgabe des BGB aus dem Jahre 1900 zum Preis von 100 € angeboten.

b) Annahmeerklärung des P

3 Fraglich ist, ob P dieses Angebot angenommen hat. Dazu müsste das Schreiben des P eine Annahmeerklärung darstellen und F gem. § 130 Abs. 1 S. 1 zugegangen sein.

4 Eine Annahme ist eine einseitige empfangsbedürftige Willenserklärung, deren Inhalt in der vorbehaltlosen Bejahung des Angebots besteht[2] (vgl. § 150 Abs. 2 und § 151 S. 1). Da das Schreiben des P die an F gerichtete Mitteilung enthielt, mit dessen Angebot zu den genannten Konditionen einverstanden zu sein, liegt der objektive Tatbestand einer Annahmeerklärung vor. Subjektiv erfordert der Tatbestand der Willenserklärung einen Handlungs-, einen Erklärungs- und einen Geschäftswillen.[3] Da P das Schreiben unterzeichnet hat und das Angebot des F auf Abschluss eines Kaufvertrages über ein antikes BGB annehmen wollte, bestehen insofern keine Zweifel. Eine Willenserklärung liegt somit vor.

c) Wirksamkeit der Annahme

5 Bindende Rechtswirkungen entfaltet diese empfangsbedürftige Willenserklärung allerdings nur dann, wenn das Angebot von P auch abgegeben wurde und F zugegangen ist.[4]

aa) Abgabe der Willenserklärung

6 Unter der Abgabe einer Willenserklärung versteht man ihre willentliche Entäußerung in den Rechtsverkehr in Richtung auf den Empfänger.[5] Der Erklärende muss alles getan haben, um die Willenserklärung zielgerichtet zum Empfänger gelangen zu lassen.[6] Bei schriftlichen Willenserklärungen unter Abwesenden ist die Absendung durch den Erklärenden oder die Übergabe an einen Erklärungsboten notwendig.[7] Da sich P nach der Abfassung des Annahmeschreibens entschloss, das Schreiben noch nicht abzuschicken und sich den Kauf noch einmal zu überlegen, liegt keine Abgabe in diesem Sinne vor. Vielmehr erfolgte die Absendung der Annahmeerklärung durch seine Sekretärin ohne Willen des P. Wie eine solche „abhanden gekommene" Willenserklärung rechtlich zu beurteilen ist, ist umstritten.

---

1 Palandt/*Ellenberger,* Einf. v. § 145 Rn. 1; *Köhler,* § 5 Rn. 9.
2 *Köhler,* § 8 Rn. 21; Staudinger/*Bork,* § 146 Rn. 1; Palandt/*Ellenberger,* § 147 Rn. 1.
3 *Köhler,* § 6 Rn. 3; MünchKomm/*Armbrüster,* Vor § 116 Rn. 22 ff.
4 *Köhler,* § 6 Rn. 9; MünchKomm/*Einsele,* § 130 Rn. 13 ff.
5 BGH NJW 1979, 2032, 2033; *Köhler,* § 6 Rn. 11.
6 BGH NJW 1979, 2032, 2033; OLG *Hamm* NJW-RR 1987, 260, 262; Bamberger/Roth/ *Wendtland,* § 130 Rn. 6.
7 MünchKomm/*Einsele,* § 130 Rn. 13.

(1) Keine bindende Wirkung abhanden gekommener Willenserklärungen

Einer Ansicht nach können ohne den Willen des Erklärenden in den Verkehr ge- 7
langte Willenserklärungen keine bindende Wirkung haben, und zwar selbst dann
nicht, wenn der „Erklärende" die Wegnahme der schriftlich niedergelegten Willenserklärung oder Urkunde erst durch sein fahrlässiges Verhalten ermöglicht hat.[8] Eine
Bindung an das objektiv Erklärte stelle einen zu weit gehenden, auch unter Berücksichtigung der Verkehrssicherheit nicht zu rechtfertigenden Eingriff in die privatautonome Entscheidungsfreiheit des vermeintlich „Erklärenden" dar. Im Gegensatz zu
den Fällen fehlenden Erklärungsbewusstseins fehle es an jeglichem Handeln nach
außen, an dem man den Erklärenden festhalten könne. Der Schutz gutgläubiger
Dritter lasse sich durch eine Vertrauenshaftung auf das negative Interesse ausreichend gewährleisten. Nach dieser Ansicht ist P also an seine „Erklärung" nicht gebunden.

Hinweis: 8

Im Weiteren ist dann innerhalb dieser Ansicht umstritten, ob der auf die Erklärung vertrauende
Empfänger seinen Vertrauensschaden nur bei Verschulden des Erklärenden ersetzt bekommt oder
unabhängig davon. Das hängt davon ab, ob man den Schadensersatzanspruch auf § 280 Abs. 1[9] oder
auf eine analoge Anwendung des verschuldensunabhängigen § 122 Abs. 1[10] stützt. Da P den Brief
unmittelbar neben dem Postausgang abgelegt hat, hat er die im Verkehr erforderliche Sorgfalt außer
Acht gelassen (vgl. § 276 Abs. 2), so dass P nach beiden Unteransichten zum Ersatz des Vertrauensschadens verpflichtet ist.

(2) Bindende Wirkung nur bei Fahrlässigkeit

Anderer Ansicht nach ist die abhanden gekommene Willenserklärung wie eine ohne 9
Erklärungsbewusstsein abgegebene Willenserklärung zu behandeln.[11] Dementsprechend gilt eine ohne seinen Willen in den Rechtsverkehr gelangte Willenserklärung
als abgegeben, wenn der „Erklärende" das versehentliche Inverkehrbringen zu vertreten hat. Vertretenmüssen wird in diesem Zusammenhang schon dann angenommen,
wenn das Inverkehrbringen durch eine Person aus dem Organisationsbereich des
„Erklärenden" erfolgt ist.[12] Da der „Erklärende" die Willenserklärung nicht abgeben
wollte, wird ihm ein Anfechtungsrecht zugebilligt. Im Fall der Anfechtung ist jedoch
der Vertrauensschaden verschuldensunabhängig analog § 122 Abs. 1 zu ersetzen.[13] P
hat den Brief neben der Postausgabe liegen gelassen. Dadurch wurde die nahe liegende Gefahr begründet, dass die Sekretärin den Brief im Glauben, auch dieser sei
zur Absendung bestimmt, dem Empfänger überbringt. P hat daher fahrlässig gehan-

---

[8] BGHZ 65, 13, 15 mit zustimmender Anm. *Canaris*, JZ 1976, 134; *OLG Hamm* NJW-RR 1987,
260, 262 m.w.N.; *Bork*, Rn. 615; *Köhler*, § 6 Rn. 12.

[9] So *Köhler*, § 6 Rn. 12; *Bork*, Rn. 615. In der älteren Literatur wurde der Anspruch noch auf die
Lehre der culpa in contrahendo gestützt.

[10] *Canaris*, JZ 1976, 134.

[11] *Larenz/Wolf*, § 26 I 2 Rn. 5; MünchKomm/*Einsele*, § 130 Rn. 14; Bamberger/Roth/*Wendtland*,
§ 130 Rn. 6; Palandt/*Ellenberger*, § 130 Rn. 4.

[12] *Larenz/Wolf*, § 26 Rn. 5.

[13] *Larenz/Wolf*, § 26 I 2 Rn. 5; MünchKomm/*Einsele*, § 130 Rn. 14; Bamberger/Roth/*Wendtland*,
§ 130 Rn. 6; Palandt/*Ellenberger*, § 130 Rn. 4. Umstritten ist hingegen, ob der Vertrauensschaden
auch dann zu ersetzen ist, wenn der Erklärende nicht fahrlässig handelte, beispielsweise weil ihm der
Brief gestohlen und in den Verkehr gebracht wurde. Einer Ansicht nach (*Larenz/Wolf*, § 26 I 2
Rn. 5; Bamberger/Roth/*Wendtland*, § 130 Rn. 6) soll in diesem Fall ein der Höhe nach um den Ri-
sikoanteil des Empfängers gekürzter (§ 254) Schadensersatzanspruch gem. § 122 analog gewährt
werden. A.A. MünchKomm/*Oetker*, § 254 Rn. 18.

delt und somit das Inverkehrbringen zu vertreten. Die Willenserklärung gilt als abgegeben, so dass sich P das objektiv Erklärte zurechnen lassen muss.

(3) Stellungnahme

10 Die zweite Ansicht scheint auf den ersten Blick interessengerechter, weil sie das berechtigte Vertrauen des Empfängers durch die Zurechnung der Willenserklärung aufgrund eines fahrlässigen Verhaltens des Erklärenden schützt, ohne dabei die Privatautonomie des Erklärenden zu stark einzuschränken. Sie mag auch den Vorteil haben, dass sich der „Erklärende" im Nachhinein auch dafür entscheiden kann, eine für ihn günstige Erklärung für sich gelten zu lassen oder sich mit Hilfe des Anfechtungsrechts zu lösen. Dennoch ist der ersten Ansicht zu folgen, weil es in dieser Konstellation kein Handeln des Erklärenden *nach außen* gibt, an das man eine Vertrauenshaftung knüpfen könnte. Es fehlt hier am Anknüpfungspunkt für die Zurechnung des Rechtsscheins einer Abgabe. Darin liegt der entscheidende Unterschied zu den Fällen fehlenden Erklärungsbewusstseins. Zudem kann der Erklärende eine Bindung noch herbeiführen, wenn er dies will, indem er die Erklärung abgibt.

11 **Hinweis:**

Man mag sich fragen, warum man diesen Fall nicht auch dem fehlenden Erklärungsbewusstsein bzw. hier eher *Erklärungswillen* zuordnet bzw. als besonderen Fall davon ansieht: P hat zwar willentlich eine Erklärung angefertigt, er will sie aber letztlich noch nicht abgeben. Wer zwar eine Willenserklärung angefertigt hat, sie aber (noch) nicht abgeben will, hat keinen Erklärungswillen, da er sich noch nicht für eine rechtserhebliche Äußerung entschieden hat.[14] Da aber der Tatbestand der Willenserklärung im Zeitpunkt ihrer Abgabe vorliegen muss (vgl. auch § 130 Abs. 2),[15] fehlt P im (maßgeblichen) Zeitpunkt der Scheinabgabe seiner Erklärung noch der Erklärungswille. Eigentlich müsste man sich daher – was aber in der Literatur so nicht geschieht[16] – erst einmal mit dem Problem des fehlenden Erklärungsbewusstseins befassen (vgl. dazu Fall 3) und anschließend der Frage nachgehen, ob man P auch die Scheinabgabe der Willenserklärung zurechnen kann. Dass dies nicht geschieht, mag daran liegen, dass man in den Fällen der Scheinabgabe den Handlungs-, Erklärungs- und Geschäftswillen etwas ungenau deshalb scheinbar bejahen kann, weil zwischen Anfertigung und Absendung der schriftlichen Erklärung ein zeitlicher Abstand liegt. Damit entsteht der Eindruck, es liege eine „fertige" tatbestandsmäßige Willenserklärung vor, was aus dem dargelegten Grund aber sehr zweifelhaft ist. Problematisch wird es allerdings, wenn – wie z. B. bei einer Internetbestellung per Mausklick – Erklärung und Abgabe zusammenfallen. Klickt der Internetbenutzer versehentlich auf die „Bestelltaste", liegt eine „ohne Erklärungsbewusstsein erstellte, abhanden gekommene Willenserklärung" vor.[17] Eine Trennung der beiden Rechtsfiguren fällt schwer. Doch unabhängig davon, ob man die abhanden gekommene Willenserklärung als einen Unterfall der ohne Erklärungsbewusstsein abgegebenen Willenserklärung ansieht oder sie als eigene Rechtsfigur begreift, sollten beide Rechtsfiguren rechtlich gleich behandelt werden.[18]

bb) Zwischenergebnis

12 Da P das Inverkehrbringen der Willenserklärung nicht zuzurechnen ist, fehlt es an ihrer Abgabe i. S. v. § 130 Abs. 1 S. 1.

2. Ergebnis

13 Die Erklärung ist nicht wirksam geworden, ein Vertrag wurde nicht geschlossen. F hat somit keinen Zahlungsanspruch gem. § 433 Abs. 2 gegen P.

---

[14] Vgl. dazu auch *Bork,* Rn. 607, 615.

[15] Vgl. *Bork,* Rn. 610 f.; HK/*Dörner,* § 130 Rn. 2, 9; *Larenz/Wolf,* § 24 Rn. 26 ff.

[16] Vgl. etwa *Bork,* Rn. 615 m. w. N.

[17] Vgl. hierzu *Köhler,* § 6 Rn. 12, der in solchen Konstellationen sogar den Handlungswillen ablehnt.

[18] A. A. *Köhler,* § 6 Rn. 12.

II. Fortsetzung der Lösung nach der Gegenauffassung

Die Lösung nach der Gegenauffassung weicht erst ab Punkt 1 c) aa) von der herr- **14**
schenden Meinung ab:

(3) Stellungnahme

Die zweite Ansicht ist interessengerechter. Rechnet man die Willenserklärung dem **15**
„Erklärenden" aufgrund seines fahrlässigen Verhaltens zu, so wird das berechtigte
Vertrauen des Empfängers auf die Gültigkeit der Erklärung geschützt, ohne dass die
Privatautonomie des Erklärenden zu stark eingeschränkt würde. Über das Anfech-
tungsrecht kann der „Erklärende" im Nachhinein entscheiden, ob er eine für ihn
Erklärung für sich gelten lassen oder sich mit Hilfe des Anfechtungsrechts von der
Bindung lösen will. Gerade bei für ihn günstigen Erklärungen entspricht diese
Möglichkeit seinen Interessen deutlich besser als eine Ungültigkeit der Erklärung. –
Da P hier das Inverkehrbringen der Willenserklärung fahrlässig verursacht hat, gilt
die Erklärung als abgegeben.

bb) Zugang der Annahmeerklärung bei F

Das Schreiben des P müsste F auch zugegangen sein, damit die Annahme gem. **16**
§ 130 Abs. 1 S. 1 wirksam ist. Zugang erfordert, dass die Willenserklärung so in
den Machtbereich des Empfängers gelangt ist, dass unter Zugrundelegung normaler
Umstände mit deren Kenntnisnahme zu rechnen ist.[19]

S hat den Brief dem F in der Buchhandlung persönlich übergeben. Der Zugang ist
unmittelbar mit der Übergabe erfolgt.

d) Zwischenergebnis

P hat das Angebot des F wirksam angenommen. Damit ist der Kaufvertrag zwi- **17**
schen P und F über eine antiquarische Ausgabe des BGB zustande gekommen und
der Anspruch des F gegen P auf Abnahme und Zahlung des Kaufpreises entstanden.

2. Anspruch untergegangen

Der Anspruch des F gegen P auf Abnahme und Zahlung des Kaufpreises könnte **18**
untergegangen sein, wenn P den Kaufvertrag mit der Wirkung des § 142 Abs. 1
angefochten hätte.

> **Hinweis zur Erinnerung:** **19**
> Achten Sie – auch bei den Einwendungen – auf gute Obersätze! Sie dienen Ihnen und dem Korrek-
> tor als roter Faden. Zur Einleitung der Anfechtung vgl. Fall 3 Rn. 22.

a) Anfechtungsgrund

Ein Rechtsgeschäft ist anfechtbar, wenn ein Anfechtungsgrund vorliegt. Anfech- **20**
tungsgrund könnte § 119 Abs. 1 sein. Dazu müsste sich P bei Abgabe der Annahmeerklärung über deren Inhalt (Erklärungsirrtum, § 119 Abs. 1 Alt. 2) oder über
deren Bedeutung (Inhaltsirrtum, § 119 Abs. 1 Alt. 1) geirrt haben. P unterlief bei
Abgabe der Annahmeerklärung weder ein Inhalts- noch ein Erklärungsirrtum.
Vielmehr erfolgte schon die Abgabe der Annahmeerklärung ohne seinen Willen,
sodass die Voraussetzungen des § 119 Abs. 1 Alt. 2 nicht erfüllt sind.

---

[19] *Köhler*, § 6 Rn. 13; BGHZ 137, 205, 208; *BGH* NJW 1983, 929, 930; Bamberger/Roth/
Wendtlandt, § 130 Rn. 9; Palandt/*Ellenberger*, § 130 Rn. 5; Larenz/*Wolf*, § 26 Rn. 12.

21 Zu erwägen ist aber eine analoge Anwendung von § 119 Abs. 1, da der Gesetzgeber den Fall nicht geregelt hat. Die Interessenlage ist mit den Fällen des Irrtums, die § 119 Abs. 1 regelt, vergleichbar, da auch bei der Scheinabgabe Wille und Erklärung auseinander fallen. Die von § 119 Abs. 1 gewährte Rechtsfolge des Anfechtungsrechts erscheint auch für die Scheinabgabe angemessen, sodass in solchen Konstellationen – wie auch in bei Fehlen des Erklärungsbewusstseins (vgl. Fall 3) – dem Erklärenden ein Anfechtungsrecht analog § 119 Abs. 1 zu gewähren ist.[20] Der Kaufvertrag zwischen P und F ist somit anfechtbar.

b) Wirksame Anfechtungserklärung

22 P müsste die Anfechtung gem. § 143 Abs. 1 wirksam erklärt haben. Dazu müsste er fristgerecht gegenüber dem richtigen Anfechtungsgegner erklärt haben, dass er den Kaufvertrag wegen eines Willensmangels rückwirkend beseitigen will.

aa) Anfechtungserklärung, § 143 Abs. 1

23 P müsste eine Anfechtungserklärung abgegeben haben. Durch seine Weigerung, das BGB abzunehmen und zu bezahlen, machte P seinen Willen deutlich, die Annahmeerklärung nicht gegen sich gelten lassen zu wollen. Mit seinem Hinweis darauf, dass seine Sekretärin die schriftliche Annahmeerklärung eigenmächtig zugestellt habe, brachte er zum Ausdruck, dass seine Zahlungsverweigerung darauf beruht, dass die Erklärung nicht seinem Willen entsprach.[21] Eine Anfechtungserklärung liegt daher vor.

bb) Abgabe gegenüber dem richtigen Erklärungsgegner, § 143 Abs. 2

24 P hat die Anfechtungserklärung auch gegenüber seinem Vertragspartner F als dem richtigen Erklärungsgegner abgegeben (§ 143 Abs. 2).

cc) Einhaltung der Anfechtungsfrist, § 121 Abs. 1

25 P müsste die Anfechtung unverzüglich, also gem. § 121 Abs. 1 analog ohne schuldhaftes Zögern, erklärt haben. Das bedeutet, dass die Anfechtung verfristet ist, sobald der Anfechtende nach Kenntnis seines Irrtums einen Zeitrahmen überschreitet, innerhalb dessen ihm eine angemessene Prüfung der Rechtslage sowie der einzelnen in Betracht kommenden Interessen möglich gewesen wäre.[22] Unmittelbar nachdem P durch die Inanspruchnahme von seinem Irrtum Kenntnis erlangte, erklärte er gegenüber F die Anfechtung. Die Anfechtungsfrist ist daher gewahrt.

c) Zwischenergebnis

26 Der Kaufvertrag wurde durch die wirksame Anfechtung gem. § 142 Abs. 1 rückwirkend unwirksam. Der Anspruch des F auf Abnahme und Kaufpreiszahlung ist somit untergegangen.

3. Ergebnis

27 F kann von P nicht gem. § 433 Abs. 2 Abnahme und Zahlung des BGB verlangen.

---

[20] *Larenz/Wolf,* § 26 Rn. 5; MünchKomm/*Einsele,* § 130 Rn. 14; Bamberger/Roth/*Wendtland,* § 130 Rn. 6; Palandt/*Ellenberger,* § 130 Rn. 4; A. A. *Köhler,* § 6 Rn. 12.
[21] MünchKomm/*Busche,* § 143 Rn. 2; *Köhler,* § 7 Rn. 76; BGHZ 88, 240, 245.
[22] *Köhler,* § 7 Rn. 30; MünchKomm/*Armbrüster,* § 121 Rn. 7.

Fall 5. Nicht abgeholt

Nach BGHZ 137, 205.

Sachverhalt

Knödelseder hat seinen VW-Campingbus zum Verkauf inseriert. Am 8. September bietet Barnersoi ihm schriftlich 10 000 € für das Fahrzeug. In dem Schreiben heißt es u. a.: „Ich halte mich an dieses Angebot 10 Tage gebunden. Der Kaufvertrag ist abgeschlossen, wenn Sie innerhalb dieser Frist die Annahme schriftlich bestätigten oder die Lieferung ausführen." Am 10. September schickt Knödelseder an Barnersoi einen (Übergabe-)Einschreibebrief, in dem er die Annahme des Angebots vom 8. September erklärt. Die Postzustellerin trifft ihn allerdings am 11. September nicht an und hinterlässt deshalb in seinem Briefkasten die schriftliche Mitteilung, für ihn sei ein eingeschriebener Brief bei der Postfiliale P niedergelegt. Barnersoi holt die Postsendung nicht ab, ohne dass sich später klären lässt, warum er dies nicht tut. Mit Stempelaufdruck vom 19. September und dem Vermerk „Empfänger benachrichtigt, da nicht abgefordert, nach Ablauf der Lagerfrist zurück" erhält Knödelseder seinen Einschreibebrief wieder zurück.

Barnersoi nimmt das Fahrzeug nicht ab und bezahlt auch nichts. Auch eine schriftliche Aufforderung Knödelseders vom 24. November, den Camping-Bus abzunehmen und den Kaufpreis zu zahlen, verbunden mit einem Hinweis auf die von ihm erklärte Angebotsannahme, bleibt ohne Wirkung.

Knödelseder (K) verlangt von Barnersoi (B) die Zahlung des Kaufpreises.

Abwandlung: Als Knödelseder den zurückgegangenen Einschreibebrief am Abend des 20. September in seinem Briefkasten findet, wirft er die Annahmeerklärung persönlich gegen 21 Uhr in den an der Hauswand montierten Briefkasten des Barnersoi. Barnersoi findet das Schreiben am nächsten Morgen und liest es. Ändert dies die Beurteilung?

Zusatzfrage: Welche Form der Übermittlung sollte ein Rechtsanwalt seinen Mandanten empfehlen, um die Probleme aus diesem Fall zu vermeiden?

Vorüberlegungen

Das Problem des Falles und seiner Abwandlung liegt offensichtlich beim Zugang der Annahmeerklärungen gem. § 130 Abs. 1 S. 1. Damit der Vertrag hier geschlossen ist, müsste die Annahmeerklärung des K so in den Machtbereich des B gelangt sein, dass dieser nach den getroffenen Vorkehrungen unter gewöhnlichen Umständen von ihrem Inhalt Kenntnis nehmen kann. Subsumiert man den Sachverhalt unter diese Definition, ist hier ein Zugang nicht erfolgt, denn die Erklärung selbst gelangte nicht in den Machtbereich des B. Zumindest konnte er von ihrem Inhalt keine Kenntnis nehmen.

Dennoch ist für den vorliegenden Fall umstritten, ob nicht doch ein Zugang erfolgt ist. Teile der Literatur wollen dies bejahen, indem sie die Zugangsdefinition für den klassischen Einschreibebrief – das sog. Übergabe-Einschreiben – modifizieren. Dafür spricht, dass andernfalls der Empfänger den Zugang quasi vereiteln kann. Der BGH ist solchen Erwägungen in der zugrunde liegenden Entscheidung nicht gefolgt. Doch kann auch die h.M. grundsätzlich gegen Manipulationsversuche des Empfängers mit Hilfe der Rechtsfigur der Zugangsvereitelung helfen.

Gliederung

Lösung

Kaufpreiszahlungsanspruch des K gegen B aus § 433 Abs. 2

1 K könnte gegen B einen Anspruch auf Kaufpreiszahlung gem. § 433 Abs. 2 haben. Dazu müsste zwischen den beiden ein wirksamer Kaufvertrag zustande gekommen sein.

I. Angebot des B

2 Laut Sachverhalt hat B dem K mit Schreiben vom 8. 9. ein Angebot, also einen Vertragsantrag i.S.v. § 145, gemacht, das diesem auch zugegangen ist und auf zehn Tage befristet war.

II. (Rechtzeitige) Annahme durch K

Damit ein Vertrag zustande gekommen ist, müsste K das Angebot des B fristgemäß **3**
(§§ 146, 148) angenommen haben. Mit Schreiben vom 10. 9. hat K die Annahme
erklärt und diese Erklärung auch durch Absendung abgegeben.

1. Rechtzeitiger Zugang, §§ 130 Abs. 1 S. 1, 148

Fraglich ist jedoch, ob die Erklärung dem B auch i.S.v. § 130 Abs. 1 S. 1 zugegan- **4**
gen ist. Dazu müsste sie so in seinen Machtbereich gelangt sein, dass er nach den
getroffenen Vorkehrungen unter gewöhnlichen Umständen von ihrem Inhalt
Kenntnis nehmen konnte.[1]

Hier ist bereits fraglich, ob die Annahmeerklärung überhaupt in den Machtbereich **5**
des B gelangt ist. Denn in seinen Briefkasten wurde lediglich ein Benachrichtigungsschein eingelegt. Das Schreiben selbst wurde nicht eingeworfen und ihm auch
später nicht übergeben. Dies spricht gegen einen Zugang, zumal derartigen Benach-
richtigungsscheinen weder der Inhalt noch der Absender des Schreibens zu entnehmen ist, sondern bloß die Mitteilung, dass irgendein Brief auf ihn wartet.[2]

Dennoch halten weite Teile des Schrifttums einen Zugang für möglich,[3] weil der **6**
Gesetzgeber den Zugang einer Willenserklärung nicht definiert hat. Das Zugangserfordernis soll nach einhelliger Meinung das Übermittlungsrisiko zwischen Erklärendem und Empfänger sachgerecht verteilen.[4] Deshalb soll es im vorliegenden Fall
unerheblich sein, dass nicht das Schriftstück selbst in den Briefkasten und damit in
den „Machtbereich" des Empfängers gelangt, weil der Empfänger zumindest am
nächsten Öffnungstag der Post die zumutbare Möglichkeit der Kenntnisnahme
habe.[5] Dieses möglichst umgehende Abholen der Sendung soll dem Empfänger
auch zumutbar sein. Dafür soll auch ein Vergleich mit den Zustellungsvorschriften
sprechen, insbesondere bei der Ersatzzustellung durch Niederlegung (§ 181 ZPO),
die man insofern entsprechend oder zumindest ihrem Rechtsgedanken nach anwenden können soll. Schließlich sei der Empfänger nicht schutzwürdig.

Mit dem BGH[6] sind solche Erwägungen jedoch abzulehnen. Die Zustellungsvor- **7**
schriften der ZPO sind hier weder anwendbar noch analogiefähig. Die allgemeine
Zugangsdefinition verteilt die Risiken angemessen zwischen dem Erklärenden und
dem Empfänger. Der Erklärende hat es in der Hand, ein Mittel zur Übermittlung
der Erklärung zu wählen, das einen Zugang gewährleistet, also etwa die Zustellung
gem. § 132 oder das Einwurfeinschreiben. Dass der Empfänger unter Umständen

---

1 BGHZ 67, 271, 275; *BGH* NJW 1998, 976, 977.

2 *BGH* NJW 1998, 976, 977 m.w.N.; *OLG Brandenburg* NJW 2005, 1585, 1586f. m.w.N.; *Köhler*,
§ 6 Rn. 14; MünchKomm/*Einsele*, § 130 Rn. 21 m.w.N.; Palandt/*Ellenberger*, § 130 Rn. 7; *Medi-*
cus, Rn. 280.

3 *Larenz*, § 21 II b Fn. 48; *Larenz/Wolf*, § 26 Rn. 24 Fn. 28; *Flume*, § 14 3c; *Behn*, AcP 178 (1978),
505, 531; *Richardi*, Anm. zu BAG AP Nr. 4 zu § 130.

4 Vgl. MünchKomm/*Einsele*, § 130 Rn. 16; *Schwarz*, NJW 1994, 891, 892 m.w.N.; *Singer*, Anm. zu
LM H. 5/1998 § 130 BGB Nr. 27.

5 Eingehend *Behn*, AcP 178 (1978), 505, 529; *Larenz*, § 21 II b Fn. 48; *Larenz/Wolf*, § 26 Rn. 24
Fn. 28.

6 BGHZ 67, 271, 277 = LM § 132 BGB Nr. 3 m.Anm. *Treier*; eingehend *Kim/Dübbers*, NJ 2001,
65 ff.

nicht „schutzwürdig" ist, kann man an anderer Stelle berücksichtigen. Damit ist das Annahmeschreiben im Ergebnis nicht zugegangen.

2. Zugangsfiktion nach § 242?

8 Möglicherweise muss sich B jedoch gem. § 242 so behandeln lassen, als sei die Annahmeerklärung rechtzeitig zugegangen. Dies kommt dann in Betracht, wenn B die Annahme des Schreibens verweigert oder den Zugang treuwidrig vereitelt hat. Da eine echte Annahmeverweigerung hier nicht vorliegt, kommt nur Letzteres in Betracht.

9 B hat mit K durch seinen Vertragsantrag vertragliche Beziehungen angebahnt und musste deshalb mit der Möglichkeit des Zugangs rechtserheblicher Erklärungen rechnen. Dies verpflichtete ihn zur Schaffung geeigneter Vorkehrungen, um den Zugang solcher Erklärungen zu ermöglichen.[7] Verstößt er gegen diese Sorgfaltspflicht, verletzt er das Vertragsanbahnungsverhältnis.

10 Jedoch reicht der bloße Sorgfaltsverstoß innerhalb der vorvertraglichen Beziehung grundsätzlich allein nicht aus, um B nach Treu und Glauben so zu behandeln, als habe ihn die infolge seiner Sorgfaltsverletzung nicht zugegangene Willenserklärung doch erreicht. Dies wäre mit dem Zugangserfordernis des § 130 Abs. 1 S. 1 nicht vereinbar. Etwas anderes gilt nur dann, wenn feststeht, dass der Empfänger die Erklärung ohnehin nicht annehmen wird, also bei einer grundlosen Annahmeverweigerung[8] oder einer arglistigen Zugangsvereitelung. Beides ist hier nicht ersichtlich. Zwar mag der Gedanke nahe liegen, B hätte den rechtzeitigen Zugang der Annahmeerklärung verhindern wollen, doch steht dies nicht fest. Die Annahme musste nicht per Einschreibebrief erfolgen, und B kann den Abholungszettel verloren oder die Abholung vergessen haben.

11 **Hinweis:**
Man kann es auch einfach bei der Feststellung belassen, dass eine Zugangsvereitelung nicht ersichtlich ist. Der Fall bietet insofern ein Beispiel dafür, dass man nichts in den Sachverhalt interpretieren darf, was ihm nicht zu entnehmen ist. Man stelle sich nur eine Variante dahin gehend vor, der Briefkasten sei an diesem Tag voller Werbezeitungen und Prospekte gewesen und der Benachrichtigungsschein in eine dieser Sendungen hinein geraten.

12 Deshalb hängt die Zugangsfiktion auch vom Verhalten des Erklärenden K ab. Er kann nach den Grundsätzen von Treu und Glauben aus seiner nicht zugegangenen Willenserklärung eine günstige Rechtsfolge nur dann ableiten, wenn er alles Erforderliche und ihm Zumutbare getan hat, damit seine Erklärung den Adressaten erreichen konnte. Hier hätte er, nachdem der Brief zu ihm zurückkam und er so vom Nicht-Zugang Kenntnis erlangte, unverzüglich einen erneuten Versuch unternehmen müssen, um die Erklärung doch so in den Machtbereich des B zu bringen, dass diesem ohne weiteres eine Kenntnisnahme ihres Inhalts möglich gewesen wäre.[9] Welcher Art dieser erneute Versuch des Erklärenden sein muss, hängt von den konkreten Umständen wie den örtlichen Verhältnissen, dem bisherigen Verhalten des Adressaten, den Möglichkeiten des Erklärenden und auch von der Bedeu-

---

7 RGZ 110, 34, 36; *BGH* NJW 1983, 929, 930; 1998, 976, 977; *BAG* DB 1986, 2336 f.
8 *BGH* NJW 1983, 929, 930 f. – Anders bei berechtigter Annahmeverweigerung, z. B. weil der Brief nicht ausreichend frankiert war.
9 RGZ 110, 34, 37 unter Hinweis auf § 132 BGB; *BGH* NJW 1952, 1169; VersR 1971, 262, 263.

tung der abgegebenen Erklärung ab. Einen solchen zweiten Zustellungsversuch könnte man hier allenfalls im Schreiben des K vom 24. November sehen, der aber keinesfalls mehr unverzüglich i.S.v. § 121 Abs. 1 S. 1 war, da K seit dem 20. September vom Scheitern des ersten Versuchs wusste.

Damit muss sich B auch nicht so behandeln lassen, als sei ihm die Annahmeerklä- **13** rung des K (rechtzeitig) zugegangen. Mangels wirksamer Annahme ist ein Vertrag nicht geschlossen.

III. Ergebnis

K hat gegen B keinen Zahlungsanspruch gem. § 433 Abs. 2.   **14**

Abwandlung

Wiederum ist der Kaufpreisanspruch des K gegen den B nach § 433 Abs. 2 zu prü- **15** fen. Unterschiede zum Ausgangsfall ergeben sich nur bei der Annahme.

I. (Rechtzeitige) Annahme durch K

Zu prüfen ist der Zugang der Annahmeerklärung. Diese ist zwar nicht per Ein- **16** schreibebrief zugegangen (s.o. Rn. 4 ff.), wohl aber durch den Einwurf in den Hausbriefkasten des B.

Fraglich ist, ob die Annahme rechtzeitig war. Da B dem K gem. § 148 eine An- **17** nahmefrist von zehn Tagen gesetzt hatte, führt die Annahme nur dann zum Vertragsschluss, wenn sie innerhalb dieser Frist zugegangen ist. Die Frist endete gem. §§ 187 Abs. 1, 188 Abs. 2 am 18. September um 24 Uhr; ihr Ablauf führte zum Erlöschen des Angebots des B. In dessen Machtbereich ist die Annahmeerklärung aber erst am 20. September um 21 Uhr gelangt, und eine Kenntnisnahmemöglichkeit bestand erst am Morgen des 21. September. Damit ist die Annahme verspätet zugegangen und sie gilt gem. § 150 Abs. 1 als neues Angebot.

Zu prüfen ist jedoch, ob sich B gem. § 242 so behandeln lassen muss, als wäre die **18** Annahmeerklärung innerhalb der Annahmefrist zugegangen. Da K unverzüglich einen zweiten Zustellungsversuch unternommen hat, nachdem er vom Scheitern des Zugangs des Einschreibebriefs Kenntnis erlangt hatte, ist dies der Fall. Denn die Möglichkeit des unverzüglichen zweiten Zustellversuchs soll dem Erklärenden gerade die Möglichkeit der Fristwahrung geben.[10]

> **Hinweis:**   **19**
> Hätte B nun seinen Briefkasten abgeschraubt oder dort einen falschen Namen angegeben oder von vornherein eine falsche Anschrift angegeben[11] usw., dürfte man von einer arglistigen Zugangsvereitelung ausgehen. Freilich ist der Kritik an der Rechtsprechung zuzugeben, dass aus der Sicht juristischer Laien ein zweiter Versuch in einem Fall wie dem vorliegenden wenig Sinn machen dürfte.[12]

II. Ergebnis

K hat gegen B einen Zahlungsanspruch gem. § 433 Abs. 2.   **20**

---

[10] RGZ 110, 34, 37; *BGH* NJW 1952, 1169; *BGH* NJW 1998, 976, 977.
[11] Wie in *BAG* NZA 2006, 204 Rn. 17 f.
[12] Vgl. *Singer*, Anm. LM § 130 BGB Nr. 27 (5/1998).

Zusatzfrage

I. Mögliche Übermittlungsformen

21 Eine der Möglichkeiten zeigt bereits die Abwandlung auf: Man kann das Schreiben persönlich überbringen. Man sollte aber bedenken, dass in der Praxis der bloße Zugang nicht ausreicht, wenn man ihn nicht beweisen kann. Das spricht für eine Übermittlung unter Mitnahme von oder gleich durch Zeugen. Sofern das Überbringen ausscheidet, weil der Empfänger nicht in der Nähe wohnt, bleibt die im Fall angesprochene und in § 132 vorgesehene Möglichkeit der Zustellung durch einen Gerichtsvollzieher, die freilich viel kostet und in dringenden Fällen nicht stets rechtzeitig gelingen wird. Am ehesten kann man deshalb noch zum sog. Einwurfeinschreiben raten, das es seit 1997 gibt und bei dem der Postzusteller den Brief in den Briefkasten des Empfängers einwirft,[13] was die oben behandelten Probleme vermeidet.

II. Probleme des Zugangsbeweises

22 Erfolgt der Zugang durch ein Einschreiben, ist der Beweis nicht ganz einfach, aber immerhin möglich. Denn der datierte Einlieferungsnachweis, den man bei der Aufgabe jedes Einschreibens erhält, begründet nach ständiger Rechtsprechung keine tatsächliche Vermutung für den Zugang des Einschreibebriefes.[14] Beim Übergabeeinschreiben erfolgt der Beweis nur, in dem man sich gegen zusätzliche Zahlung von der Post eine Kopie des Auslieferungsbelegs geben lässt, was aber nur drei Jahre lang möglich ist. Von daher ist das **Einschreiben mit Rückschein** eine einfachere und empfehlenswerte Alternative, so es denn zur Übergabe kommt. Ist der Empfänger nicht anwesend, ergeben sich die oben im Fall beschriebenen Probleme. Der Zugangsnachweise gelingt hingegen unter Umständen beim Einwurf-Einschreiben, das der Postbote in den Briefkasten oder das Postfach einwirft, sofern dies von ihm ordnungsgemäß dokumentiert wird.[15] Die Vorlage des Auslieferungsbelegs führt zumindest zu einem starken Indiz für den Zugang der Erklärung.[16] Dennoch kann auch dieses Indiz beim Einwurfeinschreiben erschüttert werden, wenn der Empfänger nachweisen kann, dass der Zusteller den Beleg nicht erst nach dem Einwurf ausgestellt hat, sondern aus Zeitgründen bereits früher, bzw. wenn es in sonstiger Hinsicht an einer hinreichenden Dokumentation der Zustellung fehlt.[17]

---

[13] Vgl. *Dübbers*, NJW 1997, 2503 f.

[14] BGHZ 24, 308, 312; *OLG Köln* MDR 1987, 405; *OLG München* OLGR München 1995, 238.

[15] Vgl. zu Fehlern *AG Kempen* NJW 2007, 1215 m. w. N.; krit. dazu *Putz*, NJW 2007, 2450 ff.

[16] *AG Paderborn* NJW 2000, 3722; dazu *Dübbers*, TranspR 2000, 477.

[17] *LG Potsdam* NJW 2000, 3722; dazu *Reichert*, NJW 2001, 2523.

Fall 6. Zugang zum Cabrio

Vergleiche BGH NJW 1994, 2613 und BAG NJW 2011, 2604.

Sachverhalt

V bietet dem K am 13. 11. sein grünes Golf-Cabrio zum Preis von 20 000 € zum Kauf an und verlangt dabei Antwort bis spätestens 20. 11. Der etwas nachlässige K will am 20. 11. die Annahme erklären und verfasst ein entsprechendes Schreiben, das er persönlich überbringen oder ggf. in den Briefkasten des V einwerfen will. Vor dem Haus des V trifft er zufällig dessen Ehefrau E, die er von früher kennt. Er gibt ihr das Schreiben mit der Bitte, es dem V auszuhändigen. Dies tut die E aber erst am 22. 11. V teilt K umgehend die Verspätung mit und verweigert die Vertragserfüllung. Kann K von V Übereignung des Cabrios verlangen?

Abwandlung 1: K übergibt das Schreiben am 20. 11. dem Nachbarn N, der es V erst am 22. 11. aushändigt. V teilt K umgehend die Verspätung mit und weigert sich, den Vertrag zu erfüllen.

Abwandlung 2: K übergibt das Schreiben am 20. 11. dem Prokuristen (P) des Einzelhändlers V, der es diesem jedoch erst am 22. 11. aushändigt. V teilt K umgehend die Verspätung mit und weigert sich, den Vertrag zu erfüllen.

Abwandlung 3: K wirft das mit diesem Datum versehene Schreiben am 16. 11. in einen Postbriefkasten ein, doch aus unerklärlichen Gründen erreicht es V erst am 23. 11., der es sogleich dem Papierkorb zuführt. Zwei Wochen später verlangt K Übergabe und Übereignung des Golf Cabrio. V verweigert die Vertragserfüllung mit der Begründung, dass die Annahme ihn viel zu spät erreicht habe. Abgesehen davon sei ihm die Erfüllung jetzt auch unmöglich, da er das Cabrio am 21. 11. schon an X weiterverkauft habe und es nun diesem geben müsse.

Vorüberlegungen

Die Besonderheit dieses Falles liegt darin, dass in die Übermittlung der Willenserklärung jeweils Dritte eingeschaltet werden, sog. Hilfspersonen. In diesem Fall kommt es für den Zugang und seinen Zeitpunkt darauf an, welche Art von Hilfsperson das ist.

Der Empfangsbote und der Empfangsvertreter stehen jeweils im Lager des Erklärungsempfängers. Der Unterschied zwischen den beiden liegt im Wesentlichen in ihrer Rechtsmacht: Weil der Stellvertreter an der Stelle des Vertretenen handeln kann, und zwar auch bei der Entgegennahme von Willenserklärungen (vgl. § 164 Abs. 3), entscheidet allein der Zugang beim Vertreter; dieser ist der Empfänger, auch wenn ihn die rechtlichen Wirkungen der Erklärung nicht treffen (vgl. § 164 Abs. 1 S. 1). Dagegen ist der Empfangsbote, wie man zu sagen pflegt, lediglich eine Art „menschlicher Briefkasten". Bei ihm ist die Erklärung zwar bereits im Machtbereich des Empfängers, doch muss man noch die Möglichkeit der Kenntnisnahme durch den Empfänger unter gewöhnlichen Umständen untersuchen.

Ist die Hilfsperson kein Empfangsbote (oder Vertreter), ist sie stets Erklärungsbote, also dem Lager des Erklärenden zuzurechnen. Mit der Übergabe an den Boten ist die Erklärung abgegeben. Der Zugang setzt voraus, dass dieser sie so in den Machtbereich des Empfängers transportiert, dass dieser unter gewöhnlichen Umständen die Möglichkeit der Kenntnisnahme hat.

Gliederung

Lösung

Anspruch des K gegen V gem. § 433 Abs. 1 S. 1 auf Übergabe und Übereignung des Cabrios

K könnte gegen V einen Anspruch auf Übergabe und Übereignung des Cabrios **1** gem. § 433 Abs. 1 S. 1 haben, wenn zwischen beiden ein Kaufvertrag zustande gekommen ist. Dazu müssten sie zwei übereinstimmende, aufeinander bezogene Willenserklärungen, Antrag und Annahme (vgl. § 151 S. 1), ausgetauscht haben.[1]

I. Antrag des V

V könnte K mit seinem Schreiben vom 13. 11. ein Angebot zum Abschluss eines **2** Kaufvertrags über ein Cabrio zu einem Kaufpreis von 20 000 € gemacht haben. Ein Angebot ist eine rechtsverbindliche Erklärung, in der die essentialia negotii des späteren Vertrages so genau bestimmt sind, dass für die Annahme ein bloßes „Ja" als Zustimmung ausreicht.[2] Da V in seinem Schreiben sowohl den Kaufgegenstand als auch den Kaufpreis benennt und sich erkennbar binden will, liegt ein Angebot vor. Durch die willentliche Inverkehrgabe des Angebots durch V und den Zugang bei K ist das Angebot wirksam geworden.

II. Wirksame Annahme durch K

Fraglich ist, ob K dieses Angebot wirksam angenommen hat. Dazu müsste K eine **3** Annahmeerklärung abgegeben haben, die V gem. §§ 130 Abs. 1, 148 rechtzeitig zugegangen ist.

1. Annahmeerklärung

Mit der Annahme erklärt der Vertragspartner dem Antragsteller die uneinge- **4** schränkte rechtsverbindliche Zustimmung, den Vertrag zu den im Angebot genannten Bedingungen abzuschließen.[3] In seinem Schreiben vom 20. 11. erklärte K, mit dem Vertragsschluss zu den genannten Konditionen einverstanden zu sein. Eine Annahmeerklärung des K liegt damit vor. Durch die Übergabe des Schreibens an E hat K die Erklärung willentlich in den Verkehr gebracht und somit abgegeben.

2. Rechtzeitiger Zugang bei V

Die empfangsbedürftige Annahmeerklärung müsste V gem. § 130 Abs. 1 rechtzeitig **5** zugegangen sein. Ein gegenüber einem Abwesenden erklärtes Angebot kann gem. § 147 Abs. 2 grundsätzlich nur bis zu dem Zeitpunkt angenommen werden, in welchem der Antragende den Eingang der Annahme erwarten darf. Hier hat V dem K gem. § 148 eine Annahmefrist bis zum 20. 11. gesetzt. Ein rechtzeitiger Zugang setzt daher voraus, dass die Annahmeerklärung innerhalb dieses Zeitraums derart in

---

1   Palandt/*Ellenberger,* Einf. v. § 145 Rn. 1; *Köhler,* § 5 Rn. 9.
2   *Larenz/Wolf,* § 29 Rn. 16; *Köhler,* § 8 Rn. 8; Palandt/*Ellenberger,* § 145 Rn. 1.
3   *Köhler,* § 8 Rn. 21; Staudinger/*Bork,* § 146 Rn. 1; Palandt/*Ellenberger,* § 147 Rn. 1.

den Machtbereich des Empfängers gelangt ist, dass unter Zugrundelegung normaler Umstände mit deren Kenntnisnahme gerechnet werden durfte.[4] V erlangte tatsächlich erst am 22. 11. Kenntnis von der Annahmeerklärung des K.

a) Einschaltung einer Übermittlungsperson

6 Fraglich ist allerdings, ob der Zugang zu einem früheren Zeitpunkt bewirkt wurde, weil K die schriftliche Annahmeerklärung an die Ehefrau (E) des V ausgehändigt hat. Wann eine Willenserklärung bei Abgabe gegenüber einer Mittelsperson dem Empfänger zugeht, hängt davon ab, ob die Mittelsperson als Erklärungsbote, Empfangsbote oder Empfangsvertreter anzusehen ist.[5] Für eine Bevollmächtigung der E i.S.v. § 167 zur Entgegennahme von Willenserklärungen[6] gibt es hier keine Anhaltspunkte, so dass E nur Botin sein kann.

b) E als Empfangsbotin

7 Die Willenserklärung wäre mit der Übergabe an E zumindest in den Machtbereich des V gelangt, wenn E dessen Empfangsbotin war. Dazu müsste E von ihrem Ehemann V zur Entgegennahme von Erklärungen bestellt worden sein.[7] Ausdrücklich hat V die E nicht zu seiner Empfangsbotin bestellt. Allerdings wird eine solche Empfangsermächtigung aufgrund einer Rechtsfortbildung[8] nach der Verkehrsauffassung bei Personen vermutet, die sich im Machtbereich des Empfängers aufhalten und aufgrund ihrer geistigen Reife und Fähigkeiten zur Weitergabe von Erklärungen imstande sind.[9] Dies gilt insbesondere für Ehegatten.[10] E gilt daher als von V zur Entgegennahme von Erklärungen bestellt und ist somit als seine Empfangsbotin anzusehen.

8 Zu klären bleibt, wann bei Übergabe einer verkörperten Willenserklärung an einen Empfangsboten der Zugang beim Empfänger erfolgt. Da ein Empfangsbote als „personifizierte Empfangseinrichtung" anzusehen ist, ist die Annahmeerklärung mit der Übergabe an E am 20. 11. in den Machtbereich des V gelangt.[11] Anders als beim Empfangsvertreter (§ 164 Abs. 3) geht eine Willenserklärung nicht schon mit der Übergabe an den Empfangsboten zu, sondern erst dann, wenn nach den gewöhnlichen Umständen mit der Weitergabe der Erklärung an den Empfänger zu rechnen ist.[12] Unter Zugrundelegung normaler Umstände konnte K davon ausgehen, dass E als Ehefrau die Erklärung noch am Abend desselben Tages an ihren Mann weiterleiten würde.[13] Der Zugang trat daher noch am 20. 11. ein. Der Umstand, dass V tatsächlich erst am 22. 11. Kenntnis erlangte, ist unerheblich.

---

4 BGHZ 137, 205, 208; *Köhler*, § 6 Rn. 13.

5 *Larenz/Wolf*, § 26 Rn. 34 ff.; MünchKomm/*Einsele*, § 130 Rn. 25 ff.; *Köhler*, § 6 Rn. 15 ff.

6 Vgl. dazu Bamberger/Roth/*Wendtland*, § 130 Rn. 16.

7 MünchKomm/*Einsele*, § 130 Rn. 25; *Larenz/Wolf*, § 26 Rn. 34 ff.

8 So *BAG* NJW 2011, 2604 Rn. 12 m.w.N.

9 *BGH* NJW 1994, 2613, 2614; *LG Leipzig* 1999, 2975, 2976; Bamberger/Roth/*Wendtland*, § 130 Rn. 17; *Köhler*, § 6 Rn. 16; Palandt/*Ellenberger*, § 130 Rn. 9.

10 BGHZ 67, 271, 275; *BGH* NJW 1994, 2613, 2614 (jedoch zweifelnd, wenn der andere Gatte auf hoher See unterwegs und nicht ständig erreichbar ist).

11 *BGH* NJW 1994, 2613, 2614. Man könnte auch „lebender Briefkasten" sagen.

12 *BGH* NJW 1994, 2613, 2614.

13 Ebenso für einen ganz ähnlichen Sachverhalt *BAG* NJW 2011, 2604 Rn. 17 ff.

III. Ergebnis

Die Annahmeerklärung des K ist V am 20. 11. und somit noch rechtzeitig (§ 148) **9**
zugegangen. Zwischen V und K ist daher ein wirksamer Kaufvertrag über das Cabrio zu 20 000 € zustande gekommen. K kann von V gem. § 433 Abs. 1 S. 1 Übergabe und Übereignung des Cabrios verlangen, Zug um Zug gegen Zahlung von 20 000 € (§§ 320 Abs. 1, 322 Abs. 1).

Abwandlung 1: Anspruch des K gegen V auf Übergabe und Übereignung des Golf Cabrio gem. § 433 Abs. 1 S. 1

K könnte gegen V gem. § 433 Abs. 1 S. 1 einen Anspruch auf Übergabe und Über- **10**
eignung des Golf Cabrio haben, wenn zwischen beiden ein entsprechender Kaufvertrag zustande gekommen ist.

I. Angebot und Annahme, §§ 145, 147

K hat als Antwort auf das Angebot des V, ihm ein Golf-Cabrio zum Preis von **11**
20 000 € zu verkaufen, eine entsprechende Annahmeerklärung verfasst. Am 20. 11.
hat K seine Erklärung abgegeben, indem er den Nachbarn (N) des V bat, die Erklärung dem V zu übergeben.

> **Hinweis:** **12**
> Das Problem der Abwandlung liegt allein im Zugang der Annahmeerklärung. Deshalb wäre es falsch und zeitraubend, Angebot und Annahme noch einmal in gleicher Ausführlichkeit wie im Ausgangsfall zu prüfen. Da allerdings auch hier ein Anspruch aus § 433 Abs. 1 zu prüfen ist, muss der Vollständigkeit halber das Vorliegen eines Angebots und die Abgabe einer entsprechenden Annahmeerklärung zumindest kurz im Urteilsstil (!) festgestellt werden.

II. Rechtzeitiger Zugang der Annahmeerklärung

Damit die Annahmeerklärung des K zum Vertragsschluss führt, müsste sie dem V **13**
gem. §§ 146 Alt. 2, 150 Abs. 1 innerhalb der Annahmefrist (§ 148), also spätestens
am 20. 11., zugegangen sein, § 130 Abs. 1 S. 1. V hat das Schreiben tatsächlich erst
am 22. 11. erhalten. Zu prüfen ist, ob ein Zugang dennoch rechtzeitig erfolgt ist,
weil die Erklärung bereits vorher so in den Machtbereich des V gelangt ist, dass unter
normalen Umständen schon am 20. 11. mit seiner Kenntnisnahme zu rechnen war.[14]

1. N als Empfangsvertreter

Gem. § 164 Abs. 3, Abs. 1 wäre die Erklärung schon im Zeitpunkt der Übergabe **14**
an N zugegangen, wenn dieser Empfangsvertreter des V wäre. Eine Vollmachtserteilung[15] des N ist aber nicht erfolgt.

2. N als Empfangsbote

Das Annahmeschreiben wäre durch die Übergabe an N zumindest schon in den **15**
Machtbereich des V gelangt, wenn dieser sein Empfangsbote wäre.[16] N war von V

---

[14] BGHZ 137, 205, 208.
[15] Vgl. MünchKomm/*Einsele*, § 130 Rn. 27; Bamberger/Roth/*Wendtland*, § 130 Rn. 16.
[16] *Larenz/Wolf*, § 26 Rn. 37.

nicht ausdrücklich zur Entgegennahme von Willenserklärungen bestellt worden. Zu prüfen ist, ob er nach der Verkehrsauffassung als Empfangsbote anzusehen ist. Dazu müsste N sich im Machtbereich des Empfängers aufhalten und aufgrund seiner Reife und seiner Fähigkeiten zur Weitergabe der Erklärung in der Lage sein.[17] Zwar wäre N zur Weitergabe der Erklärung in der Lage, doch fehlt es an einer *hinreichenden* unmittelbaren räumlichen Nähebeziehung des Boten zum Adressaten. Als Empfangsbote ist grundsätzlich nur anzusehen, wer sich üblicherweise im Haushalt oder Gewerbebetrieb des Adressaten aufhält, so z. B. Angehörige oder Angestellte.[18] Dies ist beim Nachbarn nicht der Fall. Damit kann N nur Erklärungs-, nicht aber Empfangsbote sein. Mit der Übergabe an N gelangte das Annahmeschreiben noch nicht in den Machtbereich, sondern nur in den Rechtsverkehr.[19]

3. N als Erklärungsbote

16 Ein Schreiben, das einem Erklärungsboten zur Weiterleitung übergeben wurde, geht dem Empfänger erst dann zu, wenn es in seinen Machtbereich gelangt ist und unter gewöhnlichen Umständen mit einer Kenntnisnahme zu rechnen ist. Dies war hier erst der Fall, als N dem V das Schreiben am 22. 11. übergab.

17 Die Annahme ist somit verspätet zugegangen, so dass sie nicht zum Vertragsschluss führte, §§ 146 Alt. 2, 150 Abs. 1. Das in ihr liegende neue Angebot hat V nicht angenommen.

III. Ergebnis

18 K hat gegen V keinen Anspruch auf Übergabe und Übereignung des Golf Cabrio.

Abwandlung 2: Anspruch des K gegen V auf Übergabe und Übereignung des Golf Cabrio gem. § 433 Abs. 1 S. 1

I. Wirksamer Kaufvertrag

19 Ein Anspruch des K gegen V auf Übergabe und Übereignung des Golf Cabrio gem. § 433 Abs. 1 S. 1 setzt die rechtzeitige Annahme des Angebots voraus.

20 Fraglich ist, wann das Annahmeschreiben des K dem V zugegangen ist. Zwar hat V die Annahmeerklärung des K erst am 22. 11. erhalten, doch ist ihr Zugang gem. § 164 Abs. 3 schon mit der Übergabe an den P des V erfolgt, wenn dieser Empfangsvertreter war. Als Händler ist V Kaufmann (§ 1 Abs. 1 HGB) und konnte gem. § 48 Abs. 1 HGB dem P Prokura erteilen. Damit hat er ihm gem. § 49 Abs. 1 HGB eine umfassende Vertretungsbefugnis eingeräumt. P war damit Stellvertreter des V i. S. d. § 164 Abs. 1, so dass gem. § 164 Abs. 3 bzgl. des Zugangs von Willenserklärungen auf seine Person abzustellen ist. Das Annahmeschreiben ist V daher im Zeitpunkt der Übergabe an P, also am 20. 11., zugegangen.

---

[17] MünchKomm/*Einsele*, § 130 Rn. 25.

[18] *Köhler*, § 6 Rn. 16.

[19] Im Gegensatz zum Empfangsboten, der als „personifizierte Empfangseinrichtung" gesehen wird, stellt der Erklärungsbote nur ein „personifiziertes Transportmittel" dar, *Larenz/Wolf*, § 26 Rn. 36.

II. Ergebnis

K kann von V gem. § 433 Abs. 1 S. 1 Übergabe und Übereignung des Golf Cabrio **21** verlangen, Zug um Zug gegen Zahlung von 20 000 € (§ 320 Abs. 1).

Abwandlung 3: Anspruch des K gegen V auf Übergabe und Übereignung des Golf Cabrio gem. § 433 Abs. 1 S. 1

I. Anspruch entstanden

Ein Anspruch des K gegen V gem. § 433 Abs. 1 S. 1 setzt den rechtzeitigen Zugang **22** der Annahmeerklärung des K voraus.

K hat am 16. 11. sein Annahmeschreiben durch Einwurf in den Postkasten abgege- **23** ben. Da das Schreiben allerdings den Machtbereich des V erst am 23. 11. erreichte, ist die Annahmeerklärung zu spät zugegangen.[20]

Dennoch könnte die Annahme gem. § 149 S. 2 als nicht verspätet anzusehen sein, **24** wenn der verspätete Zugang auf Beförderungsverzögerungen der Post zurückzuführen war und V dies dem K nicht mitgeteilt hat. Bei ordentlicher Beförderung durch die Post wäre das Schreiben am 17. 11., spätestens am 20. 11. bei V angekommen. Dies wäre noch innerhalb der Annahmefrist gewesen. Hat V dies erkennen können, so wäre die Annahme des K nur dann als verspätet anzusehen, wenn V dem K die Verzögerung unverzüglich, d.h. ohne schuldhaftes Zögern (vgl. § 121 Abs. 1 S. 1), angezeigt hätte (§ 149 S. 1). Vorliegend hätte V aufgrund des Datums des Briefes davon ausgehen müssen, dass das Angebot des K rechtzeitig abgesendet wurde. Damit oblag es V, eine Verspätungsanzeige im Sinne des § 149 S. 1 an K zu richten. Nach h.M. ist die Verspätungsanzeige eine einseitige, nicht empfangsbedürftige geschäftsähnliche Handlung. Es hätte damit für V genügt, die Verspätungsanzeige abzusenden.[21] Darin aber, dass V den Brief des K lediglich weggeworfen hat, kann keine Anzeige i.S. des § 149 gesehen werden. Mangels Verspätungsanzeige des V gilt die Annahme des K als rechtzeitig erfolgt, § 149 S. 2. Ein gültiger Kaufvertrag liegt damit vor.

Der Anspruch des K gegen V auf Übergabe und Übereignung des Golf Cabrio gem. **25** § 433 Abs. 1 ist entstanden.

II. Anspruch untergegangen

Der Übereignungsanspruch des K gem. § 433 Abs. 1 könnte jedoch gem. § 275 **26** Abs. 1 untergegangen sein, wenn die geschuldete Übereignung des Autos unmöglich ist. Unmöglichkeit i.S. des § 275 Abs. 1 liegt vor, wenn die Leistung von niemandem oder nur vom Schuldner nicht erbracht werden kann.

V hat das Golf Cabrio am 21. 11. an den X verkauft. Der Abschluss eines Kaufver- **27** trages mit X verpflichtet V jedoch nur, das Auto dem X zu übereignen. Da V den Kaufvertrag mit X noch nicht erfüllt hat, also den Wagen noch nicht übergeben

---

[20] Aufgrund der Möglichkeit des Erklärenden das Zustellungsmittel zu wählen, trägt er auch das Risiko des verspäteten Zugangs, *Köhler,* § 6 Rn. 14.

[21] Bamberger/Roth/*Eckert,* § 149 Rn. 10.

und übereignet hat (§ 929 S. 1), hat V seine Verfügungsmacht nicht verloren. Eine Übereignung an K ist also weiterhin möglich.[22]

28 **Hinweis:**

Man beachte das Abstraktionsprinzip! Der Kaufvertrag bewirkt als bloßes Verpflichtungsgeschäft nicht den Eigentumsübergang, sondern verpflichtet den Verkäufer nur, dem Käufer das Eigentum zu verschaffen. Erst durch das Verfügungsgeschäft erwirbt der Käufer Eigentum. Stellt sich nach dem Verfügungsgeschäft heraus, dass der Kaufvertrag unwirksam ist, bleibt der Käufer Eigentümer. Ein Anspruch des Verkäufers gem. § 985 besteht nicht. Allerdings ist K ungerechtfertigt bereichert, weil er das Eigentum ohne Rechtsgrund erlangt hat. V kann von K daher gem. § 812 Abs. 1 S. 1 Rückübertragung des Eigentums verlangen.

29 Der Anspruch des K ist nicht gem. § 275 Abs. 1 untergegangen.

III. Ergebnis

30 K kann gem. § 433 Abs. 1 von V Übergabe und Übereignung des Golf Cabrio verlangen, Zug um Zug gegen Zahlung von 20 000 €.

---

[22] Selbst eine Eigentumsübertragung an X macht V die Leistung nur unmöglich, wenn ein Rückerwerb von X völlig ausscheidet, weil dieser dazu unter keinen Umständen (selbst gegen eine hohe Geldzahlung) nicht bereit wäre, vgl. *Fritzsche,* Fälle zum Schuldrecht I, 4. Aufl., 2010, Fall 6.

Fall 7. Gesunde Ernährung I

Sachverhalt

Landwirt Dagobert Dung (D) verkauft seinen ökologischen Anbau selbst. Eines Tages erkundigt sich der Lehrer Mustafa Müsli (M) telefonisch bei Dung nach dem Preis für zwei Säcke Biohafer, die er für seine Getreidemühle benötigt. Dung verlangt für zwei Säcke insgesamt 250 €. Müsli bietet daraufhin 180 €. Dung meint, das sei zu wenig, das Minimum seien 225 € für beide Säcke. Müsli erwidert: „Kann ich mir das bis heute Abend überlegen?" Dung ist einverstanden, wenn ihm Müsli bis 18 Uhr Bescheid gibt. Um 17 Uhr spricht Müsli auf Dungs Anrufbeantworter, er werde den Hafer am nächsten Morgen abholen. Dung hört den Anrufbeantworter um 19.00 Uhr ab.

Kann Müsli von Dung die zwei Säcke Biohafer verlangen?

Vorüberlegungen

Der Fall beschäftigt sich mit einfachen Fragen des Vertragsschlusses nach den §§ 145 ff. Ein Vertrag kommt zustande durch zwei übereinstimmende Willenserklärungen, Angebot (§ 145) und Annahme (§ 147). Das Angebot muss so bestimmt bzw. bestimmbar sein, dass es durch bloßes „Ja" angenommen werden kann. Dazu muss es die vertragswesentlichen Bestandteile (essentialia negotii) enthalten, also bei einem Kaufvertrag (§ 433) die Vertragsparteien, den Kaufgegenstand und den Preis. Sind diese Voraussetzungen erfüllt, ist der Antragssteller an seinen Antrag gebunden (§ 145), wenn die Erklärung aus der Sicht des Empfängers mit Rechtsbindungswillen abgegeben ist (vgl. Fall 2 Rn. 9 ff.).

Da die Antwort des D als telefonisch übermittelte Willenserklärung gem. § 147 Abs. 1 S. 2 einer Willenserklärung unter *Anwesenden* gleichgestellt ist, muss man kurz auf die Vernehmung als Wirksamkeitserfordernis eingehen (vgl. dazu Fall 1 Rn. 9 f.), auch wenn sich insofern keine Probleme ergeben.

Der Vertragsschluss durch Annahme setzt ein uneingeschränktes Einverständnis mit den Bedingungen des Antrags voraus. Eine Annahme unter Erweiterungen, Einschränkungen oder sonstigen Änderungen ist gemäß § 150 Abs. 2 eine Ablehnung, verbunden mit einem neuen Antrag. Das ist bei der Bewertung des weiteren Gesprächsverlaufs zu berücksichtigen. Ebenso ist daran zu denken, dass das Angebot gem. § 146 auch erlischt, wenn es nicht nach den §§ 147 bis 149 rechtzeitig angenommen wird.

Gliederung

Problem: Ist die Anfrage des M schon als Antrag i. S. v. § 145 oder als *bloße invitatio ad offerendum* zu verstehen?

Lösung

I. Anspruch M gegen D gem. § 433 Abs. 1 S. 1

1 M könnte gegen D einen Anspruch auf Übergabe und Übereignung von zwei Säcken Biohafer gem. § 433 Abs. 1 S. 1 haben. Dazu müssten sie durch übereinstimmende, aufeinander bezogene Willenserklärungen (Angebot und Annahme) einen wirksamen Kaufvertrag geschlossen haben.

1. Antrag des M, § 145

2 Ein Antrag i.S.v. § 145 könnte zunächst in dem Anruf des M bei D liegen. Ein Antrag setzt neben dem Willen, sich rechtlich zu binden, noch voraus, dass der Inhalt des abzuschließenden Vertrags so bestimmt ist, dass der Empfänger durch bloße Erklärung seines Einverständnisses den Vertrag zustande bringen kann. Bei einem Kaufvertrag muss der Antrag also zumindest die Parteien sowie den Kaufgegenstand und den Kaufpreis bestimmen bzw. bestimmbar machen. Da die Erklärung des M Menge und Preis nicht festlegt, also nicht alle essentialia negotii enthält, ist eine Annahme nicht möglich, und es liegt daher schon kein Angebot vor. Im Übrigen ist für D gem. §§ 133, 157 auch erkennbar, dass sich M noch nicht i.S.v. § 145 binden will. Die Anfrage des M ist nur eine *invitatio ad offerendum*,[1] eine Aufforderung an D, ein Angebot zu machen.

2. Antrag des D

3 In der Erklärung des D, zwei Säcke Biohafer zum Preis von 250 € zu verkaufen, sind dagegen die wesentlichen Vertragsbestandteile enthalten. Es handelt sich um einen Antrag, der M unter Anwesenden (arg. § 147 Abs. 1 S. 2) durch inhaltlich richtige Vernehmung zugegangen und damit nach dem Grundgedanken des § 130 Abs. 1 S. 1 wirksam geworden ist.

4 **Hinweis:**
Man kann das auch ausführlicher darlegen (vgl. Fall 1 Rn. 9).

---

[1] *Köhler,* § 8 Rn. 9; *Brox/Walker,* Rn. 170.

3. Annahme durch M?

Dieses Angebot müsste M angenommen haben. M erklärt sich aber nicht vorbe- **5** haltlos mit dem Angebot einverstanden. Er macht ein Gegenangebot über einen Preis von 180 €. Damit hat er gemäß § 150 Abs. 2 das Angebot des D abgelehnt und selbst einen neuen Antrag gemacht.

4. Annahme durch D?

Das Gegenangebot des M müsste D nun wiederum angenommen haben, doch **6** lehnt auch er mit einem neuen Angebot über 225 € ab (§ 150 Abs. 2).

5. Annahme durch M

Zu prüfen ist, ob M dieses Angebot angenommen hat. M hat dem D auf den An- **7** rufbeantworter gesprochen, dass er den Hafer am nächsten Morgen abholen werde. Damit hat er konkludent die Annahme des Angebots über 225 € erklärt.

Weiter muss die Annahmeerklärung wirksam geworden sein. Dies richtet sich nach **8** § 130 Abs. 1 S. 1, wenn M die Annahme unter Abwesenden erklärt hat. Zwar ist gem. § 147 Abs. 1 S. 2 die telefonische Annahme eine solche unter Anwesenden. Doch hat M nur auf den Anrufbeantworter und nicht mit M selbst gesprochen, also die Annahme unter Abwesenden erklärt. Gem. § 130 Abs. 1 S. 1 ist die An- nahme also wirksam geworden, als sie D zugegangen ist. Zugang liegt vor, wenn die Willenserklärung so in den Machtbereich des Empfängers gelangt ist, dass dieser nach den gewöhnlichen Umständen von ihr Kenntnis nehmen kann;[2] auf die tat- sächliche Kenntnisnahme kommt es grundsätzlich nicht an. Mit dem Sprechen auf einen Anrufbeantworter gelangt die Erklärung in den Machtbereich des Empfän- gers und gibt ihm jedenfalls dann die Möglichkeit der alsbaldigen Kenntnisnahme, wenn das Aufsprechen tagsüber bzw. zu den üblichen Geschäftszeiten erfolgt. Da M zu einer solchen Zeit angerufen hat, ist dem D die Erklärung mit dem Aufsprechen um 17.00 Uhr zugegangen.

6. Rechtzeitigkeit der Annahme, §§ 146, 150 Abs. 1

Die Annahme müsste rechtzeitig erfolgt sein, da andernfalls der Antrag des D gem. **9** § 146 erloschen gewesen wäre und die Annahme gem. § 150 Abs. 1 einen neuen Antrag darstellen würde. Grundsätzlich hätte M das Angebot des D gem. § 147 Abs. 1 S. 1 sofort annehmen müssen. Doch hat B dem M auf dessen Bitte hin eine Annahmefrist eingeräumt, was gem. § 148 auch nachträglich möglich ist. Die Par- teien haben vereinbart, dass die Annahme bis 18 Uhr erfolgen könne. Die Annah- me um 17.00 Uhr ist also rechtzeitig erfolgt.

Damit ist zwischen M und D ein wirksamer Kaufvertrag zustande gekommen. **10**

II. Ergebnis

M kann von D gem. § 433 Abs. 1 S. 1 Übereignung und Übergabe von zwei Sä- **11** cken Biohafer verlangen.

---

2 Ständige Rspr., BGHZ 137, 205, 208; *Köhler*, § 6 Rn. 13; *Brox/Walker*, § 7 Rn. 149.

12 **Hinweis:**
Bei den Hauptleistungspflichten aus gegenseitigen Verträgen kann man erwägen, einen Zusatz wie in Fall 6 Rn. 9 zu machen, dass die Leistung gem. § 320 Abs. 1 nur Zug-um-Zug gegen Bewirkung der Gegenleistung zu erbringen ist. Erforderlich ist das aber ohne konkreten Anlass nicht. In Fall 6 wurde von vornherein nur eine Leistung Zug-um-Zug verlangt.

Fall 8. Unbestellte Bücher

Sachverhalt

Der selbständige Rechtsanwalt Randolf Rathgeber (R) erhält von dem ihm unbekannten Verlag Versanddruck (V) zwei in Folie eingeschweißte Bücher zugesandt: ein Praxishandbuch „Fernöstliches Familienrecht" und einen „Campingführer Antarktis". Im beigefügten Schreiben heißt es: „Hiermit bieten wir Ihnen unsere neuesten Produkte zum Kauf an. Sollten Sie ein Buch nicht innerhalb von zwei Wochen zurückschicken, kaufen Sie es damit zum Einführungspreis von (jeweils) 89 €." R will weder die Bücher erwerben noch das Rückporto bezahlen und legt sie daher ungeöffnet in seine Schublade. Als er nach vier Wochen eine Rechnung erhält, teilt R dem Verlag mit, er werde nicht zahlen, sondern die Bücher vier Wochen zur Abholung bereithalten. Als V dem R fünf Wochen später eine Mahnung schickt, antwortet R, er habe die Bücher vor einigen Tagen weggeworfen. Kann V von R jeweils Zahlung von 89 € verlangen?

Vorüberlegungen

Da V vertragliche Erfüllungsansprüche auf Kaufpreiszahlung (§ 433 Abs. 2) geltend macht, ist wieder der Vertragsschluss zu prüfen. Es geht dabei um zwei Kaufverträge. Das Kaufrecht geht vom Kauf einer Sache aus, vgl. §§ 433 ff.; zwar können Sachen auch als zusammengehörig verkauft werden, doch soll das hier angesichts des Wortlauts des Begleitschreibens gerade nicht geschehen.

Der Antrag geht jeweils offensichtlich von V aus. Doch erklärt R nicht ausdrücklich die Annahme, sondern verweigert sie nach einiger Zeit ausdrücklich. Dennoch muss man prüfen, ob R nicht bereits zu einem früheren Zeitpunkt konkludent oder eventuell durch sein Schweigen die Annahme erklärt hat (Entgegennahme der Warensendung, Aufbewahrung der Bücher oder Nicht-Widerspruch gegen den Vertragsschluss). Auch zu der Fristsetzung im Antrag des V muss man kurz etwas sagen und an den Grundsatz denken, dass Schweigen keine Willenserklärung darstellt.

Nun wird im Zusammenhang mit dem Zusenden unbestellter Waren oft auf § 241a hingewiesen. Nach dessen Abs. 1 wird durch das Zusenden unbestellter Waren durch einen *Unternehmer* (§ 14) an einen *Verbraucher* (§ 13) ein Anspruch gegen diesen nicht begründet. Diese Norm wird in der Lösung des vorliegenden Falles nur ganz am Rande vorkommen: Die Existenz des § 241a geht auf das stetige Bemühen der Europäischen Gemeinschaft um einen effizienten (und gemeinschaftsweit einheitlichen) Verbraucherschutz zurück, konkret auf Art. 9 der sog. Fernabsatz-Richtlinie, der die Mitgliedstaaten verpflichtet, in ihrem nationalen Recht eine entsprechende Regelung vorzusehen. Da aber bereits nach allgemeinen Grundsätzen der Rechtsgeschäftslehre durch das unbestellte Zusenden von Waren kein Vertrag zustande kommt, hat § 241a für vertragliche Erfüllungsansprüche kaum Bedeutung und ist im juristischen Anspruchsgutachten auch kaum unterzubringen. Man könnte ihn insofern eigentlich weglassen, aber dagegen spricht die „Vorsichtsregel": Vielleicht will der Aufgabensteller den § 241a in der Lösung hören. Also sollte man ihn erwähnen, sich dabei aber kurz fassen.

Hinweise:
Zur Klarstellung sei erwähnt, dass (1) der Verbraucher auch unbestellt zugesandte Ware trotz § 241a Abs. 1 erwerben kann. Erklärt der Verbraucher **ausdrücklich** die Annahme des Vertragsangebots oder bezahlt er den Kaufpreis, kommt trotz § 241a ein Vertrag mit den entsprechenden Pflichten zustande.[1] Bei (anderen) konkludenten Annahmehandlungen (z. B. Benutzen, Verbrauchen) muss man mit der Bejahung eines Annahmewillens vorsichtig sein, da der Verbraucher diese Handlungen nach dem Zweck des § 241a Abs. 1 letztlich kostenlos vornehmen kann.[2] Bedeutung erlangt § 241a Abs. 1 nämlich (2) für Ansprüche wegen des Wegwerfens usw. der Bücher. Diese Ansprüche ergeben sich im Wesentlichen aus dem Eigentümer-Besitzer-Verhältnis der §§ 985ff. (im Sachenrecht), die hier thematisch nicht zu behandeln sind und nach denen auch gar nicht gefragt ist. Diese Ansprüche sollen durch § 241a Abs. 1 grundsätzlich ausgeschlossen werden, damit der Verbraucher nicht letztlich im Wege des Schadensersatzes nach §§ 990 Abs. 1, 989 in Höhe des objektiven Werts (vgl. § 251 Abs. 1) am Ende faktisch doch den Kaupreis bezahlen muss. Insofern geht die deutsche Norm wohl über die Anforderungen des europäischen Gemeinschaftsrechts hinaus.

Gliederung

Lösung

I. Anspruch des V gegen R auf Zahlung des Kaufpreises für das Praxishandbuch „Fernöstliches Familienrecht" i. H. v. 89 €

1 V könnte gegen R einen Anspruch aus § 433 Abs. 2 Hs. 1 auf Bezahlung des zugesandten Buches „Praxishandbuch Fernöstliches Familienrecht" in Höhe von 89 € haben. Dazu müsste V mit ihm durch übereinstimmende Willenserklärungen einen wirksamen Kaufvertrag geschlossen haben.

---

[1] H. M., Bamberger/Roth/*Sutschet,* § 241a Rn. 9; MünchKomm/*Kramer,* § 241a Rn. 8 m. w. N.; Palandt/*Grüneberg,* § 241a Rn. 6; *Schwarz,* NJW 2001, 1449, 1451.
[2] Zutreffend *Lorenz,* JuS 2000, 833, 841; *Sosnitza,* BB 2000, 2317, 2323.

1. Antrag, § 145

Erforderlich ist zunächst ein Antrag i.S.v. § 145. Da das Schreiben des V alle we- 2
sentlichen Bestandteile eines Kaufvertrags enthält, stellt es einen solchen Antrag dar;
es ist dem R auch i.S.v. § 130 Abs. 1 S. 1 zugegangen und damit wirksam geworden.

2. Annahme

Fraglich ist, ob R dieses Angebot angenommen hat. Gegen eine Annahme spricht 3
zwar, dass R seinen ablehnenden Willen nach Erhalt der Rechnung geäußert hat.
Diese Ablehnung wäre aber irrelevant, wenn R durch sein Verhalten das ihm gegenüber gemachte Angebot bereits früher angenommen hätte.

a) Annahme durch Entgegennahme der Ware bei Zustellung

Die bloße Entgegennahme der Ware bei der Zustellung durch den Postboten könn- 4
te eine Annahmeerklärung enthalten. Doch ist zu bedenken, dass der Empfänger,
insbesondere wenn er keine Sendung erwartet, nicht wissen kann, was er zuge-
schickt bekommt und ob er durch die Annahme eine Verpflichtung eingeht oder
nicht. Deshalb muss er sich von dem Inhalt eines Pakets erst überzeugen können,
ohne dadurch gleich einen unerwünschten Vertrag zustande zu bringen. Aus der
Sicht des Empfängerhorizonts ist die Entgegennahme also keine Annahme.

b) Annahme durch Behalten des Buches

R könnte das Angebot von V konkludent durch das Einschließen des Buchs in sei- 5
nem Schreibtisch angenommen haben. Dazu müsste dieser Handlung objektiv der
Erklärungsinhalt zukommen, dass R den Antrag des V annehmen will. Da R die
Bücher aber nicht geöffnet hat und das Einschließen somit sowohl einer „Aneig-
nung" als auch der bloßen sicheren Aufbewahrung dienen kann, fehlt es an einem
klaren Aussagegehalt und somit an einer Annahme.

Weiter könnte eine Annahme darin liegen, dass R es unterlässt, das Buch zurückzu- 6
schicken. Dazu müsste das Nicht-Zurücksenden aus dem Empfängerhorizont wiederum den Erklärungsinhalt einer Annahme haben. R ist aber – mangels Rechtsgrundlage – nicht verpflichtet, unbestellte Ware auf seine Kosten an den Absender
zurückzusenden. Vielmehr müsste V das Buch abholen, § 985 i.V.m. § 269 Abs. 1.
Auf einen unsicheren Erstattungsanspruch für das Rückporto gegen V braucht sich
R nicht vertrösten zu lassen. Andernfalls hätten es V und andere Unternehmen in
der Hand, R innerhalb kurzer Zeit in den Ruin zu treiben. Es genügte insoweit jedenfalls, dass R das Buch (für eine angemessene Zeit) zur Abholung bereithielt und
er dies dem V mitgeteilt hat, obwohl er auch dies an sich nicht musste, weil es auch
für eine solche Pflicht keine Rechtsgrundlage gibt. Folglich hat R das Vertragsangebot des V nicht durch eine konkludente Handlung angenommen.

> **Hinweis:** 7
> Eine konkludente Annahmeerklärung würde jedoch vorliegen, wenn R seinen Namen in das Buch
> schreibt und es in seinen Bücherschrank stellt, oder es liest. Der Zugang dieser Annahmeerklärung
> wäre gem. § 151 S. 1 nicht erforderlich, da V in seinem Schreiben ausdrücklich auf den Zugang ei-
> ner Annahmeerklärung verzichtet hat.[3]

---

3 Palandt/*Ellenberger*, § 151 Rn. 3 mit weiteren Beispielen.

c) Annahme durch Schweigen

8 R hat dem V allerdings zunächst keine Ablehnung des Antrags mitgeteilt. Fraglich ist, ob in dem Unterlassen einer (rechtzeitigen) ausdrücklichen Ablehnung des Angebots eine Annahme gesehen werden kann. Im Rechtsverkehr ist ein Schweigen (bzw. eine völlige Untätigkeit) grundsätzlich weder eine Zustimmung noch eine Ablehnung, sondern überhaupt keine Willenserklärung.[4] Ausnahmen gelten nur, soweit das Gesetz dem Schweigen ausnahmsweise einen Erklärungswert unterstellt, sowie beim sog. beredten Schweigen.[5] Ein solcher Fall liegt hier aber nicht vor.

9 Hinweis:
Das Schweigen wird als Ablehnung angesehen in §§ 108 Abs. 2 S. 2, 177 Abs. 2 S. 2, 415 Abs. 2 S. 2. Als Zustimmung wird das Schweigen hingegen angesehen in §§ 416 Abs. 1 S. 2, 496 S. 2, 516 Abs. 2 S. 2, 1934 Hs. 2, 362 HGB.

10 Etwas anderes ergibt sich auch nicht aus § 151 S. 1. Zwar legt die Formulierung des Schreibens nahe, dass V auf eine ihm gegenüber zu erklärende Annahme verzichtet hat. Doch folgt aus § 151 S. 1 nicht, dass ein Vertragsschluss ohne Annahmeerklärung des R erfolgt. Die Norm erklärt die notwendige Annahmeerklärung lediglich zu einer nicht empfangsbedürftigen Erklärung. Der Annahmewille muss in einer nach außen feststellbaren Willensbetätigung Ausdruck finden.[6] Dafür reicht das bloße Nicht-Zurücksenden durch R nicht aus.

11 Hinweis:
Etwas anderes würde selbst dann nicht gelten, wollte man auf Freiberufler wie R die handelsrechtlichen Grundsätze über den Erklärungsgehalt des Schweigens entsprechend anwenden. Denn die Voraussetzungen des § 362 HGB (analog) sind im vorliegenden Fall nicht erfüllt. Gleiches gilt für die Grundsätze über das Schweigen auf ein kaufmännisches Bestätigungsschreiben, da es hier keine vorherigen Vertragsverhandlungen gab.

d) Annahme durch Wegwerfen?

12 Schließlich könnte man das Wegwerfen des Buchs als konkludente Annahme auslegen. Da R aber vorher ausdrücklich die Ablehnung des Angebots (§ 146) erklärt und die Bücher erst nach einiger Zeit weggeworfen hat, scheidet eine solche Auslegung aus. Somit hat R das Kaufvertragsangebot des V nicht angenommen.

3. Ergebnis

13 V hat keinen Anspruch auf Bezahlung des Buches gem. § 433 Abs. 2.

II. Anspruch des V gegen R auf Zahlung des Kaufpreises für den Campingführer i. H. v. 89 €

14 V könnte gegen R gem. § 433 Abs. 2 Hs. 1 Anspruch auf Bezahlung des zugesandten Campingführers in Höhe von 89 € haben, doch auch insofern scheitert der Vertragsschluss an der fehlenden Annahme durch R (s. o. Rn. 7 ff.). Damit kann V von R wiederum keine Bezahlung des Buches gem. § 433 Abs. 2 Hs. 1 verlangen.

15 Bestätigt wird dieses Ergebnis hinsichtlich des Campingführers durch § 241a Abs. 1. Danach wird kein Anspruch begründet, wenn ein Unternehmer einem Ver-

---

[4] Palandt/*Ellenberger*, Einf. v. § 116 Rn. 7; MünchKomm/*Armbrüster*, Vor § 116 Rn. 8 ff.

[5] MünchKomm/*Armbrüster*, Vor 116 Rn. 12; Palandt/*Ellenberger*, Einf. v. § 116 Rn. 9 ff.

[6] *Bork*, Rn. 749; Palandt/*Ellenberger*, § 151 Rn. 2. A. A. *Flume*, § 35 II 3.

braucher eine unbestellte Sache liefert. Die Zusendung des Campingführers durch V erfolgte ohne Bestellung durch R. V ist gem. § 14 Abs. 1 Unternehmer, da der Buchversand zu seiner gewerblichen Tätigkeit gehört; R ist gem. § 13 Verbraucher, da der Kauf eines Campingführers nicht seiner selbständigen Tätigkeit als Rechtsanwalt zuzuordnen ist. Damit sind die Voraussetzungen des § 241a Abs. 1 erfüllt, und ein Anspruch ist ausgeschlossen. Allerdings ergibt sich dieses Ergebnis bereits, wie in Rn. 6 dargelegt, aus allgemeinen Grundsätzen der Rechtsgeschäftslehre, sodass § 241a Abs. 1 an sich überflüssig ist.

Hinweis: **16**

Insbesondere bestätigt § 241a Abs. 1 auch, dass selbst der Gebrauch oder der Verbrauch der zugesandten Sache bzw. das Wegwerfen als Aneignungshandlungen nicht als konkludente Annahmeerklärung auszulegen sind, und zwar selbst dann nicht, wenn der Empfänger sich – anders als R – nicht explizit äußert. Denn nach § 241a Abs. 1 und Abs. 2 sind grundsätzlich auch gesetzliche Ansprüche – also z. B. Schadensersatzansprüche, die aber über das Thema dieses Buches hinausgehen – grundsätzlich ausgeschlossen, was § 241a Abs. 1 dann doch nicht mehr ganz so überflüssig erscheinen lässt.[7]

---

[7] Palandt/*Ellenberger,* § 147 Rn. 2 a. E.

Fall 9. Freibleibende Kühlschränke

Sachverhalt

Der Haushaltsgerätegroßhändler G aus Hannover erhält vom Haushaltsgeräteeinzelhändler E aus Essen Mitte Mai eine Lieferanfrage bzgl. verschiedener Haushaltsgeräte. G antwortet am 20. 5.:

„Freibleibend kann ich Ihnen ab Hannover zurzeit folgende Geräte anbieten: 90 Tisch-Kühlschränke Cooler 180, Stückpreis 140 € (…)."

Darauf bestellt E mit Schreiben vom 31. 5. bei G „90 Tisch-Kühlschränke gemäß Angebot vom 20. 5." und bittet dabei um Lieferung. G erhält das Schreiben des E am 1. 6.; er bestätigt dem E die Bestellung und kündigt Lieferung der Kühlschränke auf Kosten des E durch eine Spedition für die Folgewoche an. E schreibt zurück, die Versandkosten müsse schon G übernehmen.

Kann G von E Abnahme und Zahlung der Kühlschränke und Übernahme der Speditionskosten verlangen?

Vorüberlegungen

Die Lösung dieses Falles erfordert erneut eine genaue chronologische Prüfung, in welcher der verschiedenen Erklärungen Angebot und Annahme liegen. Die Besonderheit des Falles folgt aus dem Wort „freibleibend" im Schreiben des G.

Im Regelfall ist ein Angebot bindend, doch kann dies gemäß § 145 a. E. ausgeschlossen werden. Für den Ausschluss der Bindung gibt es verschiedene Formulierungsmöglichkeiten bzw. Klauseln: „ohne Verbindlichkeit", „sine obligo", „freibleibend", „solange Vorrat reicht", „Zwischenverkauf vorbehalten", „Selbstbelieferung vorbehalten", „Preis freibleibend". Die rechtliche Beurteilung ist dabei nicht immer gleich; beim Vorbehalt der Selbstbelieferung z. B. kann es sich um eine auflösende Bedingung (§ 158 Abs. 2) oder einen Haftungsausschluss handeln.[1] Insgesamt kommt es sehr auf die Gesamtumstände an, etwa darauf, ob das nicht bindende Angebot von seinem Empfänger angefordert worden ist oder nicht. Davon unabhängig ist die Einordnung des „freibleibenden" Angebots umstritten (zu den Möglichkeiten s. Lösung).

Da sich G und E über die Tragung der Transportkosten uneinig sind, muss man auch diese Frage klären. Wer die Kosten zu tragen hat, hängt von der Festlegung des Leistungs- und Erfolgsort im Vertrag ab. Insofern seien Erstsemester auf § 269 und die Regelungen im Kaufrecht hingewiesen.

---

[1] Vgl. m. w. N. MünchKomm/*Busche*, § 145 Rn. 8; Staudinger/*Bork*, § 145 Rn. 32.

Gliederung

Lösung

I. Anspruch des G gegen E auf Abnahme und Zahlung der Kühlschränke

G könnte gegen E einen Anspruch auf Abnahme und Zahlung der neunzig Kühl- **1** schränke aus § 433 Abs. 2 haben.

1. Abschluss eines wirksamen Kaufvertrags

Dazu müsste zwischen G und E ein wirksamer Kaufvertrag zustande gekommen **2** sein. Ein Kaufvertrag wird durch zwei übereinstimmende Willenserklärungen geschlossen, nämlich Angebot (§ 145) und Annahme (§ 147 Abs. 1 S. 1).

> **Hinweis:** **3**
> Denken Sie stets daran, den Vertragsschluss chronologisch anhand der Äußerungen der Parteien zu prüfen, wenn der Fall Anlass dazu bietet. Beginnen Sie mit dem Erfordernis des Antrags und erklären Sie die inhaltlichen Anforderungen für einen Antrag i.S.v. § 145. Versuchen Sie dann, die zeitlich früheste Äußerung einer Partei darunter zu subsumieren. Stellt diese keinen Antrag dar, untersuchen Sie die nächste Äußerung usw.

a) Angebot durch Lieferanfrage des E

Ein wirksamer bindender Antrag i.S.v. § 145 könnte zunächst in der Lieferanfrage **4** des E liegen. Durch einen Antrag i.S.v. § 145 trägt eine Partei für sie bindend der anderen die Schließung eines Vertrags mit einem bestimmten Inhalt an; der Antrag muss daher grundsätzlich die wesentlichen Vertragsbestandteile (essentialia negotii) enthalten und aus der Sicht des Empfängerhorizonts von einem Rechtsbindungswillen getragen sein. Da man sich mit einer Lieferanfrage – unabhängig von ihrem genauen Inhalt – aber für den Adressaten erkennbar (§§ 133, 157) nicht rechtlich binden will, enthält die Anfrage des E keinen Vertragsantrag. Es handelt sich aber um eine Aufforderung, ein Angebot abzugeben (invitatio ad offerendum).

b) Angebot durch Schreiben des G

5 Ein wirksames Angebot könnte in dem Schreiben des G an E vom 31. 5. zu sehen sein. Dann müsste dieses Schreiben zunächst alle wesentlichen Vertragsbestandteile enthalten und so formuliert sein, dass es durch ein bloßes „Ja" angenommen werden kann. Vorliegend sind der Vertragspartner und der Kaufpreis hinreichend bestimmt, ebenso die Kaufsache und die Menge: Vertragsgegenstand sollen 90 Kühlschränke des Modells „Cooler 180" sein. Damit könnte das Angebot des G durch bloßes „Ja" angenommen werden.

6 **Hinweis:**
Nach h.M.[2] ist eine ausreichende Bestimmbarkeit bereits dann gegeben, wenn der Antragende die Festlegung einzelner Vertragspunkte dem Antragsgegner überlässt (vgl. auch § 315) oder diese auf sonstige Weise bestimmbar sind.

7 Die Bestimmtheit allein reicht aber nicht aus, denn G müsste auch mit Rechtsbindungswillen gehandelt haben, weil andernfalls kein Antrag, sondern eine bloße invitatio ad offerendum vorläge, also die Aufforderung an den Partner, seinerseits ein Angebot abzugeben. Entscheidend ist hier insofern, wie die Erklärung des G aus dem objektiven Empfängerhorizont zu verstehen war (§§ 133, 157). Die Formulierung „kann ich (…) Ihnen (…) anbieten" und die Tatsache, dass das Schreiben des G eine Antwort auf eine ausdrückliche Anfrage des E war, spricht eher für einen Rechtsbindungswillen und gegen eine invitatio ad offerendum.

8 **Hinweis:**
Im „Normalfall" der invitatio – Anzeige, Inserat, Katalog usw. (vgl. Fall 11) – ist mit ähnlichen Argumenten darzulegen, warum kein Antrag i.S.v. § 145 vorliegt. Die bloße Behauptung einer invitatio ist unzureichend – man muss ihr Vorliegen mit dem fehlenden Rechtsbindungswillen begründen und dazu, soweit notwendig, eine Auslegung der konkreten Erklärung nach §§ 133, 157 vornehmen. Unter Umständen kann man den fehlenden Angebotscharakter auch mit fehlender inhaltlicher Bestimmtheit begründen, etwa wenn die Menge oder die Kleidergröße oder sonstige Eigenschaften festgelegt werden müssen.

9 Allerdings hat G die Kühlschränke nur „freibleibend" und „zurzeit" angeboten und damit die Bindung ausgeschlossen, was § 145 a. E. für möglich erklärt. Die rechtliche Behandlung eines solchen „freibleibenden Angebots" ist umstritten. Einigkeit besteht aber darin, dass ein Angebot mit einer die Bindung ausschließenden Klausel der Auslegung im Einzelfall bedarf.[3] Deshalb ist die Rechtsprechung zu solchen Klauseln nicht völlig einheitlich.[4]

aa) 1. Meinung: invitatio ad offerendum

10 Nach der einen Ansicht bedeutet ein „freibleibendes Angebot" *im Regelfall* lediglich eine invitatio ad offerendum,[5] geht aber doch in einem Punkt darüber

---

2 Palandt/*Ellenberger*, § 145 Rn. 1.
3 S. Köhler, § 8 Rn. 13; MünchKomm/*Busche,* § 145 Rn. 8 m. w. N.; Staudinger/*Bork,* § 145 Rn. 30.
4 Vgl. die Grundtendenz in *BGH* NJW 1984, 1885 f. einerseits und in NJW 1996, 919, 920 andererseits.
5 *BGH* NJW 1996, 919, 920 m. w. N.

hinaus:[6] Leistet sein Empfänger der Aufforderung Folge, indem er das freibleibende Angebot „annimmt", so gibt er selbst ein Angebot ab. Der freibleibend Anbietende ist dann verpflichtet, sich unverzüglich zu diesem Antrag zu äußern. Tut er dies nicht, führt sein *Schweigen* entweder über § 151 S. 1 zum Vertragsschluss,[7] oder er muss sich zumindest nach Treu und Glauben (§ 242) so behandeln lassen, als hätte er den Antrag des anderen Teils angenommen.[8] Nach dieser Auffassung stellt das „freibleibende Angebot" des G also nur eine invitatio ad offerendum dar; es wären ein nachfolgendes Angebot des E zu prüfen, das G durch Schweigen oder in sonstiger Weise angenommen haben könnte.[9]

bb) 2. Meinung: Angebot i. S. d. § 145

Nach der im Schrifttum vorherrschenden Ansicht handelt es sich bei einem frei- **11** bleibenden Angebot dagegen in der Regel um einen Antrag i. S. des § 145, bei dem die endgültige Gebundenheit in zulässiger Weise ausgeschlossen ist, vgl. § 145 a. E.; dies gilt insbesondere, wenn das freibleibende Angebot sich nur an einen bestimmten Empfänger richtet.[10] Der Antragende kann sein Angebot daher noch widerrufen. Umstritten ist dann, bis wann der Widerruf erfolgen kann, nämlich
– nur *bis* zum Zugang der Annahmeerklärung[11] oder
– auch noch *nach* Zugang der Annahmeerklärung unverzüglich (§ 121 Abs. 1 S. 1).[12]

Demnach läge hier ein Antrag des G vor, den dieser jedenfalls bis zu einem be- **12** stimmten Zeitpunkt noch widerrufen konnte, so dass ein Vertragsschluss durch die Annahme des freibleibenden Antrags durch E möglich wäre. Auf den letztmöglichen Zeitpunkt des Widerrufs kommt es hier nicht an, da G sein Angebot nicht widerrufen hat.

cc) Stellungnahme

Welcher der vorgeschlagenen Lösungen zu folgen ist, ist richtigerweise nicht pau- **13** schal, sondern anhand der Umstände des Einzelfalls zu entscheiden. Im vorliegenden Fall hat G das „freibleibende" Angebot nicht von sich aus, sondern auf eine Lieferanfrage des E hin gemacht. Auf diese die Vertragsverhandlungen einleitende invitatio ad offerendum durfte E mehr erwarten als eine ebenfalls völlig unverbindliche Gegenaufforderung zur Angebotsabgabe. Da die Erklärung des G ihrem Inhalt nach bestimmt genug war, um angenommen zu werden, und sich nur an den E als konkreten Empfänger richtete, ist die Klausel „freibleibend" hier als Antrag mit Widerrufsvorbehalt zu verstehen und nicht nur als invitatio ad offerendum (a. A. vertretbar).[13] Dieser Antrag ist dem E zugegangen und damit gem. § 130 Abs. 1 S. 1 wirksam geworden.

---

6 Ebenso *Flume,* § 35 I 3 c; MünchKomm/*Busche,* § 145 Rn. 9 m. w. N.
7 So *Köhler,* § 8 Rn. 13.
8 RGZ 102, 227, 229 f.; s. auch *BGH* NJW 1984, 1885 m. w. N.; Staudinger/*Bork,* § 145 Rn. 30.
9 Vgl. auch *BGH* NJW 1996, 919, 920, wo die Annahme an einer Abweichung in der „Annahme" des „freibleibenden Angebots" scheitert.
10 Staudinger/*Bork,* § 145 Rn. 31.
11 Vgl. *RG* JW 1911, 643, 644.
12 *Faust,* § 3 Rn. 9; näher *Köhler,* § 8 Rn. 13.
13 *BGH* NJW 1984, 1885 f.

14   **Hinweis:**
Es ergibt sich aber auch bei abweichender Lösung kein Unterschied, wie sich gleich zeigen wird, weil E das freibleibende Angebot des G nicht annimmt.

c) Annahme durch E

15   Zu prüfen ist daher zunächst, ob E das Angebot des G mit Widerrufsvorbehalt angenommen hat. Hierfür erforderlich ist eine vorbehaltlose Zustimmung zu dem Angebot. Eine solche könnte im Schreiben vom 31. 5. enthalten sein. Darin hat E die Kühlschränke „gemäß Angebot vom 20. 5." bestellt, was für eine uneingeschränkte Annahme zu sprechen scheint.

16   Einer Annahme würde es aber gemäß § 150 Abs. 2 entgegenstehen, wenn E in seiner Annahme vom Angebot des G abgewichen wäre, weil er um Lieferung der Kühlschränke „gebeten" hat. Legt man diese Bitte des E aus der Sicht eines objektiven Erklärungsempfängers (§§ 133, 157) aus, so wollte er zumindest, dass die Kühlschränke nach Essen geschafft werden. Es handelt sich also um mehr als eine bloße unverbindliche Bitte. Damit sollte zumindest der Erfolgsort für die nach § 433 Abs. 1 S. 1 geschuldete Übereignung in Essen und nicht in Hannover liegen. Dies legt die Vereinbarung einer Schickschuld nahe. Zwar könnte man auch an eine Bringschuld denken, bei der abweichend von § 269 Abs. 1 sowohl der Leistungs- als auch der Erfolgsort an seinem Sitz als Gläubiger liegen. Jedoch begründet nach der Auslegungsregel des § 269 Abs. 3 eine Liefer- oder Versendungsvereinbarung allein selbst dann noch keine Bringschuld, wenn der Schuldner (Verkäufer) die Kosten der Versendung übernimmt. Da es weitere Anhaltspunkte, die für eine Bringschuld sprechen könnten, nicht gibt und der Hinweis auf die Spedition, also eine dritte Transportperson, der Durchführung eines Versendungskaufs entspricht, bleibt es hinsichtlich des Leistungsorts bei der Regelung des § 269 Abs. 1. Die Erklärung des E ist mit anderen Worten so zu verstehen, dass eine Schickschuld (Versendungskauf, § 447 Abs. 1) vereinbart werden sollte.

17   Wegen der Lieferbitte enthält die Erklärung des E also eine Ablehnung des (freibleibenden) Antrags des G, verbunden mit einem neuen Angebot (§ 150 Abs. 2), das mit Zugang bei G am 1 4. gem. § 130 Abs. 1 S. 1 wirksam geworden ist.

18   **Hinweis:**
Angesichts der nachfolgenden Antwort ist der Zugang – wie schon oben Rn. 13 – offensichtlich. Selbst bei Anfängern stellt das Fehlen eines Hinweises auf das Wirksamwerden durch Zugang daher keinen gravierenden Mangel dar. Es reicht in einem Fall dieser Art, in dem eine Erklärung jeweils eine Antwort auslöst, grundsätzlich aus, einmal auf das Zugangserfordernis hinzuweisen, um zu zeigen, dass man daran gedacht hat. Deshalb wird unten bei d) auf einen erneuten Hinweis verzichtet.

d) Annahme des Gegenangebots des E durch G

19   G müsste nun wiederum dieses Gegenangebot des E ohne Einschränkung angenommen haben. Da G den E darauf hinweist, dass dieser die Transportkosten übernehmen müsse, könnte er seinerseits eine modifizierte Annahme erklärt, also das Angebot des E verbunden mit einem neuen Angebot abgelehnt haben (§ 150 Abs. 2).

20   Dazu muss seine Erklärung hinsichtlich der Kostentragung vom Angebot des E abweichen. E wollte mit G einen Versendungskauf vereinbaren (vgl. § 447) und hatte sich zur Kostenfrage nicht geäußert. Gemäß § 448 Abs. 1 sind bei einem Versendungskauf die Kosten für den Transport grundsätzlich vom Käufer zu tragen. Daher enthält die Erklärung des G, E müsse die Transportkosten übernehmen, keine Abweichung vom Antrag des E und § 448 Abs. 1. Trotz der scheinbaren Abweichung hat G damit das Angebot des E uneingeschränkt angenommen.

e) Zwischenergebnis

Damit haben G und E einen Kaufvertrag in Form eines Versendungskaufs geschlos- **21** sen. Der Anspruch des G gem. § 433 Abs. 2 ist also entstanden.

2. Änderungsvertrag

Der Protest des E gegen die Kostentragung wäre allenfalls beachtlich, wenn man **22** ihn als Antrag auf Änderung des geschlossenen Vertrags ansehen wollte. Denn gem. § 311 Abs. 1 kann ein bestehender Vertrag durch einen weiteren Vertrag geändert werden. Es ist aber nicht ersichtlich, dass G den Änderungsantrag angenommen hätte. Damit bleibt es beim geschlossenen Vertrag.

3. Einwendungen

Wirksamkeitshindernisse und andere Einwendungen sind nicht ersichtlich. **23**

> **Hinweis:** **24**
> An sich kann man sich einen solchen Satz auch sparen, da man Einwendungen prüfen würde, wenn der Sachverhalt welche nahe legen würde. Anfänger/innen können dem Prüfer mit einem solchen Satz aber signalisieren, dass sie an die Möglichkeit von Einwendungen gedacht haben. Später lässt man das typischerweise aber weg.

4. Ergebnis

G hat gegen E einen Anspruch auf Abnahme und Zahlung der Kühlschränke, **25** § 433 Abs. 2.

II. Anspruch des G gegen E auf Zahlung der Speditionskosten

Wie bereits oben dargelegt, hat G gegen E gem. § 448 Abs. 1 auch Anspruch auf **26** Erstattung der Speditionskosten.

Fall 10. Der Warenautomat

Sachverhalt

Studentin Sandra (S) hat den ganzen Tag in der Bibliothek an ihrer Hausarbeit gearbeitet. Gegen 19.30 Uhr spürt sie eine unangenehme Leere in der Magengegend. Um dagegen ohne großen Zeitverlust etwas zu unternehmen, sucht sie einen in der Uni aufgestellten Warenautomaten auf, der ein reichhaltiges Angebot an Süßigkeiten enthält. Sandra entschließt sich zum Erwerb eines Schokoriegels der Marke „Pappsüß". Auf der Wahltaste für diesen Riegel steht: „Pappsüß – 0,50 €". Sandra wirft eine entsprechende Münze in den Automaten und drückt die besagte Taste. Es kracht und scheppert, doch heraus kommt nichts. Auch das Drücken auf die Geldrückgabetaste führt zu keinem Erfolg. Zufällig kommt der Automatenaufsteller Amberger (A) des Weges, um dem Automaten die Tageseinnahmen zu entnehmen und ihn aufzufüllen. Sandra erläutert ihm das Geschehene und verlangt einen Schokoriegel „Pappsüß". Amberger hat solche Riegel nicht dabei, und in dem Automaten sind auch keine mehr. Er will daher die 0,50 € zurückzahlen, doch Sandra besteht auf der Lieferung eines Schokoriegels. Wer hat Recht?

Vorüberlegungen

Die Lösung des Falles erfordert, dass man eine Vorstellung von der Konstruktion des Vertragsschlusses am Warenautomaten entwickelt. Diese ist umstritten. Es geht vor allem darum, eine Schadensersatzpflicht des Automatenbetreibers im Falle eines Defekts oder des Ausverkaufs der Ware zu vermeiden. Wenn man den Meinungsstand nicht kennt, kann man sich die Lösungsmöglichkeiten durch die beim Vertragsschluss übliche chronologische Prüfungsweise erschließen. Das Erste, was hier einen Antrag darstellen könnte, ist das Aufstellen des Warenautomaten. Man muss sich dann fragen: Reicht das für einen Antrag? Will sich der Automatenaufsteller bereits binden? Wie versteht der potentielle Kunde nach §§ 133, 157 den aufgestellten Automaten? Worin läge der Antrag, wenn der Automat nur invitatio ad offerendum ist? Durch wen und wie erfolgt in beiden Varianten die Annahme? Was entspricht den Interessen redlicher Parteien?

Zu prüfen ist zweckmäßigerweise zunächst der von S geltend gemachte Erfüllungsanspruch und danach – soweit es noch Anlass gibt – der Rückzahlungsanspruch, dessen Erfüllung A anbietet. Sofern kein Vertrag zustande gekommen ist, gründet sich der Rückzahlungsanspruch auf Bereicherungsrecht, hier auf § 812 Abs. 1 S. 1 Alt. 1, die sog. Leistungskondiktion. Diese lernt man am Rande der Vorlesung zum Allgemeinen Teil des BGB meist zwangsläufig kennen, weil man sie immer benötigt, wenn Parteien Leistungen erbringen, weil sie irrig von einem Vertragsschluss ausgehen oder der Vertrag unbemerkt unwirksam ist. Dieser Grundtatbestand des Bereicherungsrechts ist in Fällen wie dem vorliegenden nicht schwierig zu prüfen.

Gliederung

Lösung

I. Anspruch der S gegen A auf einen Schokoriegel, § 433 Abs. 1 S. 1

S hat gegen A einen Anspruch auf Übereignung und Übergabe eines Schokoriegels **1** gem. § 433 Abs. 1 S. 1, wenn zwischen den beiden durch Antrag und Annahme ein Kaufvertrag entsprechenden Inhalts zustande gekommen ist.

1. Antrag des A, § 145

Ein Vertragsantrag des A könnte im Aufstellen des mit Schokoriegeln gefüllten Au-**2** tomaten liegen. Dazu müsste A der S durch die Automatenaufstellung konkludent den Abschluss eines Kaufvertrags so angetragen haben, dass sie durch bloße Einverständniserklärung den Vertragsschluss herbeiführen konnte.

Ob das Aufstellen von Warenautomaten ein Antrag in diesem Sinne ist, ist aus der **3** Sicht eines objektiven Beobachters (§§ 133, 157) zu entscheiden. Zwar sind mögliche Kaufgegenstände und Kaufpreise vorgegeben, doch steht zunächst weder die konkrete Ware als Vertragsgegenstand noch die Person des Vertragspartners fest. Deshalb könnte der Automat auch bloß als invitatio ad offerendum zu verstehen sein. Dies nehmen einige Autoren an mit der Folge, dass der Antrag vom Kunden ausgeht, der den Automaten bedient. Die Annahme erklärt der Betreiber konkludent dadurch, dass der Automat Waren ausgibt; diese Erklärung gibt der Betreiber antizipiert bereits durch das Aufstellen des Automaten ab.[1] Da hier eine Warenausgabe nicht erfolgt ist, wäre nach dieser Ansicht kein Vertrag geschlossen.

Hinweis: **4**

Manche modernen Automaten erklären nach der Bedienung durch den Kunden schriftlich oder durch Sprachausgabe, die gewünschte Ware werde nun ausgegeben. Darin liegt eine ausdrückliche Annahme des Betreibers. Diese „Äußerung" des Automaten beruht auf einer Programmierung, die dem Aufsteller zuzurechnen ist, und ist daher als seine Willenserklärung auszulegen. Diese führt zu

[1] Bamberger/Roth/*Eckert*, § 145 Rn. 41 m.w.N.; *Faust*, § 3 Rn. 4; *Medicus*, Rn. 362; *Köhler*, § 8 Rn. 10; *Pawlowski*, § 4 Rn. 368.

einem früheren Vertragsschluss mit der Folge, dass sich der Betreiber schadensersatzpflichtig macht, wenn entgegen der Ankündigung keine Ware kommt. Nach der Gegenauffassung (dazu gleich) wäre die Äußerung wohl ohne Belang.

5 Nach der Gegenauffassung[2] ist die Automatenaufstellung als Vertragsantrag auszulegen und genügt insbesondere den dafür geltenden Bestimmtheitsanforderungen. Der Automat enthält tatsächlich mehrere Vertragsangebote über unterschiedliche Waren. Es ist daher Sache des Kunden, sich zu entscheiden, welches dieser Angebote er durch Geldeinwurf und Warenauswahl annimmt. Auf den Zugang der Annahmeerklärung verzichtet der Automatenbetreiber gem. § 151 S. 1. Zwar legt der Wortlaut des § 145 an sich nahe, der Vertragsantrag müsse die Person des Vertragspartners festlegen. Doch besteht Einigkeit, dass man einen Vertragsantrag auch an einen unbestimmten Personenkreis richten kann. Der Warenautomat stellt eine solche sog. Offerte ad incertas personas dar.

6 Zu klären bleibt allerdings der genaue Inhalt dieser Offerte ad incertas personas aus der Sicht des objektiven Empfängers (§§ 133, 157). Wollte sich A tatsächlich gegenüber jedermann ohne weiteres binden, wäre ein Vertrag mit S zustande gekommen, freilich mit der grundsätzlichen Gefahr für A, sich nach Vertragsschluss gem. §§ 280 ff. schadensersatzpflichtig zu machen, wenn der Automat defekt ist oder mehr Leute das Vertragsangebot annehmen, als der Automat Waren enthält, wie im vorliegenden Fall. Deshalb soll ein verständiger, objektiver Kunde den Antrag des Automatenbetreibers so verstehen (auslegen), dass er sich zwar an einen unbestimmten Personenkreis richtet, aber auf den Vorrat beschränkt und durch das Funktionieren sowie eine ordnungsgemäße Bedienung bedingt ist.[3] Eine solche Beschränkung des Vertragsantrags muss grundsätzlich möglich sein, da der Antragende gem. § 145 sogar die Möglichkeit hat, jegliche Bindung an seinen Antrag auszuschließen. Aufgrund eines Schlusses a maiore ad minus muss er die Bindung dann auch einschränken bzw. mit Vorbehalten verknüpfen können.

7 **Hinweis:**
Ein solcher „Vorbehalt" des Automatenbetreibers wird oft auch als „Bedingung" bezeichnet. Eine Bedingung im Rechtssinne (§ 158) bezieht sich auf die Wirkungen eines Rechtsgeschäfts. Der Vertragsantrag selbst ist aber kein Rechtsgeschäft, sondern nur Teil eines solchen.[4] Daher muss man „Bedingungen" des Vertragsantrags, die als grundsätzlich zulässig gelten,[5] als Ausdruck der Möglichkeit verstehen, die Bindung an den Antrag zu beschränken (§ 145 a. E.) und nicht als „echte" Bedingung i. S. v. § 158. Überdies sind Bedingungen i. S. v. § 158 nur zukünftige *objektiv* ungewisse Ereignisse; der Kenntnisstand der Parteien ist irrelevant.[6] Im Zeitpunkt der Bedienung durch den Kunden steht jedoch bereits objektiv fest, was passieren wird.

8 Da S durch ordnungsgemäßen Geldeinwurf und Warenauswahl die Annahme erklärt hätte, hängt im vorliegenden Fall der Vertragsschluss davon ab, ob in diesem Zeitpunkt noch die „Bedingungen" des Vertragsantrags des A erfüllt waren, also ob der Automat im fraglichen Zeitpunkt gefüllt und funktionstüchtig war. Da beides

---

2 Wohl h. M., vgl. *Bork,* Rn. 717 m. w. N.; *Brox/Walker,* § 8 Rn. 166; Erman/*Armbrüster,* § 145 Rn. 8; HK/*Dörner,* § 145 Rn. 6; *Leipold,* § 5 Rn. 464; MünchKomm/*Busche,* § 145 Rn. 12.

3 HK/*Dörner,* § 145 Rn. 6 („dreifache Bedingung"); Jauernig/*Jauernig,* § 929 Rn. 4; *Brox/Walker,* § 8 Rn. 167.

4 Bamberger/Roth/*Eckert,* § 145 Rn. 30 (anders freilich Rn. 33, wo eine auflösende Bedingung für möglich gehalten wird).

5 Bamberger/Roth/*Eckert,* § 145 Rn. 33.

6 Bamberger/Roth/*Eckert,* § 158 Rn. 3.

nicht der Fall war, lagen die Voraussetzungen eines bindenden Angebots nicht mehr vor, so dass auch nach dieser Ansicht kein Vertrag zustande gekommen ist. Die geschilderte Kontroverse bedarf somit hier keiner Entscheidung.

Hinweis: **9**
Anders wäre es, wenn S ein ungültiges Geldstück eingeworfen hätte. Für diesen Fall vermag nur die zweite Ansicht den Automatenaufsteller vor dem Vertragsschluss zu bewahren. Dies mag ggf. zu ihren Gunsten ins Feld führen. Denkt man über die weiteren Konsequenzen nach, kann man wieder zweifeln: Es ist dann kein Vertrag geschlossen. Hat der Kunde den Automaten dennoch wirksam „überlistet", hat er den Schokoriegel rechtsgrundlos erlangt und ist ggf. wert- (§§ 812, 818 Abs. 2) und schadensersatzpflichtig (§ 823). Folgt man der ersten Ansicht, ist der Vertrag geschlossen, und der Automatenaufsteller kann das Entgelt (§ 433 Abs. 2) und Schadensersatz auch noch nach § 280 verlangen, was von Vorteil sein kann. Nach der Verkehrsanschauung entspricht das wahrscheinlich eher seinem Willen als das Ergebnis der wohl h.M., deren Konstruktion vermutlich mit dem „Empfinden" des Kunden (§§ 133, 157) auch nicht übereinstimmt.

2. Ergebnis

Es ist kein Kaufvertrag zwischen S und dem Automatenbetreiber zustande gekom- **10** men. Ein Anspruch der S gegen A auf Übereignung eines Schokoriegels der Marke „Pappsüß" gem. § 433 Abs. 1 S. 1 scheidet daher aus.

II. Anspruch der S gegen A gem. § 812 Abs. 1 S. 1 Alt. 1

S könnte gem. § 812 Abs. 1 S. 1 Alt. 1 einen Anspruch auf Herausgabe der gezahl- **11** ten 0,50 € haben

1. Etwas erlangt

Durch den Einwurf der 0,50 € hat S dem A den unmittelbaren Besitz und gem. **12** § 929 S. 1 das Eigentum am Geldstück verschafft.

2. Durch Leistung

Damit wollte S ihre Verpflichtungen aus dem mit A zu schließenden Kaufvertrag **13** erfüllen. A hat Besitz und Eigentum an dem Geldstück also durch Leistung der S erlangt.

3. Ohne rechtlichen Grund

Da der von S angestrebte Kaufvertrag nicht zustande gekommen ist (s.o. Rn. 10), **14** hat A Besitz und Eigentum an der 50 Cent-Münze ohne rechtlichen Grund erlangt.

4. Ergebnis

S kann von A Herausgabe der 0,50 €-Münze, also ihre Rückgabe und Rückübereig- **15** nung verlangen. Sollte die von S eingeworfene Münze nicht mehr feststellbar und ihre Herausgabe dem A damit unmöglich sein, schuldet er der S gem. § 818 Abs. 2 Wertersatz i. H. v. 0,50 €.

Fall 11. Günstige Gelegenheiten

Sachverhalt

Der Discounter Dali (D) wirbt in Postwurfsendungen für einen „Weihnachts-PC" mit Komplettausstattung einschließlich Adventskalender für den besonders günstigen Preis von 999 €. Der Computerfachhändler Constantin (C), der vergleichbare Geräte zu diesem Preis über seine Lieferanten nicht erhalten kann, sucht daraufhin am Morgen des ersten Aktionstages eine Filiale von Dali selbst auf und schickt seine Mitarbeiter in die übrigen, um möglichst viele von diesen PCs zu kaufen und sie eine Woche später selbst für 1099 € zu verkaufen. Als Constantin mit fünf PCs an die Kasse kommt, erklärt ihm die Kassiererin Kassandra (K), er könne einen PC bekommen, mehr aber nicht. C will fünf PCs oder gar keinen.

Frage 1: Kann Constantin Übereignung von fünf PCs gegen Kaufpreiszahlung verlangen?

Frage 2: Spielt es eine Rolle, ob Dali in der Postwurfsendung, die auch im Geschäft aushängt, darauf hingewiesen hat, jeder Kunde dürfte nur einen PC kaufen?

Auf dem Weg zurück zu seinem Laden betankt Constantin seinen Lieferwagen an der SB-Tankstelle des Tanker (T) mit Diesel, welcher der Preistafel und der Angabe auf der Zapfsäule zufolge 1,55 €/l kostet. Als er mit dem Tanken gerade fertig ist, sieht er, dass Tanker auf der Preistafel und den Zapfsäulen alle Preise um 5 Cent pro Liter senkt. In der Tankstelle meint Constantin, er müsse nur 1,50 €/l bezahlen. Tanker meint, Constantin habe den Treibstoff von ihm noch für 1,55 €/l gekauft und müsse diese zahlen.

Frage 3: Kann Tanker von Constantin die Zahlung von 1,55 €/l verlangen?

Vorüberlegung

Der Vertragsschluss ist immer näher zu prüfen, wenn der Sachverhalt Erklärungen der Beteiligten erkennbar macht, die einen Antrag i. S. v. § 145 oder eine Annahme darstellen könnten oder eine bloße Aufforderung zur Angebotsabgabe.

Wie bzw. wann ein Vertrag in Selbstbedienungsgeschäften oder an SB-Tankstellen, die heute jeweils die absolute Regel bilden, abgeschlossen wird, ist seit langem umstritten.[1] Man sollte (wieder einmal) chronologisch untersuchen, was alles Vertragsantrag oder doch nur invitatio sein könnte und worin in Abhängigkeit davon die Annahme liegt, und sollte anhand der Verkehrsanschauung, welche die schutzwürdigen Interessen beider Parteien in der konkreten Situation berücksichtigt, entscheiden. In der Klausur muss man das Problem erkennen; welcher Auffassung man folgt, ist dann unerheblich, wenn man sich mit den möglichen Lösungsansätzen auseinandersetzt und zu einer begründeten eigenen Ansicht gelangt. An dieser Stelle

---

[1] Vgl. etwa *Bork,* Rn. 719; *Köhler,* § 8 Rn. 9 ff.

sei nur darauf hingewiesen, dass man genau überlegen muss, ob bzw. in welcher Konstellation ein früher Vertragsschluss den Parteiinteressen entspricht.

Gliederung

Lösung

Frage 1: Anspruch des C gegen D gem. § 433 Abs. 1 S. 1

C hat gegen D einen Anspruch nach § 433 Abs. 1 S. 1 auf Übereignung und Über- 1 gabe von fünf PCs, wenn zwischen den beiden ein Kaufvertrag entsprechenden Inhalts durch übereinstimmende Willenserklärungen, Antrag und Annahme, zustande gekommen ist.

I. Antrag des T durch die Postwurfsendung?

D könnte durch die Postwurfsendung einen Antrag i.S.v. § 145 abgegeben haben. 2 Dazu müsste er damit aus der Sicht eines objektiven vernünftigen Dritten (§§ 133, 157) einen Vertragsabschluss in einer Weise bindend antragen, dass der Vertrag durch die bloße Einverständniserklärung zustande kommen konnte. Zwar sind in der Werbebroschüre Kaufgegenstand und Kaufpreis genannt. Doch ergeben sich bereits bei der Menge Schwierigkeiten mit der Bestimmtheit, da die Postwurfsendung dazu keine Angaben enthält. Hinzu kommt, dass D bei Annahme eines bindenden Antrags mit jedem, der ihm gegenüber die Annahme erklärt, einen Vertrag über beliebige Mengen der angebotenen Waren schließen würde. Dies würde dazu führen, dass D mehr Kaufverträge über PCs abschließt, als Geräte vorrätig sind, so dass ihm Schadensersatzansprüche zahlreicher Kunden wegen Verzögerung der Leistung nach §§ 280, 286 oder statt der Leistung gem. §§ 280, 281 drohen. Da dies für jedermann erkennbar (§§ 133, 157) einem Bindungswillen entgegensteht, liegt in der Postwurfsendung – wie in einer Schaufensterauslage[2] – kein Vertragsantrag, sondern nur eine Aufforderung an die Empfänger, im Bedarfsfalle selbst Vertragsangebote abzugeben (invitatio ad offerendum).[3]

II. Antrag des T durch Bereithalten der PCs in der Filiale?

3   Ein Vertragsantrag könnte darin liegen, dass D in seinem Geschäft Waren und auch die PCs so aufgestellt hat, dass die Kunden sie in ihre Einkaufswagen laden können. Da wiederum Kaufsache(n) und Preis(e) feststehen, wäre die notwendige Bestimmtheit für ein annahmefähiges Angebot des D gegeben. Allerdings müsste die Warenauslage außerdem aus der Sicht eines objektiven vernünftigen Kunden (§§ 133, 157) bereits einen Rechtsbindungswillen des D zum Ausdruck bringen. Nach einer Ansicht soll dies beim Ausstellen der Ware in einem Selbstbedienungsgeschäft der Fall sein, so dass darin ein rechtsverbindlicher Antrag vorliegt.[4] Im Wesentlichen stützt sich diese Ansicht auf das Argument, es sei kein schutzwürdiges Interesse des Supermarktinhabers zu erkennen, sich bzgl. der ausgelegten Ware nicht zu binden. Insbesondere greife das sonst zur Begründung der invitatio ad offerendum geltend gemachte Argument nicht, die Auslegung als Antrag berge die Gefahr, dass mehr Kunden das Angebot annehmen könnten, als Ware vorhanden sei. Schließlich sei das Angebot – anders als bei Ausstellungen in Schaufenstern – nur auf die tatsächlich ausgestellte Ware beschränkt. Demnach läge also im Bereithalten der PCs ein Vertragsantrag, und es wäre zu klären, ob C den Antrag bereits durch das Einpacken in den Einkaufswagen angenommen hat. Gegen eine Annahme zu diesem frühen Zeitpunkt spricht aber, dass der Kunde nach der Verkehrsanschauung berechtigt ist, die Ware wieder zurückzustellen und nichts oder etwas anderes zu kaufen, da der Ladeninhaber die Ware ohne weiteres an einen anderen Kunden verkaufen kann.[5] Damit würde die Annahme durch die Vorlage der PCs an der Kasse zustande kommen.

4   Die noch überwiegende Auffassung sieht dagegen in der Warenauslage mit Preisauszeichnung in Selbstbedienungsläden aufgrund der folgenden überzeugenden Erwägungen eine bloße invitatio ad offerendum:[6] Zwar besteht in einem SB-Geschäft

---

2   *BGH* NJW 1980, 1388.

3   Vgl. hierzu statt aller: MünchKomm/*Busche*, § 145 Rn. 10 m.w.N.

4   Bamberger/Roth/*Eckert*, § 145 Rn. 43; *Bögner*, JR 1953, 417ff.; *Bork*, Rn. 719; HK/*Dörner*, § 145 Rn. 6; *Medicus*, Rn. 363; *Muscheler/Schewe*, Jura 2000, 565, 567; Palandt/*Ellenberger*, § 145 Rn. 8; Soergel/*Wolf*, § 145 Rn. 7.

5   Insofern wohl unstr., z.B. *BGH* NJW 2011, 2871 Rn. 15 (im Gegensatz zum SB-Tanken); *Bork*, Rn. 719 m.w.N.; *Faust*, § 3 Rn. 4; *Medicus*, Rn. 363; MünchKomm/*Busche*, § 142 Rn. 10 m.w.N.

6   Erman/*Armbrüster*, § 145 Rn. 10 m.w.N.; *Faust*, § 3 Rn. 4; Jauernig/*Jauernig*, § 145 Rn. 3; *Köhler*, § 8 Rn. 11; *Larenz/Wolf*, § 29 Rn. 20; MünchKomm/*Busche*, § 145 Rn. 12; *Pawlowski*, § 4 Rn. 368; *Schwab/Löhnig*, Rn. 549; *Recke*, NJW 1953, 92.

keine Gefahr der Mehrfachverpflichtung, doch soll für den Kunden der fehlende Rechtsbindungswille des Ladeninhabers aus anderen Gründen erkennbar sein: Bei einer versehentlich mit einem falschen Preis ausgezeichneten Ware etwa wolle der Geschäftsinhaber die Möglichkeit haben, vom Vertragsschluss Abstand zu nehmen, ohne – wie von der Gegenansicht angenommen[7] – sich erst durch Anfechtung vom Vertrag lösen und dem enttäuschten Kunden gem. § 122 evtl. den Vertrauensschaden ersetzen zu müssen. Außerdem mag der Geschäftsinhaber unter Umständen mit einzelnen Kunden gar keine Verträge schließen wollen, etwa bei Bestehen eines Hausverbots wegen früherer Ladendiebstähle oder Beleidigungen des Personals.[8] Gleiches gilt für Konkurrenten, die Sonderangebote durch Aufkauf vereiteln oder für ihre eigenen Zwecke nutzen wollen. Auch wenn es sich dabei um Ausnahmefälle handelt, begründen sie doch nach der Verkehrsauffassung (§ 157) erkennbar ein schutzwürdiges Interesse des Geschäftsinhabers daran, sich nicht bereits durch das Aufstellen von Waren rechtsgeschäftlich zu binden.

Hinzu kommt, dass die Gegenansicht letztlich zu einer Art von Kontrahierungs- **5** zwang mit jedem führt, dem es gelingt, das Geschäft zu betreten. Folglich wäre der Geschäftsinhaber gezwungen, Eingangskontrollen durchzuführen, um missliebige Kunden fern zu halten. Dies wäre für ihn aufwändig und für die Kunden mit einer erheblichen Belästigung verbunden. Auch daher ist der Ansicht, die im Aufstellen der Ware im Selbstbedienungsladen nur eine invitatio ad offerendum sieht, beizupflichten. Ein Angebot des D liegt daher nicht vor (a. A. vertretbar).

III. Antrag des C durch Vorlegen der Computer an der Kasse

Durch das Vorlegen der Computer an der Kasse erklärte C seinen rechtsverbindli- **6** chen Kaufwillen und bot den Vertragsschluss über fünf PCs an. Dieses Angebot hat D jedoch gem. § 150 Abs. 2 nicht angenommen, da C nur einen PC erhalten sollte. Das Gegenangebot des D hat C abgelehnt.

IV. Ergebnis

Ein Kaufvertrag zwischen C und D ist nicht zustande gekommen. Ein Anspruch **7** des C auf Übergabe und Übereignung von fünf Computern gem. § 433 Abs. 1 S. 1 besteht nicht.

Frage 2: Bedeutung des Hinweises

I. Verdeutlichung des Bindungswillens

Durch die Postwurfsendung, die den Kunden darauf hinweist, dass jeder Kunde **8** berechtigt ist, nur einen Computer zu kaufen, und ihren Aushang macht der Geschäftsinhaber deutlich, dass er sich durch die Warenauslage – zumindest was den Verkauf von zwei oder mehr Computern an eine Person betrifft – nicht rechtlich binden will. Insofern ist der oben dargestellte Streit irrelevant. Auch die Ansicht, die in der Warenauslage grundsätzlich ein bindendes Angebot erblickt, erkennt die Möglichkeit des Geschäftsinhabers an, durch einen Hinweis auf die Unverbindlich-

---

[7] HK/*Dörner,* § 145 Rn. 6.
[8] *Köhler,* § 8 Rn. 11.

keit seines „Angebots" dem Kunden seinen fehlenden Bindungswillen deutlich zu machen.[9]

II. Auslegung des Hinweises

9 Man könnte sich allerdings überlegen, ob ein objektiver Dritter den Hinweis, jeder Kunde dürfe nur einen Computer kaufen, als rechtsverbindliches Angebot hinsichtlich *eines* Computer verstehen könnte. Doch die Auslegung nach Wortlaut und Zweck des Hinweises ergibt, dass der Geschäftsinhaber keinesfalls einen weitergehenden Bindungswillen zum Ausdruck bringen, sondern lediglich Missverständnisse vermeiden wollte. Hierfür spricht insbesondere, dass auch in diesem Fall die Gefahr der Falschauspreisung besteht oder Kunden nicht ausreichend Geld haben, den einen Computer zu bezahlen.

Frage 3: Anspruch des T gegen C auf Zahlung von 1,55 €/l gem. § 433 Abs. 2

10 T kann von C gemäß § 433 Abs. 2 Zahlung von 1,55 €/l verlangen, wenn zwischen den beiden ein Kaufvertrag über Treibstoff mit entsprechendem Inhalt zustande gekommen ist. Dies erfordert eine Einigung durch inhaltlich konvergente Willenserklärungen, Antrag und Annahme. Zu prüfen ist, wann diese hier aus der Sicht des objektiven Empfängerhorizonts (§§ 133, 157) erfolgt sind, erst bei dem Gespräch zwischen C und T in der Tankstelle oder bereits früher.

I. Antrag von T durch die Preistafel?

11 T könnte ein Angebot bereits durch das Betreiben der Tankstelle und die Preisbekanntgabe auf der Preistafel abgegeben haben. Jedoch reicht dies nach der Verkehrsauffassung noch nicht aus, da manche Tankstellen z.B. auch heute noch nicht rund um die Uhr geöffnet haben und somit Ersatzansprüche von Kunden drohen könnten, die auf das Gelände fahren, um zu tanken, und dies dann nicht können. Somit fehlt es bei der Bekanntgabe der Preise auf der Tafel erkennbar noch am objektiven Rechtsbindungswillen, und es kann sich insofern allenfalls um eine invitatio ad offerendum handeln.

II. Antrag des T durch betriebsbereite Zapfsäulen?

12 Die betriebsbereite Zapfsäule könnte nach §§ 133, 157 BGB als konkludentes Angebot des Tankstellenbetreibers zu sehen sein,[10] da Kaufgegenstand und -preis jedenfalls feststehen.

1. Meinung 1: Zapfsäule als Angebot

13 Einem Angebot durch die Zapfsäule könnten die Bestimmtheitserfordernisse des § 145 BGB entgegenstehen, denn der Tankstellenbetreiber legt weder die zu tankende Menge noch seinen Vertragspartner fest. Dies ist aber nicht zwingend erfor-

---

[9] *Medicus*, Rn. 363.
[10] Vgl. zu den verschiedenen Ansichten zum Vertragsschluss beim SB-Tanken *BGH* NJW 2011, 2871 Rn. 14 f. sowie *Borchert/Hellmann*, NJW 1983, 2799, 2800 ff.

derlich, da auch ein **Angebot ad incertas personas (= Angebot an die Allgemeinheit)** zulässig ist. Ähnlich der Situation bei einem Warenautomaten erklärt der Tankstellenbetreiber, im Rahmen seines Kraftstoffvorrats mit jedem Kunden einen Vertrag schließen zu wollen, der in die Tankstelle einfährt und durch die Selbstbedienung die Annahme erklärt.[11] Die Bestimmung der zu kaufenden Menge bleibt dabei notwendig dem Kunden überlassen (vgl. § 315 I BGB) und wird lediglich durch die (eventuelle) Angabe einer Höchstabgabemenge auf der Zapfsäule begrenzt. Die Annahme des Antrags erfolgt durch den Kunden, wenn dieser zu tanken beginnt. Dies entspricht der Interessenlage beider Parteien, da der Kunde das Eigentum am Kraftstoff erwerben will, womit der Tankstellenbetreiber angesichts der Unumkehrbarkeit des Vorgangs nur bereit sein wird, wenn zuvor ein Kaufvertrag als Rechtsgrund für die Übereignung zustande kommt.[12]

Nach dieser Auffassung hat T also durch die betriebsbereite Zapfsäule jedem Kunden den Vertragsschluss angeboten, und C hat dieses Angebot durch die Betätigung der Zapfsäule angenommen. Das Personal der Tankstelle und eine eventuelle Vertretung des Tankstelleninhabers spielen somit für den Vertragsschluss keine Rolle. **14**

2. Meinung 2 und 3: Zapfsäule als invitatio ad offerendum

Nach einer Gegenauffassung ist wegen der angedeuteten Bestimmtheitsprobleme und einer angeblichen Verkehrsauffassung auch die **betriebsbereite Zapfsäule** nur als **invitatio ad offerendum** zu werten. Das Angebot geht nach dieser Ansicht vom Kunden aus, der sich an der Zapfsäule selbst bedient. Die Annahme erklärt der Tankstelleninhaber durch die betriebsbereite Zapfsäule in Form der sog. „**antizipierten Annahme**" und unabhängig davon, ob das Tankstellenpersonal den Tankvorgang zur Kenntnis nimmt bzw. zulässt.[13] Die Annahme wird also bereits vor Abgabe des Angebots durch das Aufstellen der betriebsbereiten Zapfsäule erklärt, sie ist also mit der invitatio ad offerendum verbunden. Insofern spielen also eventuelles Personal des Tankstelleninhabers und das Bemerken des Tankvorgangs für den Vertragsschluss keine Rolle. **15**

Nach einer **Außenseitermeinung** geht das Angebot ebenfalls vom Kunden aus, doch erklärt der **Tankstelleninhaber** die **Annahme erst im Kassenraum,** wenn er die Zahlung entgegennimmt und damit seinen Annahmewillen konkludent zum Ausdruck bringt. Diese Ansicht wird mit der Parallelität des SB-Tankens mit dem Sachkauf im Selbstbedienungsladen begründet und dem Umstand begründet, dass die Annahme das Wirksamwerden des Angebots voraussetze, also einen Zugang durch Kenntnisnahme des Tankstellenpersonals.[14] Nach dieser Ansicht gibt also C das Angebot ab, und die Annahme kann erst im Kassenraum durch T erfolgen. **16**

3. Stellungnahme

Gegen die letztgenannte Ansicht spricht, dass der Tankstelleninhaber noch an der Kasse das Angebot des Kunden ablehnen und ihm so die Position eines Berechtig- **17**

---

[11] *Köhler,* § 8 Rn. 12; MünchKomm/*Busche,* § 145 Rn. 12; Palandt/*Ellenberger,* § 145 Rn. 8.

[12] *BGH* NJW 2011, 2871 Rn. 16 m. w. N. in Rn. 14 f.

[13] So *Herzberg,* NJW 1984, 896, 897; offen gelassen von *BGH* NJW 1983, 2827.

[14] *Ranft,* JA 1983, 1, 4 f.; a. A. *BGH* NJW 1983, 2827 (allerdings zum Strafrecht); NJW 2011, 2871.

ten versagen könnte.[15] Außerdem käme kein Vertrag zustande, wenn der Kunde es vorzieht, die Tankstelle ohne Bezahlversuch wieder zu verlassen. Da zudem die Möglichkeit einer antizipierten Annahme ganz überwiegend anerkannt ist, überzeugt die Begründung auch sonst nicht. Diese Meinung ist daher abzulehnen.

18 Da die Meinungen 1 und 2 im vorliegenden Fall zum gleichen Ergebnis gelangen, bedürfte es an sich keiner Entscheidung zwischen ihnen, die aber dennoch zweckmäßig ist, weil man wegen der unterschiedlichen Deutung des Geschehens eine Parallelprüfung vornehmen müsste. Gegen Meinung 2 spricht, dass die Kombination einer invitatio ad offerendum mit einer antizipierten Annahme – wie in den Ebay-Fällen[16] – eher gekünstelt erscheint.

4. Zwischenergebnis

19 Daher ist mit Ansicht 1 in der betriebsbereiten Zapfsäule ein Angebot ad incertas personas zu sehen, im Rahmen des Kraftstoffvorrats und der angegebenen Höchstmenge sowie unter dem Vorbehalt der Betriebsbereitschaft der Zapfvorrichtung die gewünschte Menge Kraftstoff zu kaufen. Denn es entspricht dem Willen und den Interessen beider Parteien, dass der Vertrag bereits zu dem Zeitpunkt zustande kommt, in dem der Kunde mit dem Vorgang des Tankens beginnt. Im Rahmen der mit dem Angebot ad incertas personas verbundenen Bedingungen kann dem Kunden dann auch ohne Risiko für den Tankstelleninhaber die Bestimmung des genauen Vertragsinhalts überlassen werden.

III. Annahme des C durch das Betanken und Zwischenergebnis

20 Mit der Inbetriebnahme der von T bereit gehaltenen Zapfsäule hat C dessen Angebot angenommen. Da T angesichts der Umstände auf den Zugang der konkludenten Annahmeerklärung im Sinne von § 151 S. 1 BGB verzichtet hat, ist die Annahme auch wirksam geworden.

21 Somit ist zwischen T und C durch den Tankvorgang bereits ein Vertrag zustande gekommen.

IV. Inhalt der Einigung

22 Zu klären bleibt der Inhalt des geschlossenen Vertrags. Da die Einigung bereits mit dem Tankvorgang erfolgt ist, kann die Preissenkung nach dessen Abschluss den Inhalt des zwischen C und T geschlossenen Vertrags nicht mehr beeinflussen. Maßgeblich ist vielmehr die Preisangabe, die zu Beginn des Tankvorgangs auf der Zapfsäule zu finden war, hier also 1,55 €/l. Diesen Betrag kann T also von C verlangen.

23 Das Verlangen des C, für den Treibstoff nur 1,50 €/l zahlen zu müssen, könnte man vor diesem Hintergrund zwar als konkludenten Antrag auf Abschluss eines Abänderungsvertrags i.S.v. § 311 Abs. 1 auffassen, doch hat T diesen Antrag ausdrücklich abgelehnt.

V. Ergebnis

24 T kann von C einen Kaufpreis in Höhe von 1,55 €/l Diesel verlangen.

---

[15] Vgl. *Borchert/Hellmann*, NJW 1983, 2799, 2800.
[16] BGHZ 149, 129, 133 ff = NJW 2002, 363; *BGH* NJW 2005, 53.

Fall 12. Augen auf beim Internetverkauf

Nach BGHZ 149, 129 und BGH NJW 2005, 53.

Sachverhalt

Die R-AG (R) betreibt eine Internetseite, auf der ihre Kunden in der Rubrik „Auktionen" eigene Gegenstände gegen Höchstgebot veräußern können. Anbieten und Ersteigern kann man nur nach vorheriger Registrierung bei R, bei der man sich u.a. mit § 5 der AGB von R einverstanden erklären muss. Darin ist vorgesehen, dass die Freischaltung eines Angebots durch den Anbieter und die darauf abgegebenen Gebote rechtlich bindend sind.

Der selbständige Autoimporteur V vertreibt regelmäßig Autos über diese Plattform. Eines Tages meldet er einen fabrikneuen VW Passat Variant TDI, Listenpreis 37 000 €, zur Auktion an. Bei der Eingabe seines Angebots gibt er eine Laufzeit für die Auktion an und klickt auf ein Kästchen mit dem Text, er nehme schon jetzt das bei Ablauf der Frist vorliegende Höchstgebot an und verpflichte sich, die Ware nach Ablauf der Frist an den Höchstbietenden zu liefern. V vergisst aber versehentlich, einen Mindestkaufpreis von 10 000 € einzugeben. Vor dem endgültigen Absenden des Formulars, das zur Einstellung des Angebots in die Auktionsliste führt, erscheinen auf dem Bildschirm die Eingaben mit der deutlich sichtbaren Rückfrage „Alle Eingaben in Ordnung?". V verzichtet aus Zeitgründen auf die Überprüfung seiner Angaben und klickt auf die Schaltfläche „Abschicken", obwohl er nicht sicher ist, alles richtig ausgefüllt zu haben. Daraufhin wird das Angebot mit einem Startpreis von 1 € freigeschaltet. Auf der Angebotsseite findet sich neben der Beschreibung des VW Passat und einem Mindestkaufpreis von 1 € auch der von V angeklickte Satz, er nehme bereits jetzt das höchste Angebot an, das am Ende der Auktionsfrist vorliege und den Mindestkaufpreis übertreffe. Nach Ablauf der Angebotsfrist hat der Lehrer K mit 26 350 € das höchste Gebot abgegeben. Er erhält am nächsten Tag eine E-Mail von R, in der ihm zum Zuschlag gratuliert und die Adresse des V mitgeteilt wird.

Als K von V die Lieferung des Fahrzeuges gegen Zahlung der 26 350 € verlangt, lehnt dieser ab. Er habe das viel zu niedrige Angebot des K zum Kauf des VW nicht angenommen. Hilfsweise fechte er seine Erklärung an, da er sich bei der Eingabe des Startpreises geirrt habe, denn er habe eigentlich mit 10 000 € beginnen wollen.

K hingegen beruft sich auf § 5 AGB, der als Bestandteil des Kaufvertrages die Bindungswirkung jeder Verkaufsanzeige sogar besonders erwähnt, sowie den entsprechenden Wortlaut der Angebotsseite und verlangt Übergabe und Übereignung des Passats.

Abwandlung: K hat für den Passat 100 000 € geboten, weil er sich zu einem Bieterwettstreit hat hinreißen lassen. Muss er diesen Preis an V zahlen, auch wenn er vier Wochen nach Auktionsende den Wagen noch nicht erhalten hat und schriftlich gegenüber V erklärt, er werde das Fahrzeug weder abnehmen noch bezahlen? Dabei ist davon auszugehen, dass K nach dem Vertragsschluss gesetzlich vorgeschriebene Belehrungen erhalten hat.

Vorüberlegungen

Dieser der Rechtsprechung entnommene Fall zählt inzwischen zu den Standardproblemen. Der Sachverhalt ist für Anfänger nicht ganz einfach, doch muss man sich im Laufe der Ausbildung an kompliziertere Sachverhalte gewöhnen, wie sie das Leben schreibt. Die Schwierigkeit liegt im Wesentlichen darin, dass man die Frage des Vertragsschlusses zwischen V und K nicht ohne Berücksichtigung der Internethandelsplattform des R und damit scheinbar nicht ohne die zusätzlichen Beziehungen zwischen R und V bzw. K entscheiden kann. Letztlich sollte man einfach ihre Erklärungen nach §§ 133, 157 auslegen.

Das BGB enthält mit § 156 eine Sondervorschrift über den Vertragsschluss bei Versteigerungen. Die Norm ist aber auf klassische Versteigerungen mit einem Auktionator zugeschnitten, der den Zuschlag erteilt und so den Vertrag zustande bringt. Dergleichen erfolgt im vorliegenden Fall nicht, auch wenn das nicht ganz unumstritten ist. Man sollte dann einfach Antrag und Annahme chronologisch durchprüfen und sich von der Handelsplattform nicht verwirren lassen. Wissen muss man, dass es eine sog. „antizipierte Annahme" gibt – der zur Angebotsabgabe Auffordernde kann bereits vor Angebotseingang die Annahme eines Antrags erklären und die Annahmewirkung dabei an bestimmte Bedingungen knüpfen.

Dem V ist es allerdings nicht gelungen, seine Wunschbedingungen zum Ausdruck zu bringen. Damit stellt sich die Frage der Irrtumsanfechtung, die aber – wie ihr Name schon sagt – einen Irrtum voraussetzt. Damit nicht jedes Geschäft später unter Hinweis auf einen angeblichen Irrtum, den man typischerweise als „innere Tatsache" des Erklärenden nicht nachweisen und damit auch nicht widerlegen kann, angefochten werden kann, ist die Anfechtung ausgeschlossen, wenn der Erklärende dem Inhalt seiner Erklärung – wie hier V – keine besondere Aufmerksamkeit gewidmet hat.

In der Abwandlung geht es um Probleme des Fernabsatzrechts, also des Verbraucherschutzes. Das ist für Erstsemester noch etwas schwierig und geht über den Vertragsschluss hinaus. Man möge die Lektüre also ggf. auf einen späteren Zeitpunkt verschieben. Zu klären ist hier die umstrittene Frage, ob das Widerrufsrecht des Verbrauchers nach (bzw. analog) § 312d Abs. 4 Nr. 5 ausgeschlossen ist.

Gliederung

Rn.

Lösung

Anspruch des K gegen V auf Übergabe und Übereignung des VW Passat gegen Zahlung von 26350 € gem. § 433 Abs. 1 S. 1

K könnte gegen V gem. § 433 Abs. 1 S. 1 einen Anspruch auf Übergabe und Über- **1**
eignung des Passats gegen Zahlung von 26350 € haben. Dazu müsste zwischen den
beiden ein Kaufvertrag zu diesem Preis durch übereinstimmende Willenserklärungen, Angebot und Annahme (§§ 145, 147), zustande gekommen sein.

I. Vertragsschluss nach § 156 durch Gebot und Zuschlag?

Zu prüfen ist zunächst, ob im vorliegenden Fall der Vertrag tatsächlich durch An- **2**
trag und Annahme zustande kommt. Da von einer „Auktion" die Rede ist, könnte
es sich um eine Versteigerung handeln, bei der der Vertrag gem. § 156 erst durch
einen Zuschlag zustande kommt. Für eine Versteigerung spricht, dass der Verkaufs-
vorgang über die Internetplattform als „Auktion" bezeichnet wird, was nichts anderes bedeutet. Eine Versteigerung setzt jedoch eine bestimmte Situation voraus, die
dadurch gekennzeichnet ist, dass die Interessenten (Bieter) sich gegenseitig hoch-
schaukeln und der Vertragsschluss von einer Handlung des Auktionators – dem

Zuschlag, der eine Willenserklärung ist – abhängt.[1] So verhält es sich hier jedoch nicht, da der Vertragsschluss nach der ausdrücklichen Erklärung des V auf seiner Angebotsseite nicht von einem Zuschlag auf ein Höchstgebot abhängt. Vielmehr soll die „Auktion" automatisch mit Ablauf der im Angebot bestimmten Frist enden und dieses „Auktionsende" zugleich den Vertragsschluss herbeiführen. Mangels Zuschlags stellt die „Internetauktion" also keine Versteigerung dar, sondern einen Verkauf gegen Höchstgebot zum Zeitpunkt des Auktionsendes.[2] § 156 findet keine Anwendung. Damit ist ein Vertragsschluss durch Antrag und Annahme nach §§ 145, 147 zu prüfen.

II. Vertragsschluss durch Angebot und Annahme

1. Angebot des V durch Freischalten der Seite

3 Möglicherweise hat V durch das Freischalten der Internetseite ein wirksames Vertragsangebot abgegeben. Ein Angebot ist eine empfangsbedürftige, bindende Willenserklärung, die auf den Abschluss eines Vertrages gerichtet ist (vgl. § 145) und den Vertragsgegenstand hinsichtlich der essentialia negotii so genau bestimmt, dass sie durch ein einfaches „Ja" angenommen werden kann. V hat durch das Freischalten der Seite zum Ausdruck gebracht, den Passat an denjenigen verkaufen zu wollen, der innerhalb einer Woche am meisten bietet. Fraglich ist, ob V hiermit tatsächlich bereits eine Willenserklärung abgeben wollte oder ob die Internetanzeige als bloße invitatio ad offerendum einzustufen ist. Dies hängt davon ab, ob die Angebotsfreischaltung aus der Sicht eines vernünftigen, objektiven Dritten (§§ 133, 157) einen Rechtsbindungswillen des V bzgl. des Verkaufs des Passats zum Ausdruck bringt.

4 Freilich kann die Anzeige – von der Frage des Rechtsbindungswillens abgesehen – nur dann eine auf den Vertragsschluss gerichtete Willenserklärung des V bilden, wenn sie hinreichend bestimmt ist. Dazu müsste sie alle essentialia negotii enthalten, also den Vertragsgegenstand, den Vertragspartner und die Gegenleistung, so dass die Annahme mit einem bloßen „Ja" erfolgen kann. Daran kann man hier zweifeln, denn im Zeitpunkt der Anzeigenaufgabe stand weder der Vertragspartner noch der zu zahlende Kaufpreis fest.

5 Die Person des Antragsempfängers gehört grundsätzlich zum notwendigen Inhalt eines Angebots.[3] Ist eine Verkaufsanzeige an eine unbestimmte Vielzahl von Personen gerichtet, fehlt der Erklärung bei objektiver Auslegung in der Regel schon der Rechtsbindungswille, wenn andernfalls durch Annahmeerklärungen eine Vielzahl von Verträgen geschlossen werden könnte, die der Erklärende nicht alle erfüllen könnte, so dass er sich schadensersatzpflichtig machen würde. Gleichwohl kann es im Einzelfall anders sein; bei der Offerte ad incertas personas kann der Vertrag grundsätzlich mit jedem zustande kommen, der den Antrag annimmt. Dabei hängt es von den Umständen des Einzelfalls ab, ob nur ein Vertrag geschlossen werden soll oder eine Vielzahl von Verträgen wie etwa bei Warenautomaten (vgl. Fall 11 Rn. 5 f.). Im vorliegenden Fall ergab sich aus der freigeschalteten Auktionsseite, dass

---

1 *BGH* NJW 2005, 53, 54; MünchKomm/*Busche,* § 156 Rn. 3; Palandt/*Grüneberg,* § 156 Rn. 1.
2 BGHZ 149, 129, 133 ff.; *BGH* NJW 2005, 53, 54.
3 Palandt/*Ellenberger,* § 145 Rn. 1.

der Vertrag mit demjenigen zustande kommen soll, der innerhalb der Frist den höchsten Preis für den Passat bieten würde. Somit war gewährleistet, dass jedenfalls im Zeitpunkt des Vertragsschlusses der Vertragspartner des V exakt feststeht.[4] Damit ist der Vertragspartner von vornherein bestimmbar, so dass der Vertragsantrag des V insofern hinreichend bestimmt ist und die Umstände auch nicht gegen die Annahme eines Rechtsbindungswillens sprechen.

> **Hinweis:**   **6**
> Die „Offerte ad incertas personas" ist von der Rechtsfigur der „invitatio ad offerendum" abzugrenzen. Entscheidend ist, ob sich der Antragende binden will. Dies ist bei der Auslage im Supermarkt grundsätzlich abzulehnen, da der Supermarktinhaber durchaus ein Interesse daran haben kann, einen Vertragsschluss mit bestimmten Kunden (z. B. Ladendieben) abzulehnen (s. Fall 11). Dem gegenüber wird die Inbetriebnahme eines Warenautomaten als Angebot gesehen, das allerdings nur so lange gelten soll, als der Automat funktioniert und noch Ware beinhaltet (s. Fall 10).[5] Unterliegt jedoch der Anbieter einem Kontrahierungszwang (öffentliches Verkehrsunternehmen), ist von einem Angebot ad incertas personas auszugehen (s. Fall 31).

Bedenken gegen das Vorliegen eines Angebots ergeben sich allerdings auch daraus, **7** dass der Kaufpreis bei der Angebotsfreischaltung noch nicht feststand. Doch sollte nur derjenige Vertragspartner werden, dessen Angebot innerhalb des festgelegten Zeitraums nicht mehr überboten wird, der also das Höchstgebot abgibt. Zwar scheint die Notwendigkeit, dass „Gebote" abgegeben werden müssen, im Grundsatz eher gegen ein bindendes Angebot des V i. S. v. § 145 und dafür zu sprechen, dass der Käufer das Verkaufsangebot abgeben soll. Nach den bei Internetauktionen üblichen Bedingungen, denen die Angaben auf der Seite des V entsprechen, soll der Verkäufer aber an das freigeschaltete „Angebot" gebunden sein, damit er sich den Vertragsschluss mit dem Höchstbietenden nicht mehr vorbehalten kann. Da der Antragende die Bestimmung des Preises auch dem Annehmenden überlassen kann, wenn er dazu bereit ist, ist ein solcher Antrag zum Verkauf gegen Höchstgebot also möglich, ohne mit dem Bestimmtheitsgrundsatz des Angebots in Konflikt zu geraten. Damit kann die Angebotsfreischaltung grundsätzlich einen bindenden Antrag i. S. v. § 145 beinhalten.

Im vorliegenden Fall erklärt V allerdings mit der Freischaltung auf seiner Angebots- **8** seite ausdrücklich die Annahme des späteren Höchstgebots, was ebenfalls ohne weiteres zulässig ist. Mit dem Wortlaut der Erklärung ist die Deutung einer Auktionsfreischaltung als bindender Vertragsantrag kaum zu vereinbaren; es besteht auch keine Notwendigkeit dafür, da der Vertragsschluss auch anders erklärbar ist: Die Freischaltung bedeutet eine invitatio ad offerendum, verbunden mit der antizipierten (vorweggenommenen) Annahme des Höchstgebots, das den weiteren Bedingungen der Auktion (also der invitatio) entspricht.[6] Zwar könnte man auch erwägen, ob V nicht doch ein i. S. v. § 148 befristetes Angebot des Inhalts abgibt, an den im Endzeitpunkt Höchstbietenden zu verkaufen, so dass die Annahme durch den Höchstbietenden erfolgt; auf diese Weise wäre der Verkäufer erst recht an sein Angebot gebunden. Gegen diese Auslegung spricht aber im konkreten Fall der Wortlaut der Erklärung des V auf seiner Angebotsseite: Dort ist von einer vorweggenommenen (antizipierten) Annahmeerklärung („schon jetzt") die Rede.

---

4   Vgl. *OLG Hamm* NJW 2001, 1142, 1143; Soergel/*Wolf*, § 145 Rn. 4; Staudinger/*Bork*, § 145 Rn. 19.

5   *Larenz/Wolf*, § 29 Rn. 22.

6   So – zumindest im Ergebnis – *Lettl*, JuS 2002, 220, 221 f.; *Mehrings*, BB 2002, 469, 472 ff.

9 **Hinweis:**
Man könnte auch offen lassen, wie der Vertrag zustande kommt, weil auf beiden Wegen ein Vertrag mit demselben Inhalt zustande kommt, sobald die Auktionsfrist endet. Doch sollte man sich im Gutachten gut überlegen, ob man das machen will: Der Zeitaufwand wird durch ein solches „Offenlassen" der Streitentscheidung meist höher, weil man die unterschiedlichen Lösungswege darlegen muss. Deshalb ist es oftmals besser, im Gutachten den Weg der kurzen und bündigen Entscheidung einer Kontroverse zu wählen, insbesondere wenn der konkrete Sachverhalt eine Lösung besonders nahe legt (!).[7] – In der neueren der beiden oben angegebenen Entscheidungen sieht der BGH übrigens in der Angebotsfreischaltung einen befristeten Antrag zum Vertragsschluss mit dem Höchstbietenden und im Höchstgebot die Annahme.[8] Diese Lösung ist im Grundsatz vorzugswürdig, weil sie weniger kompliziert und bei Ebay-Auktionen auch dem Inhalt der Angebotsseiten usw. entspricht. Im hier **zu lösenden Fall** spricht aber – um es nochmals zu betonen – die Aussage des Verkäufers auf der Angebotsseite zum Vertragsschluss für die oben skizzierte Lösung. Man sieht, dass die Lösung bei sehr ähnlichen Sachverhalten also durchaus unterschiedlich ausfallen kann.

2. Antrag durch Gebotsabgabe

10 Nach dem Vorstehenden stellen die Gebote, die auf die Freischaltung der Auktion hin abgegeben werden, jeweils Vertragsanträge i.S.v. § 145 dar. K hat also mit seinem Höchstangebot einen Vertragsantrag gemacht, der dem V durch Vermittlung von R auch zugegangen ist.

11 **Hinweis:**
Soweit in den AGB solcher Plattformbetreiber wie R vorgesehen ist, ein Gebot erlösche (quasi in Analogie zu § 156), wenn es überboten werde, ist das hier ohne jeglichen Belang. Da der Sachverhalt dies auch nicht erwähnt, sollte man – auch bei näherer Kenntnis der Materie – nicht darauf eingehen.

3. (Antizipierte) Annahme durch V

12 Wie bereits oben (Rn. 8) dargelegt, erklärte V bereits mit der Angebotsfreischaltung die antizipierte Annahme des bei Auktionsende vorliegenden Höchstgebots, das eventuelle weitere Bedingungen erfüllt. Zu klären ist lediglich noch, ob V die entsprechende Erklärung mit Rechtsbindungswillen abgegeben hat, was er abstreitet. Sind die Parteien über den Sinn empfangsbedürftiger Erklärungen bzw. deren rechtsgeschäftlichen Charakter nicht einig, ist der Inhalt der Erklärungen aus dem objektiven Empfängerhorizont (§§ 133, 157) zu bestimmen.[9] Entscheidend ist also nicht, dass V ein bindendes Angebot vielleicht nicht abgeben wollte, sondern ob K die Äußerung des V als bindend verstehen durfte. Dies ist möglicherweise schon deshalb der Fall, weil K wusste, dass V – genauso wie er selbst – beim Ausfüllen des Registrierungsformulars gegenüber R die in § 5 AGB bestimmte Bindungswirkung akzeptiert hatte.[10] Insofern könnten die AGB zumindest als „Spielregeln" angesehen werden, die beide Parteien als geltend anerkannt haben. Freilich gilt § 5 AGB nur im Verhältnis zwischen R und V bzw. R und K; die Klausel dürfte deshalb keinerlei Wirkung im Verhältnis von V und K entfalten.

13 **Hinweis:**
Dass § 5 AGB nur Bestandteil des zwischen R und V bestehenden Benutzungsverhältnisses geworden ist, nicht in den Vertrag zwischen R und V einbezogen wurde und daher keine Verpflichtung des

---

7 Anders kann dies im Urteil sein, vgl. in concreto *BGH* NJW 2002, 363, 364.

8 *BGH* NJW 2005, 53, 54.

9 *Larenz/Wolf,* § 28 Rn. 7; *Köhler,* § 9 Rn. 12, 13.

10 So *OLG Hamm* NJW 2001, 1142, 1143.

V gegenüber K begründen kann, ist eigentlich eine Selbstverständlichkeit. Ansprechen muss man dieses Problem allerdings schon deshalb, weil sich K ausdrücklich auf diesen Umstand beruft. Zudem sind viele Stimmen aus der Literatur der Ansicht, die AGB würden die Erklärungen überlagern bzw. diesen zugrunde liegen, was u. a. zu der Forderung nach einer Inhaltskontrolle führt.[11] Freilich mag man sich fragen, was eine solche Inhaltskontrolle bewirken soll: Die Bedingungen sollen im Wesentlichen einheitliche und klare Marktbedingungen für solche Internetauktionen aufstellen. Dass der Verkäufer, der es in der Hand hat, alle Bedingungen für sein Angebot selbst festzulegen, anschließend bei Ablauf der Auktionsfrist an dieses gebunden sein soll, dürfte kaum eine unangemessene Benachteiligung darstellen,[12] und dies weder im Verhältnis zum Plattformbetreiber noch zum Käufer.

Dies kann jedoch letztlich dahinstehen, da V beim Absenden seiner Auktion seinen **14** Bindungswillen ausdrücklich gegenüber allen Bietenden erklärte und dieser Wille auf der Angebotsseite ebenso ausdrücklich zum Ausdruck kam. Danach nahm V bereits mit der Angebotsfreischaltung das zum Zeitpunkt des Auktionsendes vorliegende Gebot des Meistbietenden an, also hier das Gebot des K. Am Rechtsbindungswillen besteht insofern kein Zweifel. Ein hiervon abweichender Wille des V wäre gem. § 116 S. 1 bedeutungslos. Da das Gebot des K auch den Mindestkaufpreis von 1 € übertrifft, hat es V bereits mit Freischaltung angenommen.

4. Ergebnis

Zwischen V und K ist ein Kaufvertrag über den VW Passat zu 26 350 € zustande **15** gekommen.

III. Unwirksamkeit des Kaufvertrags

Zu prüfen ist, ob der Kaufvertrag zwischen V und K unwirksam ist. **16**

1. Unwirksamkeit gem. § 138 Abs. 1

Der Vertrag wäre gem. § 138 Abs. 1 nichtig, wenn er gegen die guten Sitten ver- **17** stieße. Dies wäre der Fall, wenn ein auffälliges Missverhältnis zwischen Leistung und Gegenleistung gegeben ist und dem dadurch begünstigten Vertragspartner eine verwerfliche Gesinnung vorzuwerfen ist.[13] Liegt nicht nur ein auffälliges, sondern ein grobes Missverhältnis vor, wird die verwerfliche Gesinnung vermutet (sog. wucherähnliches Geschäft).[14] Diese Vermutung ist aber widerlegt, wenn die Parteien Anstalten treffen, um einen zutreffenden Marktpreis zu ermitteln.[15] Hier wird der Kaufpreis durch einen vom Verkäufer selbst in Gang gesetzten Marktmechanismus festgelegt, der dafür spricht, dass der Wettbewerbspreis erzielt wird. Ein in einem funktionierenden Markt gebildeter Preis ist per se angemessen, auch wenn er nicht den Erwartungen des Verkäufers entspricht. Damit wäre die Vermutung verwerflicher Gesinnung widerlegt. Sie greift hier aber gar nicht ein, da im vorliegenden Fall der Wert des Fahrzeugs den Kaufpreis nur um die Hälfte übersteigt, so dass nur ein auffälliges und kein grobes Missverhältnis vorliegt. Die verwerfliche Gesinnung des K wäre also gesondert festzustellen, was nicht gelingen wird, da der Verkäufer im

---

[11] Vgl. etwa *Lettl,* JuS 2002, 220, 221; *Wenzel,* NJW 2002, 1550. – A.A. wohl *v. Westphalen,* NJW 2003, 1981, 1984.

[12] Zutreffend *KG* NJW 2002, 1583 f.

[13] Palandt/*Ellenberger,* § 138 Rn. 34; MünchKomm/*Armbrüster,* § 138 Rn. 113.

[14] BGHZ 104, 102, 105; *BGH* NJW-RR 1989, 1068; Palandt/*Ellenberger,* § 138 Rn. 34 a.

[15] Vgl. *BGH* NJW 2002, 3165; 2003, 283.

Rahmen der Privatautonomie das marktwirtschaftliche Risiko zu tragen hat, das sich aus der Verwendung einer Internetauktion ergibt.[16] Der Vertrag ist daher nicht gem. § 138 Abs. 1 nichtig.

2. Unwirksamkeit gem. § 142 Abs. 1

18 Der Vertrag wäre jedoch gem. § 142 Abs. 1 nichtig, wenn V ihn wirksam gegenüber K angefochten hätte.

19 V erklärte die Anfechtung gegenüber seinem Vertragspartner K und somit gem. § 143 Abs. 2 gegenüber dem richtigen Anfechtungsgegner.

20 Fraglich ist allerdings, ob der Kaufvertrag auch anfechtbar war. Dies wäre gem. § 119 Abs. 1 der Fall, wenn sich K entweder hinsichtlich des äußeren Erklärungstatbestands (Erklärungsirrtum, Alt. 2) oder hinsichtlich der Bedeutung seiner Erklärung (Inhaltsirrtum, Alt. 1) im Irrtum befunden hat und dieser Irrtum entscheidungserheblich war.

21 V hat sich beim Ausfüllen der Verkaufsanzeige geirrt und versehentlich keinen Startpreis von 10 000 € eingegeben. Wer sich bei Erstellung einer Willenserklärung verschreibt bzw. vertippt, irrt zwar grundsätzlich über den objektiven Erklärungstatbestand seiner Willenserklärung. Zur Anfechtung berechtigt dieser Irrtum gem. § 119 Abs. 1 Alt. 2 aber nur, wenn er zum Zeitpunkt der Abgabe noch andauert und für die Abgabe ursächlich war. Erst mit dem abschließenden Sendebefehl ist die Willenserklärung des V abgegeben. Zu diesem Zeitpunkt wusste V aber nicht mehr genau, ob er einen Mindestpreis eingegeben hatte. Mangels einer bestimmten Vorstellung vom äußeren Erklärungstatbestand war ein Irrtum diesbezüglich nicht möglich. Der Abgabe der Willenserklärung lag kein Erklärungsirrtum zugrunde. V kann seine Erklärung nicht gem. § 119 Abs. 1 Alt. 2 anfechten.

22 Einer Anfechtung analog § 119 Abs. 1 wegen fehlenden Erklärungsbewusstseins steht die Erklärung entgegen, die V bei der Auktionseingabe abgeben musste. Sollte er über die Bindung an die Erklärung geirrt haben, wäre dies ein unbeachtlicher Rechtsfolgenirrtum.

23 Der Kaufvertrag ist daher auch nicht gem. § 142 Abs. 1 nichtig.

3. Nichtigkeit gem. § 134 i. V. m. § 34b GewO

24 Der Vertrag könnte nach § 134 nichtig sein, wenn er gegen § 34b Abs. 1 GewO verstößt und diese Norm ein gesetzliches Verbot darstellt, dessen Sinn und Zweck die Nichtigkeit des von V und K geschlossenen Vertrags gebietet. Die Norm stellt den gewerbsmäßigen Verkauf fremder Sachen unter Erlaubnisvorbehalt. Freilich verkauft V hier keine fremden Sachen und ist auch kein Auktionsveranstalter,[17] so dass schon kein Verstoß gegen § 34b GewO vorliegt.

IV. Unverbindlichkeit nach § 762

25 Schließlich könnte einem Anspruch des K noch entgegenstehen, dass eine solche Auktion möglicherweise ein gem. § 762 Abs. 1 S. 1 rechtlich unverbindliches Spiel

---

16 *OLG Hamm* NJW 2001, 1142, 1144; vgl. auch *Wiebe,* MMR 2000, 284.
17 So *OLG Hamm* NJW 2001, 1142, 1145; zustimmend BGHZ 149, 129, 139.

darstellt.[18] Dazu müsste es sich um einen Spielvertrag handeln, also um ein Leistungsversprechen mit Risikocharakter, bei dem die Erfüllung entweder überwiegend vom Zufall abhängt oder ein ernster wirtschaftlicher Geschäftszweck fehlt, weil es den Beteiligten mehr um einen Zeitvertreib geht.[19]

Hier verfolgten die Parteien aber einen ernsten wirtschaftlichen Zweck, nämlich **26** den Verkauf des Passat. Ihre Leistungspflichten hingen auch nicht in erster Linie vom Zufall ab. Zwar ist eine gewisse Zufälligkeit hinsichtlich des zu zahlenden Preises nicht zu leugnen, da der letztlich zu zahlende Preis aufgrund des besonderen Preisbildungsmechanismus der Online-Auktionen von der Nachfrage abhängt. Doch hatte es V in der Hand, die Preisbildung durch Eingabe eines hinreichend hohen Mindestpreises und eines entsprechend langen Auktionszeitraums zu steuern. Dadurch, dass er dies teilweise versäumt hat, wird die Internetauktion nicht zum Spiel. Damit steht § 762 Abs. 1 dem Anspruch nicht entgegen.[20]

V. Ergebnis

Der Anspruch des K aus § 433 Abs. 1 ist begründet. K kann Zug um Zug gegen **27** Zahlung von 26 350 € Übergabe und Übereignung des Fahrzeugs verlangen.

Abwandlung: Anspruch des V gegen K auf Zahlung von 100 000 €, § 433 Abs. 2

V könnte von K Zahlung von 100 000 € verlangen, wenn der Anspruch gem. § 433 **28** Abs. 2 entstanden ist und keine rechtsvernichtenden Einwendungen vorliegen.

I. Anspruch entstanden

Der Anspruch gem. § 433 Abs. 2 setzt einen wirksamen Kaufvertrag voraus. Durch **29** das Freischalten der Anzeige auf der Internetplattform erklärte V, dass er schon jetzt das innerhalb einer Woche erklärte Höchstgebot annimmt. K erklärte, das Auto für einen Preis von 100 000 € kaufen zu wollen. Da diese Summe das höchste Gebot darstellte, ist zwischen V und K ein Kaufvertrag über den Passat zu 100 000 € zustande gekommen. Der Anspruch des V gegen K gem. § 433 Abs. 2 i. H. v. 100 000 € ist entstanden.

> **Hinweis:** **30**
> Wegen der ausführlichen Darstellung im Ausgangsfall muss man sich hier kurz halten. Langatmige Ausführungen kosten Zeit und führen zu Punktabzug!

II. Anspruch erloschen

Der Anspruch wäre jedoch gem. § 355 Abs. 1 S. 1 erloschen, wenn K Verbraucher **31** wäre und sein widerrufliches Angebot fristgemäß widerrufen hätte.

1. Verbrauchereigenschaft des K

K wäre gem. § 13 Verbraucher, wenn der Zweck des Autokaufs weder seiner ge- **32** werblichen noch seiner selbständigen beruflichen Tätigkeit zugerechnet werden

---

[18] Vgl. *LG Münster* MMR 2000, 280, 283.
[19] HK/*Saenger*, § 762 Rn. 2; Palandt/*Sprau*, § 762 Rn. 2.
[20] BGHZ 149, 129, 139.

kann. Da K von Beruf Lehrer ist und der Sachverhalt nichts Weiteres mitteilt, hat er das Fahrzeug nicht zu Zwecken gekauft, die einer gewerblichen oder selbständigen beruflichen Tätigkeit dienen. K war daher Verbraucher i. S. v. § 13.

33 **Hinweis:**
Ob jemand Verbraucher ist, hängt nicht von seiner Person, sondern vom Zweck des jeweiligen Einkaufs ab. So ist Bill Gates beim Brotkauf Verbraucher, während die alte Dame, die einen Tante-Emma-Laden betreibt und sich mit Brot beliefern lässt, Unternehmerin ist.

2. Widerrufsrecht

34 K könnte sein Angebot nur dann widerrufen, wenn ein Gesetz für den konkreten Fall ein Widerrufsrecht nach § 355 vorsieht.

35 **Hinweis:**
Eine gute Arbeit zeichnet sich auch durch Genauigkeit im Ausdruck aus. § 355 setzt ein *verbraucherschützendes* Widerrufsrecht aus. Die rechtshindernde Widerrufs*möglichkeit* gem. § 130 Abs. 1 S. 2 bewirkt, dass die Willenserklärung nicht wirksam wird und somit ein Vertrag gar nicht erst zustande kommt, während die verbraucherschützenden Widerrufsrechte die Lösung von einem *schwebend wirksamen* Vertrag ermöglichen, weil der Widerruf gem. § 355 Abs. 1 S. 1 die Bindung des Verbrauchers an seine auf den Vertragsschluss gerichtete Willenserklärung beseitigt.

36 K ist gem. § 312d Abs. 1 S. 1 zum Widerruf berechtigt, wenn der Autokauf ein Fernabsatzgeschäft darstellt und das Widerrufsrecht nicht gem. § 312d Abs. 4 Nr. 5 ausgeschlossen ist.

37 **Hinweis:**
Gehen Sie vorsichtig mit Konjunktiven um. Falls Sie im Obersatz *alle* Voraussetzungen eines Tatbestands aufzählen, dann ist der Eintritt der Rechtsfolge nicht nur *möglich,* sondern *sicher.* Ein Konjunktiv wäre in diesem Fall sprachlich unsauber.

38 Dies setzt gem. § 312b Abs. 1 einen Warenlieferungsvertrag voraus, der zwischen einem Unternehmer und einem Verbraucher unter ausschließlicher Verwendung von Fernkommunikationsmitteln über ein Fernabsatzsystem abgeschlossen wurde.

39 K ist gem. § 13 Verbraucher. V vertreibt Autos im Rahmen seiner gewerblichen Tätigkeit und ist somit Unternehmer gem. § 14 Abs. 1. Der Warenlieferungsvertrag ist über das Internetportal des R und somit unter ausschließlicher Verwendung von Fernkommunikationsmitteln i. S. d. § 312b Abs. 2 zustande gekommen. Da V Autos regelmäßig auf diese Weise vertreibt, wurde auch ein Fernabsatzsystem genutzt.

40 Das Widerrufsrecht wäre aber gem. § 312d Abs. 4 Nr. 5 ausgeschlossen, wenn das Fernabsatzgeschäft in der Form einer Versteigerung i. S. d. § 156 abgeschlossen wurde.[21] Eine Versteigerung liegt vor, wenn der Vertrag nicht durch Antrag und Annahme, sondern durch Gebot und Zuschlag zustande kommt. Mangels Zuschlags scheiden folglich Internetauktionen aus, weil bei ihnen der Vertrag – unabhängig von der genauen Konstruktion des Vertragsschlusses – letztlich immer schon mit Abgabe des Höchstgebots und dem anschließenden Zeitablauf zustande kommt. Bei der Internetauktion bedarf der Vertragsschluss keines Zuschlags.[22] Der „Zuschlag" des R, mit dem K vom Vertragsschluss in Kenntnis gesetzt wurde, stellt keine Willenserklärung dar, sondern eine bloße Mitteilung.[23]

---

21 Bei Versteigerungen würde eine Rückabwicklung nach Widerruf dem charakteristischen Vertragszweck gerade zuwiderlaufen und die Versteigerung unangemessen behindern.
22 *BGH* NJW 2003, 363, 364.
23 *BGH* NJW 2003, 363, 364.

Fraglich ist aber, ob der Begriff der Versteigerung in § 312 d Abs. 4 Nr. 5 wegen des **41** Klammerzitats wirklich streng im Sinne von § 156 zu verstehen ist oder nicht. Im Schrifttum wird zum Teil unter Hinweis auf die § 312 d zugrunde liegende Fernabsatzrichtlinie und die Zwecke des Widerrufsrechts vertreten, der Klammerzusatz sei zu ignorieren. Freilich finden sich dazu weder in der Fernabsatzrichtlinie noch in den Gesetzesmaterialien zum (ursprünglichen) Fernabsatzgesetz eindeutige Hinweise. Die Richtlinie steht dem Widerrufsrecht jedenfalls nicht entgegen, da sie nur ein Minimum an Verbraucherschutz vorschreibt, über das die Mitgliedstaaten bei der Umsetzung auch hinausgehen können.[24] Weiter wird vorgebracht, das Widerrufsrecht müsse ausgeschlossen sein, weil Internetauktionen sonst entgegen dem Zweck der Fernabsatzrichtlinie erschwert würden bzw. weil der Verkäufer bereits durch das Risiko belastet sei, seinen Käufer nicht zu kennen und ihn sich nicht aussuchen zu können; ggf. sei § 312 d Abs. 4 Nr. 5 also auf Internetauktionen analog anzuwenden. Doch spricht dagegen, dass zum einen eine unbewusste Regelungslücke nicht klar ersichtlich ist, weil der Gesetzgeber sich mit der Problematik auseinander gesetzt hat,[25] und zum anderen der Schutzzweck des Widerrufsrechts nach § 312 d Abs. 1 auch bei Internetauktionen einschlägig ist: Auch bei dieser Absatzform hat der kaufende Verbraucher keine Möglichkeit, die Sache vor dem Vertragsschluss zu prüfen.[26] Insofern ist es unerheblich, dass der Verkäufer sich bei der Internetauktion verpflichtet, mit dem Meistbietenden zu kontrahieren,[27] weil ihm das keine Prüfungsmöglichkeit gibt.

Das Widerrufsrecht gem. § 312 d Abs. 1 S. 1 ist daher nicht gem. bzw. analog **42** § 312 d Abs. 4 Nr. 5 ausgeschlossen. K ist zum Widerruf berechtigt.

3. Fristgemäße Widerrufserklärung

Zu prüfen ist, ob K den Widerruf auch fristgemäß erklärt hat. Eine Äußerung ist **43** gem. §§ 133, 157, 355 Abs. 1 S. 2 bereits dann als Widerrufserklärung auszulegen, wenn sich aus ihr ergibt, dass der Verbraucher nicht an den Vertrag gebunden sein möchte, da er den Widerruf nicht begründen muss.[28] K erklärte V, dass er das Auto weder abnehmen noch bezahlen werde. Eine Widerrufserklärung liegt damit vor.

Da K jedoch erst nach 4 Wochen den Widerruf erklärte, ist fraglich, ob die Widerrufsfrist gewahrt ist. Die Widerrufsfrist beträgt gem. § 355 Abs. 2 S. 1 grundsätzlich zwei Wochen ab der ordnungsgemäßen Widerrufsbelehrung; erfolgt die Belehrung über das Widerrufsrecht erst nach Vertragsschluss, wie es im vorliegenden Fall geschehen ist, so beträgt die Frist gem. § 355 Abs. 2 S. 3 einen Monat. Allerdings beginnt die Widerrufsfrist gem. § 312 d Abs. 2 bei Warenlieferungen ohnehin nicht vor dem Zeitpunkt zu laufen, in dem der Verbraucher die Ware erhalten hat. Da V dem K das Auto noch nicht übergeben hat, wurde die Monatsfrist noch nicht in Gang gesetzt.[29] V hat den Widerruf folglich fristgemäß erklärt.

---

[24] *BGH* NJW 2005, 53, 54 f.
[25] Vgl. BT-Drs. 14/3195, S. 30, 32.
[26] *BGH* NJW 2005, 53, 56.
[27] A.A. Bamberger/Roth/*Schmidt-Räntsch*, § 312 d Rn. 52 f.; s.a. *Heiderhoff*, MMR 2001, 640, 642 f.
[28] Palandt/*Grüneberg*, § 355 Rn. 6.
[29] Der Fristbeginn erfordert außerdem die Erfüllung der Informationspflichten des Verkäufers gem. § 312 c Abs. 1 i. V.m. Art. 246 §§ 1 und 2 EGBGB und die ordnungsgemäße Belehrung des Verbrauchers gem. § 360 über sein Widerrufsrecht.

45 Der Anspruch des V auf Zahlung von 100 000 € gem. § 433 Abs. 2 ist durch den fristgemäß erklärten Widerruf gem. § 355 Abs. 1 S. 1 erloschen.

III. Ergebnis

46 V kann von K nicht Abnahme und Zahlung des VW Passat verlangen.

Fall 13. Geiz ist geil

Sachverhalt

Justus (J) studiert in Regensburg Jura und will mit der Bahn zu seinen Eltern nach Halle fahren. Er erreicht den Bahnsteig mit Mühe vor der Abfahrt des Zuges und steigt ein, ohne vorher eine Fahrkarte gekauft zu haben. Da Justus eben noch in der Juristischen Bibliothek von wundersamen Dingen wie einem Kontrahierungszwang gelesen hatte, möchte er die Fahrkarte zu seinen Bedingungen lösen. Als der Zugbegleiter kommt und von ihm 56,40 € verlangt, meint Justus, er habe von Anfang an für die Fahrt nur 20 € zahlen wollen. Der Schaffner meint, handeln könne J beim Gebrauchtwagenhändler, aber nicht bei ihm.

Kann die Deutsche Bahn AG (B) von J den Normalpreis von 56,40 € verlangen?

Abwandlung: Wie verhält es sich, wenn J dem Zugbegleiter beim Einsteigen zuruft: „Ich will nur 20 € bezahlen!"?

Vorüberlegungen

Die Frage ist, ob der entgegenstehende Wille des J – den er im Ausgangsfall nicht einmal äußert – den Vertragsschluss mit der Bahn irgendwie beeinflusst. Man muss sich daher überlegen, wie hier überhaupt ein Vertrag zustande kommt. Geht man mit dem bekannten Instrumentarium – Antrag und Annahme – an das Problem chronologisch heran und bedenkt man, dass man den rechtsgeschäftlichen Willen nicht ausdrücklich äußern muss, dürfte dies keine Probleme bereiten. Dennoch hat man früher komplizierte Erwägungen unter dem Stichwort der Lehre vom „faktischen Vertrag" bzw. „sozialtypischen Verhalten" angestellt, die heute eher von rechtshistorischem Interesse sind. Da sie aber immer noch in den Lehrbüchern „mitgeschleppt" werden, sollte man sie in Klausuren kurz erwähnen, in Hausarbeiten näher ausführen.

Zweifeln mag man, wie es sich hier mit den essentialia negotii verhält. Denn angesichts der Umstände des Vertragsschlusses steht der genaue Vertragsinhalt *hier* im entscheidenden Moment nicht fest (anders bei Fahrkartenkauf vor Reiseantritt). Das legt weitere Probleme beim Vertragsschluss in dieser Sachverhaltskonstellation nahe, die kaum diskutiert und deshalb grundsätzlich von Studierenden auch nicht verlangt werden können. Man sollte allerdings wissen, dass die Beförderung im Personennah- und Fernverkehr von gesetzlichen Regelungen überlagert ist. So trifft die Bahn nach § 10 AEG eine Beförderungspflicht, wenn die Beförderungsbedingungen eingehalten werden. Dies weiß der Bahnkunde jedenfalls im Rahmen einer Parallelwertung in der Laiensphäre.

In der Abwandlung äußert J seinen Willen, weniger für die Fahrt bezahlen zu wollen, beim Einsteigen in den Zug ausdrücklich. Nimmt man das ernst, ist kein Vertrag zustande gekommen, da J das Angebot der Bahn ablehnt, die mit seinem Gegenangebot nicht einverstanden ist. Zur Vermeidung dieses Ergebnisses, das man durchaus vertreten kann, gibt es zwei Lösungsvorschläge.

Hinweis:
Dass die Bahn eine Aktiengesellschaft ist, hat keine weiteren Auswirkungen. Man sollte kurz auf ihre Eigenschaft als juristische Person und die Verpflichtungsfähigkeit, § 1 Abs. 1 S. 1 AktG, hinweisen. Von Studienanfänger/innen wird dies aber nicht erwartet.

Gliederung

Lösung

Anspruch der Bahn AG gegen Justus auf Zahlung von 56,40 € gem. § 631 Abs. 1

1 B könnte gegen J gem. § 631 Abs. 1 einen Anspruch auf Zahlung von 56,40 € haben, wenn zwischen beiden ein Werkvertrag über die Beförderung von Regensburg nach Halle gegen eine solche Vergütung zustande gekommen ist.[1] Ein Werkvertrag kommt grundsätzlich durch zwei übereinstimmende Willenserklärungen, Antrag und Annahme, zustande.

I. Faktisches Vertragsverhältnis kraft sozialtypischen Verhaltens?

Fraglich ist, ob der Vertragsschluss auch im vorliegenden Fall auf diese Weise er- **2** folgt. Denn früher wurde teils angenommen, bei Massengeschäften der Personenbeförderung und der Daseinsvorsorge liege kein rechtsgeschäftlicher Wille der beteiligten Personen vor. Zumindest der Wille des Kunden richte sich ausschließlich auf die Herbeiführung eines tatsächlichen Erfolges, nicht aber auf eine durch Willenserklärung begründete Rechtsfolge. Aber auch beim Unternehmen sei eine rechtsgeschäftliche Willensbildung zweifelhaft, da es aufgrund des bestehenden Kontrahierungszwangs ohnehin mit jedem nutzungswilligen Verbraucher einen Vertrag schließen müsse. Daher komme solch ein Vertrag durch sog. faktisches Verhalten[2] zustande. Teils nahm man auch an, aufgrund „sozialtypischen Verhaltens"[3] entstehe lediglich ein vertragsähnliches Verhältnis. Auch die Rechtsprechung hat diese Gedanken eine Zeit lang aufgegriffen.[4] Demnach wäre ein Vertrag zwischen B und J – unabhängig von einem rechtsgeschäftlichen Willen der Beteiligten – bereits durch die bloße tatsächliche Benutzung des Zuges durch J zustande gekommen, so dass der abweichende Wille des J zwangsläufig unbeachtlich wäre.

Die heute ganz herrschende Ansicht[5] lehnt die geschilderte Konstruktion des Ver- **3** tragsschlusses jedoch zu Recht ab. Bei Geschäften des Massenverkehrs kann man das Bereitstellen der jeweiligen Leistung gem. §§ 133, 157 als Realofferte ad incertas personas auslegen und dies auch mit dem typischerweise bestehenden gesetzlichen Kontrahierungszwang begründen, hier § 10 Allgemeines Eisenbahngesetz (AEG). Die Inanspruchnahme der Leistung durch den Verbraucher stellt sich dann als konkludente (rechtsgeschäftliche) Annahmeerklärung dar. Die Lehren vom faktischen Vertrag und vom sozialtypischen Verhalten sind daher zur Begründung eines Vertragsschlusses nicht notwendig;[6] sie finden auch im Gesetz keine Stütze[7] und vermögen den Minderjährigenschutz nicht ausreichend zu berücksichtigen, da sie nur eine generelle Einsichtsfähigkeit in die sozialtypische Bedeutung eines Verhal-

---

1 Vgl. § 631 Abs. 2: jeder durch Dienstleistung herbeizuführende Erfolg.
2 Grundlegend *Haupt*, Über faktische Vertragsverhältnisse, 1941: „Verträge aus sozialem Kontakt" bzw. „kraft sozialer Leistungsverpflichtung", „faktische Gemeinschafts- bzw. Arbeitsverhältnisse".
3 Grundlegend *Larenz*, NJW 1956, S. 1897 ff. (s. a. *Larenz*, DRiZ 1958, 245, 246) in Weiterentwicklung der Haupt'schen Fallgruppe des „Vertrages kraft sozialer Leistungsverpflichtung" zum „Schuldverhältnis aus sozialtypischem Verhalten": Es entsteht lediglich ein vertragsähnliches Schuldverhältnis, also ein „Vertrag im weiteren Sinne", dessen Anwendungsbereich nicht auf Versorgungsleistungen beschränkt ist, bei denen der Unternehmer einem Kontrahierungszwang unterliegt. Entscheidendes Kriterium sollte nur die tatsächliche Inanspruchnahme der Leistung sein. – Larenz hat sich am Ende selbst von dieser Lehre distanziert (vgl. *Larenz*, § 28 II). Zum sozialtypischen Verhalten zuletzt *LG Frankfurt (Oder)* NJW-RR 2002, 803 (Energieversorgungsvertrag).
4 Vgl. insbesondere BGHZ 21, 319, 333 ff.; BGHZ 23, 175, 177 ff.; BGHZ 23, 249, 261 ff.
5 *BGH* NJW-RR 1991, 176, 177; BGHZ 95, 393, 399; *OLG Frankfurt* NJW-RR 1998, 1515 f.; Bamberger/Roth/*Eckert*, § 145 Rn. 45, § 133 Rn. 9; *Bork*, Rn. 744 f.; MünchKomm/*Busche*, § 147 Rn. 5.
6 *Bork*, Rn. 744 m. w. N.
7 *Brox/Walker*, § 8 Rn. 194.

tens fordern.[8] Daher sind diese Lehren abzulehnen und stattdessen die §§ 145 ff. anzuwenden.

II. Antrag

4 Möglicherweise hat B dem J den Abschluss eines Beförderungsvertrages angeboten. B ist gem. § 1 Abs. 1 S. 1 AktG juristische Person und somit über ihre Organe selbst verpflichtungsfähig. Ein Vertragsantrag ist eine einseitige, empfangsbedürftige, auf den Abschluss eines bestimmten Vertrags gerichtete Willenserklärung.[9] Ein solcher Antrag könnte im Bereitstellen des Zuges und dem Öffnen der Türen liegen, worin aber auch eine bloße invitatio ad offerendum zu sehen sein könnte. Da die B einem Kontrahierungszwang unterliegt (§ 10 AEG), hatte sie jedoch kein schutzwürdiges Interesse, sich durch das Öffnen der Türen noch nicht rechtlich zu binden. Von einem Bindungswillen ist also nach der Verkehrsauffassung (§ 157) auszugehen. Zwar waren die Vertragspartner der B noch unklar, doch ist das unschädlich, weil die B konkludent zum Ausdruck brachte, mit allen in diesem Moment reisewilligen Personen entsprechend ihren Allgemeinen Beförderungsbedingungen und -entgelten Beförderungsverträge schließen zu wollen (Realofferte ad incertas personas).[10] Dies war auch für J erkennbar, so dass ihm gegenüber ein Antrag der B vorlag.

III. Annahme

5 J müsste das Angebot der B angenommen, also erklärt haben, den Vertrag zu den im Angebot genannten Bedingungen schließen zu wollen. Durch das Betreten des Zuges erklärte J aus der Sicht des objektiven Empfängerhorizonts (§§ 133, 157) konkludent, für die Beförderung (unter Inanspruchnahme eventueller Vergünstigungen) das tarifliche Entgelt von 56,40 € zahlen zu wollen. Im Übrigen ergibt sich auch aus § 632 Abs. 2, dass das tarifliche (übliche) Beförderungsentgelt zu zahlen ist.

6 Fraglich ist, ob der abweichende Wille des J von Belang sein kann. Dies wäre allenfalls dann der Fall, wenn er das Vorliegen einer Willenserklärung in Frage stellen könnte. Da J aber den Zug bewusst – also mit Handlungswillen – bestiegen hat und er sich über die Rechtserheblichkeit dieses Verhaltens im Klaren war, fehlte ihm nur der konkrete Geschäftswille.[11] Dieser ist jedoch kein konstitutives Tatbestandsmerkmal einer Willenserklärung und hat auf deren Bestand keine Auswirkungen. Dies ergibt sich auch aus § 116 S. 1, der den entgegenstehenden nicht geäußerten inneren Willen des Erklärenden für unbeachtlich erklärt, und den Möglichkeiten der Irrtumsanfechtung nach § 119 Abs. 1. Damit lag eine wirksame Annahme durch J vor.

IV. Zwischenergebnis

7 B und J haben somit einen Vertrag über die Beförderung von Regensburg nach Halle zu einem Fahrpreis von 56,40 € geschlossen.

---

[8] *Brox/Walker,* § 8 Rn. 194; *Weth,* JuS 1998, 795, 796.
[9] MünchKomm/*Busche,* § 145 Rn. 5.
[10] Bamberger/Roth/*Eckert,* § 145 Rn. 34.
[11] *Brox/Walker,* § 4 Rn. 86; *Köhler,* § 7 Rn. 6.

V. Ergebnis

B hat gegen J einen Zahlungsanspruch gem. § 631 Abs. 1 i. H. v. 56,40 €. **8**

Abwandlung: Anspruch der B gegen J auf Zahlung von 56,40 € gem. § 631 Abs. 1

B könnte gegen J einen Zahlungsanspruch i. H. v. 56,40 € gem. § 631 Abs. 1 haben. **9**

I. Angebot und Annahme

Durch das Bereitstellen des Zuges hat B allen am Bahnsteig anwesenden Personen **10** den Abschluss eines Beförderungsvertrages von Regensburg nach Halle zu 56,40 € angeboten (Realofferte ad incertas personas). J hätte das Angebot der B angenommen, wenn er dem Vertragsschluss zu den im Angebot genannten Konditionen uneingeschränkt zugestimmt hätte. Er hat jedoch dem Schaffner als Empfangsvertreter der B (§ 164 Abs. 3) beim Einsteigen in den Zug zugerufen, dass er nur bereit sei, den Vertrag zu 20 € zu schließen. Damit hat er eindeutig zum Ausdruck gebracht, dass er mit einem Vertragsschluss zu den üblichen Entgelten der B nicht einverstanden ist. Eine Annahme unter einer Einschränkung gilt gem. § 150 Abs. 2 als Ablehnung verbunden mit einem neuen Antrag. Dem entsprechend hat J das Angebot der B ausdrücklich abgelehnt, diese freilich sein Gegenangebot auch nicht angenommen. Damit wäre ein Vertrag nicht zustande gekommen.

II. Auswirkung der tatsächlichen Nutzung

Fraglich ist, ob sich etwas anderes daraus ergibt, dass J trotz ausdrücklicher Ableh- **11** nung des Vertragsangebots der B den Zug tatsächlich bestiegen und die Leistung der B in Anspruch genommen hat.

1. Lehre vom faktischen Vertrag kraft sozialtypischen Verhaltens

Nach der früher vertretenen Lehre vom faktischen Vertrag bzw. vom sozialtypischen **12** Verhalten[12] kommen Verträge im Rahmen des modernen Massenverkehrs nicht durch übereinstimmende Willenserklärungen zustande, sondern durch die tatsächliche Inanspruchnahme der Leistung. Demnach wäre die Erklärung des J gegenüber dem Schaffner, nur 20 € zahlen zu wollen, völlig bedeutungslos. Ein Vertrag zwischen B und J zu 56,40 € wäre zustande gekommen.

2. Ansicht von Köhler und Larenz

In Teilen der aktuellen Literatur findet sich demgegenüber die Ansicht, für den **13** Rechtsgeschäftswillen komme es in erster Linie auf die ausdrücklichen Äußerungen des Erklärenden an. Einen ausdrücklich geäußerten Willen könne man auch bei einem gegenteiligen konkludenten Verhalten wegen der Privatautonomie nicht schlichtweg ignorieren.[13] Die negative Vertragsfreiheit beinhalte auch die Freiheit,

---

[12] BGHZ 21, 319, 333 ff.; 23, 175, 177 ff.; 23, 249, 261 ff.; früher auch *Larenz,* DRiZ 1958, 245, 246; *ders.,* JZ 1956, 1897 ff.
[13] *Köhler,* § 8 Rn. 29; *Larenz,* § 28 II (S. 536).

einen Vertrag nicht abzuschließen und das Risiko auf sich zu nehmen, Unrecht zu begehen.[14] Den Interessen des Leistungserbringers sei mit Ansprüchen aus dem außervertraglichen Schuldrecht[15] ausreichend Rechnung getragen.[16] Dieser Ansicht zufolge wäre zwischen B und J kein Beförderungsvertrag zustande gekommen. Allerdings hätte B gegen J einen Anspruch aus ungerechtfertigter Bereicherung gem. §§ 812 Abs. 1 S. 1 Alt. 1, 818 Abs. 2 in Höhe von 56,40 €.

3. Herrschende Lehre von der protestatio facto contraria

14 Nach herrschender Ansicht[17] kommt auch bei Geschäften des Massenverkehrs zwischen den Parteien ein Vertrag zustande, ohne dass es eines Rückgriffs auf die Lehre vom faktischen Vertrag bedürfte. Die Inanspruchnahme der Leistung wird als rechtsgeschäftliche Annahmeerklärung der Realofferte ausgelegt. Ein eventueller Widerspruch zwischen dem konkludenten Verhalten und der ausdrücklich erklärten Verweigerung (protestatio facto contraria) ist im Wege der Auslegung nach Treu und Glauben (§ 242) zu berücksichtigen. Weil jeder, der ein Verkehrsmittel besteigt, genau weiß, dass die Beförderung zu feststehenden Entgelten auf vertraglicher Grundlage erfolgt, verhält sich derjenige widersprüchlich, der einen Vertragsschluss trotz Leistungsinanspruchnahme ausdrücklich ablehnt. Nach Treu und Glauben (§ 242) ist sein Widerspruch unbeachtlich, weil sich sein Gesamtverhalten als Annahmeerklärung darstellt (protestatio facto contraria non valet).[18] – Dieser Ansicht zufolge ist die Erklärung des J, nur 20 € zahlen zu wollen, irrelevant, da aufgrund der tatsächlichen Inanspruchnahme der Beförderungsleistung sein Wille deutlich wird, das Beförderungsentgelt i. H. v. 56,40 € zu akzeptieren.

4. Stellungnahme

15 Der h. M. ist zu folgen. Denn die Lehre vom faktischen Vertrag findet weder eine Stütze im Gesetz[19] noch ist sie zur Begründung eines Vertragsschlusses notwendig, da man das Einsteigen des Fahrgastes als konkludente Annahmeerklärung auslegen kann. Abgesehen davon kann sie den Minderjährigenschutz nicht ausreichend berücksichtigen.[20] Lehnt man einen Vertragsschluss ganz ab, führt dies zu unlösbaren praktischen Schwierigkeiten für die Verkehrsunternehmen, da sich ein Anspruch gegen „Schwarzfahrer" auf Zahlung eines „erhöhten Beförderungsentgelts" nur aus den AGB der Beförderer ergibt und somit den Vertragsschluss erfordert.[21] Die Privatautonomie zwingt nicht dazu, den Vertragsschluss zu verneinen, da niemand vom Fahrgast verlangt, die Beförderungsleistung in Anspruch zu nehmen. Tut er dies dennoch, muss er sich daran festhalten lassen.

---

[14] *Köhler*, JZ 1981, 464, 467.

[15] Also aus unerlaubter Handlung (§§ 823 ff.), ungerechtfertigter Bereicherung (§§ 812 ff.) und dem Eigentümer-Besitzer-Verhältnis (§§ 987 ff.).

[16] *Köhler*, § 8 Rn. 29.

[17] BGHZ 95, 393, 399; Bamberger/Roth/*Eckert*, § 145 Rn. 45; § 133 Rn. 9; *Bork*, Rn. 744 f.; *Faust*, § 3 Rn. 2; MünchKomm/*Busche*, § 147 Rn. 5; s. a. *BGH* NJW-RR 1991, 176, 177; *OLG Frankfurt* NJW-RR 1998, 1515 f.

[18] *Faust*, § 3 Rn. 2; *Larenz/Wolf*, § 30 Rn. 28; *Weth*, JuS 1998, 795, 797.

[19] *Brox/Walker*, § 8 Rn. 194; *Larenz/Wolf*, § 30 Rn. 25 ff.

[20] *Weth*, JuS 1998, 795, 796; *Brox/Walker*, § 8 Rn. 194.

[21] *Weth*, JuS 1998, 795, 796; *Brox/Walker*, § 8 Rn. 194.

III. Ergebnis

Zwischen B und J ist ein Vertrag über die Beförderung von Regensburg nach Halle **16**
zu einem Fahrpreis von 56,40 € zustande gekommen, so dass B diesen Betrag von J
gem. § 631 Abs. 1 verlangen kann.

Fall 14. Verfahrener Vertrag

Nach RGZ 99, 147 – Haakjöringsköd. und *BGH NJW-RR 2003, 1453.*

Sachverhalt

Berta (B) beauftragt Klara (K) mit der schlüsselfertigen Errichtung eines Wohnhauses, das sie bereits vor dem Vertragsschluss mit K an ihren Bekannten Michel (M) vermietet hat, der sich auf einem längeren Auslandsaufenthalt befindet und dessen Wünschen das Haus entsprechen soll.

Vor dem Abschluss des Bauvertrages verhandeln Berta und Klara über zahlreiche Ausstattungsdetails, u. a. über die einzubauende Heizungsanlage des Herstellers Weilandt mit Solarunterstützung. Dabei dreht sich eine längere Diskussion um die Frage, ob die Solaranlage nur für die Warmwasserzubereitung (Modell SH) oder auch zur Heizungsunterstützung geeignet sein soll (Modell SP). Am Ende entscheidet sich Berta für die Lösung mit Heizungsunterstützung. Da beide davon ausgehen, dieses Modell trage die Bezeichnung SH, trägt Klara dieses Modell in die Leistungsbeschreibung ein. Als beide später den Bauvertrag unterzeichnen, gehen sie weiterhin davon aus, die Heizungsanlage Weilandt SH verfüge über die Heizungsunterstützung.

Berta ist zufällig auf der Baustelle anwesend, als die Heizungsanlage zum Einbau geliefert wird. Im Gespräch mit einem Monteur erfährt sie, dass das gelieferte Modell SH nur die Warmwasserzubereitung unterstützt. Sie wendet sich an Klara und verweist auf das Ergebnis ihrer Verhandlungen. Klara meint, nach dem Vertrag schulde sie nur das Modell SH.

Frage 1: Kann Berta von Klara den Einbau einer Heizungsanlage Weilandt SP verlangen?

In dem Vertrag ist weiter vorgesehen, dass Berta nach der Fertigstellung des Hauses eine Restzahlung in Höhe von 50 000 € zu leisten hat. Die Restzahlung wird fällig, sobald Klara eventuelle Mängel beseitigt und dem Mieter Michel eine Gewährleistungsbürgschaft zu seinen Gunsten vorgelegt hat, die dieser schriftlich angenommen hat. Hintergrund dieser Regelung war, wie alle Beteiligten wussten, dass Berta vermeiden wollte, von ihrem Mieter Michel in Anspruch genommen zu werden, weil dieser selbst gegen Klara keine Ansprüche wegen etwaiger Mängel hatte.

Zum vereinbarten Zeitpunkt besorgt Klara eine Gewährleistungsbürgschaft zugunsten von Michel. Jedoch sind in den letzten Monaten Zweifel an Michels Geisteszustand aufgetreten. Überdies ist er von seinem Auslandsaufenthalt nicht wie geplant zurückgekehrt und auch nicht erreichbar. Deshalb ist auch nach drei Monaten noch unklar, ob Michel die Bürgschaft überhaupt wirksam „annehmen" kann und wann dies jemals geschehen wird.

Klara verlangt nun von Berta Zahlung der 50 000 €. Berta verweist auf den Wortlaut des Vertrags, der zu Klaras Lasten gehe. Klara ist der Ansicht, der Vertrag müsse an die neue Situation angepasst werden, da niemand eine solche Komplikation bei Vertragsschluss vorhergesehen habe. Deshalb werde sie die Bürgschaftsurkunde an

Berta übergeben, die diese nach Klärung der Probleme an Michel weiterreichen könne.

Frage 2: Muss Berta die 50 000 € jetzt an Klara zahlen?

Vorüberlegungen

Der Fall wird bei Studierenden der Anfangssemester vermutlich Entsetzen auslösen – Mietvertrag vor Gebäudeerrichtung, Gewährleistungsbürgschaft usw. Doch das ist letztlich fast alles nur Beiwerk. Man muss sich daran gewöhnen, in Prüfungen mit Aufgaben konfrontiert zu werden, in denen es auf den ersten Blick um exotische Dinge geht, und lernen, sich davon nicht in die Irre leiten zu lassen. In aller Regel verlangt der Aufgabensteller nichts Unmögliches von seinen Kandidat(inn)en. Insbesondere der Stoff des Allgemeinen Teils des BGB lässt sich in nahezu jedwede „Verkleidung" packen. Deshalb sollte man stur bürokratisch vorgehen und erst einmal einen Blick auf die Fallfrage(n) werfen und überlegen, um was für einen Anspruch es geht und welche Anspruchsgrundlage man heranziehen kann.

In Frage 1 geht es um die Frage, welche Heizungsanlage geschuldet ist. Die Parteien haben einen Vertrag über die schlüsselfertigen Errichtung eines Wohnhauses geschlossen. Das ist ein Vertrag über die Herstellung einer Sache im Sinne von § 631 Abs. 2, also ein Werkvertrag. In dem schriftlich fixierten Vertrag ist zwar ein bestimmter Heizungstyp angegeben, aber im Vergleich zu den Verhandlungen der Parteien eigentlich falsch bezeichnet. Damit wird ein alter Reichsgericht-Klassiker aufgegriffen, aber der üblichen Ausspracheschwierigkeiten beim norwegischen Wort „Haakjöringsköd" (Haifischfleisch, nicht Walfischfleisch) beraubt. Es geht um die Auslegung von Verträgen (und empfangsbedürftigen Willenserklärungen), die grundsätzlich nach den §§ 133, 157 aus dem objektiven Empfängerhorizont erfolgt (vgl. dazu bereits Fall 2 Rn. 3). In der Klausur sollte man, wenn eine Auslegung notwendig wird, immer die Auslegungsgrundsätze erläutern und anwenden. Zum Grundwissen zählen außerdem elementare Ausnahmen von diesen Grundsätzen.

Die Auslegung von Rechtsgeschäften hat übrigens wenig Prüfungsrelevanz, weil immer die Gefahr besteht, dass viele Teilnehmer/innen den Vertrag anders auslegen als vom Aufgabensteller gedacht und so auf einen anderen Lösungsweg geraten. Daher spielt sie am ehesten eine Rolle, wenn es um die Frage geht, ob die Parteien sich überhaupt geeinigt haben und mit welchem Inhalt, bzw. ob eine Partei sich vielleicht geirrt hat. In solchen Fällen sind Antrag und Annahme nach den §§ 133, 157 (und eventuellen Ausnahmen davon) auszulegen, sofern man sie dem Sachverhalt klar entnehmen kann. Wie ein Rechtsgeschäft „richtig" auszulegen ist, weiß man in der Praxis manchmal erst nach einer BGH-Entscheidung. Der BGH als Revisionsgericht legt zwar grundsätzlich selbst nicht aus, doch überprüft er das Berufungsurteil auf Rechtsfehler, zu denen auch die Verkennung von Auslegungsgrundsätzen zählt.[1]

Frage 2 lautet, ob K von B Zahlung verlangen kann. Dafür bedarf es einer Anspruchsgrundlage, die hier in dem Vertrag liegt, den die Parteien geschlossen haben.

---

[1] Ständige Rspr., etwa *BGH* NJW 1992, 1967; NJW-RR 1990, 455; *Bork,* Rn. 557; Münch-Komm/*Busche,* § 133 Rn. 70 ff. m. w. N.

Anspruchsgrundlage ist deshalb der Vergleich selbst, also das Rechtsgeschäft. Man sollte § 779 daher nur in Klammern erwähnen.

Die Parteien streiten hier über die Fälligkeitsvoraussetzungen, die der Vergleich regelt. Unter Fälligkeit versteht man den Zeitpunkt, ab dem der Schuldner zur Leistung verpflichtet ist.[2] Das Gesetz definiert den Begriff leider nicht und bestimmt nur in § 271, dass die Fälligkeit im Zweifel sofort (mit Anspruchsentstehung) eintritt. Wie unschwer zu erkennen ist, sind hier die Fälligkeitsvoraussetzungen aus dem Vergleich nicht vollständig erfüllt, so dass Klara an sich noch nicht Zahlung verlangen kann. Dabei darf man freilich nicht stehen bleiben, denn hier beginnt das Problem des Falles erst, wie im Sachverhalt die von Klara und Berta gewechselten rechtlichen Argumente zeigen sollen, die vom Aufgabensteller als Hilfestellung gegeben werden und auf die man daher eingehen muss.

Da – wie von Klara geäußert – beim Abschluss des Vergleichs niemand mit der später eingetretenen Situation gerechnet hat, regelt der Vergleich das Problem auch nicht. Man könnte angesichts der Andeutungen der Klara an einen Vertragsanpassungsanspruch wegen Wegfalls der Geschäftsgrundlage nach § 313 Abs. 1 denken oder an eine ergänzende Vertragsauslegung.

Hinweis:
Die Abgrenzung zwischen ergänzender Vertragsauslegung (§ 157) und der in § 313 kodifizierten Geschäftsgrundlagenlehre ist nicht immer leicht.[3] Bei beiden Rechtsinstituten enthält der bestehende Vertrag für das in der konkreten Situation aufgetretene Problem keine Regelung, weil die Parteien das Problem nicht bedacht haben bzw. es erst durch eine spätere Entwicklung entstanden ist. Die ergänzende Auslegung fügt dem Vertragsinhalt eine von Anfang an fehlende Regelung hinzu, die dem hypothetischen Willen der konkreten Parteien entspricht, also an die getroffenen Vereinbarungen anknüpft und diese quasi im Hinblick auf das Problem weiterentwickelt.[4] Dagegen wird im Rahmen des § 313 Abs. 1 der Vertrag wegen anderer Umstände abgeändert,[5] weil ein hypothetischer Wille der konkreten Parteien dem Vertrag nicht zu entnehmen ist. Deshalb ist zu fragen, was objektive und vernünftige Vertragspartner des ursprünglichen Vertrags in der geänderten Situation geregelt hätten, um eine dem Vertragssinn widersprechende unzumutbare Benachteiligung einer Partei zu vermeiden.[6] Systematisch vorrangig ist daher die ergänzende Auslegung, die (theoretisch) aus den tatsächlich getroffenen Vereinbarungen der konkreten Parteien ermittelt, welche Regelung diese konsequenterweise getroffen hätten, wenn sie die Vertragslücke erkannt hätten.[7]

Gliederung

---

[2] Palandt/*Grüneberg*, § 271 Rn. 1.
[3] Ausführlich zu dieser Abgrenzung *Nicklisch*, BB 1980, 949 ff.
[4] *Faust*, § 3 Rn. 26; *Köhler*, § 9 Rn. 19.
[5] MünchKomm/*Roth*, § 313 Rn. 130.
[6] *Nicklisch*, BB 1980, 949, 952.
[7] BGHZ 90, 69, 75; *BGH* NJW 1997, 652.

Lösung

Frage 1: Anspruch der B gegen K auf Einbau einer Heizungsanlage SP gem. § 631 Abs. 1

B könnte gegen K einen Anspruch auf Einbau der vereinbarten Heizungsanlage **1**
Weilandt SP gem. § 631 Abs. 1 haben. Dies setzt einen Vertrag mit entsprechendem Inhalt zwischen den Parteien voraus.

I. Einigung und Inhalt des Werkvertrags

K und B haben sich laut Sachverhalt auf den Einbau einer Heizungsanlage des Her- **2**
stellers Weilandt mit Solaranlage zur Heizungsunterstützung geeinigt und diese im
Vertrag als Modell „SH" bezeichnet. Anschließend haben sie einen Bauvertrag mit
entsprechendem Inhalt unterzeichnet. Eine vertragliche Einigung liegt also vor. Da
die Solaranlage beim Modell „SH" aber nicht die gewünschte Heizungsunterstützung leistet, sondern nur warmes Wasser liefert, ist dennoch fraglich, was Gegenstand des Vertrages ist – eine Heizung mit Solaranlage des Typs SH oder eine solche
mit Heizungsunterstützung (also letztlich das Modell SP).

Der Inhalt von Verträgen wird durch Auslegung ermittelt. Die Auslegung bezweckt **3**
stets die Erforschung des rechtsgeschäftlich Gewollten.[8] Bei Verträgen (und empfangsbedürftigen Willenserklärungen) richtet sie sich gem. §§ 133, 157 grundsätzlich
danach, wie ein objektiver vernünftiger Dritter den Inhalt verstehen darf. Wegen der
Bedeutung von Heizungsanlage „SH" wäre dementsprechend eine Heizung mit Solaranlage zur Heizungsunterstützung geschuldet, eine Erfüllung durch Lieferung einer Heizung mit einer Solaranlage nur für die Warmwasserzubereitung schiede aus.

Allerdings dient die Auslegung aus dem objektiven Empfängerhorizont dem Schutz **4**
des Erklärungsempfängers und wird durch dessen Schutzbedürftigkeit begrenzt.
Der Empfänger bedarf keines Schutzes, wenn beide Parteien die konkrete Erklärung

---

[8] *Larenz/Wolf,* § 28 Rn. 7.

in gleicher Weise verstanden haben,[9] oder er bei Vertragsabschluss einen Irrtum des Erklärenden über die Bedeutung seiner Erklärung zwar erkannt, sich aber gleichwohl auf den Vertrag eingelassen hat.[10] Denn aufgrund der Privatautonomie sollen nur die Parteien als „Herren des Vertrags"[11] über dessen Inhalt bestimmen, und die Rechtsordnung hat wegen der bloßen inter-partes-Wirkung von Verträgen keinen Grund, sich über den übereinstimmenden Willen der Parteien hinwegzusetzen („falsa demonstratio non nocet").[12]

5   Da hier B und K übereinstimmend davon ausgingen, „SH" sei die richtige Bezeichnung für eine Heizung mit Solaranlage zur Heizungsunterstützung, ist der Vertrag – unabhängig von der objektiven Wortbedeutung des Erklärten – über eine Heizung mit Solaranlage zur Heizungsunterstützung zustande gekommen.

II. Ergebnis

6   B kann von K gem. § 631 Abs. 1 den Einbau einer Heizungsanlage des Typs „SP" verlangen.

Frage 2: Anspruch der K gegen B auf Restzahlung gem. § 631 Abs. 1

7   Ein Anspruch der K gegen B auf Zahlung der restlichen 50 000 € kann sich aus dem Werkvertrag ergeben.

I. Vertragsschluss/Anspruchsentstehung

8   Die Parteien haben einen Werkvertrag geschlossen (s. o. Rn. 2), der einen solchen Zahlungsanspruch der K auch vorsieht. Damit ist der Anspruch grundsätzlich entstanden.

II. Fälligkeit des Anspruchs nach dem Vertrag

9   Fraglich ist, ob die in dem Vertrag für die Restzahlung vereinbarten Fälligkeitsvoraussetzungen eingetreten sind. Zwar hat K den Bau vollendet und die Bürgschaft gestellt, doch fehlt es noch an der Annahme der Bürgschaft durch M. Damit sind die Fälligkeitsvoraussetzungen an sich nicht gegeben.

III. Fälligkeit aufgrund ergänzender Auslegung des Vertrags

10 Fraglich ist, ob eine ergänzende Auslegung des Vertrags doch den Eintritt der Fälligkeit ergibt. Denn die Parteien haben bei Abschluss ihres Vertrags nicht vorhergesehen, dass M eventuell geschäftsunfähig werden und im Ausland unauffindbar sein könnte. Der Vertrag könnte daher lückenhaft und die Lücke im Wege ergänzender Auslegung zu schließen sein.[13]

---

[9] RGZ 99, 147 ff.; *Larenz/Wolf,* § 28 Rn. 31; *Cordes,* Jura 1991, S. 352, 353; MünchKomm/*Armbrüster,* § 119 Rn. 59 (falsa demonstratio non nocet).

[10] MünchKomm/*Armbrüster,* § 119 Rn. 62.

[11] *Cordes,* Jura 1991, 352, 353.

[12] *Larenz/Wolf,* § 28 Rn. 29.

[13] Allgemein zur ergänzenden Vertragsauslegung *Larenz/Wolf,* § 28 Rn. 108 ff.; MünchKomm/*Busche,* § 157 Rn. 26 ff.

1. Lücke im Vertrag

Der Vertrag enthält keinen Hinweis darauf, dass die Parteien die Möglichkeit be- **11** dacht hätten, dass M im Zeitpunkt der Vorlage der Bürgschaft unerreichbar und seine Geschäftsfähigkeit rechtlich zweifelhaft sein könnte und damit die Fälligkeit des vereinbarten Restwerklohns über längere Zeit nicht eintreten könnte. Damit ist der Vergleich hinsichtlich eines alternativen Fälligkeitseintritts lückenhaft.

2. Regelungsbedürftigkeit der Lücke

Eine ergänzende Vertragsauslegung setzt weiter die Regelungsbedürftigkeit der Lü- **12** cke im Vertrag voraus.[14] Daher ist im Wege der Interessenermittlung und -abwägung zu klären, ob es bei der Verzögerung bleibt oder eine Ersatzregelung notwendig ist.

Die Regelung im Vertrag hatte den Sinn und Zweck, klare Voraussetzungen für die **13** Fälligkeit der Restwerklohnforderung der K festzulegen und eine schnelle Fälligkeit zu ihren Gunsten herbeizuführen. Der vereinbarte Fälligkeitseintritt liegt also einerseits im Interesse der K, die für ihre erbrachten Werkleistungen vollständig entlohnt werden will. Andererseits sollte aber auch eine Inanspruchnahme der B durch ihren Vertragspartner möglichst dadurch ausgeschlossen werden, dass M einen eigenen, durch Bürgschaft gesicherten Gewährleistungsanspruch gegen K erhielt. Denn aus dem Bauvertrag ergibt sich ein solcher Anspruch des M gegen die K nicht.

Die Erreichung beider Zwecke ist gefährdet, solange unklar ist, ob M die fragliche **14** Erklärung wirksam abgeben kann und wann dies geschehen wird. Auch die (an sich denkbare) Bestellung eines Betreuers oder Ergänzungspflegers (§§ 1896 Abs. 1 bzw. 1909 Abs. 1) für den M dürfte angesichts dessen Unauffindbarkeit unabsehbare Zeit in Anspruch nehmen. Wegen dieses Schwebezustands von ungewisser Dauer ist die Lücke in der Fälligkeitsvereinbarung auch regelungsbedürftig.

3. Ergänzende Auslegung

Für die Ergänzung der Vertragslücke hinsichtlich der Fälligkeit ist der hypothetische **15** Wille der Parteien maßgeblich. Es ist darauf abzustellen, was sie als redliche Vertragspartner bei angemessener Abwägung ihrer Interessen nach Treu und Glauben vereinbart hätten, wenn sie den nicht geregelten Fall bedacht hätten.[15]

Zu berücksichtigen sind insofern wiederum die beiderseitigen Interessen an einer **16** zügigen und kostengünstigen Erledigung des Streits und der Vermeidung eines Prozesses. K sollte 50 000 € Restwerklohn erhalten, sobald sie die Mängel beseitigt hat; gleichzeitig sollte eine Inanspruchnahme der B durch ihren Mieter dadurch vermieden werden, dass dieser eine Gewährleistungsbürgschaft als Sicherheit gestellt bekäme, die er annehmen musste. Dass aus tatsächlichen und rechtlichen Gründen der letzte und entscheidende Schritt, nämlich die Annahme der Bürgschaft durch den Mieter, längerfristig unterbleibt, weil M unauffindbar und möglicherweise geschäftsunfähig ist, liegt im Risikobereich der B begründet. Denn der Mieter ist nicht der Vertragspartner von K, sondern ihrer. Vor diesem Hintergrund entspricht

---

[14] *Brox/Walker*, § 6 Rn. 139; MünchKomm/*Busche*, § 157 Rn. 44.
[15] *Köhler*, § 9 Rn. 19; MünchKomm/*Busche*, § 157 Rn. 47; *Larenz/Wolf*, § 28 Rn. 113.

den Interessen beider Parteien eine Regelung dahin gehend, dass Fälligkeit eintritt, sobald K die Mängel beseitigt hat und bereit ist, B eine für den Berechtigten annehmbare Bürgschaftsurkunde zur Weiterleitung zu übergeben. Denn K hat dann alles getan, was ihr möglich ist, um die Fälligkeit ihrer Forderung herbeizuführen. Zugleich ist B durch die Möglichkeit, die Bürgschaftsurkunde später an den wahren Begünstigten weiterzugeben, hinreichend gesichert.

4. Zwischenergebnis

17 Da K das Haus fertiggestellt und B die Übergabe der für den Mieter bestimmten Bürgschaftsurkunde angeboten hat, ist Fälligkeit eingetreten.

IV. Ergebnis

18 B muss nach dem Vertrag und aufgrund des Angebots der K, ihr die Bürgschaftsurkunde für M zu übergeben, den Restwerklohn von 50 000 € an K zahlen.

Hinweis:
Hier zeigt sich, dass es nicht zu jedem vertraglichen Anspruch eine gesetzliche Norm gibt, die man als Anspruchsgrundlage zitieren könnte. Daran muss man sich gewöhnen und notfalls die §§ 311 Abs. 1, 241 Abs. 1 als „Hilfsanspruchsgrundlage" zitieren. Denn aus diesen Normen ergibt sich, dass man durch Vertrag Schuldverhältnisse mit beliebigem Inhalt begründen kann und dass der Gläubiger vom Schuldner dann die versprochene Leistung fordern kann. An sich ergeben sich rechtsgeschäftliche Ansprüche stets aus dem Rechtsgeschäft selbst. Deshalb wird sogar gelegentlich die Ansicht vertreten, die übliche Zitierung etwa von § 433 Abs. 1 oder 2 beim Kaufvertrag sei überflüssig. Das kann man grundsätzlich durchaus so sehen. Dennoch sollte man während der gesamten Ausbildung auf die Nennung gesetzlicher Vorschriften als Anspruchsgrundlage für rechtsgeschäftliche Ansprüche nicht verzichten. Zu dem in Prüfungen abgefragten Wissen gehört nämlich auch die Zuordnung von Anspruchsinhalten zu gesetzlichen Vorschriften.

Fall 15. Widersprüchliche Baupläne

Nach BGH NJW 2003, 743.

Sachverhalt

Bauherr Bert Bummel (B) will den Traum vom Eigenheim verwirklichen und schließt mit dem Bauunternehmer Ulrich Ungenauer (U) einen schriftlichen Vertrag. Darin verpflichtet sich U, für B ein schlüsselfertiges Haus zu einem Gesamtpreis von 580 000 € zu errichten. In dem Vertrag wird wegen der von U zu erbringenden Leistungen auf zwei Anlagen verwiesen, die mit dem Rest des Vertrags zusammengeheftet sind. Dies sind erstens eine detaillierte Baubeschreibung, in der sämtliche von U zu erbringenden Leistungen im Einzelnen genannt sind, und zweitens ein das Wohnhaus maßstabsgetreu abbildender Bauplan. Die Baubeschreibung sieht (u. a.) eine „Außentreppenanlage bestehend aus Betonfertigteilstufen mit seitlicher Abmauerung" vor, die einen direkten Zugang zum Keller von außen ermöglicht. In dem Bauplan ist diese Außentreppe aber nicht eingezeichnet. Als das Haus im Übrigen fertig gestellt ist, weist B den U auf das Fehlen der Außentreppe hin und verlangt deren nachträgliche Errichtung. Mit Recht?

Abwandlung: B will im Untergeschoss Studentenapartments einrichten, was U in der Baubeschreibung und im Bauplan berücksichtigt. Nach deren Durchsicht wünscht B zusätzlich eine zum Keller führende Außentreppe als Zugang zu den Studentenapartments. U zeichnet sie sogleich in den Bauplan ein, nimmt sie aber noch nicht in die Baubeschreibung auf. Am nächsten Tag erklärt U, B müsse auf die Außentreppe verzichten, da der Einbau technisch problematisch sei und erhebliche Mehrarbeit erfordern würde. B erwidert, die Außentreppe sei für ihn als Zugang zu den Studentenapartments im Untergeschoss unverzichtbar, damit die Studenten ihre Apartments nicht über seine Wohnung betreten müssten. Danach sprechen beide nicht mehr über die Außentreppe und unterzeichnen am Ende den Bauvertrag, der im Bauplan die Treppe vorsieht, nicht aber in der Baubeschreibung. – Kann B von U die Errichtung des Gebäudes verlangen?

Vorüberlegungen

Am Anfang steht die Suche nach der richtigen Anspruchsgrundlage, auch wenn man nach der Lektüre des Sachverhalts sofort glaubt, bestimmte „Probleme" erkannt zu haben. Hier soll U für den B ein Haus errichten. Wenn ein Vertrag die eine Partei dazu verpflichtet, im weitesten Sinne etwas herzustellen, wird es sich meist um einen Werkvertrag i. S. v. § 631 handeln. Der Werkunternehmer ist gem. §§ 631 Abs. 1, 633 Abs. 1 verpflichtet, das Werk ohne Sach- und Rechtsmängel herzustellen. Zu § 631 muss man sich aber unbedingt auch § 651 merken (bzw. diese Vorschrift neben § 631 an den Rand des Gesetzestextes schreiben, soweit das erlaubt ist). Denn nach § 651 findet auf die Lieferung herzustellender oder zu erzeugender beweglicher Sachen Kaufrecht Anwendung. Ein Haus ist aber keine bewegliche Sache, vgl. §§ 93, 94 Abs. 1, so dass es hier tatsächlich um einen Werkvertrag geht. Die Anspruchsgrundlage ist also § 631 Abs. 1. (Da eine Abnahme i. S. v. § 640 Abs. 1 noch nicht stattgefunden hat, ist der Nachbesserungsanspruch gem. §§ 634 Nr. 1, 635 Abs. 1 noch nicht entstanden.)

Der Vertragsschluss setzt stets eine Einigung der Parteien voraus. Gelegentlich kommt es vor, dass die Parteien glauben, sich geeinigt zu haben, obwohl dies in Wirklichkeit nicht der Fall ist: Sie haben aneinander vorbeigeredet, einander missverstanden. Dann ist entgegen der Vorstellung der Parteien ein Vertrag *unter Umständen* nicht zustande gekommen, und zwar entweder wegen eines versteckten Dissenses (vgl. § 155) oder wegen Widersprüchlichkeit (Perplexität). Ob ein Dissens vorliegt oder der Vertrag gar wegen Perplexität nichtig ist, kann man stets erst aufgrund einer Auslegung des Vertrags feststellen. Ein Dissens liegt vor, wenn die Parteien sich in Wirklichkeit nicht (vollständig) geeinigt haben. Wenn man zwar eine Einigung ohne Einigungsmangel feststellen kann, weil etwa beide Parteien eine Vertragsurkunde unterzeichnet haben, deren Regelungsgegenstand in sich widersprüchlich oder jedenfalls ohne klaren Inhalt ist, handelt es sich um einen Fall der Perplexität.

Ein weiterer Unterschied liegt darin, dass ein Dissens, nur bei Verträgen auftreten kann. Dagegen kann auch eine einzelne Willenserklärung wegen Perplexität nichtig sein, wenn sie trotz aller Auslegungsbemühungen in sich widersprüchlich und/oder unklar bleibt. Schon deshalb ist es nicht ganz richtig, die Perplexität als Unterfall des versteckten Dissenses i. S. d. § 155 (Scheinkonsens) zu verstehen.[1] Das liegt zwar nahe, weil man eine in sich widersprüchliche Willenserklärung unterschiedlich verstehen kann. Interpretiert der Antragsempfänger den Vertragsantrag anders als der Antragende, liegt u. U. – je nach objektivem Auslegungsergebnis – keine uneingeschränkte Zustimmung zum Antrag vor, so dass ein Vertrag wegen Dissens gem. § 155 nicht zustande käme. Ist der Antrag aber in sich widersprüchlich, ist er als Willenserklärung wegen Perplexität nichtig, so dass die Annahme ins Leere geht (sofern die jeweiligen Parteien ihm nicht dieselbe Bedeutung beimessen, vgl. Fall 14). Dann braucht man § 155 nicht.

Überdies sollte man sich merken, dass die §§ 154, 155 nur für die Nichteinigung über Nebenpunkte des Vertrags gelten. Haben sich die Parteien über die essentialia negotii nicht geeinigt, ist der Vertrag stets nicht geschlossen. Das war dem Gesetzgeber des BGB 1896 so selbstverständlich, dass er es nicht ausdrücklich kodifiziert hat. Mit diesen Erkenntnissen kann man beide Varianten des Falles lösen.

Gliederung

---

[1] Bamberger/Roth/*Eckert*, § 155 Rn. 3; *OLG Hamburg* ZMR 1997, 350, 351.

Lösung

Anspruch des B gegen U auf Errichtung der Außentreppe, § 631 Abs. 1

B könnte gegen U einen Anspruch auf nachträgliche Errichtung der Außentreppe **1** gem. § 631 Abs. 1 haben.

I. Anspruch entstanden

Dies setzt voraus, dass zwischen U und B ein Werkvertrag zustande gekommen ist. **2** Ein Werkvertrag besteht aus zwei übereinstimmenden Willenserklärungen, Antrag und Annahme (§§ 145, 147). U und B haben sich über die Erstellung eines schlüsselfertigen Hauses zu einem Festpreis von 580 000 € geeinigt.

1. Dissens oder Perplexität

Problematisch ist allerdings, dass die Baubeschreibung von dem dazugehörigen **3** Bauplan hinsichtlich der Außentreppe abweicht. Die Treppe ist in der Baubeschreibung detailliert dargestellt, im Bauplan fehlt sie. Da die beiden sich widersprechenden Dokumente dem Werkvertrag zugrunde gelegt wurden, wäre eine Nichtigkeit des Vertrags wegen Perplexität denkbar. Perplexität liegt vor, wenn (eine Willenserklärung oder) ein Vertrag zwei in unlösbarem Widerspruch zueinander stehende Regelungen enthält, die als gleichrangig anzusehen sind, so dass ein eindeutiger Vertragsinhalt auch durch Auslegung nicht ermittelt werden kann.[2]

2. Vertragsauslegung

Zu prüfen ist daher, ob aus dem objektiven Empfängerhorizont gem. §§ 133, 157 **4** eine eindeutige Auslegung des Bauvertrags möglich ist. U und B haben sich auf einen Werkvertrag geeinigt, dessen Inhalt sowohl durch den Bauplan als auch durch die Baubeschreibung bestimmt war, wobei die Dokumente einander hinsichtlich der Außentreppe widersprechen. Stimmen zwei einem Vertrag zugrunde gelegte Dokumente in einem Punkt nicht überein, so ist gem. §§ 133, 157 grundsätzlich

---

[2] *OLG Hamburg* ZMR 1997, 350, 351.

dasjenige Dokument entscheidend, das aufgrund seiner Detailliertheit dem Empfänger den Eindruck größerer Bedeutung vermittelt.[3] Dies ist hier die Baubeschreibung, die eine exakte Auflistung aller von U zu erbringenden Leistungen enthält und dadurch eine starke Vermutung der Maßgeblichkeit und Vollständigkeit in sich trägt. Demgegenüber tritt der Bauplan, der nur eine technische Skizze des Bauwerks enthält, in seiner Bedeutung für den Vertrag zurück. Da die Baubeschreibung den Kellerabgang als „Außentreppenanlage bestehend aus Betonfertigteilstufen mit seitlicher Abmauerung" auswies, stellt sich das Fehlen der Treppe im beigefügten Bauplan als Versehen dar. Daraus ergibt sich, dass sich die Parteien tatsächlich über die Errichtung einer Außentreppe geeinigt haben.[4]

3. Zwischenergebnis

5 Die Errichtung der Außentreppe war also Vertragsbestandteil. Da hier eine eindeutige Bestimmung des Vertragsinhalts möglich ist, liegt kein Fall der Perplexität vor. Der Werkvertrag ist zwischen den Parteien zustande gekommen und beinhaltet die Außentreppe. Damit war U zu deren Errichtung gem. § 631 Abs. 1 verpflichtet, der Anspruch ist entstanden.

II. Anspruch untergegangen

6 Der Anspruch des B könnte gem. § 142 Abs. 1 untergegangen sein, wenn der Werkvertrag anfechtbar war und U gegenüber dem richtigen Anfechtungsgegner gem. § 143 Abs. 1, 2 die Anfechtung erklärt hat.

7 Ob die bloße Weigerung des U, die Außentreppe zu errichten, gem. §§ 133, 157 bereits als Anfechtungserklärung ausgelegt werden kann, ist sehr zweifelhaft. Zwar erfordert eine Anfechtungserklärung nicht die Verwendung der juristisch korrekten Terminologie, doch muss darin zum Ausdruck gebracht werden, dass der Anfechtende das Rechtsgeschäft wegen Irrtums nicht gegen sich gelten lassen will.[5] Der Weigerung des U lag jedoch seine Auffassung zugrunde, zur Errichtung der Außentreppe vertraglich nicht verpflichtet zu sein. Von einem Irrtum erwähnte er nichts. Eine Anfechtungserklärung liegt daher nicht vor.

8 **Hinweis:**
Selbst wenn U sofort geltend gemacht hätte, der Passus über die Außentreppe sei nur versehentlich nicht aus der Baubeschreibung gestrichen worden, dürfte eine Anfechtungserklärung nur mit Vorsicht angenommen werden. Die vollständige Vernichtung des Vertrags ist nicht im Interesse des U, der zwar nahezu die gesamte Leistung erbracht, aber die Gegenleistung nicht erhalten hat. Im Fall der wirksamen Anfechtung erfolgt die Rückabwicklung gem. § 812 Abs. 1 S. 1 Alt. 1. Da die Herausgabe des errichteten Hauses wegen dessen Beschaffenheit nicht möglich ist (jedenfalls dann nicht, wenn B schon vorher Eigentümer des bebauten Grundstücks war), hätte B gem. § 818 Abs. 2 dessen Wert zu ersetzen, soweit er gem. § 818 Abs. 3 dadurch bereichert ist.

9 Der Anspruch ist nicht gem. § 142 Abs. 1 untergegangen.

III. Ergebnis

10 B kann von U die nachträgliche Errichtung der Treppe verlangen.

---

3 *BGH* NJW 2003, 743.
4 *BGH* NJW 2003, 743.
5 *Larenz/Wolf,* § 44 Rn. 35.

Abwandlung

I. Anspruch des B gegen U auf Errichtung des Hauses, § 631 Abs. 1

Der Herstellungsanspruch des B gegen U aus § 631 Abs. 1 setzt wiederum eine **11** wirksame Einigung über die Errichtung des Hauses gegen Zahlung eines Werklohns i. H. v. 580 000 € voraus.

U und B haben einen Bauvertrag über die Erstellung eines Wohnhauses unterzeich- **12** net, was für den Abschluss eines entsprechenden Vertrags spricht. Jedoch weist der Vertrag hinsichtlich der in das Untergeschoss führende Außentreppe einen Widerspruch zwischen Baubeschreibung und Bauplan auf. Gem. § 155 ist ein Vertrag, bei dem über einen nach Ansicht mindestens einer Partei regelungsbedürftigen Punkt keine Einigung erzielt wurde, grundsätzlich nicht zustande gekommen. Dies könnte hier hinsichtlich der Außentreppe der Fall sein.

Da die Parteien eine Vertragsurkunde unterzeichnet haben, ist im Ausgangspunkt **13** deren objektiver Inhalt nach den Regeln zu den §§ 133, 157 zu ermitteln. Wie bereits dargelegt (s. o. Rn. 4), hat bei einem Widerspruch zwischen beiden Dokumenten grundsätzlich die Baubeschreibung Vorrang gegenüber dem Bauplan, weil sie die detailliertere und damit aus der Sicht beider Parteien wichtigere Regelung ist. Doch darf auch bei Verträgen und empfangsbedürftigen Willenserklärungen gem. § 133 der wirkliche Wille der Parteien bzw. des Erklärenden nicht unberücksichtigt bleiben, soweit er einen objektiv feststellbaren Ausdruck gefunden hat. Denn der Erklärungsempfänger ist nicht schutzwürdig, wenn er den wirklichen Willen des Erklärenden kennt oder diesen bei Anwendung der im Verkehr erforderlichen Sorgfalt hätte erkennen können. Gar keinen Schutz benötigen die Vertragsparteien vor ihrem übereinstimmenden Verständnis des Vertragsinhalts, das daher Vorrang vor dem objektiven Erklärungsgehalt des Vertrags hat.

Deshalb ist in concreto für die Vertragsauslegung und die vorgelagerte Frage der **14** Einigung nicht allein die schriftliche Urkunde entscheidend, sondern es sind grundsätzlich alle den Vertragsschluss begleitenden Umstände zu berücksichtigen.[6] B hat U ausdrücklich darauf hingewiesen, dass er zusätzlich eine in das Untergeschoss führende Treppe benötige. Als U den Wunsch des B wegen der technischen Schwierigkeiten ablehnte, hat sich dieser damit nicht abgefunden, sondern auf die zwingende Notwendigkeit ihrer Errichtung verwiesen. Damit ergibt hier die sog. natürliche Auslegung (§ 133), dass die Parteien über die Frage der Außentreppe keine Einigung erzielt haben. Denn sie haben zwar später die Vertragsurkunde unterzeichnet, sind aber von ihren gegensätzlichen Standpunkten bzgl. der Treppe nicht abgerückt. Angesichts der Wichtigkeit der Außentreppe für B einerseits und der mit ihrer Errichtung für U verbundenen Schwierigkeiten kann man auch nicht davon ausgehen, dass die Parteien den Vertrag ohne eine Einigung über diesen Punkt schließen wollten oder dass eine Seite nachgegeben hätte. Damit ist kein Vertrag zustande gekommen. Ob sich dies aus § 155 ergibt, weil es sich nur um einen Nebenpunkt handelt, oder ob ein „Totaldissens" vorliegt, weil eine der beiden Hauptleistungen nicht festgelegt wurde,[7] kann dahinstehen.

---

[6] *Köhler*, § 9 Rn. 11.

[7] Staudinger/*Bork*, § 155 Rn. 15 m. w. N.; Bamberger/Roth/*Eckert*, § 155 Rn. 11; Palandt/*Ellenberger*, § 155 Rn. 5; MünchKomm/*Busche*, § 155 Rn. 12; Soergel/*Wolf*, § 155 Rn. 18.

15   **Hinweis:**
Anders als im Ausgangsfall ist hier nicht nur der Vertragsinhalt unklar, sondern die Parteien haben sich gar nicht abschließend geeinigt. Es dürfte kaum noch vertretbar sein, hier einen Vertragsschluss zu bejahen. Zwar ist die Auslegung in Zweifelsfällen letztlich eine Abwägungs- und Wertungsfrage. Die Annahme eines Vertragsschlusses setzt aber voraus, dass man bei einer Partei ein Abrücken von ihrem Standpunkt begründen kann. Und dazu enthält der Sachverhalt überhaupt keine Angaben, so dass man letztlich spekulieren müsste. Die Parteien haben in der Abwandlung auch nicht einvernehmlich mit der Vertragsdurchführung begonnen (dazu Fall 16 Rn. 11 f.). – Die Abwandlung zeigt, dass selbst minimale Unterschiede im tatsächlichen Gesehen bereits zu einer abweichenden Beurteilung führen können, die Laien kaum mehr nachzuvollziehen vermögen. – Für Übungsarbeiten ist im Bereich der Auslegung allein entscheidend, dass eine vertretbare Ansicht gut begründet wird.

II. Ergebnis

16   Mangels Einigung ist zwischen U und B kein Werkvertrag zustande gekommen. Ein Erfüllungsanspruch des B gem. § 631 Abs. 1 besteht daher nicht (a. A. vertretbar).

Fall 16. Meine AGB, Deine AGB

Nach BGH NJW-RR 2001, 484.

Sachverhalt

Maschinenhersteller V bietet dem Werkzeugbauer K auf dessen Anfrage hin eine Werkzeugmaschine zum Preis von 100 000 € an und verweist dabei auf seine seit Jahren stets verwendeten „Bedingungen für die Lieferung von Werkzeugmaschinen" (im Folgenden: Lieferbedingungen). K bestellt die Maschine unter Bezugnahme auf das Angebot des V und seine eigenen „Einkaufsbedingungen", die folgende Klausel enthalten: „Anders lautende Bedingungen – soweit sie nicht in dieser Bestellung ausdrücklich festgelegt sind – gelten nicht." Anschließend übersendet V dem K eine Auftragsbestätigung, der er seine Lieferbedingungen beilegt. Die Maschine wird dem K ein Jahr später geliefert, nachdem V sie in enger Kooperation mit K dessen Bedürfnissen entsprechend modifiziert hat. Die Lieferbedingungen des V enthalten ein Aufrechnungsverbot, während die Einkaufsbedingungen des K die Aufrechnung überhaupt nicht erwähnen.

Als V von K Zahlung verlangt, erklärt dieser gegenüber der Kaufpreisforderung die Aufrechnung mit einer fälligen und nicht einredebehafteten Geldforderung, die er seinerseits gegen V hat. V verweist nun auf das Aufrechnungsverbot in seinen Lieferbedingungen und K daraufhin auf die Klausel in seinen Bedingungen. K meint, sie hätten ja letztlich offenbar gar keinen Vertrag geschlossen. Hat eine Zahlungsklage des V Aussicht auf Erfolg?

Vorüberlegungen

Die Fragestellung darf nicht irritieren – es geht nur um die sogenannte Begründetheit der Klage, also das Bestehen des Zahlungsanspruchs. Anspruchsgrundlage ist § 433 Abs. 2, doch müsste man unter Heranziehung des § 150 Abs. 2 an sich zu dem Ergebnis kommen, dass es zu mehreren modifizierenden Annahmen kommt und die letzte schließlich ihrerseits nicht angenommen worden ist. Freilich erscheint dieses Ergebnis wenig befriedigend, da die Parteien den Vertrag einvernehmlich durchgeführt haben und am Ende auch nur über einen Randpunkt, nämlich das Aufrechnungsverbot streiten, der zudem „nur" in AGB geregelt ist.

Der Rechtsfolgenanordnung des § 306 Abs. 1 kann man entnehmen, dass eine Einbeziehung von AGB grundsätzlich keine Wirksamkeitsvoraussetzung für den Vertragsschluss ist. Hinzu kommt, dass auch § 305 Abs. 2 im Ausgangspunkt zwischen dem Vertragsabschluss und der Einbeziehung von AGB unterscheidet. Gleichwohl hat man bei Anwendung von § 150 Abs. 2 bzw. von § 154 Abs. 1 ein Problem. Doch ist bei einvernehmlicher Vertragsdurchführung die Vermutung des § 154, dass ein Vertrag nicht geschlossen ist, durch den abweichenden Parteiwillen widerlegt. Damit gelangt man hier zum Vertragsschluss (zur Darstellung vgl. unten in der Lösung).

Studienanfängern ohne Kenntnisse des allgemeinen Schuldrechts wird natürlich die im Sachverhalt erwähnte „Aufrechnung" Kopfzerbrechen bereiten, weil sie typischerweise noch gar nicht wissen, was das ist. Sie können den Komplex um die Aufrechnung einfach ignorieren und es bei der Prüfung des Vertragsschlusses als Voraussetzung des Kaufpreisanspruchs bewenden lassen. Sie können aber auch versuchen, mit einer in Klausuren immer möglichen Situation fertig zu werden: Es kommt etwas vor, was man – aus welchen Gründen auch immer – nicht kennt. Sofern es klar bezeichnet wird, wie hier, sollte man sich als **allgemeinen Tipp für Klausuren** merken: Nach unbekannten Rechtsbegriffen kann man erst einmal im **Stichwortverzeichnis** der Gesetzessammlung suchen, denn dieses darf man ohne weiteres **verwenden**. Tut man dies (bitte nachschlagen!), findet man einen Hinweis, wo die Aufrechnung geregelt ist. Die Aufrechnung führt zum wechselseitigen Erlöschen der aufgerechneten Forderungen nach § 389, sofern nicht das (grundsätzlich zulässige) Aufrechnungsverbot wirksam vereinbart wurde.

Das hängt von der – bislang nicht geklärten – Frage ab, welche AGB denn nun gelten. Im Ausgangspunkt können sich widersprechende AGB der Parteien wegen des Einigungserfordernisses (vgl. § 305 Abs. 2 am Ende) eigentlich gar nicht gelten. Wie könnte man wohl zu einer angemessenen Lösung kommen?

Gliederung

Lösung

Anspruch V gegen K auf Kaufpreiszahlung, § 433 Abs. 2

V könnte von K gem. § 433 Abs. 2 Zahlung des Kaufpreises i.H.v. 100000 € ver- **1**
langen, wenn zwischen beiden ein entsprechender Kaufvertrag zustande gekommen
ist.

I. Anspruch aus § 433 Abs. 2 entstanden

Ein Kaufvertrag kommt durch zwei übereinstimmende, aufeinander bezogene Wil- **2**
lenserklärungen, Antrag und Annahme (vgl. §§ 145, 147), zustande.

1. Antrag des V

V hat K die Maschine unter Bezugnahme auf seine Einkaufsbedingungen zum Preis **3**
von 100000 € angeboten.

2. Modifizierte Annahme durch K

Die anschließende Bestellung könnte eine Annahme des Vertragsantrags darstellen. **4**
Zwar stimmt K den Bedingungen des Angebots zu, doch bezieht er sich auf seine
„Einkaufsbedingungen", die eine sog. Abwehrklausel enthalten, der zufolge anders
lautende Vertragsbedingungen nicht gelten sollen. Damit hat K den Antrag des V
nicht uneingeschränkt, sondern nur mit Änderungen hinsichtlich der AGB angenommen. Diese modifizierte Annahme des K gilt gemäß § 150 Abs. 2 als neues
Angebot.[1]

3. Modifizierte Annahme des neuen Antrags durch V

Mit der Auftragsbestätigung hat V dieses Angebot nicht angenommen, da er wie- **5**
derum auf seine Lieferbedingungen (AGB) verwiesen hat. Die Auftragsbestätigung
stellt daher gemäß § 150 Abs. 2 ein erneutes Angebot des V dar.[2]

4. Annahme des neuen Antrags durch K

Fraglich ist, ob K dieses neue Angebot des V angenommen hat. **6**

a) Annahme durch widerspruchslose Hinnahme der Auftragsbestätigung

Zu prüfen ist, ob die widerspruchslose Hinnahme der Auftragsbestätigung durch K **7**
gem. §§ 133, 157 als Annahmeerklärung ausgelegt werden kann. Da Schweigen
grundsätzlich keinen Erklärungswert besitzt,[3] könnte darin allenfalls dann eine Annahme liegen, wenn die Grundsätze über das Schweigen auf ein kaufmännisches
Bestätigungsschreiben Anwendung finden und ein entsprechendes Ergebnis liefern.
Diese Grundsätze sind grundsätzlich anwendbar, da die Parteien als Maschinenhersteller bzw. Werkzeugbauer offensichtlich Kaufleute i.S.v. § 1 Abs. 1 HGB sind.

---

[1] *BGH* NJW-RR 2001, 484, 485.
[2] *BGH* NJW-RR 2001, 484, 485.
[3] MünchKomm/*Armbrüster*, Vor § 116 Rn. 8; BGHZ 61, 282, 287f.; *BGH* NJW 1995, 1671.

8 Jedoch setzt der Tatbestand des Bestätigungsschreibens voraus, dass Vertragsverhandlungen stattgefunden haben, die entweder zu einem Vertragsschluss geführt haben oder bei denen der angestrebte Vertrag jedenfalls abschlussreif war. Auf keinen Fall darf das „Bestätigungsschreiben" seinem Inhalt nach eine bloße Auftragsbestätigung, also eine Annahmeerklärung sein. Da das Schreiben des V aber eine solche Annahmeerklärung beinhaltete, kann es aus der Sicht des K nicht zugleich ein kaufmännisches Bestätigungsschreiben enthalten. Damit konnte das bloße Schweigen des K auf die „Auftragsbestätigung" nicht zum Vertragsschluss führen.

9 Hinweis:

Der BGH erwähnt in seiner Entscheidung das kaufmännische Bestätigungsschreiben nicht, kommt aber zum gleichen Ergebnis: „Allein in der widerspruchslosen Hinnahme der modifizierten Auftragsbestätigung liegt grundsätzlich keine stillschweigende Annahmeerklärung (BGHZ 61, 282, 287 = NJW 1973, 2106 = LM Allg. Geschäftsbedingungen Nr. 50; *BGH,* NJW 1995, 1671 = LM H. 8/1995 § 150 Nr. 9 unter Hinweis auf die eigene st. Rspr.). Offen gelassen wird die Frage, ob ausnahmsweise etwas anderes zu gelten hat, wenn die Auftragsbestätigung nicht nur der Vertragsannahme, sondern auch zu Beweiszwecken der Niederlegung von Vertragsmodalitäten dient, über die bereits für den Fall des Zustandekommens des Vertrages Einigung erzielt worden ist. Ein solcher Fall liegt ... hier nicht vor." Eine Auftragsbestätigung, die „auch Beweiszwecken der Niederlegung von Vertragsmodalitäten dient", ist aber mit dem Bestätigungsschreiben verwandt.

b) Annahmeerklärung durch Entgegennahme der Maschine

10 Zu prüfen bleibt, ob K durch die Entgegennahme der Maschine das in der Auftragsbestätigung liegende Angebot des V angenommen hat. Grundsätzlich kann auch in der widerspruchslosen Entgegennahme der vertragsgemäßen Leistung die Annahme eines geänderten Angebots der Gegenseite liegen.[4] Gegen einen Annahmewillen des K spricht hier aber zum einen der eindeutige Wortlaut der Abwehrklausel in den AGB des K. Zum anderen verträgt sich eine solche Deutung auch nicht mit der langen Zeitdauer zwischen dem Zugang der Auftragsbestätigung des V und der Lieferung der Maschine (ein Jahr).[5] Damit hat K das modifizierte Angebot des V auch nicht durch Abnahme der Maschine angenommen.

5. Vertragsschluss durch einvernehmliche Vertragsdurchführung

11 Zu prüfen ist, ob die Parteien mit dem Entschluss zur einvernehmlichen Vertragsdurchführung doch einen Vertrag geschlossen haben. Denn eine Einigung über die essentialia negotii liegt angesichts des Einverständnisses über die Bedingungen des Angebots des V vor. Zwar fehlt es an einer Einigung über die sich widersprechenden AGB, so dass begrifflich ein offener Dissens i.S.d. § 154 Abs. 1 vorliegt. Doch enthält § 154 lediglich eine Auslegungsregel gegen einen Vertragsschluss, die nicht eingreift, wenn sich ein übereinstimmender Wille der Parteien zu vertraglicher Bindung auf andere Weise feststellen lässt.[6]

12 Ein übereinstimmender Wille der Parteien, trotz offener Punkte einen Vertrag zu schließen, ergibt sich hier aus der Tatsache, dass die Parteien einvernehmlich begonnen haben, den Vertrag durchzuführen. Die Maschine ist zwei Jahre lang nach den Spezifikationen, also unter Mitwirkung von K, bei V konstruiert und schließ-

---

4 Vgl. *BGH* NJW 1995, 1671, 1672.
5 *BGH* NJW-RR 2001, 484, 485.
6 Palandt/*Ellenberger,* § 154 Rn. 2; BGHZ 61, 282, 288.

lich geliefert worden. Damit ist es trotz der ausstehenden Teileinigung über die AGB zum Vertragsschluss gekommen, und es kann sich daher keine Partei mehr darauf berufen, wegen § 150 Abs. 2 sei kein Vertrag geschlossen, denn dies wäre treuwidrig i.S.d. § 242 (venire contra factum proprium).[7] Aufgrund der einverständlichen Vertragsdurchführung gilt der Vertrag entgegen § 154 als wirksam geschlossen.[8]

6. Zwischenergebnis

Der Anspruch des V auf Zahlung des Kaufpreises ist gem. § 433 Abs. 2 entstanden. **13**

II. Anspruch erloschen gem. § 389

Der Kaufpreisanspruch des V könnte jedoch gem. § 389 erloschen sein. **14**

1. Aufrechnungserklärung und Aufrechnungslage

Erforderlich wäre hierfür eine Aufrechnungserklärung des K gem. § 388, die vor- **15** liegt, und eine Aufrechnungslage gem. § 387. Da K Inhaber einer fälligen und nicht einredebehafteten Geldforderung gegenüber V ist, der seinerseits die ebenfalls fällige Kaufpreisforderung gegen K hat, und beides gleichartige (nämlich Geld-)Forderungen sind, bestand grundsätzlich auch eine Aufrechnungslage.

> **Hinweis:** **16**
> Nach dem Sachverhalt steht K gegen V eine fällige und nicht einredebehaftete Geldforderung zu. Daraus ergibt sich, dass der Aufgabensteller keine großen Ausführungen zum Bestehen einer Aufrechnungslage will. Fassen Sie sich also dementsprechend kurz, soweit Sie die Prüfung der Aufrechnung bereits beherrschen.

2. Ausschluss der Aufrechnung durch AGB des V

Fraglich ist jedoch, ob die Aufrechnung durch das Aufrechnungsverbot in den **17** Lieferbedingungen des V ausgeschlossen wurde. Ein vertraglicher Ausschluss der Aufrechnung ist möglich und setzt hier voraus, dass die Klausel Vertragsbestandteil geworden ist. Da gem. § 310 Abs. 1 die besonderen Einbeziehungsvoraussetzungen des § 305 Abs. 2 gegenüber K als Unternehmer nicht gelten, können die AGB schon durch stillschweigende Willensübereinstimmung der Parteien Vertragsbestandteil werden.[9] Allerdings fehlt es an einer solchen Willensübereinstimmung gerade hinsichtlich der AGB, da jede Partei immer auf die eigenen verwiesen und damit zum Ausdruck gebracht hat, mit den AGB der Gegenseite nicht einverstanden zu sein. Daher stellt sich die Frage, ob und welche AGB nun gelten:

Früher vertrat die h.M. die sog. „Theorie des letzten Wortes": Es galten die AGB **18** derjenigen Partei, deren Einbeziehungsverlangen zuletzt unwidersprochen geblieben war. Das wären hier die AGB des V. Diese Sichtweise hat aber missliche Konsequenzen: Folgt auf die letzte Auftragsbestätigung des Verkäufers die Auslieferung der bestellten und mangelfreien Ware, müsste der Käufer deren Annahme verweigern, um die „automatische" Einbeziehung der Lieferbedingungen zu verhindern.[10]

---

7   MünchKomm/*Basedow*, § 305 Rn. 101 m.w.N.
8   Bamberger/Roth/*Becker*, § 305 Rn. 82.
9   Palandt/*Grüneberg*, § 310 Rn. 4.
10 Vgl. *Ebel*, NJW 1978, 1033; *de Lousanoff*, NJW 1982, 1727, 1729.

In anderen Fällen hinge es vom Zufall ab, wessen AGB sich durchsetzen. Wegen dieser Willkürlichkeit hat die Rechtsprechung die „Theorie des letzten Wortes"[11] aufgegeben, zumal einer Partei, die ungeachtet sich widersprechender AGB den Vertrag zu erfüllen beginnt, nicht unterstellt werden kann, mit den AGB der Gegenseite einverstanden zu sein.[12] Deshalb werden nach heute h.M. bei einander widersprechenden AGB die übereinstimmenden Klauseln Vertragsbestandteil, während die widersprüchlichen Klauseln nicht einbezogen und durch das dispositive Recht ersetzt werden.[13]

19 Daher kommt es darauf an, ob hinsichtlich des Aufrechnungsverbots Einigkeit herrschte. Eine konkludente Willensübereinstimmung ist insofern nicht ausgeschlossen, da nur die AGB des V ein Aufrechnungsverbot enthalten, während die AGB des K über die Aufrechnung keine Regelung treffen. Ob K deshalb stillschweigend sein Einverständnis mit dem Aufrechnungsverbot erklärt hat, ist durch Auslegung gem. §§ 133, 157 zu ermitteln.[14] Dabei ist zu berücksichtigen, dass die AGB des K ihrerseits eine Abwehrklausel enthalten. Eine solche Klausel schließt widersprüchliche Regelungen in fremden AGB vollständig aus. Da nach der Abwehrklausel des K „anders lautende Bedingungen – soweit sie nicht in dieser Bestellung ausdrücklich festgelegt sind" nicht gelten sollen, hat K unzweideutig zum Ausdruck gebracht, auch mit ergänzenden Klauseln nicht einverstanden zu sein, die nicht in ausdrücklichem Widerspruch zu ihren AGB stehen.

20 Damit steht der Wille des K fest, die Verkaufsbedingungen aller Lieferanten insgesamt auszuschließen.[15] Die Klausel über den Aufrechnungsausschluss aus den AGB des V ist somit nicht Vertragsbestandteil geworden.

3. Zwischenergebnis

21 Da K gegenüber V die Aufrechnung gem. § 388 auch erklärt hat, ist der Kaufpreisanspruch des V gem. § 389 erloschen.

III. Ergebnis

22 V hat gegen K keinen Anspruch auf Kaufpreiszahlung gem. § 433 Abs. 2.

---

[11] BGHZ 18, 212; Bamberger/Roth/*Becker,* § 305 Rn. 82; Palandt/*Grüneberg,* § 305 Rn. 55; *OLG Köln* MDR 1971, 762.

[12] *BGH* NJW 1985, 1839.

[13] Bamberger/Roth/*Becker,* § 305 Rn. 82; *OLG Köln* BB 1980, 1237, 1238 ff.

[14] Ausführlich hierzu *de Lousanoff,* NJW 1982, 1727 ff.

[15] *BGH* NJW 1985, 1838, 1840; 1991, 2633, 2634 f.; NJW-RR 2001, 484, 485.

Fall 17. Gesunde Ernährung II

Sachverhalt

Mustafa Müsli (M) kauft gelegentlich bei der Biolandwirtin Birte Birnauer (B) landwirtschaftliche Produkte. So hat er im Dezember 2001 für 1 kg Bio-Schweinefleisch 22 DM bezahlt. Am 2. 2. 2002 ruft Müsli bei Birnauer an und erkundigt sich nach dem Preis für 1 kg Bio-Schweinefleisch. Birnauer antwortet: „Das können Sie jetzt für 12 haben." Müsli sagt: „Einverstanden, ich hätte gerne ein Kilo und hole es gegen 12 Uhr ab." Als Müsli erscheint, will er 12 DM bezahlen, während Birnauer von ihm 12 € verlangt. Müsli erklärt wahrheitsgemäß, es liege wohl ein Missverständnis vor; er habe den Preis in DM gemeint, 12 € seien ihm zu viel. Birnauer meint, das könne sie nicht akzeptieren. Zum einen sei ab 1. 1. 2002 der Euro eingeführt, zum anderen habe sie wegen Müslis Anruf auf den Abschluss eines Vertrags mit einem anderen Kunden verzichtet. Dieser habe sofort 10 kg Bio-Schweinefleisch benötigt, die sie ihm ohne Müslis Bestellung für insgesamt 100 € verkauft hätte. So habe sie ihm aber nur noch 9 kg anbieten können, was dem Kunden zu wenig gewesen sei. Da jetzt am Samstagmittag keine Kunden mehr kämen, müsse sie das Fleisch einfrieren, um es am Montag überhaupt noch verkaufen zu können. Dann bekomme sie aber nur noch 6 €/kg.

Was kann Birnauer von Müsli verlangen?

Vorüberlegungen

Zunächst bedarf die Fallfrage einer Konkretisierung. In erster Linie verlangt die B von M die Erfüllung des Vertrags, also Abnahme und v.a. ausdrücklich Kaufpreiszahlung. Dieser Anspruch ist also zu prüfen. Falls B keine Erfüllung verlangen kann, ist an einen Schadensersatzanspruch zu denken, was der Sachverhalt durch den Hinweis auf die von B nicht genutzte Möglichkeit eines anderweitigen Verkaufs zu verdeutlichen sucht. (Man muss also auch lernen, Angaben im Sachverhalt als Hilfestellungsversuche zu deuten!)

Inhaltlich geht es beim Erfüllungsanspruch um einfache Fragen eines möglichen Einigungsmangels. Die §§ 154, 155 (Auslegungsregeln) beziehen sich aber nach h.M. nur auf Einigungsmängel in Nebenpunkten. Denn bei einer bloßen Scheineinigung bzgl. der wesentlichen Vertragsbestandteile (sog. Totaldissens), also typischerweise der Hauptleistungspflichten aus gegenseitigen Verträgen, ist ein Vertrag grundsätzlich (Ausnahmen: §§ 612 Abs. 2, 632 Abs. 2, 653 Abs. 3, 315 ff.) nicht geschlossen.[1] Ob überhaupt ein Dissens vorliegt, ist durch Auslegung der beim Vertragsschluss ausgetauschten Willenserklärungen gem. §§ 133, 157 aus dem objektiven Empfängerhorizont zu klären.[2] Stellt man eine Einigung fest, hat dies zur Folge, dass einer Partei nur die Anfechtung bleibt.

---

[1] HK/*Dörner*, § 154 Rn. 2, § 155 Rn. 2.
[2] *Köhler*, § 8 Rn. 37; *Brox/Walker*, § 11 Rn. 249.

Der Anfechtungsgrund ist, da der Fehler im Bereich der Abgabe der Willenserklärung liegt, primär in § 119 Abs. 1 zu suchen. Da man ein Gutachten zu schreiben hat, sollte man aber über eine Anfechtungsmöglichkeit nach § 119 Abs. 2 nachdenken und Anlass finden, diese Norm sogar in der Lösung kurz zu prüfen.

Wenn die Anfechtung im Ergebnis nicht nur möglich, sondern auch erfolgt ist, stellt sich die Frage eines Schadensersatzanspruchs gem. § 122 Abs. 1. Sofern der Anfechtungsgegner die Nichtigkeit bzw. Anfechtbarkeit des Vertrages nicht kannte (§ 122 Abs. 2), vertraut er auf die Gültigkeit der Willenserklärung seines Vertragspartners und ist insoweit schutzwürdig. Die Haftung nach § 122 ist verschuldensunabhängig. Ob die Norm auf dem Gedanken der Veranlassungshaftung[3] oder einer Art „Sphärentheorie"[4] beruht, ist zwar umstritten, aber für ihre Anwendung nur von Belang, wenn es um die Analogiefähigkeit geht.

Der Umfang des Schadensersatzes ist beschränkt auf das negative Interesse (sog. Vertrauensschaden). Der Anfechtungsgegner bekommt keinen Schadensersatz statt der Leistung, insbesondere keinen entgangenen Gewinn aus dem angefochtenen Geschäft. Er wird nur so gestellt, wie er stünde, wenn er sich auf das Geschäft nicht eingelassen, nie davon gehört hätte.[5] Ersetzt werden aufgewendete Kosten, alle im Vertrauen auf die Gültigkeit des Geschäfts erbrachten Leistungen (!) sowie Nachteile durch das Nichtzustandekommen eines anderen Geschäfts.[6] Allerdings soll der Erklärungsgegner durch die Anfechtung auch nicht besser gestellt werden, als er ohne sie – also bei Vertragsdurchführung – stünde.[7] Daher ist der Schadensersatz der Höhe nach auf das positive Interesse (Erfüllungsinteresse) begrenzt.

Gliederung

---

[3] Bamberger/Roth/*Wendtland*, § 122 Rn. 1; Palandt/*Ellenberger*, § 122 Rn. 1.
[4] *Bork*, Rn. 932 f. m. w. N.; MünchKomm/*Armbrüster*, § 122 Rn. 2 f.
[5] *Brox/Walker*, § 18 Rn. 446.
[6] Bamberger/Roth/*Wendtland*, § 122 Rn. 7; Palandt/*Ellenberger*, § 122 Rn. 4.
[7] *Köhler*, § 7 Rn. 36; *Brox/Walker*, § 18 Rn. 447.

Lösung

I. Anspruch der B gem. § 433 Abs. 2 auf Abnahme und Zahlung

B könnte gegen M gem. § 433 Abs. 2 einen Anspruch auf Abnahme von 1 kg Bio- **1**
Schweinefleisch und Zahlung von 12 € haben, wenn zwischen ihnen ein entsprechender Kaufvertrag zustande gekommen wäre. Voraussetzung hierfür sind zwei
übereinstimmende, aufeinander bezogene Willenserklärungen.

1. Antrag

Ein Antrag im Sinne von § 145 könnte im Anruf des M bei B liegen. Hierzu müss- **2**
te M bei dem Anruf eine bindende private Willensäußerung gemacht und der B
den Abschluss eines Kaufvertrages angetragen haben. Dazu müsste er der B den
Vertragsschluss so angetragen haben, dass das Zustandekommen des Vertrags nur
noch von ihrem Einverständnis abhing. Da M sich zunächst nur nach dem Preis
erkundigt, wollte er sich aus Sicht eines objektiven Erklärungsempfängers in der
Situation der B noch nicht binden. Es liegt eine bloße invitatio ad offerendum vor.

Ein Angebot auf Abschluss eines Kaufvertrags über 1 kg Bio-Schweinefleisch liegt **3**
jedoch vor, als B den von M erfragten Preis mit „12" angibt. Durch die Wortwahl
der B kommt deutlich zum Ausdruck, dass sie dem M 1 kg zu dem genannten Preis
anbieten will. – Dieser Antrag ist als telefonische Erklärung, die nach dem Rechtsgedanken des § 147 Abs. 1 S. 2 einer Erklärung unter Anwesenden gleich steht,
zeitlich mit seiner mündlichen Abgabe durch Zugang (Rechtsgedanke des § 130
Abs. 1 S. 1) wirksam geworden, als er von M richtig vernommen wurde.

> **Hinweis:** **4**
> Es gibt keinen Anlass, sich mit Unterschieden zwischen strenger und eingeschränkter Vernehmungs-
> theorie zu beschäftigen (vgl. Fall 1 Rn. 22 f.), wenn die Erklärung richtig verstanden wird.

2. Rechtzeitige Annahme

Dieses Angebot hat M durch seine Erklärung, einverstanden zu sein, uneinge- **5**
schränkt angenommen. Seine Erklärung ist durch richtige Vernehmung wirksam
geworden. Da sie sofort und damit rechtzeitig i.S.v. § 147 Abs. 1 S. 1, der gem.
§ 147 Abs. 1 S. 2 auch für den telefonischen Vertragsschluss gilt, erfolgt ist, wäre
ein Vertrag zustande gekommen.

> **Hinweis:** **6**
> An dieser Stelle macht es keinen Sinn, im Gutachtenstil mit Obersatz usw. zu arbeiten, da man die
> aufgeworfene Frage nur sogleich bejahen könnte.

3. Dissens

7 Einem wirksamen Vertragsschluss könnte jedoch die Tatsache entgegenstehen, dass M von einem DM-Preis ausging, während B eine Preisangabe in Euro machen wollte. Dies könnte zu einem Dissens geführt haben, der einen Vertragsschluss grundsätzlich hindert, wie die §§ 154, 155 belegen.

a) Auslegung

8 Legt man den tatsächlichen Willen der Parteien (§ 133) zugrunde, liegt keine Willensübereinstimmung vor. Da B und M sich dessen nicht bewusst waren, kommt ein versteckter Dissens in Betracht. Dies hätte vorliegend zur Folge, dass ein Vertrag nicht zustande gekommen wäre. Zu beachten ist aber, dass die Auslegungsregel des § 155 nur bei nichtwesentlichen Vertragsbestandteilen (accidentalia negotii) gilt, nicht dagegen für den Kaufpreis, der zu den essentialia negotii zählt.[8]

9 Aus der fehlenden Übereinstimmung des inneren Willens der Parteien allein folgt aber noch nicht, dass ein Totaldissens vorliegt. Denn zum Schutz des redlichen Geschäftsverkehrs sind empfangsbedürftige Willenserklärungen gem. §§ 133, 157 so auszulegen, wie ein objektiver vernünftiger Dritter an der Stelle des tatsächlichen Empfängers sie verstehen darf (sog. normative Auslegung oder Auslegung aus dem Empfängerhorizont). Ein versteckter Dissens scheidet daher aus, wenn die Auslegung einen („normativen") Konsens ergibt, also bei Übereinstimmung des objektiven Erklärungsgehalts beider Willenserklärungen trotz abweichenden inneren Willens. Denn der vom anderen nicht bemerkte Inhaltsirrtum (§ 119 Abs. 1 Alt. 1) eines Vertragspartners hindert den Konsens noch nicht.

10 Es kommt also darauf an, ob M den Vertragsantrag der B aus objektivem Empfängerhorizont (§§ 133, 157) als Euro-Angabe verstehen musste, und B deshalb seine Annahmeerklärung nach Treu und Glauben unter Berücksichtigung der Verkehrssitte als auf den Euro-Preis bezogen verstehen durfte. Da eine Preisangabe, die keine Währung nennt, grundsätzlich auf die am Marktort geltende Währung bezogen ist und dies seit 1. 1. 2002 der Euro war, musste ein objektiver Empfänger die Erklärung der B so verstehen, dass damit 12 € gemeint waren. Dies gilt umso mehr, als B durch die Wortwahl „jetzt" zu verdeutlichen versucht, dass der frühere Preis jetzt – nach der Euroumstellung – nicht mehr gilt. Dafür spricht außerdem, dass der Euro-Preis in Höhe von 12 € in etwa dem Preis des Vorjahres (22 DM) entspricht. Es wäre nach der Lebenserfahrung sehr ungewöhnlich, wenn sich der Preis für 1 kg Bio-Schweinefleisch über den Winter nahezu halbiert hätte. Damit hat B objektiv ein Angebot zu einem Preis von 12 € gemacht, und sie durfte auch die Annahmeerklärung des M entsprechend verstehen. Die Erklärungen decken sich also nach ihrem eindeutigen objektiven Erklärungsgehalt, so dass ein Dissens gerade nicht vorliegt.

b) Zwischenergebnis

11 Damit ist ein Vertrag über 1 kg Bio-Schweinefleisch zu 12 € zustande gekommen, und B kann gem. § 433 Abs. 2 Abnahme und Zahlung des Kaufpreises verlangen.

---

[8] *Köhler*, § 8 Rn. 8.

4. Unwirksamkeit gem. § 142 Abs. 1

Der Anspruch der B bestünde nicht, wenn M den Vertrag bzw. seine Willenserklä- **12** rung gem. § 142 Abs. 1 angefochten und dadurch vernichtet hätte. Dies setzt das Bestehen eines Anfechtungsgrundes und eine Anfechtungserklärung innerhalb der Anfechtungsfrist gegenüber dem richtigen Anfechtungsgegner voraus.

Hinweis: **13**

Umstritten ist, ob sich die Anfechtung bei Verträgen auf das Gesamtrechtsgeschäft (vgl. den Wortlaut des § 142 Abs. 1) oder nur auf die fehlerbehaftete Willenserklärung (vgl. den Wortlaut der §§ 119 ff.) bezieht.[9] Für den vertraglichen Erfüllungsanspruch ist das im Ergebnis egal. Entweder entfällt er, weil der Vertrag selbst gem. § 142 Abs. 1 nichtig ist, oder weil dies für eine der beiden Willenserklärungen gilt und es am Konsens fehlt. Mangels Relevanz sollte man diese Kontroverse im Anspruchsgutachten nicht behandeln.

a) Anfechtungsgrund Inhaltsirrtum, § 119 Abs. 1 Alt. 1

Als Anfechtungsgrund käme ein Inhaltsirrtum nach § 119 Abs. 1 Alt. 1 in Betracht. **14** M müsste also erklärt haben, was er erklären wollte (sonst Erklärungsirrtum, 2. Alt.), dabei aber über die objektive Bedeutung seiner Erklärung im Irrtum gewesen sein.[10] Da M davon ausging, einen Vertrag zu einem Kaufpreis in DM abzuschließen, während sich seine Erklärung objektiv auf Euro bezog, fallen das objektiv Erklärte und das subjektiv Gewollte unbewusst auseinander; es liegt ein (einseitiger) Inhaltsirrtum vor. Auch ist davon auszugehen, dass M bei Kenntnis der Sachlage und verständiger Würdigung des Falles die Annahme nicht erklärt hätte. Somit ist er gem. § 119 Abs. 1 Alt. 1 zur Anfechtung berechtigt.

b) Anfechtungsgrund Eigenschaftsirrtum, § 119 Abs. 2

Fraglich ist, ob auch eine Anfechtung nach § 119 Abs. 2 möglich ist. Eigenschaften **15** i.S. dieser Norm sind alle wertbildenden Faktoren, die der Sache für eine gewisse Dauer unmittelbar anhaften. Da der Preis als solcher der Sache nach h.M.[11] nicht unmittelbar anhaftet, sondern von den Gegebenheiten des Marktes und der Wertschätzung durch potentielle Käufer abhängig ist (so dass er sich auch ändern kann), ist er – wie der Wert – keine verkehrswesentliche Eigenschaft, so dass § 119 Abs. 2 dem M die Anfechtung nicht ermöglicht.

Zwar wird zunehmend vertreten, Wert und Preis seien doch Eigenschaften. Aller- **16** dings steht der Anfechtung nach dieser Auffassung entgegen, dass die Fehleinschätzung bzgl. Preis oder Wert in einem marktwirtschaftlichen System das Risiko jedes Marktteilnehmers ist bzw. dass erst der Abschluss des Rechtsgeschäfts den Preis festlegt.[12] Da das Ergebnis gleich bleibt, braucht diese Kontroverse nicht entschieden zu werden.

c) Anfechtungserklärung, § 143

M müsste gem. § 143 Abs. 1 und 2 die Anfechtung gegenüber B als richtiger An- **17** fechtungsgegnerin erklärt haben. Fraglich ist, ob dazu seine Äußerung ausreicht.

---

[9] Letzteres ist h.M., vgl. *Bork*, Rn. 915 m.w.N.; s.a. Bamberger/Roth/*Wendtland*, § 142 Rn. 3: „sprachliche Ungenauigkeit". Zur Gegenauffassung etwa *Köhler*, § 7 Rn. 78.

[10] *Köhler*, § 7 Rn. 17.

[11] BGHZ 16, 54, 57.

[12] *Flume*, § 24, 2 d; HK/*Dörner*, § 119 Rn. 16; MünchKomm/*Armbrüster*, § 119 Rn. 131; *Larenz/Wolf*, § 36 Rn. 55.

Freilich braucht das Wort „anfechten" in der Erklärung nicht enthalten sein. Es genügt, dass der Erklärungsempfänger gem. §§ 133, 157 aus der Erklärung entnehmen kann und darf, der Erklärende wolle das Rechtsgeschäft wegen eines Willensmangels beseitigen. Da M ausdrücklich auf ein Missverständnis hinweist und zum Ausdruck bringt, den Vertrag zu diesem Preis nicht zu wollen, hat M die Anfechtung erklärt.

d) Anfechtungsfrist, § 121 Abs. 1

18 Weiter müsste M die Anfechtung gemäß § 121 Abs. 1 S. 1 ohne schuldhaftes Zögern, d.h. unverzüglich erklärt haben. Da M die Anfechtung unmittelbar nach Kenntnis vom Bestehen eines Anfechtungsgrundes erklärt, ist dies der Fall.

19 **Hinweis:**
Die Legaldefinition des Rechtsbegriffs „unverzüglich" sollte man möglichst immer erwähnen, wenn er in einer Norm auftaucht, selbst wenn man dies nach einiger Zeit als lästig empfinden sollte. Zumindest in den ersten Semestern wird darauf Wert gelegt.

5. Ergebnis

20 Der Vertrag ist infolge Anfechtung durch M rückwirkend nichtig, § 142 Abs. 1. B hat somit keinen Anspruch gegen M auf Abnahme von 1 kg Bio-Schweinefleisch und Zahlung der 12 €.

21 **Hinweis:**
Es kommt auch kein Anspruch auf Abnahme und Zahlung von 12 DM in Betracht. Zwar muss sich der Irrende nach h.M. an dem festhalten lassen, was er wirklich gewollt hat, § 242 (dazu Fall 18 Rn. 39 ff.). Das würde hier voraussetzen, dass B sich bereit erklärt, die Erklärung des M mit 12 DM gelten zu lassen, wofür es keinen Anhaltspunkt gibt.

II. Anspruch der B gegen M gem. § 122 Abs. 1

22 B könnte einen Schadensersatzanspruch gegen M gemäß § 122 Abs. 1 haben.

1. Angefochtene bzw. nach § 118 nichtige Willenserklärung

23 Voraussetzung hierfür wäre zunächst, dass der Vertrag gem. § 118 nichtig bzw. nach §§ 119, 120 wirksam angefochten worden wäre. Das ist hier der Fall (s.o.).

2. Vertrauensschaden

24 Nach § 122 Abs. 1 soll der Anfechtungsgegner den Schaden ersetzt bekommen, den er dadurch erleidet, dass er auf die Gültigkeit des Vertrages vertraut (negatives Interesse, Vertrauensschaden). B kann also verlangen, so gestellt zu werden, wie sie stünde, wenn sie sich auf das Geschäft mit M nicht eingelassen hätte. Dann hätte sie 10 kg Bio-Schweinefleisch für 100 € an einen anderen Kunden verkaufen können und eine entsprechende Einnahme erzielt. Da sie die 10 kg umständehalber jetzt nur noch für 6 €/kg verkaufen kann, beträgt ihr Vertrauensschaden 40 €.

25 **Hinweis:**
Die Schadensberechnung sollte man stets vornehmen, wenn die dazu notwendigen Angaben im Sachverhalt enthalten sind wie hier. Die Frage lautet ja, was B verlangen kann.

3. Begrenzung auf das Erfüllungsinteresse

Allerdings soll der Anfechtungsgegner durch die Anfechtung auch nicht besser ste- **26** hen als ohne Anfechtung. Daher begrenzt § 122 Abs. 1 a. E. den Schadensersatzanspruch nach oben hin durch den Betrag des Interesses, den der Anfechtungsgegner an der Gültigkeit der Erklärung hat. Der Ersatzanspruch ist in der Höhe durch das positive Interesse (Erfüllungsinteresse) beschränkt. Bei Gültigkeit des Vertrages hätte B eine Einnahme von 12 € erwirtschaftet, mehr kann sie also nicht verlangen.

4. Kein Ausschluss gem. § 122 Abs. 2

Gem. § 122 Abs. 2 tritt die Ersatzpflicht nicht ein, wenn der Geschädigte den **27** Grund der Nichtigkeit bzw. Anfechtbarkeit kannte oder infolge von Fahrlässigkeit nicht kannte (kennen musste). Für eine Kenntnis oder ein Kennenmüssen der B gibt es hier aber keine Anhaltspunkte.

> **Hinweis:** **28**
> Zumindest Anfänger/innen sollten den Ausschluss kurz anprüfen, auch wenn er offensichtlich nicht greift. Außerdem muss man sich einprägen, dass § 122 Abs. 2 die wichtige gesetzliche Definition des Kennenmüssens enthält. Außerdem: Von den Fällen des § 122 Abs. 2 abgesehen kann der Anspruch auch analog § 254 Abs. 1 und 2 zu mindern sein. Die Notwendigkeit der Analogie folgt daraus, dass § 122 im Gegensatz zu § 254 kein Verschulden voraussetzt.

5. Ergebnis

Damit hat B gegen M gem. § 122 Abs. 1 einen Schadensersatzanspruch i. H. v. **29** 12 €.

Fall 18. Ganz anders gekommen

Sachverhalt

Autohändler A entdeckt bei einer Party in der Tiefgarage eines Kunden, des Börsenmaklers B, einen gut erhaltenen Bentley 4,5 l, Baujahr 1928. A weiß, dass der Bentley-Liebhaber L für das Fahrzeug fast jeden Preis zahlen wird. Deshalb fragt er den B, ob dieser ihm den Bentley verkaufen wolle. B will sich das durch den Kopf gehen lassen. Da er keine Ahnung hat, wie viel er selbst für das Fahrzeug bezahlt hat und was es wert sein könnte, beauftragt er den Gutachter G, den Marktwert des Bentley zu ermitteln. G unterläuft bei der Marktanalyse ein Fehler mit der Folge, dass er den Verkehrswert mit 100 000 € um 50 000 € zu niedrig ermittelt.

B entschließt sich zum Verkauf, da die Börsenflaute der letzten Jahre auf seinen Konten eine gewisse Leere hinterlassen hat und er ohnehin nur mit seiner modernen S-Klasse fährt. Er diktiert seiner Sekretärin S am 3. 4. einen Brief an A, in dem er erklärt, er sei bereit, das Auto für 108 000 € zu verkaufen. Beim Schreiben des Briefes vertippt sich die Sekretärin und gibt als Preis 100 000 € ein. B unterschreibt den Brief am 4. 4., ohne ihn zu überprüfen. Als A den Brief am 5. 4. erhält, nimmt er Kontakt zu L auf und einigt sich mit diesem schließlich auf einen Kaufpreis von 150 000 €. Dann schreibt er am 9. 4. an B: „Ihr Angebot vom 3. 4. bezüglich des Bentley 4,5 l nehme ich hiermit an."

Am 11. 4. wird das Schreiben in den Briefkasten des B eingeworfen, der erst am 16. 4. von einer Geschäftsreise zurückkommt. B bemerkt nun den Tippfehler und erfährt den wahren Wert des Bentley. Deshalb schreibt er dem A noch am selben Tag: „Leider kann ich mein Angebot vom 3. 4. nicht aufrechterhalten: Erstens beruht es auf einer falschen Wertexpertise. Zweitens hat sich meine Sekretärin verschrieben, ich wollte 108 000 € verlangen. Drittens wäre ich mit einem sofortigen Weiterverkauf nicht einverstanden gewesen. Viertens hat mich Ihr Schreiben erst heute erreicht." Diesen Brief schickt B noch am 16. 4. per Post ab. Wegen eines Versehens der Post kommt er erst am 13. 5. bei A an. Dieser teilt L mit, der Erwerb des Bentley habe sich leider zerschlagen. L erwidert, dass sei schade, aber nicht zu ändern und nicht so schlimm, vielleicht klappe es ja ein anderes Mal.

1. Welche Ansprüche hat A gegen B?
2. Hat es Auswirkungen, wenn A auf das Schreiben des B erwidert, er sei bereit, 108 000 € zu zahlen, und B nicht darauf reagiert?

Vorüberlegung

Der Fall entspricht nach Umfang und Anforderungen einer zweistündigen Anfängerklausur. Er behandelt nochmals die verschiedenen Anfechtungsgründe und ihre Anwendungsbereiche. Zu prüfen ist die Anfechtung als Einwendung gegen den Erfüllungsanspruch von A gegen B, dessen Entstehung (und Inhalt) zuvor zu untersuchen ist. Soweit im Fall mehrere Fehlvorstellungen denkbar sind, muss man im

Gutachten alle denkbaren Anfechtungsgründe untersuchen. Auch an weitere Rechtsfolgen der Anfechtung sollte man denken. In der Abwandlung ist der Anfechtungsgegner bereit, das Geschäft auch zu den vom Anfechtenden wirklich gewollten Bedingungen abzuschließen, sodass zu klären ist, welche Folgen das haben könnte.

Über das, was Studienanfänger/innen ohne Kenntnisse im Schuldrecht zwingend wissen bzw. prüfen können müssen, geht das Folgende hinaus: Für den Schadensersatz nach Anfechtung stellt § 122 Abs. 1 der h.M. zufolge keine abschließende Regelung dar. Wie man fast überall nachlesen kann, kommt grundsätzlich noch ein Schadensersatzanspruch aus „culpa in contrahendo" (c.i.c., Verschulden bei Vertragsverhandlungen) in Betracht. Dieser ergibt sich seit der Schuldrechtsreform aus § 280 Abs. 1 i.V.m. § 311 Abs. 2, der seinerseits auf § 241 Abs. 2 verweist. Der Anspruch ergibt sich also aus dem allgemeinen Schuldrecht. Dennoch ist es auch für Studienanfänger/innen nicht von Schaden, sich bereits frühzeitig mit dem Schuldverhältnis aus Vertragsverhandlungen und ähnlichen Kontakten (§ 311 Abs. 2, s.a. Abs. 3) vertraut zu machen. Denn es knüpft an die Vertragsverhandlungen und somit an eine typische „AT-Konstellation" an. Das Rechtsinstitut ist zwar eigentlich als Ergänzung des Deliktsrechts entwickelt worden,[1] erlangt aber seit langem auch in anderen Konstellationen Bedeutung, u.a. auch in Ergänzung der Rechtsinstitute des Allgemeinen Teils. Das spielt bei den Ansprüchen aus §§ 122, 179 eine Rolle, aber auch bei der Missachtung einer gesetzlich vorgeschriebenen Form oder beim Abbruch von Vertragsverhandlungen.

Gliederung

---

[1] Vgl. *Fritzsche,* Fälle zum Schuldrecht I, 4. Aufl., 2010, Fall 1 m.w.N.

Lösung

Frage 1

I. Anspruch A gegen B auf Übereignung und Übergabe, § 433 Abs. 1 S. 1

1 A könnte gegen B einen Anspruch auf Übereignung und Übergabe des Autos gemäß § 433 Abs. 1 S. 1 haben.

1. Vertragsschluss

2 Dazu muss zwischen A und B ein wirksamer Kaufvertrag zustande gekommen sein,
was einen wirksamen Antrag und eine wirksame, damit übereinstimmende Annahme erfordert (§§ 145 ff.).

a) Antrag des A

Ein Kaufantrag i. S. d. § 145 könnte in der Frage des A, ob B ihm den Bentley ver- **3** kaufen wolle, liegen. Ein Vertragsantrag muss die essentialia negotii enthalten, also bei einem gegenseitigen Vertrag neben den Parteien grundsätzlich die Hauptleistungspflichten festlegen. Hier steht nur der Kaufgegenstand, nicht aber der Preis fest. Damit liegt hier noch kein Angebot vor.

b) Antrag des B

Mit dem Brief vom 3. 4. hat B einen Antrag i. S. v. § 145 zum Verkauf des Bentley **4** für 100 000 € abgegeben. Diese Willenserklärung ist A am 5. 4. i. S. v. § 130 Abs. 1 S. 1 zugegangen und damit wirksam geworden.

c) Annahme durch A

A müsste den Antrag des B i. S. v. § 146 angenommen haben. Dies hat er mit dem **5** Schreiben vom 9. 4. ausdrücklich und uneingeschränkt getan. Das Schreiben ist dem B auch zugegangen.

d) Rechtzeitigkeit der Annahme

Damit der Vertrag geschlossen ist, müsste die Annahme i. S. d. §§ 150 Abs. 1, 146, **6** 147 rechtzeitig erfolgt sein. Eine Annahmefrist (§ 148) hat B dem A nicht gesetzt. Da B seinen Antrag unter Abwesenden gemacht hat, muss A den Antrag gem. § 147 Abs. 2 bis zu dem Zeitpunkt angenommen haben, bis zu dem B die Annahme unter regelmäßigen Umständen erwarten durfte. Die entsprechende Frist ist unter Heranziehung der gewählten Übermittlungsart für den Antrag unter Hinzurechnung einer angemessenen Überlegungsfrist zu ermitteln, deren Dauer von Aspekten wie einer eventuellen Eilbedürftigkeit oder der Bedeutung des Geschäfts beeinflusst wird.

Für die gewählte postalische Übermittlung beider Erklärungen sind jeweils zwei bis **7** drei Tage anzusetzen. Hinzu kommt die Überlegungsfrist, die bei einer Luxusanschaffung der vorliegenden preislichen Größenordnung mindestens drei Tage beträgt. Damit liegt der letztmögliche Annahmezeitpunkt bei etwa sieben bis zehn Tagen, berechnet gem. §§ 187 Abs. 1, 188 Abs. 2 ab 4. 4. als Zeitpunkt der Abgabe des Antrags. Der Zugang müsste also spätestens zwischen dem 11. bis 14. 4. erfolgt sein.

Der Zugang i. S. v. § 130 Abs. 1 S. 1 erfordert, dass die Willenserklärung so in den **8** Machtbereich des Empfängers gelangt, dass dieser unter gewöhnlichen Umständen von ihrem Inhalt Kenntnis nehmen kann. Diese Voraussetzungen waren hier mit dem Einwurf in den Briefkasten am 11. 4. erfüllt. Dass B verreist war und konkret erst am 16. 4. Kenntnis genommen hat, ist irrelevant, da man für die Möglichkeit der Kenntnisnahme jedenfalls dann Vorkehrungen treffen muss, wenn man – wie B aufgrund seines Vertragsangebots – mit dem Zugang von Willenserklärungen rechnen muss. Besondere Umstände, die gem. § 242 eine andere Beurteilung erfordern würden, sind nicht ersichtlich. Die Annahme ist also rechtzeitig zugegangen.

e) Zwischenergebnis

9 Damit haben A und B einen Kaufvertrag über den Bentley mit einem Kaufpreis von 100 000 € abgeschlossen, und der Anspruch ist entstanden.

2. Unwirksamkeit des Vertrags

10 Fraglich ist indes, ob der Vertrag bzw. die Willenserklärung des B infolge Anfechtung gem. § 142 Abs. 1 nichtig ist.

a) Anfechtungsgründe

11 Erforderlich ist zunächst zumindest ein Anfechtungsgrund.

aa) Inhaltsirrtum, § 119 Abs. 1 Alt. 1

12 Zu prüfen ist im Hinblick auf den Fehler der Sekretärin ein Inhaltsirrtum gemäß § 119 Abs. 1 Alt. 1. Dazu müssten objektiver Erklärungswert und subjektive Vorstellung davon auseinander fallen. Der objektive Erklärungswert – zu ermitteln nach dem „objektiven Empfängerhorizont" (§§ 133, 157) – beinhaltet den Abschluss eines Kaufvertrags zu einem Kaufpreis in Höhe von 100 000 €. Die subjektive Vorstellung des B war hingegen auf einen Preis von 108 000 € gerichtet. Die Abweichung ergab sich aus dem Fehler der Sekretärin beim Schreiben des Diktats. Insofern kommt also ein Inhaltsirrtum in Betracht.

13 Zwar führt der fehlerhafte Gebrauch eines Erklärungszeichens, wie er insbesondere bei einem Versprechen oder Verschreiben gegeben ist, grundsätzlich zu einem Erklärungsirrtum nach § 119 Abs. 1 Alt. 2. Jedoch hat sich nicht der B versprochen oder vertippt, sondern die Sekretärin. Dies führte zu einer falschen Vorstellung des B über den Inhalt seines Vertragsangebots, so dass hier doch ein Inhaltsirrtum vorliegt.

14 Jedoch ist fraglich, ob wirklich ein Irrtum des B vorliegt. Ein Irrtum setzt eine Fehlvorstellung über den objektiven Erklärungsgehalt voraus. Eine solche Fehlvorstellung erscheint zweifelhaft, da B das Schreiben nicht noch einmal gelesen hat, ehe er es unterzeichnet hat. Denn es ist anerkannt, dass man sich auf Fehlvorstellungen über den Inhalt von Urkunden, die man ungelesen unterschrieben und über deren konkreten Inhalt man deshalb keine Vorstellung hat, nicht berufen kann.[2] Doch hatte B hier das Schreiben diktiert und deshalb durchaus konkrete Vorstellungen von seinem Inhalt, so dass ein Irrtum möglich ist und angesichts der Fehlvorstellung des B auch vorliegt.

15 Damit ist ein Inhaltsirrtum gegeben. Da davon auszugehen ist, dass B den Antrag ohne den Irrtum bei verständiger Würdigung so nicht abgegeben hätte, ist er nach § 119 Abs. 1 Alt. 1 zur Anfechtung berechtigt.

bb) Irrtum über verkehrswesentliche Eigenschaft der Sache, § 119 Abs. 2

16 Fraglich ist, ob B auch wegen eines Irrtums über eine verkehrswesentliche Eigenschaft des Bentley gem. § 119 Abs. 2 anfechten kann. Zu den verkehrswesentlichen Eigenschaften einer Sache zählen alle sog. „wertbildenden Faktoren" (z. B. Material, Herkunft), nicht aber Wert oder Marktpreis als solche. Es muss also um Eigenschaf-

---

[2] Vgl. nur MünchKomm/*Armbrüster*, § 119 Rn. 50 ff. m. w. N.

ten gehen, die der Sache selbst unmittelbar zumindest für einige Dauer anhaften, und die vom Verkehr als wesentlich angesehen werden. Hier führte die falsche Expertise zu einem Irrtum über den Wert des Autos, nicht aber zu einem Irrtum über wertbildende Merkmale wie sein Alter, seinen Erhaltungszustand und ähnliche Faktoren. Damit ist eine Anfechtung nach § 119 Abs. 2 nicht möglich.

cc) Anfechtung wegen fehlenden Einverständnisses mit einem Weiterverkauf?

Fraglich ist, ob B anfechten kann, weil er mit einem sofortigen Weiterverkauf nicht **17** einverstanden war. Da sich dieser Wunsch in seiner Erklärung nicht erkennbar niedergeschlagen hat und auch nicht ersichtlich ist, dass er hätte zum Ausdruck kommen sollen, scheidet ein Irrtum i. S. v. § 119 Abs. 1 aus. – Der (Nicht-)Weiterverkauf ist auch kein Merkmal, das auf der natürlichen Beschaffenheit des Bentley beruht und ihm unmittelbar anhaftet. Damit scheidet auch ein Irrtum über eine Eigenschaft des Bentley i. S. v. § 119 Abs. 2 aus. Möglich bliebe allenfalls ein Irrtum über verkehrswesentliche Eigenschaften der Person des A, der vielleicht vorliegen könnte, wenn B den A für einen Sammler gehalten hätte. Da B aber Kunde des A ist und somit weiß, dass dieser Autohändler ist, scheidet auch ein solcher Irrtum i. S. v. § 119 Abs. 2 aus. Das fehlende Einverständnis des B mit einem sofortigen Weiterverkauf ist damit ein bloßer Motivirrtum und kein Anfechtungsgrund.

> **Hinweis:** **18**
> Man könnte eventuell noch an eine Vertragsanpassung oder -auflösung wegen Wegfalls der Geschäftsgrundlage (§ 313 Abs. 1) denken. Doch ist dem Sachverhalt nicht zu entnehmen, dass B den Aspekt in einer für A erkennbaren Weise zur Grundlage seines Vertragsentschlusses gemacht hätte. Damit fehlt es bereits am sog. „realen Element" der Geschäftsgrundlage. Eine Prüfung erscheint entbehrlich.

b) Wirksame Anfechtungserklärung

Die Anfechtung erfolgt gem. § 143 Abs. 1 durch Erklärung gegenüber dem Anfech- **19** tungsgegner. Das Schreiben des B vom 16. 4. lässt unzweideutig erkennen, dass das Angebot wegen eines Willensmangels beseitigt werden soll: Mithin ist es gemäß §§ 133, 157 als Anfechtungserklärung auszulegen, obwohl es das Wort „Anfechtung" nicht enthält. A ist gem. § 143 Abs. 2 auch richtiger Anfechtungsgegner. Als empfangsbedürftige Willenserklärung ist die Anfechtungserklärung mit Zugang bei A am 13. 5. gem. § 130 Abs. 1 S. 1 wirksam geworden.

c) Einhaltung der Anfechtungsfrist

B hat unmittelbar nach Kenntniserlangung vom Anfechtungsgrund, also ohne **20** schuldhaftes Zögern und damit unverzüglich im Sinne des § 121 Abs. 1 S. 1 die Anfechtungserklärung abgesendet. Da für die Fristwahrung gem. § 121 Abs. 1 S. 2 die rechtzeitige Absendung ausreicht, ist es unerheblich, dass die Anfechtungserklärung gem. § 130 Abs. 1 S. 1 erst am 13. 5. durch Zugang wirksam geworden ist.

d) Zwischenergebnis

Die Willenserklärung des B ist infolge wirksamer Anfechtung gem. § 142 Abs. 1 **21** von Anfang an nichtig. Ein Vertrag liegt nicht vor.

3. Ergebnis

22 A hat gegen B keinen Anspruch auf Übereignung und Übergabe des Bentley gemäß § 433 Abs. 1 S. 1.

II. Anspruch des A gegen B auf Schadensersatz in Höhe von 50 000 €

1. §§ 280 Abs. 1 und 3, 281 Abs. 1

23 Voraussetzung für einen Schadensersatzanspruch statt der Leistung gemäß §§ 280 Abs. 1 und 3, 281 Abs. 1 S. 1 wäre das Vorliegen eines Schuldverhältnisses. Da ein solches infolge Anfechtung des Kaufvertrags nicht vorliegt (s. o.), scheidet ein Anspruch auf Schadensersatz statt der Leistung aus.

2. § 122 Abs. 1

24 A könnte gegen B gem. § 122 Abs. 1 einen Anspruch auf Schadensersatz in Höhe von 50 000 € haben. Voraussetzung dafür ist, dass eine Willenserklärung nach § 119 angefochten wurde, die 50 000 € einen nach § 122 Abs. 1 ersatzfähigen Schaden darstellen und der Anspruch nicht nach § 122 Abs. 2 ausgeschlossen ist.

a) Erfolgte Anfechtung

25 B hat seinen Antrag gem. §§ 143, 119 Abs. 1 Alt. 1 wirksam angefochten (s. o.).

b) Ersatzfähiger Schaden

26 Nach § 122 Abs. 1 ist nur der Schaden zu ersetzen, den der Anfechtungsgegner aufgrund seines Vertrauens auf die Gültigkeit der angefochtenen Erklärung erleidet (sog. „negatives Interesse"). A ist mit anderen Worten so zu stellen, wie wenn er von dem Vertrag mit B nie gehört hätte. Dann hätte er auch keine 50 000 € Gewinn aus einem Weiterverkauf an L erzielen können. Die 50 000 € stellen den wegen der Ungültigkeit des Vertrags nicht erzielten Gewinn aus dem Geschäft mit L dar, also das Erfüllungsinteresse des A (auch sog. „positives Interesse"). § 122 Abs. 1 ist dafür nicht die geeignete Anspruchsnorm.

27 Hinweis:
§ 122 Abs. 1 ermöglicht nur den Ersatz des entgangenen Gewinns aus einem anderen Geschäft, das im Vertrauen auf den Bestand des angefochtenen Geschäfts nicht vorgenommen wurde (vgl. Fall 17 Rn. 24). Ersatzfähig wäre auch ein Schaden des A, der darauf beruht, dass er selbst von L auf Schadensersatz in Anspruch genommen worden wäre.

c) Ergebnis

28 A kann von B gem. § 122 Abs. 1 nicht Ersatz der 50 000 € verlangen.

3. §§ 280 Abs. 1, 311 Abs. 2

29 Zu prüfen bleibt ein Anspruch des A auf Ersatz der 50 000 € gem. §§ 280 Abs. 1, 311 Abs. 2 (culpa in contrahendo, c. i. c.), den § 122 nach h. M. wegen der unterschiedlichen Voraussetzungen nicht ausschließt.[3]

---

[3] Vgl. etwa Bamberger/Roth/*Wendtland*, § 122 Rn. 12 m. N.; *Köhler*, § 7 Rn. 36.

a) Schuldverhältnis

Dazu muss zwischen A und B ein Schuldverhältnis bestehen. Da die beiden Ver- **30** tragsverhandlungen geführt haben, die in einen durch Anfechtung wieder vernichteten Vertrag gemündet haben, liegt ein Vertragsverhandlungs- oder ein ähnliches Verhältnis i. S. v. § 311 Abs. 2 Nr. 1 oder 3 vor.

b) Pflichtverletzung

Das Schuldverhältnis gem. § 311 Abs. 2 begründet Rücksichtsnahme- und ähnliche **31** Pflichten gem. § 241 Abs. 2, die B verletzt haben müsste. Fraglich ist, welche Pflicht B konkret verletzt haben könnte.

aa) Anfechtung der Willenserklärung?

Die Pflichtverletzung könnte in der Anfechtung der Willenserklärung liegen. Dage- **32** gen spricht aber, dass das Gesetz die Anfechtung in den §§ 119 ff. ausdrücklich zulässt. Wenn das Gesetz dem Erklärenden die Möglichkeit gibt, seine Willenserklärung durch Anfechtung zu beseitigen, kann im Gebrauch dieses Gestaltungsrechts keine Pflichtverletzung liegen.

bb) Abgabe der fehlerhaften Willenserklärung

Eine Pflichtverletzung könnte in der Abgabe der anfechtbaren Willenserklärung **33** liegen. Dagegen scheint zwar wiederum die gesetzliche Einräumung des Anfechtungsrechts zu sprechen, doch besagt dies im Hinblick auf Pflichten aus einem vorvertraglichen Schuldverhältnis (§§ 311 Abs. 2, 241 Abs. 2) wenig. Außerdem ist als Ausgleich für die Anfechtung nur der Schadensersatzanspruch nach § 122 Abs. 1 vorgesehen, der nicht an eine Pflichtverletzung anknüpft, von einem Verschulden unabhängig und der Höhe nach durch das Erfüllungsinteresse begrenzt ist. Es kann letztlich dahinstehen, ob schon die Abgabe einer fehlerbehafteten Willenserklärung stets als Pflichtverletzung anzusehen ist, da im vorliegenden Fall das Unterlassen eines Korrekturlesens nach dem Diktat entscheidend ist. Bei Diktaten kann es stets zu Hör- oder auch Tippfehlern kommen, so dass es die Rücksichtnahme auf den potentiellen Vertragspartner (§ 241 Abs. 2) insofern gebietet, vor der Abgabe einer schriftlichen Erklärung deren Inhalt zu prüfen, um die Gefahr einer späteren Anfechtung auszuschalten. Zwar kann man einen Fehler auch beim Korrekturlesen übersehen, doch hat B jeglichen Versuch unterlassen, die Gefahr eines Fehlers wenigstens zu minimieren. Zumindest darin liegt eine Pflichtverletzung.

> **Hinweis:** **34**
> Das kann man natürlich auch anders sehen. Immerhin ist es aber ein Kompromiss zwischen den Parteiinteressen, den Erklärenden im Rahmen von § 241 Abs. 2 nur zum Korrekturlesen und nicht weitergehend dazu zu verpflichten, auch alle Fehler zu finden.

c) Vertretenmüssen

Gem. § 280 Abs. 1 S. 2 wird ein Vertretenmüssen des B vermutet; da ihm das Kor- **35** rekturlesen möglich gewesen wäre und er den Fehler bei einem so wichtigen Punkt wie dem Preis auch leicht hätte bemerken können, wird ihm der Beweis des Gegenteils kaum gelingen.

d) Schaden

36 A kann von B Ersatz aller Schäden verlangen, die auf dessen vorvertraglicher Pflichtverletzung beruhen, § 249 Abs. 1. Schaden ist jede Einbuße an Rechten, Gütern und Interessen. Zu prüfen ist, welchen Nachteil A durch die Pflichtverletzung des B erlitten hat. Hätte B das Schreiben vor dem Absenden durchgelesen, hätte er den Fehler seiner Sekretärin korrigiert und einen Vertragsschluss zu 108000 € angeboten. In der Folge hätte B seine Willenserklärung nicht anfechten können; der mit A geschlossene Vertrag hätte Bestand. Mangels gegenteiliger Anhaltspunkte hätte A im Falle dieses pflichtgemäßen Alternativverhaltens des B das Angebot auch zum Preis von 108000 € angenommen und mit dem Weiterverkauf des Bentley für 150000 € einen Gewinn von 42000 € erzielt. Gemäß § 249 Abs. 1 kann A verlangen, so gestellt zu werden, wie er bei Abgabe der von B intendierten nicht anfechtbaren Willenserklärung gestanden hätte. Da er dann aus dem Weiterkauf des Bentley einen Gewinn von 42000 € erzielt hätte, kann A diesen entgangenen Gewinn (vgl. § 252) von B ersetzt verlangen.

37 **Hinweis:**

Man liest häufig, der Anspruch aus §§ 280 Abs. 1. 311 Abs. 2 (c.i.c.) sei nur auf Ersatz des Vertrauensschadens gerichtet. Dies ist zwar im Grundsatz richtig, weil der Gläubiger nur verlangen kann, so gestellt zu werden, wie er ohne die Pflichtverletzung stünde, § 249 Abs. 1. Doch kann es auch zu einem Anspruch kommen, welcher der Höhe nach dem Erfüllungsinteresse entspricht.[4] Gelegentlich ist sogar eine Haftung auf das Erfüllungsinteresse bejaht worden, insbesondere bei einem Vertragsabschluss zu Konditionen, die für den Gläubiger infolge der vorvertraglichen Pflichtverletzung ungünstiger sind als sie es sonst gewesen wären.[5] Damit ist die hiesige Konstellation indirekt vergleichbar: Zwar muss A ohne die Pflichtverletzung mehr zahlen, dafür kann B den Vertrag nicht anfechten. Das Ergebnis folgt stets aus § 249 Abs. 1; daher sollte man eher an diese Norm als an u. U. fehlleitende Begrifflichkeiten anknüpfen. – Der Fall zeigt, dass der Anspruch gem. §§ 280 Abs. 1, 311 Abs. 2 wegen seiner andersartigen Voraussetzungen zu einem von § 122 Abs. 1 abweichenden Ergebnis führen kann.

e) Ergebnis

38 A kann von B gem. §§ 280 Abs. 1, 311 Abs. 2, 252 Zahlung von 42000 € Schadensersatz verlangen.

Frage 2

I. Rechtslage bei Bereitschaft des A, 108000 € zu zahlen

39 Zu prüfen bleibt, ob die Bereitschaft des A, auch 108000 € zu zahlen, an dem in Frage 1 gefundenen Ergebnis zum Erfüllungsanspruch aus § 433 Abs. 1 S. 1 etwas ändert. Im Rahmen der Anfechtungsgründe erlangt diese Bereitschaft keine Bedeutung. Daher kann man nur untersuchen, ob dem B gem. § 242 die „Berufung" auf die wirksame Anfechtung verwehrt ist, weil A bereit ist, den Vertrag zu den von B eigentlich gewünschten Konditionen gelten zu lassen und zu erfüllen. Angesichts der Rechtsfolgenanordnung des § 142 Abs. 1 geht es dabei in Wirklichkeit um eine Einschränkung der Anfechtungsfolgen.

---

[4] Vgl. nur *BGH* NJW 2006, 60, 62 f.: Anspruch des vermeintlichen Vertragspartners auf Ersatz des Wertes seiner Leistungen einschließlich Gewinnanteil.

[5] Vgl. Palandt/*Grüneberg,* § 311 Rn. 56 m. w. N.

Dafür spricht, dass das zu Frage 1 gefundene Ergebnis zwar § 142 Abs. 1 entspricht, **40** aber nicht berücksichtigt, dass A das Geschäft mit dem von B wirklich gewollten Inhalt gelten lassen will. Ist B dazu nicht bereit, spricht dies dafür, dass er das Anfechtungsrecht aus anderen Motiven ausnutzt, als die Folgen seines einzig rechtlich relevanten Irrtums zu beseitigen. Denn der Irrtum hat allein zu dem zu niedrigen Preis geführt. Ob § 242 deshalb zu einem anderen Ergebnis führen kann, ist umstritten:

Die Mindermeinung[6] lehnt eine Einschränkung der Rechtsfolgen des § 142 ab, so **41** dass es grundsätzlich bei dem oben gefundenen Ergebnis, also der Nichtigkeit nach § 142 Abs. 1 verbleibt, auch wenn der Anfechtende sein Anfechtungsrecht letztlich zur Beseitigung des Geschäfts aus anderen Gründen nutzt.

Die h.M. hält ein solches „Reu[e]recht" für nicht mit dem Sinn und Zweck der **42** Anfechtung vereinbar, weil diese lediglich die Folgen eines Irrtums beseitigen, den Erklärenden aber nicht besserstellen soll, als er bei fehlerfrei erklärtem Willen stünde. Deshalb muss sich B am wirklich gewollten Inhalt seiner Erklärung festhalten lassen, wenn der Anfechtungsgegner sich unverzüglich (§ 121) dazu bereit erklärt.[7] Der Anfechtende verhält sich also treuwidrig (§ 242), wenn er sich nicht auf Wunsch des Anfechtungsgegners am wirklich Gewollten festhalten lassen will. Dem entspricht Art. 25 Abs. 2 Schweizerisches Obligationenrecht von 1911: „Die Berufung auf den Irrtum ist unstatthaft, wenn sie Treu und Glauben widerspricht. Insbesondere muss der Irrende den Vertrag so gelten lassen, wie er ihn verstanden hat, sobald der andere sich hierzu bereit erklärt." Die Problematik, der sich die meisten Vertreter der h.M. nicht stellen, geht allerdings dahin, wie man das Zustandekommen des Vertrags dann sinnvoll begründen will:[8]

Teilweise nimmt man der Sache nach an, das wirklich Gewollte werde nur durch **43** die äußere Erklärung verdeckt wie bei der falsa demonstratio non nocet. Daher soll das wirklich Gewollte gelten.[9] Problematisch an dieser Begründung ist, dass der Vertrag dann mit dem wirklich gewollten Inhalt entsteht, ohne dass der Anfechtende jemals eine Willenserklärung mit diesem Inhalt abgegeben hätte. Das ist dogmatisch zweifelhaft.

Wegen dieser Zweifel verwehrt eine Teilmeinung innerhalb der h.M. dem Anfech- **44** tungsberechtigten sein Anfechtungsrecht ganz, wenn er dieses als Reuerecht missbraucht, weil der Anfechtungsgegner bereit ist, das Gewollte gelten zu lassen (§ 242). Dann bleibt der geschlossene Vertrag zunächst einmal bestehen. Gleichwohl bleibt nach dieser Ansicht die Erklärung des A nicht bedeutungslos. Vielmehr unterbreitet er dem Anfechtenden B ein Angebot zum Abschluss eines neuen Vertrags, und zwar eines Änderungsvertrages i.S.v. § 311 Abs. 1.

Ähnlich ordnet die Mindermeinung aus Rn. 41 die Erklärung des A ein: Da sie von **45** der anfechtungsbedingten Nichtigkeit des ursprünglichen Vertrags ausgeht, unterbreitet A dem Anfechtenden B ein Angebot auf Abschluss eines neuen (quasi erstmaligen) Vertrags.

---

6 Soergel/*Hefermehl,* § 142 Rn. 9 m.w.N. zur älteren Literatur; *Spieß,* JZ 1985, 593ff.
7 *Larenz/Wolf,* § 36 Rn. 126; *Lobinger,* AcP 195 (1996), 274ff. m.w.N.; Staudinger/*Roth,* § 142 Rn. 38.
8 Vgl. *Bork,* Rn. 955.
9 So etwa *Flume,* § 21, 6; *Köhler,* § 7 Rn. 31; *Köhler/Fritzsche,* JuS 1990, 16, 19.

46 Die Annahme dieses Angebots steht freilich im Ermessen des Anfechtungsberechtigten B, und zwar sowohl nach der Mindermeinung als auch nach der dogmatisch genaueren Variante der h.M.: Auch der Anfechtungsgegner kann das eigentlich vom Anfechtungsberechtigten gewollte Geschäft nur mit dessen Zustimmung erreichen. Erklärt dieser sich einverstanden, kommt der Vertrag zu den geänderten Konditionen, also zu 108 000 € zustande. Im vorliegenden Fall schweigt B, stimmt also nicht zu.

II. Ergebnis

47 Nach der Mindermeinung besteht infolge der wirksamen Anfechtung kein Vertrag mehr, und es ist wegen des Schweigens des B auch kein neuer Vertrag zustande gekommen. Nach der Variante zur h.M. ist dem B dagegen die Berufung auf die Anfechtungsfolgen gem. § 242 wegen der Änderungsbereitschaft des A verwehrt; da er auch den gleichzeitig vorliegenden Änderungsantrag des A nicht angenommen hat, bleibt es bei dem Vertrag mit einem Kaufpreis von 100 000 €. Nach der überwiegenden h.M. besteht dagegen infolge der Anfechtung durch B und der erklärten Änderungsbereitschaft des A ein Vertrag über einen Kaufpreis von 108 000 €.

Fall 19. Günstige Gesetze

Sachverhalt

Jurastudentin Karolin (K) beschließt in der Mittagspause nach dem zweiten Semester, sich den „Schönfelder" anzuschaffen. Sie sucht die nahe gelegene Buchhandlung des Valentin (V) auf und nimmt einen „Schönfelder" aus dem Regal, der versehentlich mit „23 €" falsch ausgezeichnet ist. Der vom Beck-Verlag vorgeschriebene und von V stets verlangte Preis liegt bei 32 €. K begibt sich mit dem „Schönfelder" zur Kasse, wo V den Preis von 23 € eingibt und von K verlangt. Da K nun bemerkt, dass sie ihren Geldbeutel vergessen hat, vereinbart sie mit V, dass dieser den „Schönfelder" bis zum Abend aufbewahrt und sie ihn dann abholen und bezahlen wird. Als K am Abend den „Schönfelder" bezahlen und abholen will, hat V mittlerweile den Preisauszeichnungsfehler bemerkt. Unter Hinweis auf den Schreibfehler weigert er sich, der K den „Schönfelder" gegen Zahlung von 23 € auszuhändigen. K müsse den korrekten Preis von 32 € bezahlen.

Kann K von V „den Schönfelder" zu 23 € verlangen?

Abwandlung: V bietet einige „Schönfelder" mit einem Aufkleber „fast noch aktuell" für 23 € an, weil in diese Exemplare die letzte Ergänzungslieferung nicht einsortiert ist. K kommt mit einem aktuellen, aber versehentlich mit 23 € ausgezeichneten „Schönfelder" ohne Aufkleber „fast noch aktuell" zur Kasse. V hält diesen für eines der Sonderposten-Exemplare. Am Abend kommt es zum oben geschilderten Dialog.

Gesetz über die Preisbindung für Bücher (BPrBindG) – Auszug

§ 3. Preisbindung. Wer gewerbs- oder geschäftsmäßig Bücher an Letztabnehmer verkauft, muss den nach § 5 festgesetzten Preis einhalten. (…).

§ 5. Preisfestsetzung. (1) Wer Bücher verlegt oder importiert, ist verpflichtet, einen Preis einschließlich Umsatzsteuer (Endpreis) für die Ausgabe eines Buches für den Verkauf an Letztabnehmer festzusetzen und in geeigneter Weise zu veröffentlichen. (…).

§ 9. Schadensersatz- und Unterlassungsansprüche. (1) Wer den Vorschriften dieses Gesetzes zuwiderhandelt, kann auf Unterlassung in Anspruch genommen werden. Wer vorsätzlich oder fahrlässig handelt, ist zum Ersatz des durch die Zuwiderhandlung entstandenen Schadens verpflichtet (…).

Vorüberlegungen

Da man sich in der Buchhandlung des V offenbar selbst bedienen kann, ist erneut kurz auf den Vertragsschluss in SB-Geschäften einzugehen (dazu bereits Fall 11). Problematisch erscheint hier die falsche Preisauszeichnung, die Folgen für die Einigung haben und eine eventuelle Anfechtbarkeit begründen könnte.

Außerdem ist – angesichts des Hinweises als Hinweis des Aufgabenstellers – auf das BPrBindG zu untersuchen (Gutachten!), ob der Vertrag nicht gem. § 134 nichtig ist. Insofern mag man zweifeln, ob überhaupt noch auf die Anfechtung einzugehen ist, falls das Geschäft bereits nach § 134 nichtig ist. Jedoch entspricht es der ganz h. M., dass auch bei nichtigen Rechtsgeschäften eine Anfechtung möglich ist. Die

Gründe hierfür sind prozessökonomischer Natur: Unter Umständen ist die Anfechtung leichter beweisbar als die Nichtigkeit aus sonstigen Gründen (v. a. bei § 138).[1] Deshalb sind im Gutachten also ggf. mehrere Unwirksamkeitsgründe (einschließlich der erfolgten Anfechtung) nebeneinander zu prüfen.

Bei der Prüfung des § 134 muss man stets beachten, dass die Norm die Nichtigkeitsfolge ausdrücklich unter den Vorbehalt stellt, dass sich aus dem Gesetz – also der Schutznorm, ggf. in ihrem Gesamtregelungszusammenhang – nichts anderes ergibt. Die Kriterien, die für die Beurteilung dieser anderweitigen Anordnung gelten, muss man kennen.

Gliederung

Lösung

Anspruch K gegen V gem. § 433 Abs. 1 S. 1

1 K könnte gegen V gem. § 433 Abs. 1 S. 1 einen Anspruch auf Übereignung des „Schönfelder" Zug-um-Zug gegen Zahlung von 23 € haben. Dazu müsste zwischen

---

[1] *Köhler*, § 7 Rn. 72.

K und V ein wirksamer Kaufvertrag geschlossen worden sein. Dies setzt eine Einigung zwischen K und V über die wesentlichen Vertragspflichten (Vertragsparteien, Kaufgegenstand, Preis) mittels Abgabe zweier korrespondierender Willenserklärungen – Antrag und Annahme – voraus.

I. Antrag des V durch Warenauslage, § 145

Ein Angebot zum Abschluss eines Kaufvertrages i.S.v. § 145 könnte V bereits dadurch abgegeben haben, dass er den „Schönfelder" mit einem Preis versehen ins Regal seines Buchladens gestellt hat. Dann wäre er an dieses Angebot „Verkauf des Schönfelders zu 23 €" gebunden. Dagegen spricht aber nach zutreffender h.M., dass der Betreiber eines Selbstbedienungsladens mit der Warenauslage nach der Verkehrsauffassung noch kein bindendes Angebot abgeben will, weil er sich den Vertragsschluss im Hinblick auf die Person des Käufers, die Möglichkeit einer Falschauszeichnung und unter Umständen auch auf die zu kaufende Menge noch offen halten will. Die Gegenansicht leugnet solche Interessen des Geschäftsinhabers, sich mit der Warenauslage noch nicht rechtlich zu binden, doch vermag dies unter Berücksichtigung der Verkehrsanschauung (§§ 133, 157) nicht zu überzeugen und ist abzulehnen.[2] Daher handelt es sich bei der Bücherauslage nur um eine Aufforderung zur Abgabe eines Angebots *(invitatio ad offerendum)*.[3] Das Angebot geht erst vom Kunden aus, der seinen Kaufwillen an der Kasse erklärt.[4]

2

II. Antrag der K an der Kasse, § 145

Ein Angebot i.S.v. § 145 liegt mithin erst vor, als K dem V an der Kasse die Gesetzessammlung zur Bezahlung reicht.

3

III. Annahme durch V

V nimmt dieses Angebot gem. § 147 Abs. 1 S. 1 sofort konkludent dadurch an, dass er den Preis von 23 € eintippt und von K verlangt. Damit kam ein Kaufvertrag über einen „Schönfelder" zu 23 € zustande.

4

IV. Nichtigkeit der Annahme gem. § 142 Abs. 1

Die Willenserklärung des V (und damit der ganze Vertrag) wäre jedoch gem. § 142 Abs. 1 nichtig, wenn er sie am Abend wirksam angefochten hätte.

5

1. Anfechtungserklärung, § 143 Abs. 1 und 2

Gem. § 143 Abs. 1 ist eine Anfechtungserklärung des V erforderlich. Sie könnte darin zu sehen sein, dass er der K unter Hinweis auf die Umstände erklärt, er wolle das Buch nicht zu dem vereinbarten Preis verkaufen. Damit bringt er klar zum Ausdruck, an dem Vertrag zu den vereinbarten Konditionen aufgrund eines Willensmangels nicht festhalten zu wollen. Daher liegt eine Anfechtungserklärung vor,

6

---

[2] Vgl. hierzu Fall 11 Rn. 3ff. mit näheren Hin- und Nachweisen zum Meinungsstand.

[3] *Brox/Walker,* § 8 Rn. 165a; Erman/*Armbrüster,* § 145 Rn. 10; *Flume,* § 35 I 1; *Köhler,* § 8 Rn. 11; *Larenz/Wolf,* § 29 Rn. 20; Soergel/*Wolf,* § 145 Rn. 7; *Schwab/Löhnig,* Rn. 549; *Recke,* NJW 1953, 92.

[4] A.A. vertretbar, so z.B. HK/*Dörner,* § 145 Rn. 6; *Medicus,* Rn. 363 (s.a. Fall 11).

und V hat sie auch gegenüber seiner Vertragspartnerin K als der gem. § 143 Abs. 2 richtigen Anfechtungsgegnerin abgegeben.

2. Anfechtungsgrund, § 119 Abs. 1 und 2?

7 Weiter bedarf es eines Anfechtungsgrundes, der sich aus § 119 ergeben könnte. Ein **Erklärungsirrtum** gem. § 119 Abs. 1 Alt. 2 setzt voraus, dass V eine Willenserklärung mit einem Inhalt abgegeben hat, den er gar nicht erklären wollte. V müsste sich also bei der Abgabe seiner Annahmeerklärung – bei der Eingabe in die Kasse – versprochen bzw. vertippt haben. Da er 23 € eintippen und verlangen wollte und ihm dies auch gelungen ist, liegt kein Erklärungsirrtum vor.

8 Hinweis:
   Nimmt man mit der Gegenmeinung an, die preisausgezeichnete Ware sei bereits ein Vertragsantrag des V, wird man konsequenterweise zu einem Erklärungsirrtum gelangen und die Anfechtung bejahen müssen.

9 In Betracht käme weiter ein **Inhaltsirrtum** gem. § 119 Abs. 1 Alt. 1, wenn V eine falsche subjektive Vorstellung vom objektiven Erklärungsgehalt seiner Erklärung gehabt hätte. V wollte die Annahme des Vertragsantrags der K mit einem Preis von 23 € erklären und hat dies auch erklärt. Im Augenblick der Abgabe dieser Erklärung war er sich der objektiven Bedeutung seiner Aussage bewusst. Da die Preisangabe eindeutig war, liegt auch kein Mangel in der Bildung des Geschäftswillens vor. Dass es sich bei dem verlangten Preis nicht um den korrekten Ladenpreis handelte, ist insofern ohne Bedeutung. Geht eine Vertragspartei lediglich von falschen Umständen aus, die für die Bildung des Geschäftswillens bedeutsam sind, liegt nur ein unbeachtlicher Motivirrtum vor. So verhält es sich hier bei der falschen Preisauszeichnung, die also keinen Anfechtungsgrund i. S. v. § 119 Abs. 1 Alt. 1 gibt.

10 Zu prüfen bleibt ein **Eigenschaftsirrtum** i. S. v. § 119 Abs. 2. Eigenschaften i. S. dieser Norm sind alle wertbildenden Merkmale der Sache sowie ihre tatsächlichen oder rechtlichen Beziehungen zur Umwelt, soweit sie nach der Verkehrsauffassung auf die Wertschätzung der Sache Einfluss haben und ihr unmittelbar zumindest für eine gewisse Dauer anhaften.[5] Da der Wert bzw. der Preis der Sache allein aus der Bewertung der Sache anhand ihrer sonstigen Merkmale beruht, gehört er nach h. M. selbst gerade nicht zu den Eigenschaften. Nach der Gegenauffassung soll dies zwar anders sein, die Anfechtung aber dennoch ausgeschlossen sein, weil der Preis erst durch das Rechtsgeschäft gebildet wird. Da bei Büchern aber eine gesetzliche Preisbindung besteht, verhält es sich hier nach der Gegenansicht anders.[6] Doch vermag dies nicht zu überzeugen, da dies zu einer sonderbaren Differenzierung führt: Zeichnet V nicht ein Buch, sondern ein anderes Produkt falsch aus, kann er nicht anfechten – beim Buch aber doch. Dies spricht doch dafür, den Preis von vornherein nicht als Eigenschaft aufzufassen.

3. Zwischenergebnis

11 Es ist kein Anfechtungsgrund gegeben, die Willenserklärung des V ist mithin weiter wirksam (a. A. vertretbar).

---

5 *BGH* NJW 2001, 226, 227; Erman/*Arnold,* § 119 Rn. 36; *Köhler,* § 7 Rn. 19.
6 Vgl. MünchKomm/*Armbrüster,* § 119 Rn. 131.

V. Nichtigkeit gem. § 134 i.V.m. § 3 S. 1 BPrBindG

Der Kaufvertrag könnte gem. § 134 i.V.m. § 3 S. 1 BPrBindG unwirksam sein. **12**
Dazu müsste § 3 S. 1 BPrBindG ein gesetzliches Verbot i.S.v. § 134 darstellen und
die Nichtigkeit des Kaufvertrags zwischen K und V gebieten.

1. Verstoß gegen ein Verbotsgesetz

Als Verbotsgesetz wird eine rechtsgeschäftlich nicht abdingbare Rechtsnorm be- **13**
zeichnet, welche die Vornahme eines bestimmten Rechtsgeschäfts verbietet.[7] Ob
dies der Fall ist, ist durch die Auslegung des Gesetzes zu ermitteln. Gemäß § 3 S. 1
BPrBindG muss ein gewerbsmäßiger Buchhändler beim Verkauf an den Letztabnehmer den nach § 5 BPrBindG vorgeschriebenen Verkaufspreis einhalten; ihm ist
also die Vereinbarung eines anderen als des in § 5 BPrBindG vorgeschriebenen Preises verboten. Damit stellt § 3 S. 1 BPrBindG ein Verbotsgesetz i.S. des § 134 dar.

Da ein Verstoß gegen ein Schutzgesetz im Rahmen des § 134 rein objektiv zu beur- **14**
teilen ist,[8] kommt es auf einen fehlenden Vorsatz des V nicht an. V hat also gegen
das gesetzliche Verbot des § 3 S. 1 BPrBindG verstoßen, als er K den neuen
„Schönfelder" zu einem niedrigeren als dem vom Verlag gem. § 5 Abs. 1 S. 1
BPrBindG vorgesehenen Preis verkaufte.

2. Nichtigkeitsfolge

Aus dem Verstoß folgt gem. § 134 die Nichtigkeit des Rechtsgeschäfts jedoch nur **15**
dann, wenn sich aus dem Verbotsgesetz nicht ein anderes ergibt. Mit anderen Worten ist durch Auslegung der Verbotsnorm – also hier des § 3 S. 1 BPrBindG – zu
ermitteln, ob sie die Nichtigkeit des Rechtsgeschäfts gebietet. Dafür gibt es verschiedene Indizien:

Richtet sich die Verbotsnorm gegen den Geschäftserfolg als solchen, gebietet sie die **16**
Nichtigkeit des Geschäfts. Die allgemeine Missbilligung des Geschäfts und damit
die Nichtigkeitsfolge ist indiziert, wenn sich das gesetzliche Verbot an beide Partei-
en richtet.[9] Dagegen bleibt das Rechtsgeschäft im Zweifel wirksam, wenn sich die
Vorschrift lediglich gegen die Art und Weise der Geschäftsdurchführung und/oder
an eine Partei richtet.[10] § 3 S. 1 BPrBindG wendet sich ausdrücklich nur an den
gewerbsmäßigen Buchhändler, nicht an den Kunden, und will auch Buchverkäufe
nicht grundsätzlich eindämmen, sondern nur Preisunterschiede verhindern.

Doch auch wenn Verbotsadressat nur eine Vertragspartei ist, kann die Nichtigkeit **17**
des Rechtsgeschäfts geboten sein, wenn die Verbotsnorm Gemeinwohlinteressen
wahren will und nicht lediglich dem Schutz der internen Parteiverhältnisse dient.[11]

---

[7] *Brox/Walker*, § 14 Rn. 321; *Erman/Palm/Arnold*, § 134 Rn. 9; *Larenz/Wolf*, § 40 Rn. 4, 6.
[8] *Erman/Palm/Arnold*, § 134 Rn. 10.
[9] So *HK/Dörner*, § 134 Rn. 8; *Hirsch*, Rn. 773; *MünchKomm/Armbrüster*, § 134 Rn. 48, 49 mit der
   Klarstellung, dass eine Differenzierung nach dem Adressatenkreis wirklich nur ein Indiz für die Beurteilung der Nichtigkeit sein kann, das die Heranziehung anderer Kriterien, insbesondere eine Auslegung nach Sinn und Zweck des Gesetzes, nicht ersetzen kann. Ebenso Bamberger/Roth/
   Wendtland, § 134 Rn. 11 m.w.N.
[10] *Brox/Walker*, § 14 Rn. 323; *Köhler*, § 13 Rn. 12.
[11] *Larenz/Wolf*, § 40 Rn. 18.

Das Buchpreisbindungsgesetz dient gem. seinem § 1 dem Schutz des Kulturgutes Buch und der Erhaltung eines breiten Buchangebots durch die Förderung einer großen Zahl von Verkaufsstellen. Dass es somit Gemeinschaftsbelangen dient, spricht für die Nichtigkeitsfolge. Doch soll diese im Zweifel nicht eintreten, wenn das Gesetz die Folgen eines Verstoßes gegen die Verbotsnorm ausdrücklich selbst regelt oder der Schutzzweck die strenge Sanktion der Nichtigkeit nicht erfordert.[12] Ein Verstoß gegen die Buchpreisbindung hat gem. § 9 Abs. 1 BPrBindG Unterlassungs- und – im Verschuldensfall – Schadensersatzansprüche zur Folge. Diese Rechtsfolgen sind zum Schutz des Kulturgutes Buch ausreichend, so dass der Kaufvertrag nicht gem. § 134 nichtig ist (a. A. vertretbar).

VI. Ergebnis

18 K kann von V Übereignung des „Schönfelder" Zug-um-Zug gegen Zahlung des Kaufpreises von 23 € verlangen.

Abwandlung: Anspruch K gegen V gem. § 433 Abs. 1 S. 1

19 Ein Übereignungsanspruch der K gegen V aus § 433 Abs. 1 S. 1 erfordert einen wirksamen Kaufvertrag, also Antrag und Annahme.

I. Vertragsschluss

20 Wie oben festgestellt, ist der Vertrag durch Vorlage des „Schönfelder" als Angebot der K mit einem Preis von 23 € und Annahme des V durch Eintippen dieses Preises in die Kasse zustande gekommen (vgl. oben Rn. 2 ff.)

II. Unwirksamkeit des Vertrags gem. § 142 Abs. 1

21 Zu prüfen ist wiederum, ob V die Annahmeerklärung durch Anfechtung rückwirkend gem. § 142 Abs. 1 vernichten konnte. Dazu müsste V den Vertrag gegenüber K mit Anfechtungsgrund angefochten haben.

1. Anfechtungsgrund, § 119 Abs. 2

22 Ein Anfechtungsgrund gem. § 119 Abs. 1 folgt aus der falschen Preisauszeichnung nicht (vgl. oben Rn. 7 ff.).

23 Möglicherweise konnte V den Vertrag wegen eines Eigenschaftsirrtums gem. § 119 Abs. 2 anfechten. Dazu müsste sich V über eine verkehrswesentliche Eigenschaft des von K ausgewählten „Schönfelders" geirrt haben. Eine solche verkehrswesentliche Eigenschaft liegt zwar nicht im „richtigen" Preis (s. o. Rn. 10), denn Eigenschaften sind nur solche Umstände, die der Sache – ggf. aufgrund ihrer Beziehungen zur Umwelt – selbst unmittelbar und auf eine gewisse Dauer anhaften. Ein solcher Umstand könnte jedoch im Aktualitätsstand der Gesetzessammlung liegen. Der Vorteil einer Loseblatt-Sammlung liegt gerade darin, dass man sie durch die Loseblatt-Technik und das regelmäßige Erscheinen von Nachlieferungen einfach auf dem neuesten Stand halten kann. Ist eine Gesetzessammlung nicht mehr aktuell, ist sie

---

[12] Erman/*Palm/Arnold,* § 134 Rn. 12.

jedenfalls für Studien- und Berufszwecke allenfalls noch eingeschränkt brauchbar. Damit ist die Aktualität ein Umstand, der dem „Schönfelder" unmittelbar anhaftet und sich auf seine Wertschätzung auswirkt, also eine Eigenschaft i. S. v. § 119 Abs. 2.

Umstritten ist jedoch, was unter der Verkehrswesentlichkeit einer Eigenschaft zu **24** verstehen ist. Dazu haben sich im Wesentlichen drei Ansichten gebildet:

Nach der Theorie vom geschäftlichen Eigenschaftsirrtum[13] können die Parteien **25** bestimmen, welche Eigenschaften sie für verkehrswesentlich erachten, wobei allerdings konkludente Absprachen die Regel sind. Damit spielt die objektive Brauchbarkeit nur noch für die Ermittlung des üblicherweise Gewollten im Rahmen der Auslegung der Willenserklärung eine Rolle; die Verkehrswesentlichkeit wird letztlich in eine Vertragswesentlichkeit umgedeutet. Damit kommt es letztlich auf den objektiven Erklärungsgehalt des Vertragsantrags der K an der Kasse an: Da der „Schönfelder" keinen Aufkleber trug, der auf fehlende Aktualität hindeutet, erklärte K objektiv (§§ 133, 157), einen aktuellen „Schönfelder" zum aufgeklebten Preis kaufen zu wollen. Der V erklärte die Annahme dieses Antrags; seine Vorstellung, es handele sich um einen veralteten „Schönfelder", kam dabei nicht zum Ausdruck, so dass sie als bloßes Motiv unbeachtlich bleibt.

Nach der konkret-objektiven Theorie[14] sind all die Eigenschaften verkehrswesent- **26** lich, die entweder nach der Verkehrsanschauung im Hinblick auf das konkrete Geschäft wertbildend sind oder von den Vertragsparteien zum Inhalt des Vertrags erhoben werden. So können auch atypische Eigenschaften verkehrswesentlich werden, und es wird den Interessen beider Beteiligten – letztlich in Übereinstimmung mit dem Sachmangelbegriff in § 434 Abs. 1 – Rechnung getragen. Da ein „Schönfelder" typischerweise aktuell sein muss und nichts anderes vereinbart wurde, galt diese verkehrswesentliche Eigenschaft, und V unterlag insofern einem Irrtum.

Die neuere Rspr. verbindet beide Theorien dergestalt, dass primär solche Eigen- **27** schaften verkehrswesentlich sind, die objektiv typischerweise für wesentlich gehalten werden, und atypische Eigenschaften nur dann verkehrswesentlich sind, wenn sie vom Erklärenden seiner Erklärung erkennbar zugrunde gelegt wurden, ohne dass sie Vertragsbestandteil geworden sind.[15] Nimmt man dies ernst, kann V nicht anfechten, da seine Vorstellung beim Vertragsschluss nicht zu Tage getreten ist.

Die Lehre vom geschäftlichen Eigenschaftsirrtum ist abzulehnen, weil sie die An- **28** fechtung entgegen dem Wortlaut und der Konzeption des § 119 Abs. 2 letztlich auf eine Abweichung der Ist- von der Sollbeschaffenheit gründet. Gegen die Rechtsprechung ist einzuwenden, dass sie ebenfalls vom Gesetzeswortlaut abweicht, der hinsichtlich der Eigenschaft(svorstellungen einer Partei) keine Erkennbarkeit verlangt, sondern stattdessen das Kriterium der Verkehrswesentlichkeit verwendet. Auch der Umstand, dass die Beachtlichkeit einer bestimmten Art von Motivirrtum bei grundsätzlicher Unbeachtlichkeit aller anderen Motivirrtümer rechtspolitisch zweifelhaft erscheint, vermag eine Uminterpretation des § 119 Abs. 2 nicht zu rechtfertigen. Daher ist der konkret-objektiven Theorie zu folgen und ein Eigenschaftsirr-

---

[13] *Flume,* § 24, 2; *Medicus,* Rn. 767.
[14] *Bork,* Rn. 846 m. w. N. (zur Kritik an Gegenauffassungen Rn. 847, 860 ff.); *Köhler,* § 7 Rn. 21.
[15] So etwa BGHZ 88, 240, 246; *BGH* NJW 2001, 226, 227; krit. *Bork,* Rn. 847.

tum des V zu bejahen, weil er sich über das Fehlen einer verkehrswesentlichen Eigenschaft geirrt hat.

29 **Hinweis:**

Letztlich sind hier mit entsprechender Begründung auch die anderen Ansichten vertretbar; man muss das Problem aber erkennen. Wäre auf dem „Schönfelder" ein Aufkleber „Nicht ganz aktuell", könnte man wohl von einer entsprechenden Vereinbarung ausgehen.

30 War die Aktualität des „Schönfelder" demzufolge eine verkehrswesentliche Eigenschaft, setzt die Anfechtung weiter voraus, dass V die Annahme ohne den Irrtum bei verständiger Würdigung der Lage so nicht abgegeben hätte, § 119 Abs. 1 a.E. Damit ist er zur Anfechtung nach § 119 Abs. 2 berechtigt.

2. Fristgerechte Anfechtungserklärung

31 V hat die Anfechtung zutreffend (§§ 143 Abs. 1 und 2) gegenüber seiner Vertragspartnerin K erklärt. Da er die Anfechtungserklärung ohne schuldhaftes Zögern abgegeben hat, nachdem er den Irrtum des L bemerkt hat, hat V auch die Anfechtungsfrist des § 121 Abs. 1 S. 1 gewahrt.

III. Ergebnis

32 K hat gegen V keinen Lieferungsanspruch nach § 433 Abs. 1 S. 1.

33 **Hinweis:**

Ein Schadensersatzanspruch der K gem. § 122 Abs. 1 ist von der Fragestellung nicht umfasst.

Fall 20. Unzuverlässige Übermittlung

Sachverhalt

Rechtsanwalt Randolf Rathgeber (R) arbeitet mit anderen Kollegen seit 29 Stunden an einer internationalen Großfusion. Da ihn der Hunger quält, weist er seine Auszubildende Anna Annaberger (A) an, im italienischen Restaurant „Il Ristorante" (I) um die Ecke anzurufen und für ihn eine Pizza Capricciosa zu bestellen. Die wenig konzentrierte Annaberger sagt am Telefon: „Herr Rechtsanwalt Rathgeber hätte gerne eine Pizza Calzone in sein Büro." Sie erhält die Antwort, die Pizza werde in 20 Minuten geliefert.

Muss Rathgeber die gelieferte Pizza abnehmen und bezahlen?

Abwandlung 1: Wie wäre es, wenn Anna absichtlich die falsche Pizza bestellt hätte?

Abwandlung 2: Anna bestellt die richtige Pizza, aber versehentlich beim Pizza-Service (P) um die Ecke.

Vorüberlegungen

In die Übermittlung der Willenserklärung wurde eine Mittelsperson eingeschaltet (vgl. dazu schon Fall 6). Welche rechtlichen Auswirkungen eine Fehlübermittlung dann hat, hängt wesentlich von der rechtlichen Qualität der Mittelsperson ab, also von ihrer Eigenschaft als Bote oder Stellvertreter: Daher muss man die Abgrenzung zwischen Boten und Stellvertretern beherrschen, die aus Gründen des Verkehrsschutzes nach dem objektiven Empfängerhorizont (§§ 133, 157) erfolgt, also danach, als was der Mittelsmann aus der Sicht eines objektiven Erklärungsempfängers auftritt.

Die Unterscheidung zwischen Boten und Stellvertretern hat verschiedene Auswirkungen, nämlich zum einen beim Zugang (dazu schon Fall 6), zum anderen bei der Geschäftsfähigkeit (dazu Fall 33 Rn. 13). Schließlich ergeben sich gravierende Unterschiede auch bei der Behandlung von Willensmängeln. Übermittelt der Bote die Erklärung unrichtig, so gibt es dafür eine eigene Regelung. Liegt der Fehler hingegen nicht beim Boten, sondern beim Geschäftsherrn, der bei ihrer Abgabe (also der „Übergabe" an den Boten) einem Irrtum unterlag, sind die §§ 119, 123 anzuwenden. – Zur Rechtslage bei Willensmängeln des Stellvertreters vgl. Fall 37 und 38.

Am Anfang muss man freilich eine Anspruchsgrundlage finden. Es liegt nahe, an einen Anspruch auf Kaufpreiszahlung zu denken und diesen zu prüfen. Bei näherem Nachdenken mag man vielleicht etwas zweifeln, ob es sich wirklich um einen Kaufvertrag handelt. Auf das Problem muss man nur näher eingehen, wenn man bereits Schuldrecht gehört hat. Ansonsten darf man einfach von einem Kauf ausgehen.

Die Abwandlungen behandeln umstrittene Fallkonstellationen, die man kennen sollte.

Lösung

Anspruch I gegen R gem. § 433 Abs. 2

1 I hat gem. § 433 Abs. 2 gegen R einen Anspruch auf Abnahme und Zahlung der gelieferten Pizza, wenn die Parteien durch übereinstimmende Willenserklärungen – Antrag und Annahme – einen Kaufvertrag dieses Inhalts geschlossen haben.

I. Antrag, § 145

Voraussetzung für einen Vertragsschluss ist somit ein Angebot, also eine empfangs- **2** bedürftige Willenserklärung, durch die der Vertragsschluss einem anderen so angetragen wird, dass das Zustandekommen des Vertrages nur noch vom Einverständnis des Empfängers abhängt.[1] Dazu müssen vor allem die wesentlichen Vertragsbestandteile (essentialia negotii), also die Hauptleistungspflichten, feststehen.[2] A hat zwar die gewünschte Speise genannt, doch ist eine Preisangabe nicht ersichtlich. Jedoch reicht es auch aus, wenn der Vertragsinhalt zumindest *bestimmbar* ist. Bei der Bestellung von Essen in einem Restaurant entspricht es der Verkehrsauffassung, dass die gerade gültigen Preise bezahlt werden sollen. Dementsprechend erklärt die A aus dem objektiven Empfängerhorizont ein Angebot zum Abschluss eines Kaufvertrags über eine Pizza Calzone zum von I verlangten Preis. Dass R einen anderen Geschäftswillen hatte, ist für das Vorliegen einer Willenserklärung unschädlich, arg. §§ 119, 120.

> **Hinweis:** **3**
> Die nun folgenden Erwägungen zur Frage des Vertragstyps werden von Studienanfängern noch nicht erwartet und können von diesen einstweilen ignoriert werden. Bei ihnen gibt man sich typischerweise mit der unreflektierten Einordnung als Kauf zufrieden, die im Endeffekt durchaus zutrifft. Sobald man (vertragliches) Schuldrecht gehört hat, muss man aber auch die folgenden Erwägungen anstellen.

Zu prüfen ist allerdings, ob R hier wirklich den Abschluss *eines Kaufvertrags* über **4** eine Pizza angeboten hat, da I die Pizza *anfertigen* und an R *liefern* soll. Daher könnte es sich auch um einen Werklieferungsvertrag i. S. v. § 651 handeln, weil I die Pizza erst noch zubereiten muss. Dies kann aber offenbleiben, da § 651 S. 1 auf das Kaufrecht verweist.

Stehen somit der Tatbestand der Willenserklärung und ihr Inhalt fest, bleibt noch **5** zu klären, ob es sich um eine Willenserklärung des R oder der A handelt. Wird eine dritte Person in den Vertragsabschluss eingeschaltet, so kommen Botenschaft und Stellvertretung in Betracht. Während der Stellvertreter eine *eigene* Willenserklärung mit Wirkung für einen anderen abgibt (§ 164 Abs. 1), ist der Bote letztlich nur „Transportmittel" für die *fremde* Willenserklärung des Geschäftsherrn.[3] Ob die Mittelsperson im Einzelfall als Bote oder Vertreter auftritt, ist im Wege der Auslegung gem. §§ 133, 157 zu klären. Da A ausdrücklich erklärt, was R will, übermittelt sie nur seine Willenserklärung; sie tritt also als Botin auf. Damit ist klar, dass R Vertragspartner werden soll.

> **Hinweis:** **6**
> Man sollte die Entscheidung zwischen Botenschaft und Stellvertretung bereits hier treffen. „Klausurtaktisch" ist es zwar oft geschickter, eine Abgrenzung erst dort vorzunehmen, wo sie wirklich relevant wird. So kann man dem Korrektor zeigen, dass man nicht nur Wissen „abspult", sondern auch die Schwerpunktsetzung beherrscht. Das gilt aber nur, wenn es sich vom Aufwand her vertreten lässt. Hier müsste man letztlich eine Alternativlösung zu Vertretung und Botenschaft anbieten, weil sich Unterschiede nicht nur beim Angebot, sondern auch beim Zugang der Annahmeerklärung usw. ergeben. Deshalb bietet es sich hier an, die am Ende (bei der Anfechtung) unvermeidbare Entscheidung lieber gleich vorzunehmen.

---

[1] *Brox/Walker,* § 8 Rn. 165; Palandt/*Ellenberger,* § 145 Rn. 1; MünchKomm/*Busche,* § 145 Rn. 5; *Medicus,* Rn. 358.

[2] *Köhler,* § 8 Rn. 8.

[3] MünchKomm/*Busche,* § 147 Rn. 2; Staudinger/*Schilken,* Vorbem. zu §§ 164 ff. Rn. 73.

II. Annahme durch I

7 I müsste das telefonische Angebot zum Abschluss eines Vertrags mit R sofort angenommen haben, § 147 Abs. 1 S. 1 und 2. Dies ist durch die Erklärung, wann die Pizza geliefert wird, auch geschehen. Da R die A nicht nur zur Übermittlung seines Angebots eingesetzt, sondern sie gem. §§ 133, 157 zumindest konkludent auch zur Entgegennahme der Annahme ermächtigt hat,[4] ist die A Empfangsbotin des R. Die Annahme ist dem R damit insoweit zugegangen, als eine Weitergabe der Erklärung an ihn unter gewöhnlichen Verhältnissen möglich und zu erwarten war.[5] Da die A, die als Empfangsbotin lediglich die Funktion einer personifizierten Empfangseinrichtung hat,[6] die Information sofort weitergeben konnte, ist der Zugang bei R mit der Übermittlung an sie erfolgt.

8   **Hinweis:**
Ein „einem Anwesenden" gemachter Antrag im Sinne des § 147 Abs. 1 liegt auch vor, wenn ein Vertreter oder ein Bote eingeschaltet ist, sofern dieser auch zur Entgegennahme der Annahmeerklärung (als Empfangsbote oder -vertreter) berechtigt ist.[7] – Wäre A Passivvertreterin nach § 164 Abs. 3, käme es für den Zugang allein auf ihre Person an, hier also auf die Vernehmung.[8]

III. Zwischenergebnis

9 R und I haben einen wirksamen Vertrag geschlossen, aus dem grundsätzlich ein Anspruch auf Abnahme und Bezahlung der Speisen gemäß § 433 Abs. 2 resultiert.

IV. Nichtigkeit des Angebots des R gemäß § 142 Abs. 1

10 Die Willenserklärung des R und damit der Kaufvertrag wären gem. § 142 Abs. 1 im Falle einer wirksamen Anfechtung nichtig. Diese setzt (auch) eine Anfechtungserklärung gemäß § 143 Abs. 1, 2 voraus, an der es noch fehlt.

11   **Hinweis:**
Anfechtungsberechtigt ist stets der Erklärende, arg. §§ 119, 120, nicht der Bote. Der Erklärende kann aber seine Anfechtungserklärung wiederum per Boten übermitteln.

V. Anfechtbarkeit des Rechtsgeschäfts

12 Da R eine Anfechtungserklärung i.S.v. § 143 Abs. 1 grundsätzlich noch abgeben könnte, ist zu prüfen, ob diese zur Rechtsfolge des § 142 Abs. 1 führen würde.

13   **Hinweis:**
Man sollte nicht wegen des Fehlens einer Anfechtungserklärung auf die Prüfung der Anfechtungstatbestände verzichten. Die Aufgabenstellung – bis zum Ersten Staatsexamen – verlangt die Anfertigung eines Gutachtens. Es muss daher auch auf die Frage eingegangen werden, ob eine Anfechtung grundsätzlich möglich wäre. Natürlich muss man dann hinreichend verdeutlichen, dass die Anfechtung noch (fristgerecht, § 121!) erklärt werden müsste, um die Rechtsfolge des § 142 Abs. 1 auszulösen. – Man kann auch einfach § 142 Abs. 1 und dort zuerst den Anfechtungsgrund prüfen und anschließend das Fehlen der Anfechtungserklärung darlegen.

---

4   Vgl. Palandt/*Ellenberger,* § 130 Rn. 8 f.; *Köhler,* § 6 Rn. 16.
5   *BGH* NJW-RR 1989, 757, 758 f.; Palandt/*Ellenberger,* § 130 Rn. 9; Soergel/*Hefermehl,* § 130 Rn. 16 a; *Medicus,* Rn. 285. Zum Zugang bei nicht verkörperten Erklärungen teils a. A. Münch-Komm/*Einsele,* § 130 Rn. 30: richtige sinnliche Wahrnehmung durch den Empfänger.
6   *BGH* NJW 2002, 1565, 1567; *Köhler,* § 6 Rn. 16.
7   Soergel/*Wolf,* § 147 Rn. 2.
8   *Köhler,* § 6 Rn. 19; Soergel/*Hefermehl,* § 130 Rn. 21; Palandt/*Ellenberger,* § 130 Rn. 13 f.

1. Anfechtungsgrund, § 120

Da der Fehler darin liegt, dass A die falsche Pizza bestellt hat, ist an eine Anfechtung nach §§ 120 i. V. m. 119 Abs. 1 zu denken. **14**

a) Übermittlung einer fremden Willenserklärung

Es müsste sich zunächst um die Übermittlung einer fremden Willenserklärung **15** handeln. § 120 gilt daher nur für den Erklärungsboten, nicht für den Vertreter, da dieser nicht eine fremde Willenserklärung übermittelt, sondern eine eigene Willenserklärung – freilich in fremdem Namen – abgibt,[9] so dass es für Willensmängel gem. § 166 auf seine Person ankommt. Wie bereits festgestellt, übermittelt A aus der Sicht des I (§§ 133, 157) jedoch nur die (fremde) Willenserklärung des R. Damit hat sie als Botin gehandelt.[10]

b) Unrichtige Übermittlung

A hat die Erklärung des R infolge Verwechslung des Namens der Pizza unrichtig **16** übermittelt.

c) Zurechenbarkeit an Auftraggeber

§ 120 wäre allerdings nur dann einschlägig, wenn die übermittelte Erklärung – zu- **17** mindest aus der Sicht des objektiven Empfängers nach §§ 133, 157 – noch als Willenserklärung dem Auftraggeber, mithin R, zurechenbar ist. Dies ist hier trotz des Irrtums der A der Fall.

d) Doppelte Kausalität

Voraussetzung ist zudem, dass R die Erklärung bei Kenntnis der Sachlage und ver- **18** ständiger Würdigung nicht so abgegeben hätte, §§ 120 i. V. m. 119 Abs. 1.[11] „Bei Kenntnis der Sachlage" hätte R die Erklärung nicht abgegeben, da er eine andere Pizza wollte. Zu dieser Erheblichkeit in subjektiver Hinsicht muss in objektiver Hinsicht hinzutreten, dass der Irrende als ein verständiger Mensch und „frei von Eigensinn, subjektiven Launen und törichten Anschauungen"[12] die Abgabe der Willenserklärung ohne den Irrtum unterlassen hätte.[13] Da man in der Regel die Speise verzehren möchte, die man bestellt hat, ist auch dies der Fall. Dass R die andere Speise ebenfalls essen könnte, ist insofern irrelevant, denn R kann selbst entscheiden, ob er anficht oder nicht.

2. Anfechtungsfrist

R müsste allerdings die Anfechtungsfrist des § 121 Abs. 1 S. 1 wahren, mithin un- **19** verzüglich anfechten.

---

9 Palandt/*Ellenberger,* § 120 Rn. 2; *Köhler,* § 7 Rn. 22; MünchKomm/*Armbrüster,* § 120 Rn. 2.
10 Vgl. *Brox/Walker,* § 24 Rn. 518; Palandt/*Ellenberger,* Einf. v. § 164 Rn. 11; *Köhler,* § 11 Rn. 16.
11 Das Kausalitätserfordernis folgt aus der Gleichstellung des Übermittlungsirrtums in § 120 mit einem Erklärungsirrtum nach § 119 Abs. 1 Alt. 1, HK/*Dörner,* § 120 Rn. 5.
12 RGZ 62, 206.
13 Soergel/*Hefermehl,* § 119 Rn. 67; Palandt/*Ellenberger,* § 119 Rn. 31.

3. Zwischenergebnis

20 R kann seine von A übermittelte Willenserklärung nach §§ 120 i. V. m. 119 Abs. 1 anfechten. Dann ist der Vertrag als von Anfang an nichtig zu behandeln, § 142 Abs. 1.

VI. Ergebnis

21 Grundsätzlich hat I gegen R einen Anspruch auf Abnahme und Bezahlung des Essens aus § 433 Abs. 2, wenn sich R nicht zu einer Anfechtung nach §§ 120, 119 Abs. 1 entschließt und den Vertrag vernichtet.

Abwandlung 1: Anspruch I gegen R gem. § 433 Abs. 2

22 I hat – wie im Ausgangsfall – grundsätzlich einen Anspruch gegen R aus § 433 Abs. 2. Es stellt sich wiederum die Frage, ob R nach §§ 120, 119 Abs. 1 anfechten kann.

I. Zurechenbarkeit der Willenserklärung bei Auftraggeber R

23 R könnte nur dann anfechten, wenn ihm die von A abgegebene Willenserklärung – jedenfalls aus der Sicht des objektiven Empfängers – noch zugerechnet werden kann (vgl. oben Rn. 17). Gerade für den Fall der bewusst unrichtigen Übermittlung durch den Erklärungsboten, ist dies äußerst umstritten.

24 Nach h. M. erfasst § 120 nur die unbewusst unrichtige Übermittlung. Setzt der Bote seinen Willen eigenmächtig an die Stelle desjenigen des Erklärenden, so handelt es sich zwar auch um eine unrichtig übermittelte Erklärung, aber nicht mehr – wie § 120 dies erfordert – um eine solche des anderen. Vielmehr beruht die Erklärung auf einem selbständigen Beschluss der Mittelsperson und kann dem Erklärenden deshalb nicht mehr als von ihm herrührend zugerechnet werden.[14] Es finden die §§ 177 ff. entsprechende Anwendung, so dass der Bote nach § 179 gegenüber dem Erklärungsempfänger haftet.[15]

25 Nach der Gegenansicht greift § 120 auch bei vorsätzlich unrichtiger Übermittlung ein, weil der Auftraggeber des Boten durch die Einschaltung einer Mittelsperson auch die Gefahr einer absichtlichen Falschübermittlung schafft und er den Boten auswählen und ihn instruieren, in gewisser Weise auch überwachen kann. Das Auftreten des Boten erweckt daher stets den Anschein einer vollgültigen Willenserklärung, die dem Auftraggeber aufgrund seiner Beherrschungsmöglichkeiten zugerechnet werden kann. Denn die §§ 120, 122 dienen gerade dem Schutz des berechtigten Vertrauens, das der Empfänger in die Gültigkeit der ihm übermittelten Erklärung setzt.[16] Neben einer Haftung nach § 122 kommt eine Haftung des Auftraggebers gemäß §§ 311 Abs. 2, 280 Abs. 1 auf Ersatz des Vertrauensschadens in

---

[14] *OLG Oldenburg* NJW 1978, 951; *Brox/Walker*, § 18 Rn. 415; HK/*Dörner*, § 120 Rn. 4; Soergel/*Hefermehl*, § 120 Rn. 7 i. V. m. Rn. 4; Palandt/*Ellenberger*, § 120 Rn. 4; *Köhler*, § 7 Rn. 22; *Larenz/Wolf*, § 36 Rn. 26.

[15] *OLG Oldenburg* NJW 1978, 951; Palandt/*Ellenberger*, § 120 Rn. 4; kritisch Staudinger/*Singer*, § 120 Rn. 2.

[16] Vgl. hierzu grundlegend *Marburger*, AcP 173 (1973), 137, 150 ff.; MünchKomm/*Armbrüster*, § 120 Rn. 4; *Medicus*, Rn. 748.

Betracht, wenn ihm ein Auswahlverschulden hinsichtlich der Person des Übermittlungsboten anzulasten ist.[17]

Der Gegenauffassung ist zwar zuzugeben, dass der Auftraggeber auch die Gefahr **26**
der bewussten Falschübermittlung begründet. Dies rechtfertigt es jedoch nicht, ihm
diese Erklärung als eigene zuzurechnen. Die Anwendung des § 120 auf den Fall
vorsätzlicher Falschübermittlung würde den Schutz des Erklärungsempfängers über-
spannen. Der Verweis auf § 119 Abs. 1 legt nahe, dass auch § 120 einen unbewuss-
ten Vorgang voraussetzt, der bei der absichtlichen Falschübermittlung gerade
fehlt.[18] Der Anschein einer Willenserklärung, den der Erklärende auslöst, ist ihm
nach allgemeinen Rechtsscheinsgrundsätzen hier nicht zurechenbar. Zum Schutz
des Erklärungsempfängers reicht die Haftung des Boten analog § 179 Abs. 1 aus.

II. Ergebnis

R kann die Falschübermittlung nicht zugerechnet werden. Da es somit schon an **27**
einer Willenserklärung des R fehlt, bedarf es keiner Anfechtung.

> **Hinweis:** **28**
> Dieses Ergebnis wirft (hoffentlich!) die Frage auf, wieso man die Problematik nicht schon bei der
> Willenserklärung des R prüft. Das liegt wohl daran, dass das Problem allgemein bei § 120 verankert
> wird und die verschiedenen Meinungen dort verständlicher werden. Bei der Prüfung des Vertrags-
> schlusses würde eine Diskussion des § 120 in der Luft hängen.

Abwandlung 2: Anspruch P gegen R gem. § 433 Abs. 2

P hat gegen R einen Anspruch auf Abnahme und Zahlung des gelieferten Essens, **29**
wenn die Parteien durch übereinstimmende Willenserklärungen – Antrag und Annahme – einen Kaufvertrag diesen Inhalts geschlossen haben.

I. Antrag, § 145

Wie bereits oben (Rn. 2 ff.) festgestellt, hat R grundsätzlich ein hinreichend be- **30**
stimmtes Angebot zum Abschluss eines Kaufvertrags abgegeben. Zu prüfen ist, ob
die Fehlleitung des Angebots des R daran etwas ändert. Da aus der von A übermittelten Erklärung des R nicht hervorging, dass die Pizza bei I hätte bestellt werden
sollen, durfte P die Erklärung der A gem. §§ 133, 157 dahin verstehen, R wolle
gerade bei P eine Pizza bestellen. Wie bereits dargelegt (oben Rn. 5), trat A ersichtlich als Botin auf, so dass es sich um einen Vertragsantrag des R handelt.

II. Annahme durch P

P hat das telefonische Angebot des R sofort angenommen, § 147 Abs. 1 S. 1 (s. o. **31**
Rn. 7).

---

[17] HK/*Dörner*, § 120 Rn. 4; Soergel/*Hefermehl*, § 120 Rn. 4; Palandt/*Ellenberger*, § 120 Rn. 4; *Köhler*,
§ 7 Rn. 22. Ob er nach § 278 für den Übermittlungsboten, der seine Erklärung bewusst falsch
übermittelt, haftet (Soergel/*Hefermehl*, § 120 Rn. 4), ist umstritten. Daneben wird teilweise weitergehend auch eine verschuldensunabhängige Haftung des Auftraggebers analog § 122 vertreten, vgl.
Brox/Walker, § 18 Rn. 415; *Larenz/Wolf*, § 36 Rn. 122; dies bejaht jedenfalls auch Münch-
Komm/*Armbrüster*, § 120 Rn. 4, was man wohl auch als eine dritte Auffassung einordnen könnte.

[18] Soergel/*Hefermehl*, § 120 Rn. 7 i. V. m. Rn. 4; *Köhler*, § 7 Rn. 22; *Larenz/Wolf*, § 36 Rn. 26; vgl.
auch die Nachweise bei *Marburger*, AcP 173 (1973), 137, 143 f. Fn. 27 ff.

III. Zwischenergebnis

32 P kann also gem. § 433 Abs. 2 Abnahme und Bezahlung der Pizza von R verlangen.

IV. Anfechtbarkeit des Rechtsgeschäfts gemäß § 142 Abs. 1

33 Zu prüfen ist, ob R seine Willenserklärung und damit den Kaufvertrag durch Anfechtung gem. § 142 Abs. 1 vernichten kann.

1. Anfechtungsgrund, § 120

34 Da der Fehler darin liegt, dass A die Bestellung im falschen Restaurant abgibt, ist an eine Anfechtung nach §§ 120 i.V.m. 119 Abs. 1 zu denken.

a) Übermittlung einer fremden Willenserklärung

35 A hat als Botin eine fremde Willenserklärung übermittelt (s.o. Rn. 30).

b) Unrichtige Übermittlung

36 A müsste die Erklärung unrichtig übermittelt haben. Dies erscheint zweifelhaft, da A die Bestellung richtig abgegeben und „nur" an den falschen Adressaten übermittelt hat. Jedoch kann es nach nahezu einhelliger Ansicht keinen Unterschied machen, ob die Erklärung mit unrichtigem Inhalt an den richtigen Adressaten übermittelt wird oder mit richtigem Inhalt an den falschen Empfänger.[19] Denn zum Inhalt der Erklärung zählt auch die Person des Empfängers. Damit liegt eine unrichtige Übermittlung vor.

c) Zurechenbarkeit

37 Allerdings ist § 120 nach h.M. nur einschlägig, wenn die übermittelte Erklärung – zumindest aus der Sicht des objektiven Empfängers nach §§ 133, 157 – noch als Willenserklärung des Auftraggebers der Botin anzusehen ist. Da R eine Übermittlung durch A veranlasst hat und die Erklärung ohne weitere inhaltliche Veränderung versehentlich an den falschen Empfänger übermittelt wurde, ist sie dem R noch zurechenbar.

d) Doppelte Kausalität

38 Es ist davon auszugehen, dass R die Erklärung in Kenntnis der Falschübermittlung und bei verständiger Würdigung so nicht abgegeben hätte, §§ 120 i.V.m. 119 Abs. 1, da er eine Pizza in einem anderen Restaurant bestellen wollte. Dafür, dass die Pizza des P für ihn gleichwertig ist, enthält der Sachverhalt keinen Anhaltspunkt.

2. Anfechtungsfrist

39 R müsste gem. § 121 Abs. 1 S. 1 die Anfechtung unverzüglich erklären.

---

[19] Soergel/*Hefermehl*, § 120 Rn. 7; *Köhler*, § 7 Rn. 22; MünchKomm/*Armbrüster*, § 120 Rn. 6. Anders aber, wenn die Erklärung – insbesondere die Adressierung – mehrdeutig und deshalb ein versteckter Dissens möglich ist, Soergel/*Hefermehl*, § 120 Rn. 8; MünchKomm/*Armbrüster*, § 120 Rn. 6; wohl auch Palandt/*Ellenberger*, § 120 Rn. 3.

3. Zwischenergebnis

R kann seine von A übermittelte Willenserklärung (noch) nach § 120 mit der **40** Rechtsfolge des § 142 Abs. 1 anfechten und den Vertrag so vernichten.

V. Ergebnis

P hat gegen R einen Anspruch auf Abnahme und Bezahlung des Essens aus § 433 **41** Abs. 2, wenn R nicht unverzüglich die Anfechtung gem. § 120 erklärt.

Fall 21. Günstig gemachte Gelegenheit

Sachverhalt

Jurastudentin Karolin (K) will sich für das Bestehen der Zwischenprüfung mit der DVD der letzten Konzerttournee ihres Lieblingsinterpreten Heino belohnen. Deshalb sucht sie die nahe gelegene, etwas altmodische Musikhandlung des Viktor (V) auf und fragt nach besagter DVD.

Viktor holt ein Exemplar und bemerkt erst an der Kasse, dass auf der Hülle das Preisschild fehlt. Da noch andere Kunden da sind, erklärt sich Karolin bereit, den Preis auf einem anderen Exemplar nachzusehen, weil sie gesehen habe, wo die Heino-DVD liege. Sie ermittelt einen Preis von 32 €, gibt aber gegenüber Viktor 23 € an. Leichte Zweifel Viktors an der Angabe zerstreut Karolin mit dem Hinweis auf eine angebliche Werbeaktion der Plattenfirma. Daraufhin tippt Viktor 23 € in seine Registrierkasse ein. Karolin stellt nun fest, dass sie kein Geld dabei hat. Beide kommen überein, dass Karolin die DVD am Abend abholen und bezahlen soll. Bis zum Abend hat Viktor den wahren Preis herausgefunden und weist Karolin darauf hin, als diese wieder erscheint. Karolin verlangt die DVD gegen Zahlung von 23 €, Viktor will sie ihr nur für 32 € geben.

Abwandlung 1: Wie wäre es, wenn nicht Karolin die Aussagen über den angeblichen Preis von 23 € macht, sondern ein unbekannter Kunde (U), der einfach ins Blaue hinein irgendetwas behauptet, um eine Verzögerung an der Kasse zu verhindern?

Abwandlung 2: Karolin sagt, sie wolle die neue Heino-DVD einmal anschauen. Viktor holt ein Exemplar, legt die DVD in ein Abspielgerät ein und gibt Karolin die Hülle, auf der ein Preis von 32 € angegeben ist. Karolin prüft die DVD und sagt dann: „Die nehme ich!" Viktor verlangt 32 €. Daraufhin meint Karolin, sie wolle nur 23 € bezahlen, denn so viel koste die DVD bei Viktors Wettbewerber Wega-Markt. Dabei schwenkt sie eine Werbebroschüre des Wega-Marktes, auf der „Frische DVDs jetzt besonders günstig – nur 23 €" steht. Dies bezieht sich aber nicht auf die Heino-DVD, doch Viktor schaut die Broschüre nicht näher an. Viktor tippt nun 23 € in seine Registrierkasse ein, weil er gerade mit einer „Tiefstpreisgarantie" wirbt: Wer etwas bei ihm kauft und nachweisen kann, dass es das bei der Konkurrenz billiger gibt, braucht auch nur den niedrigeren Preis zu bezahlen. Bis zum Abend findet er die Wahrheit heraus und verlangt von K Zahlung von 32 €. – Zu Recht?

Vorüberlegungen

Der Fall erinnert an Fall 19. Der Unterschied liegt darin, dass der Irrtum des V durch Behauptungen der K ausgelöst wird. Insofern muss man die Anfechtung nach § 123 Abs. 1 wegen arglistiger Täuschung prüfen. Das entbindet jedoch nicht davon, auch andere Anfechtungsgründe in Erwägung zu ziehen und zumindest gedanklich durchzuprüfen! Bevor man überhaupt zur Anfechtung gelangt, ist der Vertragsschluss genau zu untersuchen. Zu allererst aber muss man die Fragestellung in eine geeignete Anspruchsgrundlage übersetzen. Da die Beteiligten unterschiedliche Preise für maßgeblich halten, muss man zwei unterschiedliche Verträge untersuchen. Dabei beginnt man – in der Regel – mit dem angefochtenen Geschäft.

Was den Vertragsschluss anbelangt, sei angesichts der Ähnlichkeiten zu Fall 19 davor gewarnt, einen Fall „aus der Erinnerung heraus" lösen zu wollen, wenn man glaubt, ihn bereits aus Unterricht oder Selbststudium zu kennen. Ein entsprechender Gedanke ist zwar verständlich, man muss ihn aber möglichst unterdrücken: Zum einen erinnert man sich meist nicht an alle Details des bekannten Falls, und zum anderen unterscheidet sich der zu lösende Sachverhalt oft im Detail von dem bekannten Fall. Beim Versuch der Lösung aus dem Gedächtnis läuft man daher Gefahr, Details des zu lösenden Falls zu übersehen und einen *ähnlichen Fall* zu lösen. Aus diesem Grunde bringt es übrigens generell wenig, Lösungen irgendwelcher Fälle auswendig zu lernen. Man kann sich den Aufbau einzelner Normen und einzelne dazugehörige Probleme und ihren Einbau in die Lösung einprägen, aber nicht mehr. Versucht man sich an eine ganze Lösung zu erinnern, übersieht man oft die Probleme der aktuellen Aufgabe. Diese wird man nur finden, wenn man den Stoff zu verstehen versucht, weil man ihn nur dann auch auf andere Sachverhalte anwenden kann. Daher muss man sich stets zwingen, *den jeweils vorliegenden Sachverhalt* zu lösen.

Die Abwandlungen zielen auf unterschiedliche Dinge. In der ersten Abwandlung wird die Täuschung nicht von Karolin verübt, sondern von einem Dritten. In der zweiten Abwandlung läuft schon der Vertragsschluss anders ab.

Gliederung

Lösung

I. Anspruch K gegen V gem. § 433 Abs. 1 S. 1

1 K hat gegen V einen Anspruch auf Übereignung und Übergabe der DVD gegen Zahlung von 23 € gem. § 433 Abs. 1 S. 1, wenn die beiden durch übereinstimmende Willenserklärungen – Antrag und Annahme – einen Kaufvertrag dieses Inhalts geschlossen haben.

2 **Hinweis:**
Würde man den Anspruch des V gem. § 433 Abs. 2 prüfen, müsste man sogleich einen Vertragsschluss zu 32 € untersuchen, da V keine 23 € verlangt. Für ein Eingehen auf den vermutlich zunächst erfolgten Vertragsschluss zu 23 € ist dann sinnvollerweise kaum Raum. Deshalb ist es besser, mit dem Lieferungsanspruch der K zu 23 € zu beginnen.

1. Antrag, § 145

Ein Angebot zum Abschluss eines Kaufvertrages i.S.v. § 145 könnte zunächst darin **3**
liegen, dass K nach der DVD fragt. Zwar ist die bloße Frage nach einem bestimmten Artikel in einem Geschäft in der Regel gem. §§ 133, 157 noch nicht als Äußerung eines Willens zur rechtlichen Bindung zu verstehen, da der Kaufentschluss
meist noch nicht feststeht. Oft geht es zunächst darum, den Artikel zu prüfen, um
sich danach zu entscheiden. Im vorliegenden Fall verhält es sich aber anders, da der
Kaufentschluss der K feststeht und sie dies auch gegenüber V zum Ausdruck bringt.

Zweifel am Vorliegen eines bindenden Antrags könnten allerdings insofern beste- **4**
hen, als K keinen bestimmten Preis genannt hat. Denn ein Antrag i.S.v. § 145 setzt
voraus, dass der Vertragsschluss so angetragen wird, dass das Zustandekommen des
Vertrages nur noch vom Einverständnis des Empfängers abhängt.[1] Dazu müssen vor
allem die essentialia negotii, die wesentlichen Vertragsbestandteile, feststehen,[2] was
hier nicht der Fall ist. Insofern kommt es darauf an, ob man Ks Frage nach der
DVD gem. §§ 133, 157 als Antrag i.S.d. § 145 zu dem Preis auslegen kann, den V
kraft Preisauszeichnung in seinem Laden fordert. Das erscheint nach der Lebenserfahrung auch aus der Sicht des Geschäftsinhabers eher zweifelhaft, so dass ein Antrag zu verneinen ist (a.A. vertretbar).

Ein Antrag könnte nun darin liegen, dass V der K die gewünschte DVD holt. Doch **5**
ist der Preis immer noch unklar, da kein Preisaufkleber vorhanden ist. Demzufolge
liegt ein hinreichend bestimmter Antrag erst vor, als K dem V – wenn auch wahr-
heitswidrig – sagt, der Preis auf den anderen DVDs liege bei 23 €. Erst jetzt liegt
eine Erklärung vor, die auf den Vertragsschluss gerichtet und annahmefähig ist.

2. Annahme durch V

V hat dieses Angebot gem. § 147 Abs. 1 S. 1 sofort konkludent dadurch ange- **6**
nommen, dass er den Preis von 23 € eintippt und von K verlangt. Damit wäre
grundsätzlich ein Vertrag geschlossen und der Anspruch entstanden.

3. Nichtigkeit der Annahme gem. § 142 Abs. 1

Die Willenserklärung des V wäre jedoch gem. § 142 Abs. 1 nichtig, wenn er sie am **7**
Abend wirksam angefochten hätte.

a) Anfechtungserklärung, § 143 Abs. 1 und 2

Die gem. § 143 Abs. 1 erforderliche Anfechtungserklärung des V ist darin zu sehen, **8**
dass er der K unter Hinweis auf die Umstände erklärt, er wolle die DVD nicht zu
dem vereinbarten Preis verkaufen. Damit bringt er klar zum Ausdruck, dass er an
dem Vertrag, so wie er geschlossen wurde, aufgrund eines Willensmangels nicht
festhalten will.[3] Eine Anfechtungserklärung liegt somit vor, und V hat sie auch gegenüber dem gem. § 143 Abs. 2 richtigen Anfechtungsgegner abgegeben.

---

[1] *Brox/Walker,* § 8 Rn. 165; Palandt/*Ellenberger,* § 145 Rn. 1; MünchKomm/*Busche,* § 145 Rn. 5;
    Medicus, Rn. 358.
[2] *Köhler,* § 8 Rn. 8.
[3] BGHZ 88, 240, 245; Soergel/*Hefermehl,* § 143 Rn. 2; *Köhler,* § 7 Rn. 76; MünchKomm/*Busche,*
    § 143 Rn. 2.

b) Anfechtungsgrund: § 119 Abs. 1, 2

9 Zu prüfen ist, ob sich ein Anfechtungsgrund aus der fehlenden Preisauszeichnung ergibt. In Betracht kommt insofern § 119 Abs. 1. Da V die DVD zu 23 € verkaufen wollte und nichts anderes erklärt hat, verwendet er weder ein Erklärungszeichen, das er nicht benutzen wollte (§ 119 Abs. 1 Alt. 2, Erklärungsirrtum), noch hat er eine falsche Vorstellung vom objektiven Erklärungsgehalt seiner Erklärung (§ 119 Abs. 1 Alt. 1, Inhaltsirrtum). Es fehlt somit an einem Erklärungs- oder Inhaltsirrtum. Zu denken wäre allenfalls an § 119 Abs. 2, weil V sich über den wahren Preis irrt. Doch sind Eigenschaften im Sinne dieser Norm nur alle wertbildenden Merkmale der Sache sowie ihre tatsächlichen oder rechtlichen Beziehungen zur Umwelt, soweit sie nach der Verkehrsauffassung auf die Wertschätzung der Sache Einfluss haben und ihr unmittelbar zumindest für eine gewisse Dauer anhaften.[4] Da der Wert bzw. der Preis der Sache allein auf der Bewertung der Sache anhand ihrer sonstigen Merkmale beruht, gehört er selbst gerade nicht zu den Eigenschaften. Es handelt sich daher grundsätzlich nur um einen unbeachtlichen Motivirrtum.[5]

c) Anfechtungsgrund: § 123 Abs. 1 Alt. 1

10 Zu prüfen ist, ob V gem. § 123 Abs. 1 Alt. 1 anfechtungsberechtigt ist, weil K ihn arglistig getäuscht und dadurch zur Abgabe seiner Willenserklärung bestimmt hat.

aa) Täuschung und Irrtumserregung

11 Täuschung ist ein Verhalten, das darauf abzielt, in einem anderen unrichtige Vorstellungen über Tatsachen hervorzurufen, zu bestärken oder zu unterhalten.[6] K hat der Wahrheit zuwider behauptet, auf den anderen Exemplaren habe ein Preis von 23 € gestanden. Dadurch hat sie bei V eine Fehlvorstellung über den richtigen Ladenpreis der DVD ausgelöst.

bb) Doppelte Kausalität

12 Die Handlung der K war ursächlich dafür, dass V den Preis von 23 € als richtig akzeptierte und deshalb die Willenserklärung mit dem Inhalt „Verkauf zu 23 €" abgab.

13 **Hinweis:**
An der erforderlichen Rechtswidrigkeit der Täuschung bestehen im Regelfall und auch hier keine Zweifel, so dass man grundsätzlich auf die Prüfung verzichten (oder einen ganz kurzen Hinweis machen) kann. Näher prüfen muss man sie, wenn ausnahmsweise Zweifel an der Widerrechtlichkeit bestehen. Das gilt bei unzulässigen Fragen, einer Problematik, die sich vor allem im Arbeitsrecht findet.[7]

cc) Arglist

14 Arglist meint im Zusammenhang mit § 123 (nur) Vorsatz bezüglich der Täuschung, des Irrtums und der darauf beruhenden Willenserklärung des V. Der Handelnde muss es wenigstens für möglich halten, dass er die Unwahrheit sagt und sich zumindest bewusst sein, dass der Gegner ohne die Täuschung eine Erklärung nicht

---

4 *BGH* NJW 2001, 226, 227; Erman/*Arnold,* § 119 Rn. 35; *Köhler,* § 7 Rn. 19.
5 S. ausführlich Fall 17 Rn. 15 f.; s. a. Fall 18 Rn. 16 und *OLG Schleswig* VIZ 1993, 34, 35 f.
6 Palandt/*Ellenberger,* § 123 Rn. 2; *Köhler,* § 7 Rn. 39.
7 Vgl. dazu Palandt/*Ellenberger,* § 123 Rn. 10 i. V. m. Palandt/*Weidenkaff,* § 611 Rn. 6.

mit diesem Inhalt abgegeben hätte.[8] Da K genau wusste, dass es keine Sonderaktion gibt, hat sie V bewusst und gewollt getäuscht.

dd) Zwischenergebnis

Der Anfechtungsgrund des § 123 Abs. 1 Alt. 1 liegt vor. **15**

d) Anfechtungsfrist

Die Anfechtungsfrist gem. § 124 Abs. 1 ist gewahrt. **16**

> **Hinweis:** **17**
> Wenn das so offensichtlich der Fall ist wie hier, darf man es einfach feststellen.

e) Zwischenergebnis

Die Annahmeerklärung des V ist gem. § 142 nichtig, ein Kaufvertrag über 23 € **18** damit nicht wirksam zustande gekommen.

4. Ergebnis

K hat keinen Anspruch gem. § 433 Abs. 1 S. 1 gegen V, ihr die DVD Zug-um-Zug **19** (§ 320 Abs. 1 S. 1) gegen Zahlung von 23 € zu übereignen und zu übergeben.

II. Anspruch des V gegen K gem. § 433 Abs. 2

1. Anspruchsvoraussetzungen

V könnte gegen K einen Anspruch auf Abnahme der DVD und Zahlung von 32 € **20** haben. Dazu müssten die beiden durch Antrag und Annahme einen entsprechenden Kaufvertrag geschlossen haben. Geeinigt hatten sie sich zunächst auf einen Kaufpreis von 23 €, doch ist diese Einigung durch die Anfechtung des V gem. § 142 Abs. 1 hinfällig geworden. Freilich hat V im Zuge der Anfechtungserklärung von K 32 € verlangt, was man möglicherweise als konkludenten Antrag zum Abschluss eines neuen Kaufvertrags mit entsprechendem Preis auslegen könnte. Ob V einen entsprechenden Rechtsbindungswillen hatte oder nur eine Auffassung über den Inhalt des alten Vertrags äußern wollte, kann dahinstehen, da K diesen Antrag jedenfalls abgelehnt hätte, so dass er gem. § 146 Alt. 1 erloschen wäre. Ein Vertrag ist nicht zustande gekommen.

2. Ergebnis

V hat also auch keinen Anspruch gegen K gem. § 433 Abs. 2. **21**

Abwandlung 1: Anfechtung nach § 123 Abs. 1

Im Unterschied zum Ausgangsfall hat K hier selbst keine Täuschungshandlung ver- **22** übt, sondern U. Zu prüfen ist, ob V dennoch gem. § 123 Abs. 1 anfechten kann.

---

[8] Palandt/*Ellenberger*, § 123 Rn. 11; *Köhler*, § 7 Rn. 43.

I. Täuschung und Irrtumserregung

23 Täuschung ist ein Verhalten, das darauf abzielt, in einem anderen unrichtige Vorstellungen über Tatsachen hervorzurufen, zu bestärken oder zu unterhalten.[9] Mit der Aussage, bei dem Preis handele es sich um eine Sonderaktion eines Konkurrenten, hat U bei V eine Fehlvorstellung über den richtigen Ladenpreis der DVD ausgelöst.

II. Doppelte Kausalität

24 Die Handlung des U war ursächlich dafür, dass V irrtümlich den Preis von 23 € als richtig akzeptierte und deshalb eine Willenserklärung mit dem Inhalt „Verkauf zu 23 €" abgab.

III. Arglist

25 Arglist meint im Zusammenhang mit § 123 (nur) Vorsatz bezüglich der Täuschung, des Irrtums und der darauf beruhenden Willenserklärung des V. U muss es daher zumindest für möglich halten, dass er die Unwahrheit sagt, und sich jedenfalls bewusst sein, dass V ohne die Täuschung seine Erklärung nicht mit diesem Inhalt abgegeben hätte.[10] Da U die Behauptung über den Preis „ins Blaue hinein" gemacht hat, also gar nicht wusste, was die DVD wirklich kostet, hat er eine Täuschung des V jedenfalls für möglich gehalten. Dann ergab sich die Irrtumserregung aber zwangsläufig daraus und musste zur Abgabe der Willenserklärung führen. Damit hat U arglistig i.S.v. § 123 Abs. 1 gehandelt.

IV. Person des Täuschenden

26 Für den Fall der Täuschung durch einen Dritten macht es § 123 Abs. 2 S. 1 zur weiteren Voraussetzung der Anfechtung einer empfangsbedürftigen Willenserklärung, dass der Erklärungsempfänger die Täuschung kannte oder kennen musste. Zunächst ist festzustellen, dass U nicht Vertreter oder sonstiger Repräsentant von V ist, sondern ein echter Dritter i.S. von § 123 Abs. 2 S. 1. Dass K die Unwahrheit der Behauptung des U kannte oder kennen musste, also infolge Fahrlässigkeit nicht kannte (vgl. § 122 Abs. 2), ist dem Sachverhalt nicht zu entnehmen.

27 **Hinweis:**

Man mag das für lebensfremd erachten, doch ist aus dem Sachverhalt der Abwandlung 1 nichts anderes zu entnehmen. Dabei muss man es belassen – der gegebene Sachverhalt ist hinzunehmen, er darf nicht „gequetscht" werden. Hier ist es nicht zwingend, dass K weiß, welchen Preis V für die DVD verlangt. Vielleicht hat sie sich nicht informiert, oder der Preis ist ihr egal, weil sie den Künstler über alles schätzt oder viel Geld hat. Das ist alles möglich, es gibt hier keinen nahe liegenden Regelfall, den man unterstellen könnte. – Zum Begriff des Dritten in § 123 Abs. 2 muss man wissen, dass Vertreter und Verhandlungsgehilfen des Erklärungsempfängers nicht darunter fallen, weil ihr Handeln aufgrund der engen Verbindungen zum Erklärungsempfänger diesem auf jeden Fall zuzurechnen ist.

V. Ergebnis

28 Der Anfechtungsgrund des § 123 Abs. 1 Alt. 1, Abs. 2 liegt nicht vor. Die Anfechtung ist unwirksam, K kann die DVD gem. § 433 Abs. 1 S. 1 Zug-um-Zug gegen Zahlung von 23 € verlangen.

---

[9] *Köhler,* § 7 Rn. 39; Palandt/*Ellenberger,* § 123 Rn. 2.

[10] *Köhler,* § 7 Rn. 43; Palandt/*Ellenberger,* § 123 Rn. 11.

Abwandlung 2: Anspruch V gegen K gem. § 433 Abs. 2

V hat gegen K einen Anspruch auf Zahlung von 32 € gem. § 433 Abs. 2, wenn die **29** beiden einen entsprechenden Kaufvertrag geschlossen haben.

I. Antrag, § 145

Ein Angebot zum Abschluss eines Kaufvertrages i.S.v. § 145 liegt dann in der Frage **30** der K nach der DVD, wenn sie damit gem. §§ 133, 157 einen Willen zur rechtlichen Bindung äußert. Bei der bloßen Frage nach einem Artikel geht es oft darum, den Artikel zunächst zu prüfen, um sich danach zu entscheiden. Da K die DVD „einmal anschauen", sie also ausdrücklich prüfen will, steht ihr Kaufentschluss zunächst noch nicht fest. Daher fehlt es bei der Frage noch am Rechtsbindungswillen und somit bereits am äußeren Tatbestand einer Willenserklärung.

Der Antrag könnte darin liegen, dass V der K die DVD zur Ansicht überreicht hat. **31** Wenn er damit konkludent zum Ausdruck gebracht hätte, ihr die DVD verkaufen zu wollen, könnte K sein Vertragsangebot mit ihrer Aussage „Die nehme ich" gemäß § 147 Abs. 1 Satz 1 angenommen haben. Damit wäre der Vertrag bereits geschlossen, selbst wenn K gar nicht bezahlen kann. Deshalb erscheint es fraglich, ob man das Verhalten des V als Angebot i.S. des § 145 auslegen kann. Ein Angebot ist eine empfangsbedürftige Willenserklärung, durch die der Vertragsschluss einem anderen so angetragen wird, dass das Zustandekommen des Vertrages nur von dessen Einverständnis abhängt.[11] Zwar sind die dazu notwendigen essentialia negotii, die wesentlichen Vertragsbestandteile,[12] in dem Angebot enthalten. Doch erfordert ein Antrag i.S. von § 145 den äußeren Tatbestand einer Willenserklärung, also ein Verhalten, das aus der Sicht des objektiven Erklärungsempfängers den Schluss auf einen bestimmten Rechtsbindungswillen zulässt.[13] Sieht man das Überreichen der DVD im Zusammenhang mit der vorherigen Bitte der K, sich die DVD einmal anschauen zu dürfen, kommt V in erster Linie dieser Bitte nach. Auch wenn er grundsätzlich zu einem Verkauf bereit sein mag, liegt darin noch kein bindender Vertragsantrag.

Hinweis: **32**
Man kann das wohl auch anders sehen (vgl. die ansatzweise übertragbaren Erwägungen zu Angeboten in SB-Geschäften in Fall 11 Rn. 3 ff.). Die Konsequenz wäre, dass bereits mit der anschließenden Äußerung der K ein Vertrag zu 32 € geschlossen wäre.

Ein Angebot ist daher in der Aussage der K „Die nehme ich" zu sehen. Sämtliche **33** essentialia negotii wie Kaufpreis, Kaufgegenstand stehen nun fest, so dass V durch ein bloßes „Ja" den Kaufvertrag zustande bringen kann. Damit liegt ein Antrag i.S.v. § 145 mit einem Kaufpreis von 32 € vor.

II. Annahme durch V

V hat dieses Angebot gem. § 147 Abs. 1 S. 1 sofort konkludent dadurch ange- **34** nommen, dass er den Preis von 32 € von K verlangt hat.

---

[11] *Brox/Walker*, § 8 Rn. 165; Palandt/*Ellenberger*, § 145 Rn. 1; MünchKomm/*Busche*, § 145 Rn. 5; *Medicus*, Rn. 358.
[12] *Köhler*, § 8 Rn. 8.
[13] Palandt/*Ellenberger*, § 145 Rn. 2; MünchKomm/*Armbrüster*, Vor § 116 Rn. 9, § 145 Rn. 7.

III. Zwischenergebnis

35 Damit war grundsätzlich ein Vertrag mit diesem Inhalt geschlossen und ein Anspruch der K auf Übereignung und Übergabe der DVD gegen Zahlung von 32 € entstanden, §§ 433 Abs. 1 S. 1, 320 Abs. 1.

IV. Änderungsvertrag, § 311 Abs. 1

36 Zu prüfen ist aber, ob die Parteien den Preis anschließend durch einen Änderungsvertrag i.S.v. § 311 Abs. 1 auf 23 € reduziert haben. Gemäß § 311 Abs. 1 ist es möglich, einen bestehenden Vertrag durch einen weiteren Vertrag abzuändern.

1. Änderungsantrag der K

37 K könnte die Vertragsänderung dadurch angeboten haben, dass sie unter Hinweis auf das angebliche Angebot des Wega-Marktes erklärte, nur 23 € zahlen zu wollen. Da bereits ein Vertrag zu 32 € geschlossen war, war dieses Begehren nur über eine Änderung des Preises und damit des Vertrags möglich, so dass die Äußerung gem. §§ 133, 157 als Änderungsantrag zu verstehen ist.

2. Annahme durch V

38 V hat sich mit dem Änderungsbegehren der K durch Eintippen von 23 € in seine Registrierkasse konkludent einverstanden erklärt und den Änderungsantrag damit angenommen.

39 **Hinweis:**
Man könnte auch erwägen, ob die Werbung mit der „Tiefstpreisgarantie" nicht bereits einen Änderungsantrag des V beinhaltet. Das lässt sich aber kaum konstruieren. Denn der Kunde könnte – dazu muss man den Sachverhalt nur minimal variieren – zum einen bereits vor Vertragsschluss auf den niedrigeren Preis hinweisen, so dass es keiner Änderung bedürfte. Zum anderen wäre es nicht ganz einfach, wenn auch vielleicht nicht unmöglich, diesem Antrag des V einen bestimmten Inhalt zu geben. Deshalb sollte man eine solche Konstruktion lieber unterlassen.

3. Zwischenergebnis

40 V und K haben den Kaufpreis gem. § 311 Abs. 1 auf 23 € abgeändert, so dass K jetzt gem. § 433 Abs. 1 S. 1 Lieferung zu diesem Preis verlangen kann.

V. Nichtigkeit der Annahme des Änderungsantrags gem. § 142 Abs. 1

41 Die Willenserklärung des V wäre jedoch gem. § 142 Abs. 1 nichtig, wenn er sie am Abend wirksam angefochten hätte.

1. Anfechtungserklärung, § 143 Abs. 1 und 2

42 Die gem. § 143 Abs. 1 erforderliche Anfechtungserklärung des V muss klar zum Ausdruck bringen, dass er am Vertrag mit dem reduzierten Preis aufgrund eines Willensmangels nicht festhalten will.[14] Dies hat er dadurch getan, dass er der K unter Hinweis auf die Umstände erklärte, er wolle ihr die DVD nur zu 32 € überlassen.

---

[14] BGHZ 88, 240, 245; *Köhler,* § 7 Rn. 76; MünchKomm/*Busche,* § 143 Rn. 2; Soergel/*Hefermehl,* § 143 Rn. 2.

Eine Anfechtungserklärung liegt somit vor, und V hat sie auch gegenüber dem gem. § 143 Abs. 2 richtigen Anfechtungsgegner abgegeben.

2. Anfechtungsgrund: § 123 Abs. 1 Alt. 1

Gemäß § 123 Abs. 1 Alt. 1 wäre V zur Anfechtung berechtigt, wenn K ihn arglistig **43** getäuscht und dadurch zur Abgabe seiner Willenserklärung bestimmt hätte.

a) Täuschung und Irrtumserregung

Täuschung ist ein Verhalten, das darauf abzielt, in einem anderen unrichtige Vor- **44** stellungen über Tatsachen hervorzurufen, zu bestärken oder zu unterhalten.[15] Mit der aus der Luft gegriffenen Aussage, der Konkurrent Wega-Markt verlange nur 23 €, hat K bei V eine Fehlvorstellung über das Eingreifen seiner eigenen „Tiefstpreisgarantie" und damit über den letztlich von ihm selbst zu fordernden Preis ausgelöst.

b) Doppelte Kausalität

Die Handlung der K war ursächlich dafür, dass V die Voraussetzungen für eine Ver- **45** tragsänderung aufgrund seiner „Tiefstpreisgarantie" fälschlich für gegeben erachtete und deshalb eine Willenserklärung mit dem Inhalt „Änderung des Kaufpreises auf 23 €" abgab.

c) Arglist

Arglist meint im Zusammenhang mit § 123 (nur) Vorsatz bezüglich der Täuschung, **46** des Irrtums und der darauf beruhenden Willenserklärung des V. Der Handelnde muss es zumindest für möglich halten, dass er die Unwahrheit sagt und sich jedenfalls bewusst sein, dass der Gegner ohne die Täuschung eine Erklärung nicht mit diesem Inhalt abgegeben hätte.[16] Da K genau wusste, dass der Wega-Markt die DVD nicht für 23 € verkaufte, hat sie V bewusst und gewollt getäuscht.

d) Zwischenergebnis

Der Anfechtungsgrund des § 123 Abs. 1 Alt. 1 liegt vor. **47**

3. Anfechtungsfrist

Die Anfechtungsfrist gem. § 124 Abs. 1 ist gewahrt. **48**

4. Zwischenergebnis

Die Annahmeerklärung des V ist gem. § 142 Abs. 1 nichtig, der Änderungsvertrag **49** damit nicht wirksam. Somit gilt wieder bzw. weiterhin die ursprüngliche Vereinbarung.

VI. Ergebnis

V kann von K gem. § 433 Abs. 2 Zahlung von 32 €, Zug-um-Zug gegen (§ 320 **50** Abs. 1 S. 1) Übereignung und Übergabe der DVD, verlangen.

---

[15] *Köhler,* § 7 Rn. 39; Palandt/*Ellenberger,* § 123 Rn. 2.
[16] Palandt/*Ellenberger,* § 123 Rn. 11; *Köhler,* § 7 Rn. 43.

Fall 22. Augen auf beim Autokauf

Sachverhalt

Der erfolgreiche Immobilienmakler Konrad Knausrig (K) möchte sich ein anderes Auto kaufen, um endlich „standesgemäß" auf der Straße unterwegs zu sein. Auf dem Gelände des Gebrauchtwagenhändlers Viktor Veilscher (V) sieht er einen drei Jahre alten Oberklasse-PKW stehen, der seinen Vorstellungen entspricht. Die Frage des Knausrig, ob dieses Auto unfallfrei sei, bejaht Veilscher ins Blaue hinein, obwohl er das Fahrzeug nie auf Unfallschäden untersucht hat weil er den schon länger auf seinem Betriebsgelände stehenden Wagen loswerden möchte. Knausrig kauft daraufhin das Auto zum Preis von 25000 €, den er sofort bar bezahlt.

Tatsächlich war der PKW einmal in einen mittelschweren Auffahrunfall verwickelt; die Schäden waren für 10000 € ordnungsgemäß repariert worden. Veilscher hätte dies bei einer Untersuchung unschwer feststellen können.

Knausrig lässt den Wagen noch am selben Tag von einem Sachverständigen überprüfen und erfährt so von dem Unfall. Er fährt sofort zu Veilscher und fordert von diesem seine 25000 € zurück; er fühle sich betrogen und betrachte das gesamte Geschäft daher als null und nichtig. Veilscher möge froh sein, wenn er ihn nicht anzeige.

Muss Veilscher dem Knausrig die 25000 € herausgeben? (Deliktische Ansprüche sind von Anfängern nicht zu prüfen.)

Vorüberlegung

Im Umfeld der Rechtsgeschäftslehre wird fast immer nach vertraglichen Erfüllungsansprüchen gefragt. Hier ist das einmal anders, weil K von V das gezahlte Geld zurückverlangt. Um welchen Anfechtungsgrund es hier nochmals geht, dürfte auf der Hand liegen. Die Voraussetzungen muss man genau prüfen.

Das muss man als Anfänger erst einmal in eine Anspruchsgrundlage umsetzen. In Verbindung mit der hier vorliegenden Anfechtung sollte man zumindest auf die „übliche" Anspruchsgrundlage für die Rückabwicklung durchgeführter unwirksamer Verträge kommen. Es kommen aber noch weitere Anspruchsgrundlagen in Betracht, die teils von elementarer Natur sind und im ersten Semester zumeist entweder in einem einführenden Überblick über das BGB oder sogar im Umfeld der Rechtsgeschäftslehre behandelt werden.

Da dies für die diversen Schadensersatzansprüche, die tatsächlich durchgreifen, nicht gilt, sind diese für Erstsemester in der Fragestellung ausgenommen. Für etwas fortgeschrittene Studierende sollten sie kein Problem bereiten.

Gliederung

Lösung

Teil 1. Herausgabeansprüche

1 **Hinweis zum Aufbau und den geprüften Normen:**
Dass das Gutachten zunächst mit einem Anspruch des K gegen V auf Rückgewähr des Kaufpreises nach § 346 Abs. 1 beginnt, wird Erstsemester irritieren, etwas fortgeschrittene Leser weniger. Der Grund ist einfach: Zum einen beginnt man ein Gutachten in aller Regel mit vertraglichen Ansprüchen, wenn mehrere Anspruchsgrundlagen für ein Begehren denkbar sind. Dazu zählt auch der Rückgewähranspruch des § 346 Abs. 1, weil der Rücktritt den Vertrag nicht vernichtet, sondern nur inhaltlich umwandelt (s. Wortlaut des § 346 Abs. 1). Zum anderen begründet hier die Eigenschaft als Unfallfahrzeug einen Sachmangel i. S. v. § 434 Abs. 1 und ein Rücktrittsrecht nach §§ 437 Nr. 2, 326 Abs. 5, da man den Mangel („Fahrzeug mit früherem Unfallschaden") nicht beseitigen kann. – Sicherlich muss man den Rückgewähranspruch nach § 346 Abs. 1 hier nicht unbedingt prüfen, da K den Vertrag für „null und nichtig" erklärt, was erkennbar auf eine Anfechtung und nicht nur auf einen Rücktritt zielt. Lässt man den vertraglichen Anspruch aber weg, dann gilt für den (weiteren) Aufbau, dass man dingliche Ansprüche vor Bereicherungsansprüchen prüft. Dies hätte zur Konsequenz, dass man die Besonderheit des Falles zuerst behandeln muss. Deshalb beginnt die Prüfung hier mit § 346 Abs. 1, der als solcher aber kaum eine Rolle spielt.

I. Anspruch des K gegen V aus § 346 Abs. 1 BGB

2 K könnte gegen V einen Anspruch auf Rückgewähr des empfangenen Kaufpreises gem. § 346 Abs. 1 BGB haben.

1. Wirksamer Vertrag

3 Erste Voraussetzung dafür ist ein zwischen den Parteien bestehender wirksamer Vertrag, arg. § 346 Abs. 1 BGB.

a) Zustandekommen des Vertrags

4 K und V haben einen zunächst wirksamen Kaufvertrag über das Auto geschlossen (vgl. § 433 BGB).

b) Nichtigkeit des Vertrags gem. § 142 Abs. 1 BGB

5 Der Kaufvertrag wäre jedoch infolge Anfechtung gem. § 142 Abs. 1 BGB von Anfang an nichtig, wenn ein Anfechtungsgrund vorläge und K den Kaufvertrag gegenüber dem richtigen Anfechtungsgegner fristgerecht angefochten hätte.

aa) Anfechtungsgrund: § 123 Abs. 1 Alt. 1

6 Ein Anfechtungsgrund könnte sich für K aus § 123 Abs. 1 Alt. 1 BGB ergeben. Dazu müsste ihn V durch arglistige Täuschung zur Abgabe einer Willenserklärung bestimmt haben.

(1) Täuschung

7 Erforderlich ist also zunächst, dass V den K getäuscht hat. Täuschung ist jedes Verhalten, das darauf abzielt, in einem anderen unrichtige Vorstellungen über Tatsachen hervorzurufen, zu bestärken oder zu unterhalten.[1] V hat auf die Frage des K

---

[1] Palandt/*Ellenberger,* § 123 Rn. 2; *Köhler,* § 7 Rn. 39.

nach der Unfallfreiheit geantwortet, der Wagen sei unfallfrei, obwohl er dies gar nicht wusste und das Fahrzeug in Wirklichkeit doch einen Unfall hatte. Wird der Verkäufer eines Kraftfahrzeugs vom Käufer nach Unfallschäden gefragt, so muss er alle ihm bekannten Beschädigungen, auch sog. „Bagatellschäden",[2] vollständig offenbaren.[3] Sofern er nicht weiß, ob das Fahrzeug einen Unfall hatte, muss er dies zum Ausdruck bringen. Da V dies nicht getan hat, obwohl er als Autohändler und Fachmann das Vorhandensein eines Unfallschadens leicht hätte feststellen können, hat V den K getäuscht.

(2) Irrtumserregung

Durch das Leugnen eines Unfalls hat V bei K eine Fehlvorstellung über den Zustand und vor allem den Wert des Autos hervorgerufen. **8**

(3) Doppelte Kausalität

Der Anfechtungsgrund der arglistigen Täuschung erfordert weiter eine sog. doppelte Kausalität: Die Täuschung muss den Irrtum verursacht und dieser den Ausschlag für die Abgabe der Willenserklärung gegeben haben. Die Angabe des V ließ K glauben, der PKW sei unfallfrei, und deshalb hat er das Fahrzeug gekauft. Insofern liegt die erforderliche doppelte Kausalität vor. **9**

(4) Arglist

V müsste schließlich arglistig getäuscht haben. Arglist bedeutet vorsätzliches Handeln; der Täuschende muss die Unwahrheit seiner Antwort kennen oder wenigstens für möglich halten.[4] Da bei einem Gebrauchtwagen nie auszuschließen ist, dass dieser bereits in einen Unfall verwickelt gewesen ist, musste V damit rechnen, dass dies bei dem Wagen der Fall sein könnte, für den K sich interessierte. Da er dennoch „ins Blaue hinein" die Behauptung der Unfallfreiheit aufgestellt hat, hat er die Möglichkeit billigend in Kauf genommen, die Unwahrheit zu sagen. Somit hat V bedingt vorsätzlich gehandelt; dies genügt für die Arglist. **10**

(5) Zwischenergebnis

Der Anfechtungsgrund des § 123 Abs. 1 Alt. 1 BGB liegt daher vor. **11**

bb) Anfechtungserklärung

K müsste eine Anfechtungserklärung (§ 143 Abs. 1 BGB) abgegeben haben. Er **12** hat dem V telefonisch mitgeteilt, dass das Gebrauchtwagengeschäft für ihn „null und nichtig" sei. Diese Erklärung lässt aufgrund ihres objektiven Erklärungswerts erkennen, dass K seine täuschungsbedingt abgegebene Erklärung nicht gelten lassen will und dass das vorgenommene Rechtsgeschäft rückwirkend beseitigt werden soll (§§ 133, 157 BGB).[5] Zwar könnte man auch an eine Rücktrittserklärung i.S.v. § 349 denken, doch spricht die konkret gewählte Formulierung „null und nichtig" dagegen. K möchte nicht nur vom Vertrag zurücktreten (§ 349 BGB) und diesen so in ein Rückgewährschuldverhältnis umwandeln, sondern das gesamte Rechtsgeschäft beseitigen. Daher ist seine Willenserklärung als Anfechtungserklä-

---

[2] „Bagatellschäden" sind nur unerhebliche Lackschäden, vgl. *BGH* NJW 1982, 1386, nicht aber ein Schaden i. H. v. 10 000 € aufgrund eines Auffahrunfalls.

[3] *BGH* NJW 1977, 1914, 1915.

[4] Palandt/*Ellenberger*, § 123 Rn. 11; *Köhler*, § 7 Rn. 43.

[5] Vgl. MünchKomm/*Busche*, § 143 Rn. 2; *Köhler*, § 15 Rn. 29.

rung gem. § 143 Abs. 1 BGB auszulegen (§§ 133, 157 BGB). Gem. § 143 Abs. 2 Hs. 1 BGB ist V der richtige Anfechtungsgegner.

13   **Hinweis:**
Eine Form ist für die Anfechtungserklärung nicht vorgesehen, daher kann sie auch mündlich am Telefon abgegeben werden.

cc) Anfechtungsfrist

14   Die Anfechtungsfrist des § 124 Abs. 1 BGB ist gewahrt.

15   **Hinweis:**
Die Jahresfrist des § 124 Abs. 1 BGB ist nach §§ 187 Abs. 1, 188 Abs. 2 BGB zu berechnen; hinsichtlich des Beginns ist § 124 Abs. 2 1 Alt. 1 BGB zu beachten. Hier hat K noch am Tag des Vertragsschlusses angefochten, sodass eine längere Prüfung der Anfechtungsfrist überflüssig erscheint.

c) Zwischenergebnis

16   Der Kaufvertrag zwischen K und V ist wegen der erfolgten Anfechtung als von Anfang an nichtig anzusehen, § 142 Abs. 1 BGB.

2. Ergebnis

17   Damit scheidet ein Rückgewähranspruch des K gegen V nach § 346 Abs. 1 BGB aus.

II. Anspruch des K gegen V aus § 985

18   Möglicherweise kann K gem. § 985 BGB von V Herausgabe der 25 000 € verlangen. Dazu müsste er noch immer Eigentümer des Geldes sein.

1. Besitz des V am Geld

19   V müsste Besitzer des Geldes sein. Da sich die 25 000 € in bar in seinen Geschäftsräumen befinden und er somit die tatsächlichen Sachherrschaft an ihnen hat, ist dies der Fall.

2. Eigentum des K

20   Der Anspruch gem. § 985 BGB hängt davon ab, ob K noch Eigentümer der 25 000 € in bar ist. Ursprünglich, also vor der Bezahlung, gehörte ihm dieses Geld.

a) Eigentumsverlust an V nach § 929 S. 1

21   K könnte das Eigentum jedoch gem. § 929 S. 1 an V verloren haben, als er damit den Kaufpreis für das Auto bar bezahlt hat. Bei der Barzahlung hat K dem V die Geldscheine übergeben, und beide waren dabei einig, dass das Eigentum auf V übergehen solle. Somit hat K sein Eigentum gem. § 929 S. 1 durch Einigung und Übergabe verloren.

b) Nichtigkeit der Übereignung gem. § 142 Abs. 1

22   Zu prüfen ist aber, ob die Übereignung des Geld ebenfalls gem. § 142 Abs. 1 infolge einer Anfechtung durch K *ex tunc* nichtig ist, sodass K doch noch Eigentümer wäre.

Aufgrund des Trennungs- und Abstraktionsprinzips sind schuldrechtliches Ver- **23** pflichtungsgeschäft und dingliches Verfügungsgeschäft nicht nur zu unterscheiden, sondern auch in ihrer rechtlichen Wirksamkeit unabhängig voneinander. Deshalb führt die Anfechtung des Kaufvertrags grundsätzlich nicht zur Nichtigkeit der Übereignung einer zu seiner Erfüllung vorgenommenen Übereignung,[6] wie sie hier auch bzgl. des Kaufpreises in bar vorliegt.

Das Abstraktionsprinzip gilt allerdings nicht uneingeschränkt, sondern kann aus- **24** nahmsweise durchbrochen werden. Zu diesen Durchbrechungen zählt man insbesondere die sog. Fehleridentität, bei der Verpflichtungs- und Verfügungsgeschäft unter demselben rechtlichen Mangel leiden, wie dies insbesondere bei Willenserklärungen von Geschäftsunfähigen nach § 105 Abs. 1 der Fall ist. Genaugenommen handelt es sich dabei aber nicht um eine Ausnahme, sondern beide Geschäfte leiden einfach unter demselben Fehler.

Für die arglistige Täuschung i. S. v. § 123 Abs. 1 ist anerkannt, dass sie auch das **25** Übereignungsgeschäft erfasst, sofern die Täuschung bei seiner Vornahme noch fortwirkt, was insbesondere dann der Fall ist, wenn beide Geschäfte gleichzeitig vorgenommen werden.[7] Darin sieht man einen Fall der Fehleridentität,[8] was man durchaus anzweifeln kann, denn auch im Falle eines Irrtums i. S. v. § 119 Abs. 2 erfolgt die Übereignung auf der Grundlage eines fehlerhaften Verpflichtungsgeschäfts, ohne dass man eine Anfechtung der Übereignung zuließe.[9]

Naheliegender erscheint es daher, hier von einer echten Durchbrechung des Abs- **26** traktionsprinzips auszugehen, die sich aus dem massiven Eingriff in die freie Willensentscheidung des Getäuschten rechtfertigt[10] weil das Argument, bei der Täuschung sei der Anfechtungsgrund auch für die Übereignung noch kausal, keine Besonderheit darstellt, sondern in gleicher Weise für einen Irrtum i. S. v. § 119 Geltung beanspruchen könnte, wo man dies aber nicht annimmt.[11]

Im Ergebnis kann aber dahinstehen, wie man die Dinge genau deuten will, da je- **27** denfalls Einigkeit besteht, dass im Falle arglistiger Täuschung auch die Übereignung angefochten werden kann.[12] Somit war K gem. § 123 Abs. 1 Alt. 1 auch zur Anfechtung der Übereignung berechtigt, die er gem. 143 Abs. 1 und 2 gegenüber dem richtigem Anfechtungsgegner innerhalb der Frist des § 124 Abs. 1 dadurch erklärt hat, dass er *das gesamte Geschäft* gegenüber V als null und nichtig bezeichnet hat.

Hinweis: **28**
Man sollte in dieser knappen Form verdeutlichen, dass die Auslegung der Anfechtungserklärung des Getäuschten im Einzelfall ergibt, dass er auch das Verfügungsgeschäft anfechten will. Bei juristischen Laien ist das nicht selbstverständlich, aber naheliegend, da sie Verpflichtungs- und Verfügungsgeschäft nicht unterscheiden. Auch kann es eine Rolle spielen, was den Interessen des Getäuschten entspricht: die Anfechtung eines Rechtsverlusts wie hier sicherlich, die Anfechtung eines Eigentumserwerbs eher nicht.[13]

---

6 *Köhler,* § 7 Rn. 73.
7 Deutlich MünchKomm/*Busche,* § 142 Rn. 15.
8 *Köhler,* § 7 Rn. 59, 73; *Rüthers/Stadler,* § 25 Rn. 90; Staudinger/*Roth,* § 142 Rn. 22.
9 So die h. M., etwa *Grigoleit,* AcP 199 [1999] 379, 396 ff.; *Köhler,* § 7 Rn. 73; *Rüthers/Stadler,* § 25 Rn. 62, a. A. etwa MünchKomm/*Armbrüster,* § 119 Rn. 144 m. w. N.
10 So trotz Annahme von Fehleridentität *Rüthers/Stadler,* § 25 Rn. 90.
11 Außer den bereits Genannten deutlich *Bork,* Rn. 486, 921 f.; *Musielak,* Rn. 390 f.
12 RGZ 70, 55; 57 f.; BGHZ 58, 257, 258; *BGH* NJW 1995, 2361, 2362.
13 *Rüthers/Stadler,* § 25 Rn. 91.

c) Zwischenergebnis

29 Somit ist K noch Eigentümer der 25 000 €.

30 **Hinweis:**

Um den Fall einfach zu halten, hat V die Geldscheine nicht mit anderen Scheinen in seiner Kasse vermengt, sondern die erhaltenen Scheine gesondert aufbewahrt.

3. Kein Recht des V zum Besitz i. S. v. § 986

31 Der Herausgabeanspruch bestünde nicht, wenn V ein Recht zum Besitz des Geldes hätte, § 986. Ein Besitzrecht kann sich gegenüber K nur aus dem Kaufvertrag ergeben, der infolge der Anfechtung aber ebenfalls nichtig ist (s. o.). Somit hat V kein Recht zum Besitz.

4. Ergebnis

32 K kann von V gem. § 985 Herausgabe der 25 000 € in bar verlangen.

III. Anspruch des K gegen V aus § 812 Abs. 1 S. 1 Alt. 1

33 K könnte gegen V einen Anspruch auf Rückzahlung des Kaufpreises i. H. v. 25 000 € gem. § 812 Abs. 1 S. 1 Alt. 1 BGB haben. Dies ist der Fall, wenn V durch Leistung des K ohne rechtlichen Grund etwas erlangt hat.

34 **Hinweise:**

Es ist sehr wichtig, insbesondere § 812 BGB korrekt zu zitieren. Die Vorschrift enthält insgesamt vier Anspruchsgrundlagen.[14] Im Umfeld des Allgemeinen Teils des BGB, also bei nicht geschlossenen oder unwirksamen, insbesondere angefochtenen Verträgen erfolgt die Rückabwicklung über § 812 Abs. 1 S. 1 Alt. 1, die sog. Leistungskondiktion (sog. *condictio indebiti*). Man prüft sie anhand der Tatbestandsmerkmale, die sich aus den folgenden Überschriften ergeben.

1. Erlangtes Etwas

35 V müsste etwas erlangt haben (§ 812 Abs. 1 S. 1 BGB). Erlangtes Etwas ist jeder dem Bereicherungsschuldner zugeflossene Vorteil im weitesten Sinne, der tatsächlich in sein Vermögen übergegangen ist und (nach h. M.[15]) zu einer Verbesserung seiner Vermögenslage geführt hat.[16] Wie bei § 985 festgestellt, hat K dem V nach Abschluss des Kaufvertrags 25 000 € in bar übergeben, d. h. er hat ihm die Geldscheine übereignet (§ 929 S. 1 BGB) und ihm daran Besitz (§ 854 BGB) verschafft. Erlangt hat V also zunächst Eigentum und Besitz an den Geldscheinen, doch hat er das Eigentum durch die Anfechtung verloren (s. o.). Somit hat er nur (noch) den Besitz am Geld erlangt.

2. Durch Leistung

36 V müsste den Besitz am Geld durch Leistung des K erlangt haben. „Leistung" ist nach h. M. jede bewusste und zweckgerichtete Mehrung fremden Vermögens.[17] K

---

[14] Dazu etwa *Fritzsche,* Fälle zum Schuldrecht II, 2010, Fall 12 Rn. 14 oder die Lehrbücher zum Besonderen Schuldrecht bzw. zu den gesetzlichen Schuldverhältnissen.

[15] Palandt/*Sprau,* § 812 Rn. 8 ff. m. w. N.; a. A. die h. L., *Looschelders,* Schuldrecht Besonderer Teil, 7. Aufl, 2012, Rn. 1018 m. w. N.

[16] Jauernig/*Stadler,* § 812 Rn. 8; *Kropholler,* § 812 Rn. 4; Palandt/*Sprau,* § 812 Rn. 8.

[17] St. Rspr., etwa *BGH* NJW 2004, 1169 m. w. N.; Palandt/*Sprau,* § 812 Rn. 14 m. w. N.

hat V Geldscheine im Wert von 25 000 € übergeben, um seine Kaufpreisschuld gegenüber V (§ 433 Abs. 2 BGB) zu erfüllen (§ 362 Abs. 1 BGB). Zweck der Leistung ist daher die Tilgung der Kaufpreisschuld (sog. Leistung *solvendi causa*). Somit hat K das Vermögen des V bewusst und zweckgerichtet gemehrt.

3. Ohne rechtlichen Grund

Die Leistung des K an V müsste ohne rechtlichen Grund erfolgt sein, § 812 Abs. 1 **37** S. 1 Alt. 1 BGB. Ein rechtlicher Grund fehlt, wenn dem Leistungsempfänger die Zuwendung nach der ihr zugrunde liegenden Rechtsbeziehung nicht oder nicht endgültig zusteht.[18]

Als rechtlicher Grund kommt nur der von K und V abgeschlossene Kaufvertrag **38** über den PKW in Betracht. Wie bereits festgestellt, ist der Kaufvertrag aber infolge der von K wirksam erklärten Anfechtung als von Anfang an nichtig anzusehen, § 142 Abs. 1 BGB. Deswegen fehlt der rechtliche Grund von Anfang an, und die Voraussetzungen des § 812 Abs. 1 S. 1 Alt. 1 sind erfüllt.

4. Inhalt und Umfang des Bereicherungsanspruchs

Nach § 812 Abs. 1 S. 1 BGB ist in erster Linie das erlangte Etwas selbst herauszu- **39** geben. Die Erfüllung des Bereicherungsanspruchs richtet sich daher nach der Art des Erlangten.[19] Da V den Besitz an den Geldscheinen erlangt und bislang nicht verloren hat, hat er den Besitz an K herauszugeben.

5. Ergebnis

K kann von V die Herausgabe der 25 000 € auch gem. § 812 Abs. 1 S. 1 Alt. 1 **40** BGB verlangen.

Teil 2. Schadensersatzansprüche

I. Anspruch des K gegen V aus culpa in contrahendo, §§ 280 Abs. 1, 311 Abs. 2

Zunächst ist zu prüfen, ob K von V Ersatz der 25 000 € gem. §§ 280 Abs. 1, 311 **41** Abs. 2 (culpa in contrahendo, c. i. c.) verlangen kann.[20]

1. Schuldverhältnis

Dazu muss zwischen K und V ein Schuldverhältnis bestehen. Da die beiden Ver- **42** tragsverhandlungen geführt haben, die in einen durch Anfechtung wieder vernichteten Vertrag gemündet haben, liegt ein Schuldverhältnis i. S. v. § 311 Abs. 2 Nr. 1 vor.

---

18 Vgl. Palandt/*Sprau,* § 812 Rn. 6 und 21.
19 Vgl. näher Palandt/*Sprau,* § 818 Rn. 5 f.
20 Auch beim Schadensersatz prüft man vertragliche bzw. vertragsähnliche Anspruchsgrundlagen zuerst.

2. Pflichtverletzung

43 Das Schuldverhältnis gem. § 311 Abs. 2 begründet Rücksichtsnahme- und ähnliche Pflichten gem. § 241 Abs. 2. Insbesondere verpflichtet das Schuldverhältnis, auf Fragen des anderen Teils bei den Vertragsverhandlungen wahrheitsgemäß zu antworten. Da V dies nicht getan hat, hat er eine Pflicht i.S.v. § 241 Abs. 2 verletzt.

44 **Hinweis:**
Man kann sich hier kurz fassen. Der BGH bezeichnet die arglistige Täuschung gelegentlich sogar als Sonderfall der culpa in contrahendo.[21]

3. Vermutung des Vertretenmüssens

45 Gem. § 280 Abs. 1 S. 2 wird ein Vertretenmüssen des V vermutet. Wie bereits festgestellt, hat der vorsätzlich die Unwahrheit gesagt und wird die Vermutung somit nicht widerlegen können.

4. Ersatzfähiger Schaden

46 K kann von V Ersatz aller Schäden verlangen, die auf dessen vorvertraglicher Pflichtverletzung beruhen, § 249 Abs. 1. Schaden ist jede Einbuße an Rechten, Gütern und Interessen. Ohne die wahrheitswidrige Auskunft des V hätte K den Kaufvertrag nicht geschlossen und das Geld nicht übergeben. Der Besitzverlust am Geld beruht also auf der Pflichtverletzung.

5. Ersatz nach §§ 249 ff.

47 Gemäß § 249 Abs. 1 kann K verlangen, so gestellt zu werden, wie er ohne die Täuschung des V gestanden hätte. Da er dann das Geld nicht an V übergeben hätte, kann er gemäß § 249 Abs. 1 die Herausgabe der 25 000 € verlangen.

48 **Hinweis:**
Die in § 249 Abs. 1 geregelte Naturalrestitution ist der Grundfall des Schadensersatzes. Nur wenn sie nicht möglich ist, gibt es nach § 251 Abs. 1 Wertersatz.

6. Ergebnis

49 A kann von B gem. §§ 280 Abs. 1, 311 Abs. 2, 252 Zahlung von 42 000 € Schadensersatz verlangen.

II. Anspruch K gegen V gem. § 823 Abs. 1

50 Fraglich ist, ob K von V Herausgabe der 25 000 € im Wege des Schadensersatzes gem. § 823 Abs. 1 (i.V.m. § 249 Abs. 1) verlangen kann.

51 Voraussetzung dafür wäre, dass V eines der in § 823 Abs. 1 genannten oder ein sonstiges vergleichbares Recht verletzt hätte. In Betracht käme hier allenfalls eine Eigentumsverletzung, doch hat K dem V das Geld freiwillig übergeben, sodass dies ausscheidet. Da das Vermögen nicht zu den sonstigen Rechten i.S.v. § 823 Abs. 1 zählt, ist eine Rechtsgutsverletzung nicht ersichtlich.

52 K hat gegen V keinen Anspruch gem. § 823 Abs. 1 auf Herausgabe des Geldes.

---

[21] Etwa *BGH* NJW-RR 1987, 59 ,60; NJW-RR 2002, 308, 309f. m.w.N.

III. Anspruch K gegen V gem. § 823 Abs. 2 BGB i.V.m. § 263 StGB

Fraglich ist, ob K von V Zahlung von 25 000 € gem. § 823 Abs. 2 BGB i.V.m. **53** § 263 StGB (Betrug) verlangen kann.

1. Verletzung eines Schutzgesetzes

Dazu müsste V gegen ein Gesetz verstoßen haben, das auch den Schutz des K be- **54** zweckt.

Als Schutzgesetz kommt § 263 StGB (Betrug) in Frage. Gesetz ist jede Rechtsnorm **55** (Art. 2 EGBGB). § 263 StGB dient auch dazu, den Einzelnen vor Vermögensschäden zu bewahren. Die Vorschrift ist daher Schutzgesetz i.S.d. § 823 Abs. 2 BGB.

V müsste das Schutzgesetz verletzt haben. Er hat den K über die Beschaffenheit des **56** Autos getäuscht, dadurch einen Irrtum bei K erregt und diesen zu einer Vermögensverfügung veranlasst (Zahlung). Der Schaden des K liegt darin, dass er den Preis für ein einwandfreies Auto entsprechenden Alters gezahlt hat, dieses aber in Wirklichkeit aufgrund des Unfalls einen deutlich geringeren Wert hatte. V hat daher den objektiven Tatbestand des § 263 StGB erfüllt.

2. Rechtswidrigkeit und Verschulden

Die Rechtswidrigkeit wird durch die Schutzgesetzverletzung indiziert. **57**

V müsste ein Verschulden treffen. Dabei ist der subjektive Tatbestand des Schutzge- **58** setzes auch für § 823 Abs. 2 BGB maßgeblich. Nachdem die Erfüllung der o.g. Tatbestandsmerkmale von V so beabsichtigt war, hat er vorsätzlich gehandelt (§ 15 StGB). Damit liegt ausreichendes Verschulden vor.

3. Anspruchsinhalt

K kann somit von V gem. § 823 Abs. 2 BGB i.V.m. § 263 StGB Schadensersatz **59** verlangen. Wie zu § 280 Abs. 1 ausgeführt, kann K somit gem. § 249 Abs. 1 die Herausgabe der Banknoten verlangen.

4. Ergebnis

K kann von V Zahlung von 25 000 € auch gem. § 823 Abs. 2 BGB i.V.m. § 263 **60** StGB verlangen.

IV. Anspruch K gegen V gem. § 826 BGB

Im vorsätzlichen Betrug durch V liegt zugleich eine vorsätzliche sittenwidrige Schä- **61** digung i.S.d. § 826. Insofern kann K seinen Herausgabeanspruch bezüglich der 25 000 € auch darauf stützen.

Fall 23. Niemals zum Repetitor!

Sachverhalt

Steffi (S) studiert seit zehn Semestern Jura. Nach monatelangem Drängen ihres Freundes Fred (F), der inzwischen erfolgreicher Firmen-Anwalt ist, schickt sie in seiner Anwesenheit am Mittwochnachmittag eine E-Mail an die Repetitorin Hämmerer (H), um sich zu dem in der folgenden Woche beginnenden 10-monatigen Hauptkurs anzumelden. In Wirklichkeit will Steffi weder den Kurs besuchen noch die Kursgebühr von 100 € monatlich zahlen. Denn sie ist der (zutreffenden) Auffassung, man könne sich noch besser und sinnvoller auf das große Wettsubsumieren vorbereiten, wenn man das kostenlose Uni-Rep besucht und dabei mit etwas (ihr leider bislang fehlender) Eigeninitiative intensive Vor-, Nach- und Übungsarbeit betreibt.

Die E-Mail landet auf dem Mailserver der Hämmerer und wird in ihrer Mailbox gespeichert. In der nächsten Sekunde fällt der Server infolge eines Stromausfalls aus. Deshalb kommt ein Widerruf, den Steffi hinterherschicken will, mehrfach mit einer Fehlermeldung zurück. Daraufhin sendet Steffi schließlich um 22 Uhr ein Telefax an Frau Hämmerer, in dem sie ihre Anmeldung widerruft. Der Mailserver kommt erst am Donnerstagmittag wieder in Gang. Anschließend bringt Frau Hämmerer Steffi persönlich eine Bestätigung ihrer Anmeldung. Muss Steffi zahlen?

Abwandlung: Wie verhält es sich, (1) wenn Steffi davon ausgeht, dass Frau Hämmerer ihre Anmeldung nicht ernst nehmen werde, weil sie ihre Ansicht über private Repetitorien erst kurz zuvor in viel beachteten Zeitungs- und Rundfunkinterviews zur Situation langzeitstudierender Frauen geäußert hat, oder (2) wenn Steffi Frau Hämmerer vorher mitteilt, dass die Anmeldung nicht gelten solle?

Vorüberlegung

Der Fall ist nicht schwer – er dreht sich um bewusste Willensmängel bei der Abgabe von Willenserklärungen, die das BGB regelt. Man muss die einschlägigen Normen finden und prüfen, wobei die Reihenfolge eher beliebig ist. Das Gutachten beginnt allerdings nicht mit den Willensmängeln, sondern mit (der Anspruchsgrundlage und) dem Vertragsschluss. Über diesen muss man bei den Vorüberlegungen genau nachdenken, selbst wenn sich das Ergebnis im Gutachten knapp formulieren lässt. Am Ende gilt es, nach weiteren Möglichkeiten zu suchen, die der S die Bezahlung der H ersparen könnten.

Gliederung

Lösung

Anspruch H gegen S aus § 611 Abs. 1 auf Zahlung der vereinbarten Vergütung

H könnte gegen S gem. § 611 Abs. 1 einen Anspruch auf Zahlung der Kursgebühr **1** in Höhe von 100 € monatlich haben. Voraussetzung dafür ist, dass S mit H einen wirksamen Dienstvertrag (§ 611) geschlossen hat.

I. Einigung i.S.d. §§ 145ff.

Ein Dienstvertrag kommt zustande durch zwei übereinstimmende Willenserklärun- **2** gen, Angebot (§ 145) und Annahme (§ 147).

1. Angebot

Das Angebot zum Vertragsschluss liegt in der Anmeldung der S bei der H. Damit es **3** wirksam geworden ist, bedarf es seiner Abgabe durch S und seines Zugangs bei H (§ 130 Abs. 1 S. 1). Mit dem Abschicken hat Steffi ihre Anmeldung willentlich in den Rechtsverkehr entäußert, also abgegeben. Zugegangen ist eine Willenserklärung unter Abwesenden, wenn sie so in den Herrschaftsbereich des Empfängers gelangt, dass dieser nach den gewöhnlichen Umständen die Möglichkeit der Kenntnisnahme hat. Dies ist bei der Anmeldung zumindest am Donnerstagmittag der Fall, so dass ein Zugang jedenfalls erfolgt ist.

> **Hinweis:** **4**
> Für das Wirksamwerden des Angebots ist der Zeitpunkt im Regelfall nicht entscheidend. Deshalb kann man sich zunächst mit einer solchen Feststellung begnügen, um ein wenig „Spannung" aufzubauen.

Die Anmeldung wäre gem. § 130 Abs. 1 S. 2 nicht wirksam geworden, wenn S sie **5** wirksam widerrufen hätte. Dazu muss gem. § 130 Abs. 1 S. 1 der Widerruf vor oder gleichzeitig mit der zu widerrufenden Willenserklärung zugehen. Vorliegend hat die S ihre Anmeldung am Mittwochabend durch eine inhaltlich eindeutige Erklärung widerrufen, also zum Ausdruck gebracht, dass die Anmeldung nicht gelten soll.

6 Damit der Widerruf die Wirksamkeit der Anmeldung hindert, muss die Widerrufserklärung der H spätestens gleichzeitig mit der Anmeldung der S zugegangen sein. Eine Willenserklärung ist dann zugegangen, wenn sie so in den Machtbereich des Empfängers gelangt ist, dass dieser nach den getroffenen Vorkehrungen unter gewöhnlichen Umständen von ihr Kenntnis nehmen kann; dies gilt auch für elektronisch übermittelte Willenserklärungen, § 312e Abs. 1 S. 2. Die Versuche, den Widerruf per E-Mail zu übermitteln, sind gescheitert. Da die Mails mit einer Fehlermeldung zurückgekommen sind, weil der Server ausgefallen war, sind sie nicht einmal in den Machtbereich der H gelangt. Zu prüfen ist, wann die per Telefax am Mittwoch um 22 Uhr übermittelte Widerrufserklärung der H zugegangen ist. Bei Erklärungen gegenüber Unternehmern i.S.v. § 14 Abs. 1, zu denen auch die selbständig tätige H zählt, ist ein Zugang grundsätzlich nur während der Geschäftszeiten möglich, da nur dann die Möglichkeit der Kenntnisnahme besteht. Da davon auszugehen ist, dass die Geschäftszeiten einer Repetitorin vor 22 Uhr enden, konnte die Widerrufserklärung am Mittwochabend nicht mehr zugehen, sondern erst am nächsten Morgen mit Beginn der Geschäftszeit. Der Widerruf ist also erst am Donnerstagmorgen zugegangen.

7 **Hinweis:**

Hat ein Unternehmer im Einzelfall abweichende Geschäftszeiten, etwa ein rund um die Uhr besetztes Bestell- oder Servicetelefon, ändert sich die Beurteilung. – Des Weiteren käme es zum Zugang um 22 Uhr, wenn H zufällig anwesend gewesen und das Fax gelesen hätte. Die tatsächliche Kenntnisnahme führt stets zum Zugang.

8 Damit kommt es darauf an, wann genau der Vertragsantrag der S so in den Machtbereich der H gelangt ist, dass nach den getroffenen Vorkehrungen üblicherweise mit einer Kenntnisnahme zu rechnen war. Dies ist bei per E-Mail und ähnlichen elektronischen Mitteln versandten Erklärungen noch nicht abschließend geklärt. Unter Heranziehung der allgemeinen Grundsätze gehen E-Mails dann zu, wenn sie im Empfangsbriefkasten der eigenen Datenverarbeitungsanlage oder des Providers abrufbar gespeichert sind und mit ihrem alsbaldigen Abruf zu rechnen ist. Unklar ist, ob E-Mails bei Unternehmern jederzeit zugehen und wie häufig damit bei Privatpersonen zu rechnen ist, dass sie ihre Mailbox abrufen. Beim Eingang zur Unzeit erfolgt der Zugang jedenfalls erst am nächsten Tag.[1] Bestätigt wird dies indirekt durch § 312e Abs. 1 S. 2, der für Bestellungen im elektronischen Geschäftsverkehr den Zugang fingiert, wenn sie vom Empfänger unter gewöhnlichen Umständen abrufbar sind. Vorliegend ist die Anmeldung der S am Mittwochnachmittag auf dem Server der H eingegangen und dort abrufbereit gespeichert. Zu diesem Zeitpunkt war eine Kenntnisnahme durch die H grundsätzlich möglich und auch zu erwarten, da der Eingang der Mail während der normalen Geschäftszeiten erfolgte.[2] Damit ist die E-Mail bereits am Mittwochnachmittag zugegangen. Der Widerruf, der erst am Donnerstagvormittag zuging, war folglich verspätet (§ 130 Abs. 1 S. 2) und konnte die Wirksamkeit des Antrags nicht mehr hindern.

2. Annahme

9 Die Annahme erfolgte durch die Anmeldebestätigung, die H der S persönlich überbracht hat.

---

[1] Palandt/*Ellenberger,* § 130 Rn. 7a.
[2] *Köhler,* § 6 Rn. 18; MünchKomm/*Einsele,* § 130 Rn. 19; *Ultsch,* NJW 1997, 3007.

II. Nichtigkeit der Einigung gem. § 118

Die Erklärung der S könnte gem. § 118 nichtig sein. Dazu müsste S ihre Erklärung **10** in der Erwartung abgegeben haben, dass der Mangel der Ernstlichkeit nicht verkannt werde (sog. „guter Scherz").[3] Da S sich insgeheim vorgenommen hat, den Kurs nicht zu besuchen und auch die Gebühr nicht zu bezahlen, hat sie ihre Erklärung nicht ernst gemeint. Jedoch ist nicht ersichtlich, dass S darauf vertraut hat, H werde ihren wahren Willen erkennen. Vielmehr sollte H die Erklärung ernst nehmen. Es handelt sich um einen sog. „bösen Scherz", welcher aber von § 118 nicht erfasst ist.

III. Nichtigkeit gem. § 117 Abs. 1

Weiter in Betracht kommt eine Nichtigkeit gemäß § 117 Abs. 1. Dazu müsste S die **11** Willenserklärung mit Einverständnis der H nur zum Schein abgegeben haben. S hat das Angebot nur zum Schein abgegeben, aber nicht mit Einverständnis der H, denn diese war nicht informiert. Damit ist die Erklärung nicht gem. § 117 Abs. 1 nichtig.

IV. Nichtigkeit gem. § 116 S. 2

Schließlich könnte das Angebot gemäß § 116 S. 2 nichtig sein. § 116 S. 1 regelt **12** den geheimen Vorbehalt, den „bösen Scherz"[4] und ordnet aus Vertrauensschutzgesichtspunkten die Wirksamkeit einer Willenserklärung an, die unter einem *geheimen* Vorbehalt abgegeben wird, der also vom objektiven Empfängerhorizont aus (§§ 133, 157) nicht erkennbar und an sich schon deshalb unbeachtlich ist. Doch ist der Vertragspartner gem. § 116 S. 2 nicht schutzwürdig, wenn er den geheimen Vorbehalt kennt.[5] Ist dies der Fall, so ist die Willenserklärung nichtig. Da H aber den wahren Willen der S nicht kannte, bleibt es bei der Regel des § 116 S. 1. Der geheime Vorbehalt bleibt unbeachtlich, der Vertrag ist wirksam zustande gekommen.

V. Widerruf der Willenserklärung der S gem. § 355 Abs. 1 S. 1

S wäre an ihre Willenserklärung nicht mehr gebunden, wenn sie diese gem. § 355 **13** Abs. 1 S. 1 wirksam widerrufen hätte. Dazu müsste sie ein Widerrufsrecht nach einer Vorschrift gehabt haben, die auf § 355 verweist. In Betracht kommt hier ein Widerrufsrecht gem. § 312 d Abs. 1 S. 1, das bei einem Fernabsatzvertrag besteht.

Ein Fernabsatzvertrag ist gem. § 312 b Abs. 1 ein Vertrag über Waren oder Dienst- **14** leistungen, der zwischen einem Unternehmer und einem Verbraucher unter ausschließlicher Verwendung von Fernkommunikationsmitteln i. S. v. § 312 b Abs. 2 abgeschlossen wird, sofern dabei ein organisiertes Fernabsatzsystem zum Einsatz kommt. Da H den Vertrag im Rahmen ihrer selbständigen beruflichen Tätigkeit schließt, handelt sie als Unternehmerin, § 14 Abs. 1. Da die Voraussetzung bei S gerade nicht erfüllt ist, ist sie Verbraucherin i. S. v. § 13. Die Unterrichtstätigkeit stellt eine Dienstleistung i. S. v. § 312 b Abs. 1 dar.

---

[3] Palandt/*Ellenberger*, § 118 Rn. 2.
[4] Palandt/*Ellenberger*, § 116 Rn. 6.
[5] *Köhler*, § 7 Rn. 8.

15 **Hinweis:**
Der Begriff der Dienstleistung ist hier untechnisch zu verstehen, erfasst also neben den Fällen des § 611 auch solche der §§ 631, 651a, 652, 675 Abs. 1 usw.

16 Der Vertrag müsste unter ausschließlicher Verwendung von Fernkommunikationsmitteln geschlossen sein, also ohne gleichzeitige persönliche Anwesenheit der Vertragsparteien (bzw. ihrer Verhandlungsgehilfen). Zwar hat S eine E-Mail geschrieben, die in § 312b Abs. 2 eigens erwähnt ist, doch hat H die Annahmeerklärung persönlich überbracht. Damit liegt kein Fernabsatzvertrag i.S.v. § 312b Abs. 1 vor, und S hat demzufolge kein Widerrufsrecht nach § 312d Abs. 1. Folglich bleibt sie an ihre Erklärung gebunden.

VI. Umdeutung des Widerrufs in eine Kündigung, §§ 140, 620

17 Zu erwägen wäre, ob man den als solchen unwirksamen Widerruf nach § 130 Abs. 1 S. 2 gem. § 140 in eine Kündigung umdeuten kann, die bei Dienstverträgen grundsätzlich gem. § 620 Abs. 2 möglich ist. Dazu müsste in der Widerrufserklärung eine Kündigung als wesensgleiches Minus mitenthalten sein. Die Kündigung muss also zum gleichen Ergebnis führen, ihre Rechtsfolgen dürfen aber nicht weiterreichen als die des Widerrufs. Im Falle des Widerrufs wäre kein Vertrag geschlossen, die Kündigung beendet den bestehenden Vertrag, was ein Weniger bedeutet. Da es sich aber um ein auf zehn Monate befristetes Dienstverhältnis handelt, kommt eine Kündigung gem. § 620 Abs. 2 ohnehin nicht in Betracht. Damit scheidet eine Umdeutung jedenfalls deshalb aus.

18 **Hinweis:**
Umdeuten kann man etwa außerordentliche (fristlose) Kündigungen in ordentliche, Anfechtungserklärungen in Rücktritte oder Kündigungen usw.

VII. Ergebnis

19 H hat gegen S einen Vergütungsanspruch gemäß § 611 Abs. 1 in Höhe von 100 € monatlich für einen Zeitraum von zehn Monaten.

Abwandlung

I. Variante 1

20 Der einzige Unterschied besteht darin, dass S nun davon ausgeht, H nehme die Anmeldung nicht ernst. Damit könnte ihr Angebot dieses Mal gem. § 118 nichtig sein. Denn sie nahm ihre Erklärung nicht nur nicht ernst, sondern ging davon aus, H werde dies erkennen, weil sie ihre Ansicht über Repetitorien in Zeitungs- und Rundfunkinterviews mit breiter Publikumswirkung geäußert hatte. Die Voraussetzungen des § 118 sind also erfüllt, der Antrag der S ist damit gem. § 118 nichtig.

21 Die Rechtsfolgenanordnung in § 118 ist allerdings rechtspolitisch fragwürdig, da sie gegen den Gedanken des Verkehrsschutzes verstößt.[6] Daher muss der Erklärende seinen Vertragspartner unverzüglich (§ 121 Abs. 1 S. 1 analog) aufklären, wenn er erkennt, dass dieser die Erklärung wider Erwarten ernst nimmt.[7] Tut er dies nicht

---

[6] Palandt/*Ellenberger*, § 118 Rn. 2.
[7] *Köhler*, § 7 Rn. 13.

muss er sich nach § 242 so behandeln lassen, als wäre die Erklärung von Anfang an gültig gewesen.[8] Da S vorliegend nicht erkannt hat, dass H ihre Erklärung ernst nahm, bleibt es somit bei der Nichtigkeitsfolge des § 118. Ein Anspruch aus § 611 Abs. 1 auf Zahlung der Kursgebühr besteht nicht.

II. Variante 2

Teilt S der H bereits vor der Abgabe ihres Angebots ihren wahren Willen mit, so **22** kennt diese den ursprünglich geheimen Vorbehalt. Die Willenserklärung ist somit gemäß § 116 S. 2 nichtig. Nach allgemeinen Grundsätzen der Auslegung (§§ 133, 157) kann man sogar zweifeln, ob aus der Sicht der H dann überhaupt eine Willenserklärung vorliegt und S insbesondere den Willen hat, eine konkrete Rechtsfolge *bindend* herbeizuführen. Da H weiß, dass S diesen Willen nicht hat, liegt nach §§ 133, 157 gar keine Willenserklärung vor. Damit scheitert der Anspruch an sich bereits auf der Ebene des Vertragsschlusses und der dazu erforderlichen Willenserklärungen, sodass es auf § 116 gar nicht mehr ankommt; man könnte ihn gleichwohl als Hilfsbegründung noch ansprechen. Im Ergebnis ändert dies freilich nichts: Ein wirksamer Dienstvertrag (§ 611) wurde nicht geschlossen, ein Zahlungsanspruch der H gegen S gem. § 611 Abs. 1 besteht wiederum nicht.

---

[8] *Brox/Walker,* § 17 Rn. 401; *Köhler,* § 7 Rn. 13.

Fall 24. Kosteneinsparung

Nach BGH NJW-RR 2002, 1527.

Sachverhalt

Vischinger (V) will ein Betriebsgrundstück an Kreutzeder (K) verkaufen. Bei ihren mündlichen Verhandlungen einigen sie sich auf einen Kaufpreis von 600 000 €. Um Grunderwerb- und Einkommensteuer zu sparen, deren Höhe jeweils vom Kaufpreis abhängt, beschließen Vischinger und Kreutzeder, vor dem Notar Nothaft (N) einen Vertrag mit einem Kaufpreis von 400 000 € zu schließen. Sie sind sich aber weiterhin einig, dass der wahre Kaufpreis 600 000 € betragen soll. Das halten sie auch schriftlich fest und vereinbaren außerdem, dass sich niemand auf die Nichtbeachtung juristischer Förmeleien berufen dürfe.

Kann Kreutzeder von Vischinger die nicht mit beurkundete Auflassung verlangen?

Abwandlung 1: Kreutzeder bezahlt über Nothaft 400 000 € und wird nach der Auflassung als neuer Eigentümer ins Grundbuch eingetragen: Kann Vischinger von ihm weitere 200 000 € verlangen?

Abwandlung 2: Wie wäre es im Ausgangsfall, wenn die Parteien in dem notariellen Vertrag den Kaufpreis mit 400 000 € angegeben und außerdem vereinbart hätten, V müsse gegen Zahlung von 200 000 € ein auf dem Grundstück befindliches Gebäude sanieren, das es gar nicht gibt?

Vorüberlegungen

Es handelt sich um den Standardfall zum Scheingeschäft, den man im Schlaf beherrschen sollte. Das formbedürftige Geschäft ist dabei grundsätzlich beliebig, es könnte auch um einen Kauf von GmbH-Anteilen gehen, ohne dass sich etwas ändert. Man muss jeweils die für das Scheingeschäft maßgeblichen Rechtsvorschriften kennen und anwenden können. Zum Ausgangsfall gehört typischerweise die Abwandlung 1 zur Heilungsmöglichkeit bei bestimmten formnichtigen Geschäften.

In Abwandlung 2 geht es dagegen um die Reichweite der Formnichtigkeit. Wie weit die Nichtigkeit eines teilbaren Rechtsgeschäfts reicht, ist grundsätzlich eine Auslegungsfrage. Der Gesetzgeber hat zur Durchsetzung der Nichtigkeitsnormen in § 139 aber eine Auslegungsregel aufgenommen, die es zu beachten gilt. Doch ist es eben nur eine Auslegungsregel.

Gliederung

Lösung

K kann von V gem. § 433 Abs. 1 S. 1 Übergabe und Übereignung (durch Auflas- **1** sung, § 925 und Eintragung § 873) des Grundstücks verlangen, wenn die beiden einen wirksamen Kaufvertrag entsprechenden Inhalts geschlossen haben.

I. Kaufvertrag zu einem Kaufpreis von 400 000 €

Vor dem Notar haben V und K sich auf einen Kaufvertrag mit einem Kaufpreis von **2** 400 000 € geeinigt. Zu prüfen ist seine Wirksamkeit:

1. Formnichtigkeit gem. § 125 S. 1

Eine Formnichtigkeit scheidet aus, da die in § 311 b Abs. 1 S. 1 vorgeschriebene **3** notarielle Beurkundung (§ 128) erfolgt ist.

2. Nichtigkeit als Scheingeschäft, § 117 Abs. 1

Der beurkundete Vertrag ist gem. § 117 Abs. 1 nichtig, wenn V und K ihre Wil- **4** lenserklärungen jeweils mit dem Einverständnis des anderen nur zum Schein abge- geben haben. In der Tat wollten V und K in Wahrheit einen Kaufpreis von 600 000 € vereinbaren und waren sich einig, dass die beurkundeten 400 000 € nicht ernst gemeint seien. Da ihre Willenserklärungen vor dem Notar in wechselseitigem Einverständnis nur zum Schein erfolgt sind, ist der notarielle Vertrag gem. § 117 Abs. 1 nichtig.

3. Zwischenergebnis

5 Folglich ist kein wirksamer Kaufvertrag zu 400 000 € zustande gekommen.

II. Kaufvertrag zu einem Kaufpreis von 600 000 €

6 Die Parteien waren sich einig, dass K einen Kaufpreis von 600 000 € bezahlen soll-te. Dieser Vertrag sollte durch die vor dem Notar abgegebenen Erklärungen ver-deckt werden. Gem. § 117 Abs. 2 ist ein durch ein Scheingeschäft verdecktes ande-res Geschäft nur wirksam, wenn seine Gültigkeitsvoraussetzungen erfüllt sind.

1. Formnichtigkeit, § 125 S. 1

7 Das verdeckte Geschäft ist ebenfalls ein Grundstückskaufvertrag und könnte gem. § 125 S. 1 formnichtig sein. Wie bereits festgestellt, bedarf ein Grundstückskauf-vertrag der notariellen Beurkundung, § 311 b Abs. 1 S. 1. Der in Wahrheit gewollte Kauf zum Preis von 600 000 € wurde aber nicht notariell beurkundet, sondern nur schriftlich verfasst. Damit ist der Vertrag zu 600 000 € gem. § 125 S. 1 formnichtig.

2. Abweichende Vereinbarung?

8 Zu prüfen ist, ob die Parteien durch ihre privatschriftliche Vereinbarung, sich nicht auf juristische Förmeleien – also Formfehler – berufen zu dürfen, § 311 b Abs. 1 S. 1 abbedungen haben. Ob dies überhaupt möglich ist, hängt davon ab, ob die Vorschrift zwingend oder nachgiebig (dispositiv) ist, was im Wege der Auslegung zu ermitteln ist. Aus Sinn und Zweck des § 311 b Abs. 1 S. 1 (Warnfunktion, Übereilungsschutz, Beweisfunktion, Betreuungsfunktion) in Verbindung mit der Nichtig-keitsanordnung in § 125 S. 1 folgt, dass diese Vorschrift zwingend ist. Da sie nicht abbedungen werden kann, bleibt es bei der Nichtigkeit der privatschriftlichen Ver-einbarung und damit auch des Verzichts auf die Einhaltung von „Förmeleien".

3. Zwischenergebnis

9 Der privatschriftliche Kaufvertrag ist gem. § 125. S. 1 nichtig. Somit ist kein wirk-samer Kaufvertrag zwischen den Parteien zustande gekommen.

4. Ergebnis

10 K hat keinen Anspruch auf Auflassung gem. § 433 Abs. 1 S. 1 gegen V.

Abwandlung 1: Anspruch auf Zahlung weiterer 200 000 € gem. § 433 Abs. 2

11 Damit V von K weitere 200 000 € verlangen kann, bedarf es eines wirksamen Ver-trags mit entsprechendem Inhalt.

I. Anspruchsentstehung

12 Wie bereits festgestellt (Rn. 4), ist der notarielle Vertrag gem. § 117 Abs. 1 als Scheingeschäft nichtig; ohnehin gäbe er nur einen Anspruch auf 400 000 €. Zu prüfen bleibt, ob aus dem privatschriftlichen Vertrag ein Anspruch auf Zahlung

weiterer 200 000 € folgt. Zwar ist auch dieser Vertrag zunächst formnichtig (Rn. 7 ff.). Doch wird ein Verstoß gegen die Formvorschrift des § 311 b Abs. 1 S. 1 gemäß S. 2 für die Zukunft geheilt, wenn die Auflassung und die Eintragung ins Grundbuch erfolgen. Das ist hier geschehen. Dass die Parteien den Formmangel bei Vertragsschluss kannten, schadet nicht.[1] Damit ist der eigentlich gewollte Kaufvertrag über 600 000 € wirksam geworden. Ein Anspruch des V auf Zahlung von 600 000 € gemäß § 433 Abs. 2 ist wirksam entstanden.

II. Teilerfüllung, § 362 Abs. 1

Der entstandene Anspruch ist durch (die von V akzeptierte) Zahlung des K in Höhe von 400 000 € (teilweise) erloschen, § 362 Abs. 1.   **13**

III. Ergebnis

V hat gegen K einen Anspruch auf Zahlung von 200 000 € gemäß § 433 Abs. 2.   **14**

Abwandlung 2

I. Vorliegen einer Scheinabrede, § 117 Abs. 1

Da die beurkundete Abrede nicht gewollt sein kann, liegt wiederum eine Scheinab-   **15** rede i. S. v. § 117 Abs. 1 vor, die nichtig ist. Die Scheinabrede bezieht sich hier aber nicht auf die Hauptpflichten aus dem Kaufvertrag, denn K soll gegen Zahlung von 400 000 € tatsächlich das Eigentum am Grundstück erhalten. Insofern gibt der notarielle Kaufvertrag die Verpflichtungen der Parteien im Ergebnis richtig wieder. Die Scheinabrede betrifft nur die Sanierungspflicht des V, so dass sich die Frage stellt, ob ihre Nichtigkeit (§ 117 Abs. 1) nach § 139 Hs. 1 den gesamten Kaufvertrag erfasst. Mit § 139 will der Gesetzgeber verhindern, dass den Parteien an Stelle eines als Ganzes gewollten Rechtsgeschäfts ein Teil davon aufgedrängt wird.[2] Da die Parteien im vorliegenden Fall tatsächlich einen Grundstückskaufvertrag ohne Sanierungspflicht des V mit einem Kaufpreis von 600 000 € vereinbaren wollten und die Scheinabrede nur der Inanspruchnahme ungerechtfertigter steuerlicher (etc.) Vorteile diente, ist der Zweck des § 139 nicht einschlägig. Deshalb kann sich keine Partei darauf berufen, der Vertrag wäre ohne die Scheinabrede nicht geschlossen worden.[3]

Der Vertrag könnte aber gemäß §§ 134, 138 nichtig sein, da die Angaben in der   **16** Vertragsurkunde dazu dienen sollten, die Finanzbehörde über die Bemessungsgrundlage für die Steuer zu täuschen. Nach st. Rspr. macht die Absicht einer Steuerhinterziehung einen Vertrag aber nur dann nichtig, wenn diese Absicht alleiniger oder hauptsächlicher Zweck des Rechtsgeschäfts ist.[4] Das ist aber nicht der Fall, wenn in einem Kaufvertrag über ein Grundstück falsche Angaben über den Kauf-

---

[1]   MünchKomm/*Kanzleiter/Krüger*, § 311 b Rn. 79.
[2]   Palandt/*Ellenberger*, § 139 Rn. 1; Soergel/*Hefermehl*, § 139 Rn. 1, 44; Staudinger/*Roth*, § 139 Rn. 1.
[3]   *BGH* NJW-RR 2002, 1527.
[4]   BGHZ 14, 25, 31; *BGH* NJW-RR 2002, 1527; Soergel/*Hefermehl*, § 138 Rn. 200; Staudinger/*Sack/Seibl*, § 134 Rn. 287.

preis gemacht werden, sofern die Verpflichtungen zur Übertragung des Eigentums und zur Bezahlung des Kaufpreises ernstlich gewollt sind.[5] Da die Parteien hier die Rechtsfolgen des Kaufvertrages ernstlich herbeiführen wollten, ist der Kaufvertrag wirksam.

II. Ergebnis

17 K kann somit von V gemäß § 433 Abs. 1 S. 1 die Auflassung verlangen.

---

[5] *BGH* NJW-RR 2002, 1527.

Fall 25. Augen auf beim Grundstückskauf

Vergleiche BGHZ 87, 150.

Sachverhalt

Vischinger (V) und Kreutzeder (K) einigen sich darüber, dass Vischinger seinen an der Augsburger Straße in Regensburg gelegenen Grundbesitz an Kreutzeder zu einem Kaufpreis von 1 Mio. € verkauft. Bei der Beurkundung des Kaufvertrags beim Notar übersehen alle Anwesenden, dass zu dem genannten Grundbesitz des Vischinger auch eine unmittelbar angrenzende Parzelle gehört, die bereits zum Gebiet der Nachbargemeinde Pentling gehört und in deren Grundbuch auf Blatt 37 als Flurstück Nr. 30 verzeichnet ist. Daher wird im notariellen Kaufvertrag lediglich der Verkauf der Parzellen Nrn. 28 und 29 beurkundet, die im Grundbuch der Stadt Regensburg auf Blatt 914 bezeichnet sind. Die angrenzende Parzelle Nr. 30, Blatt 37 des Grundbuchs von Pentling, wird bei der Beurkundung schlicht vergessen. Kreutzeder fragt sich, ob der gesamte Grundbesitz des V an der Augsburger Straße an ihn verkauft worden sei, ob er also auch Auflassung und Eintragung der Parzelle 30 verlangen kann. Der Grundbesitz ist weder vermietet noch verpachtet.

Vorüberlegung

Der Fall sollte nach der Lektüre an die aus Fall 14 behandelte Konstellation erinnern: Die Parteien haben sich geeinigt, ihr Wille stimmt überein – er kommt nur in der notariellen Urkunde nicht vollständig zum Ausdruck. Der Unterschied zu Fall 14 sollte ins Auge springen: Hier liegt ein formbedürftiges Geschäft vor, und es ist somit zu untersuchen, ob dies irgendwelche Auswirkungen haben könnte.

Gliederung

Lösung

I. Anspruch K gegen V auf Auflassung und Eintragung, § 433 Abs. 1 S. 1

1 K könnte gegen V gem. § 433 Abs. 1 S. 1 einen Anspruch auf Auflassung und Eintragung auch des Flurstücks Nr. 30, Blatt 37 des Grundbuchs der Gemeinde Pentling, haben, wenn die Parteien einen entsprechenden Vertrag wirksam geschlossen haben.

1. Einigung

2 V und K haben einen Vertrag geschlossen, der den Verkauf des gesamten Grundbesitzes des V an der Augsburger Straße zum Gegenstand hat. Dass die Parteien in dem notariellen Kaufvertrag vergessen haben, die im Grundbuch von Pentling verzeichnete Parzelle mit aufzuführen, spielt für die Frage der vertraglichen Einigung keine Rolle. Zwar ist grundsätzlich zum Schutz des Erklärungsempfängers die Willenserklärung objektiv auszulegen (Lehre von der objektiven Auslegung oder Auslegung nach dem Empfängerhorizont).[1] Auf eine objektive Auslegung kann aber verzichtet werden, wenn der Erklärungsempfänger die falsche oder mehrdeutige Erklärung richtig interpretiert. Dieses Ergebnis entspricht der gesetzgeberischen Bewertung der §§ 116 ff.[2] Da die Parteien hier übereinstimmend dasselbe gewollt haben, kommt es lediglich auf ihren übereinstimmenden Willen an, nicht aber auf den objektiven Erklärungswert (falsa demonstratio non nocet).[3] Eine Einigung, ein Vertragsschluss, liegt somit vor.

3 **Hinweis:**
Die Regel „falsa demonstratio non nocet" gilt unstreitig bei formfreien Rechtsgeschäften. Bei formbedürftigen Rechtsgeschäften ist ihre Anwendung dagegen problematisch, weil sich bei diesen die Frage stellt, ob das tatsächlich Gewollte aus der Urkunde erkennbar sein muss. Die Falllösung muss daher wie folgt fortgesetzt werden:

2. Formnichtigkeit gem. § 125 S. 1 i.V. m. § 311 b Abs. 1 S. 1

4 Der Kaufvertrag wäre aber gem. § 125 S. 1 nichtig, wenn die Formvorschrift des § 311 b Abs. 1 S. 1 nicht beachtet worden wäre. Der Formzwang erstreckt sich auf alle wesentlichen Vereinbarungen im Rahmen des konkreten Geschäfts, also z.B. auch auf Nebenabreden. Hier ist in der notariellen Urkunde die Parzelle Nr. 30 des Grundbuchblatts 37 der Gemeinde Pentling nicht erwähnt, auf die sich der Kaufvertrag nach dem übereinstimmenden Willen der Parteien auch beziehen sollte. Damit stellt sich die Frage, ob eine Falschbezeichnung bei beurkundungsbedürftigen Rechtsgeschäften ebenfalls unschädlich ist oder zur Formnichtigkeit führt.

a) Weite Andeutungstheorie

5 In der Literatur wird zum Teil eine so genannte Andeutungstheorie vertreten: Demnach ist im Falle der Falschbezeichnung die gesetzlich vorgeschriebene Form

---

[1] *BGH* NJW 1984, 721; 1986, 1681, 1683; *Larenz/Wolf,* § 28 Rn. 16 ff.; Soergel/*Hefermehl,* § 133 Rn. 17, 20 ff.

[2] Dazu *Reinicke,* JA 1980, 455, 457; *Wieling,* AcP 172, 297, 300 ff.

[3] RGZ 99, 147 – Haakjöringsköd; s. auch Fall 14.

nur dann gewahrt, wenn sich der Parteiwille wenigstens andeutungsweise objektiv aus der Urkunde entnehmen lässt.[4] Die Notwendigkeit einer „Andeutung" des wahren Willens wird im Wesentlichen mit Gefahren der Gesetzesumgehung begründet. Die Warnfunktion der Formvorschriften ließe sich umgehen, könnten die Parteien den Urkundeninhalt nachträglich verändern, indem sie behaupteten, übereinstimmend an etwas anderes gedacht zu haben. Die Schutzfunktion wäre nicht erfüllt, da der Notar die Parteien nicht belehren kann, wenn er den wirklichen Vertragsinhalt nicht kennt. Zudem ist die Beweisfunktion nur gewährleistet, wenn der Urkundeninhalt für Dritte klar ersichtlich und überprüfbar ist. Auch der Schutz Dritter und die Kontrollmöglichkeiten für Behörden erfordern einen Vertragsinhalt, der aus der Urkunde erkennbar ist. Außerdem muss die Anwendung der Formvorschriften frei von einer Einzelfallentscheidung bleiben. Da im notariellen Kaufvertrag lediglich der Verkauf der Parzellen 28 und 29 beurkundet wurde, wäre ein formwirksamer Vertragsschluss hier abzulehnen.

b) Rechtsprechung

Auch der BGH folgt im Ausgangspunkt ebenfalls der Andeutungstheorie.[5] Nach **6** seiner Rechtsprechung können außerhalb der Urkunde liegende Umstände bei ihrer Auslegung nur berücksichtigt werden, wenn sie in der förmlichen Erklärung zumindest andeutungsweise zum Ausdruck gekommen sind. In den Fällen der falsa demonstratio ist das eigentlich nicht der Fall. Dennoch soll der Grundsatz der falsa demonstratio bei Grundstückskaufverträgen (§ 311 b Abs. 1) anwendbar sein und einen Formmangel ausschließen.[6] Der BGH begründet dies damit, dass die Regelung des § 311 b Abs. 1 S. 1 in erster Linie eine Warnfunktion für die Parteien habe. Dieser werde aber genüge getan, wenn im Falle einer irrtümlichen Falschbezeichnung nur das tatsächlich Erklärte dem Formerfordernis genüge.[7]

c) Überwiegende Literatur

Die Literatur lehnt die Andeutungstheorie überwiegend ab,[8] so dass für die Ermitt- **7** lung des Parteiwillens auch bei formbedürftigen Rechtsgeschäften außerhalb der Urkunde liegende Umstände stets Berücksichtigung finden können. Davon zu unterscheiden ist die Frage, ob das Gewollte formwirksam (§ 125 S. 1) erklärt wurde. Sie ist anhand des Schutzzwecks der jeweiligen Formvorschrift zu beantworten. Im hier vorliegenden Fall des § 311 b Abs. 1 geht es vor allem um die Warnfunktion, also den Hinweis auf die Wichtigkeit des Geschäfts und den Schutz vor Übereilung. Sie ist kaum beeinträchtigt, da die Notwendigkeit einer Beurkundung unabhängig von der Falschbezeichnung bestand und beachtet wurde. Gleiches gilt für die Gewährleistung einer sachkundigen Belehrung und Beratung durch den Notar. Probleme ergeben sich jedoch bei der Klarstellungs- und Beweisfunktion: Formerforder-

---

4 *Wieling,* AcP 172, 297, 307 ff. und Jura 1979, 524 (soweit dort BGHZ 74, 116 herangezogen wird, ist dies durch BGHZ 87, 150 überholt.).

5 BGHZ 87, 150, 154; *BGH* NJW 1999, 2591, 2592 f.; 1996, 2792, 2793.

6 BGHZ 87, 150, 153; *BGH* NJW-RR 1988, 265; NJW 1989, 1484, 1485; 1993, 2935, 2936; 1996, 2792, 2793; ebenso *Bork,* Rn. 564.

7 BGHZ 87, 150, 153 f.; *Larenz/Wolf,* § 28 Rn. 82; a.A. *Wieling,* AcP 172, 297 (308 ff.), der aus diesem Grunde der Andeutungstheorie streng folgt.

8 MünchKomm/*Einsele,* § 125 Rn. 37; *Larenz/Wolf,* § 28 Rn. 80; Soergel/*Hefermehl,* § 133 Rn. 28; *Medicus,* Rn. 330.

nisse dienen auch dazu, den Inhalt der vertraglichen Vereinbarung klar und genau feststellen zu können und die Beweisführung im Prozess zu sichern. Beides ist nicht gewährleistet, wenn sich der Vertragsinhalt nicht mehr allein aus der Urkunde ergibt und auch nicht allein hieraus bewiesen werden kann. Damit müsste man den Vertrag an sich für formnichtig halten. Doch ist zu berücksichtigen, dass man die Falsa-demonstratio-Regel nur anwenden kann, wenn sich die Parteien über das wirklich Gewollte einig sind. Dies muss (und kann) durch außerhalb der Urkunde liegende Umstände bewiesen werden.[9] Ist dieser Beweis möglich, kann die Beweisfunktion zurücktreten.[10]

8 Es bleibt die Frage, ob § 311b Abs. 1 in concreto auch ein Interesse Dritter oder der Öffentlichkeit an der Kundbarmachung des Vertragsinhalts schützt (wie z. B. § 550 im Hinblick auf § 566).[11] Da der Grundbesitz aber weder vermietet noch verpachtet ist, steht auch dieser Formzweck einer Anwendung der Regel „falsa demonstratio non nocet" nicht entgegen.

d) Stellungnahme und Zwischenergebnis

9 Die (strenge) Andeutungstheorie engt den Parteiwillen zu stark ein, ohne dafür eine konkrete Notwendigkeit zu berücksichtigen. Sie ist daher abzulehnen. Die übrigen Ansichten gelangen im vorliegenden Fall mit unterschiedlichen Begründungen zum gleichen Ergebnis, so dass sich die Entscheidung für eine von ihnen erübrigt. Der Vertrag ist damit trotz der Falschbezeichnung der Kaufsache(n) formwirksam.

II. Ergebnis

10 V hat dem K den gesamten Grundbesitz an der Augsburger Straße verkauft, so dass dieser auch Übereignung der Parzelle 30 verlangen kann.

11 **Hinweis:**
In der Auflassung sollten die Parteien den Grundbesitz richtig bezeichnen. Bei einer Falschbezeichnung in der Auflassung findet die Falsa-demonstratio-Regel ebenfalls Anwendung; was dann genau übereignet wird, hängt von den Umständen des Einzelfalls ab.[12] Wird die Falschbezeichnung nach der Auflassung bemerkt, hat der Käufer gegen den Verkäufer einen vertraglichen Nebenleistungsanspruch auf Klarstellung der Identität der Parzellen.[13]

---

[9] *Larenz/Wolf,* § 28 Rn. 85.
[10] Ähnlich *Larenz/Wolf,* § 28 Rn. 84f.
[11] *Köhler,* § 9 Rn. 14ff. und JR 1984, 14; *Larenz,* § 19 II c; *Larenz/Wolf,* § 28 Rn. 83ff.; Münch-Komm/*Busche,* § 133 Rn. 28 – A. A. *Flume,* § 16, 2c.
[12] Vgl. *BGH* NJW 2002, 1038ff. m. w. N.
[13] Vgl. *BGH* VIZ 2001, 499, 502.

Fall 26. Kauf mir ein Grundstück

Nach BGHZ 85, 245; 127, 168; bestätigt durch BGH NJW 1996, 1960.

Sachverhalt

A möchte ein Grundstück des V kaufen. Um anonym zu bleiben, trifft er schriftlich mit B folgende Vereinbarung: B soll im eigenen Namen das Grundstück von V kaufen und das Eigentum später auf A übertragen. A soll gegenüber B zur Abnahme des Grundstücks verpflichtet sein. Zur Durchführung des Geschäfts überlässt A dem B einen Betrag von 200 000 €, weil er weiß, dass V so viel Geld für das Grundstück haben möchte. B erwirbt absprachegemäß das Grundstück für 200 000 € von V. Nachdem B als Eigentümer ins Grundbuch eingetragen worden ist, verlangt A von ihm Auflassung und Eintragung. B verweigert dies, da er der Ansicht ist, die zwischen ihm und A getroffene Vereinbarung sei formnichtig.

Abwandlung: A verfügt nicht über die nötigen Mittel zum Kauf des Grundstücks. Er wendet sich an B, der das Grundstück als sein Stellvertreter kaufen soll. V lehnt den Vertragsschluss mit A jedoch ab. Daraufhin kauft B das Grundstück – wie er V erklärt – selbst für 200 000 €. Kann A von B Auflassung und Eintragung verlangen?

Vorüberlegungen

Stereotyp muss man zunächst eine Anspruchsgrundlage suchen, die das Begehren des A tragen könnte. Der für den vorliegenden Fall passende Vertragstyp mit unentgeltlicher Natur ist bereits aus Fall 2 bekannt. Die passende Anspruchsgrundlage sollte man sich dort durch Lektüre des Gesetzes selbst heraussuchen können, um allgemein die Arbeit mit dem Gesetz zu trainieren. Bei den Voraussetzungen der Anspruchsgrundlage kann man dann auf das Problem der möglichen Formnichtigkeit eingehen, um das sich der Fall eigentlich dreht.

Wann immer es um den Erwerb oder die Veräußerung von Grundeigentum geht, muss man gleich an § 311b Abs. 1 S. 1 denken. Die Norm knüpft abstrakt an die Eingehung einer entsprechenden Verpflichtung an, setzt also keinen bestimmten Vertragstyp voraus. Deshalb kommt ihre Anwendung unabhängig davon in Betracht, welcher Vertragstyp im Einzelfall vorliegt. Entscheidend ist, ob sich eine Partei zum Grundeigentumserwerb oder zur Grundeigentumsübertragung verpflichtet. Nach h. M. kommt noch hinzu, dass sich diese Verpflichtung aus der Parteivereinbarung ergeben muss. Dagegen ist § 311b Abs. 1 noch nicht anwendbar, wenn sich die Verpflichtung „aus dem Gesetz" ergibt. Man muss insofern – wie sich bei der Lösung näher zeigen wird – unter Umständen sehr genau darüber nachdenken, wozu die Parteien bereits kraft Gesetzes – bzw. nach dem im dispositiven Gesetzesrecht festgelegten Inhalt des Vertrags – verpflichtet sind, und wozu sie sich unter Umständen *zusätzlich* im Vertrag verpflichtet haben.

Wissen muss man allerdings dann noch etwas: Die Rechtsprechung hat in verschiedenen Fällen anerkannt, dass die Berufung einer Partei auf die Formnichtigkeit ausnahmsweise wegen Treuwidrigkeit nach § 242 ausgeschlossen sein kann. Dies spielt zum einen bei Sachverhalten der vorliegenden Art eine Rolle, im Übrigen aber auch bei formunwirksamen Grundstückskaufverträgen.[1] Hat man also eine Formnichtigkeit festgestellt, muss man noch weiter untersuchen, ob der Berufung darauf im konkreten Fall § 242 entgegensteht.

Hinweis:
Anstelle der Anwendung von § 242 kann in anderen Fällen, etwa beim grundlosen Abbruch von Vertragshandlungen in fortgeschrittenem Stadium, auch ein Schadensersatzanspruch aus c. i. c. (§§ 280 Abs. 1, 311 Abs. 2, vgl. Fall 2 Rn. 7 ff., Fall 18 Rn. 29 ff.) oder aus Delikt in Betracht kommen.[2]

Gliederung

Lösung

Anspruch A gegen B auf Herausgabe des Grundeigentums, § 667

1 A könnte gegen B einen Anspruch auf Herausgabe des Grundeigentums gem. § 667 haben. Dies setzt einen wirksamen Auftrag i. S. v. § 662 voraus.

I. Auftrag, § 662

2 Ein Auftrag kommt zustande durch zwei übereinstimmende Willenserklärungen, Angebot (§ 145) und Annahme (§ 147). Eine entsprechende Einigung zwischen A

---

[1] Vgl. etwa *BGH* NJW 1972, 1189; *Köhler,* § 12 Rn. 16 ff.
[2] Vgl. *BGH* NJW 1965, 812, 813 f.

und B liegt vor. Fraglich ist, ob die Parteien mit Rechtsbindungswillen gehandelt oder lediglich ein Gefälligkeitsverhältnis begründet haben. Gegen letzteres spricht, dass sich A und B über die wirtschaftliche Bedeutung des Geschäfts im Klaren sein mussten. Immerhin sollte B ein Grundstück im Wert von 200 000 € erwerben. A war daran gelegen, das Eigentum später von B übertragen zu bekommen, zumal er B schon im Voraus 200 000 € gegeben hatte. Deshalb war ihm an einem entsprechenden Herausgabeanspruch (§ 667) gelegen. Dies war für B auch erkennbar (§§ 133, 157). Ein Auftrag (§ 662) liegt damit vor.

II. Formnichtigkeit gem. § 125 S. 1 i.V.m. § 311b Abs. 1 S. 1

Fraglich ist, ob der Auftrag als solcher gem. § 311b Abs. 1 S. 1 formbedürftig war **3** und infolge Nichteinhaltung der Form gemäß § 125 S. 1 nichtig ist. Die Formbedürftigkeit nach § 311b Abs. 1 S. 1 besteht immer dann, wenn ein Vertrag eine Erwerbs- bzw. Veräußerungsverpflichtung für eine Partei begründet. Bei der hier vorliegenden Vertragskonstruktion kommen Erwerbs- bzw. Veräußerungsverpflichtungen in verschiedener Hinsicht in Betracht.

1. Erwerbsverpflichtung des B aufgrund Auftrags

Zu prüfen ist, ob sich aus dem Auftrag selbst – also aus der konkreten vertraglichen **4** Vereinbarung der Parteien – eine Erwerbsverpflichtung des B ergibt. Nach der ausdrücklich getroffenen Vereinbarung sollte B im eigenen Namen auftreten und das Grundstück zunächst selbst erwerben. Die Vereinbarung begründete somit eine Erwerbsverpflichtung des B und machte den Auftrag gemäß § 311b Abs. 1 S. 1 formbedürftig. Da er nur schriftlich geschlossen und nicht notariell beurkundet wurde, war der Auftrag grundsätzlich gemäß § 125 S. 1 nichtig. Diese Nichtigkeit wurde aber gemäß § 311b Abs. 1 S. 2 geheilt, als B als Eigentümer in das Grundbuch eingetragen wurde. Im Hinblick auf die Erwerbsverpflichtung des B ist der Auftrag somit nicht (mehr) formnichtig.

2. Veräußerungsverpflichtung des B gem. § 667

Gemäß § 667 ist der Beauftragte B zur Herausgabe des Erlangten, also zu einer **5** Übertragung des Eigentums an dem Grundstück verpflichtet. Man könnte hierin eine Veräußerungsverpflichtung im Sinne des § 311b Abs. 1 S. 1 sehen. Jedoch hält der BGH in ständiger Rechtsprechung[3] und gegen die dagegen vorgebrachten Bedenken von Teilen der Literatur[4] § 311b Abs. 1 S. 1 nur dann für anwendbar, wenn sich die Erwerbs- bzw. Veräußerungsverpflichtung *allein* aus der zwischen den Parteien getroffenen Vereinbarung ergibt. Diese Voraussetzung ist aber hier nicht erfüllt. Aus der Parteiabrede ergibt sich zwar, dass B das Grundstück für A erwerben (§ 662; siehe oben) und an diesen weiterübereignen soll. Die Veräußerungspflicht des B folgt aber zusätzlich bereits aus § 667 und damit – trotz ihrer rechtsgeschäftlichen Begründung – aus dem Gesetz.[5] Damit konnte sie das Formerfordernis des § 311b Abs. 1 S. 1 nicht begründen, und ein Formmangel aus diesem Grund scheidet aus (a. A. vertretbar).

3   *BGH* NJW 1996, 1960; 1994, 3346; 1983, 566.
4   *Schwanecke*, NJW 1984, 1585 ff.; Erman/*Battes*, § 311b Rn. 26; Soergel/*Wolf*, § 313 Rn. 42.
5   St. Rspr., etwa BGHZ 127, 168, 170; *BGH* NJW 1996, 1960; MünchKomm/*Seiler*, § 667 Rn. 2.

3. Erwerbsverpflichtung des A aufgrund Auftrags

6 Die Formbedürftigkeit des Auftrags nach § 311 b Abs. 1 S. 1 könnte sich ferner aus einer Erwerbsverpflichtung des A aufgrund des Auftrags ergeben. Eine solche Erwerbspflicht folgt jedenfalls nicht aus § 667, da dieser dem A nur einen Herausgabeanspruch gewährt, aber keine damit korrespondierende Pflicht zur Abnahme begründet.[6] Zudem wäre auch eine Erwerbspflicht aus § 667 nur gesetzlicher Natur, und würde – zumindest nach h. M. – bereits aus diesem Grunde die Tatbestandsvoraussetzungen des § 311 b Abs. 1 S. 1 nicht erfüllen.

7 Eine Erwerbspflicht könnte sich aber aus der vertraglichen Vereinbarung zwischen A und B ergeben. Die Parteien haben darin nicht nur vereinbart, dass B das von V erworbene Eigentum auf A übertragen soll, sondern A darüber hinaus zur „Abnahme" des Grundstücks verpflichtet. Dies bedeutet nichts anderes als eine Erwerbsverpflichtung des A i. S. v. § 311 b Abs. 1 S. 1, die über den „gesetzlichen" Inhalt der Verpflichtungen des Auftraggebers hinausgeht und den Auftrag formbedürftig werden lässt. Eine Heilung der Formnichtigkeit nach § 311 b Abs. 1 S. 2 ist nicht erfolgt, da A noch nicht als Eigentümer ins Grundbuch eingetragen wurde.

4. Zwischenergebnis

8 Der Auftrag (§ 662) war somit gemäß § 311 b Abs. 1 S. 1 formbedürftig. Da eine notarielle Beurkundung gleichwohl nicht erfolgt ist, ist er gemäß § 125 S. 1 nichtig. Ein Anspruch auf Auflassung gemäß § 667 besteht also grundsätzlich nicht.

III. Unzulässigkeit der Berufung auf die Formnichtigkeit nach § 242

9 Dem B könnte es aber nach Treu und Glauben (§ 242) verwehrt sein, sich auf die Formnichtigkeit des Auftrags zu berufen. Nach ständiger Rechtsprechung des BGH kommt eine solche Möglichkeit wegen des zwingenden Charakters des § 125 S. 1 und der Schutzzwecke von Formvorschriften nur ganz ausnahmsweise in Betracht.[7] Dazu muss das Ergebnis mehr oder weniger untragbar (und nicht nur hart) erscheinen. Ob dies der Fall ist, hängt u. a. davon ab, ob der Schutzzweck des jeweiligen Formzwangs im Einzelfall überhaupt einschlägig ist.

10 Der Formzwang für die Erwerbsverpflichtung nach § 311 b Abs. 1 soll vor dem wirtschaftlich bedeutsamen Geschäft schützen und die Parteien warnen. Insofern kann der Schutzzweck zwar grundsätzlich auch einschlägig sein, soweit es um Erwerbsverpflichtungen des Auftraggebers und des Beauftragten geht. Der Formzwang für die Erwerbsverpflichtung *des Auftraggebers,* die hier letztlich für die Formnichtigkeit ausschlaggebend ist, soll aber den Auftraggeber – also A – schützen, nicht jedoch den B. Deshalb sind Fälle denkbar, in denen es treuwidrig ist, wenn der Beauftragte das in Ausführung des Auftrags erworbene Eigentum unter Berufung auf die dem Schutz des Auftraggebers dienende Formvorschrift behalten könnte. Freilich muss noch eine besondere Untragbarkeit des Ergebnisses hinzukommen.

11 Die Untragbarkeit des Ergebnisses kann sich u. a. daraus ergeben, dass der Beauftragte vor dem Erwerb des Grundstücks vom Auftraggeber den zur Bezahlung erforderlichen Kaufpreis erhalten hat. Denn damit begründet der Kauf für den Beauf-

---

6 MünchKomm/*Seiler,* § 662 Rn. 47 ff., § 667 Rn. 2.
7 Vgl. etwa *BGH* NJW 1972, 1189; *Köhler,* § 12 Rn. 16 ff.

tragten keinerlei Risiken. Genau so verhält es sich im vorliegenden Fall. Da A dem B die 200 000 € schon vorab zur Verfügung gestellt hat, war der Kauf für B vollkommen risikolos. Er ist somit nicht schutzwürdig. Anders verhält es sich bei A, der sich verpflichtet hat ein Grundstück zu erwerben, und der den Preis schon im Voraus an B gezahlt hat. Es wäre somit treuwidrig, wenn B das in Ausführung des Auftrags erworbene Eigentum unter Berufung auf eine dem Schutz des Auftraggebers dienende Formvorschrift nunmehr behalten könnte. – B ist also gem. § 242 die Berufung auf die Formvorschrift des § 311b Abs. 1 S. 1 nicht möglich.

IV. Ergebnis

A kann von B gemäß § 667 die Auflassung des Grundstücks verlangen. **12**

Abwandlung

I. Anspruch auf Herausgabe des Grundeigentums gem. § 667

Zunächst könnte sich auch hier ein Anspruch auf Auflassung aus § 667 ergeben. **13** Ein Auftrag liegt wieder vor.

1. Formnichtigkeit des Auftrags

Doch stellt sich wiederum die Frage nach der Formnichtigkeit des Auftrags gemäß **14** §§ 125 S. 1, 311b Abs. 1 S. 1. Sie hängt vom Bestehen einer Erwerbspflicht des A ab.

Ob eine Erwerbspflicht des A auch hier unmittelbar aus der mit B getroffenen Ver- **15** einbarung folgt, ist im Wege der Auslegung gem. §§ 133, 157 zu ermitteln. Ursprünglich war vereinbart, dass B das Grundstück für A in offener Stellvertretung kaufen solle. Es sollte also ein Direkterwerb des A herbeigeführt werden. Dadurch wurde über § 164 Abs. 1 S. 1 eine Erwerbspflicht des A begründet, die dem Formzwang des § 311b Abs. 1 S. 1 unterliegt.

Möglicherweise wurde der Auftrag während der Verkaufsverhandlungen aber geän- **16** dert und um eine Erwerbsverpflichtung beider Parteien ergänzt. Denkbar erscheint aber auch die Vereinbarung eines neben den Auftrag tretenden Treuhandvertrags, der seinerseits eine – zumindest teilweise – Erwerbsverpflichtung des A begründet und für den deshalb das Formerfordernis ebenfalls gilt.[8] Was nun letztlich genau der Fall ist, lässt sich dem Sachverhalt nicht eindeutig entnehmen. Unabhängig von der Frage, ob nur der Auftrag geändert oder ein zusätzlicher Treuhandvertrag geschlossen wurde, besteht aber jedenfalls eine Erwerbsverpflichtung des A aus den im Ausgangsfall genannten Gründen, die zur Formbedürftigkeit nach § 311b Abs. 1 führte. Da eine notarielle Beurkundung nicht erfolgt ist, ist die Vereinbarung gem. § 125 S. 1 nichtig. Da A das Grundeigentum bislang nicht erworben hat, ist eine Heilung gem. § 311b Abs. 1 S. 2 bislang nicht erfolgt.

2. Unzulässigkeit der Berufung auf den Formmangel, § 242

Zu prüfen ist wiederum, ob es dem B nach Treu und Glauben versagt ist (§ 242), **17** sich auf den Formmangel zu berufen. Wie im Ausgangsfall dargelegt (oben Rn. 9f.),

---

[8] *BGH* NJW 1996, 1960f.

dient zwar der Formzwang für die Erwerbsverpflichtung des A nicht dem Schutz des Beauftragten. Dies allein reicht für die Unbeachtlichkeit des Formmangels noch nicht aus. Vielmehr bedarf es jeweils einer wertenden Betrachtung sämtlicher Umstände des Einzelfalls, bei der nicht nur die berechtigten Interessen des Auftraggebers, sondern auch die des Beauftragten zu berücksichtigen sind.[9] Vorliegend setzte der von B beschrittene Weg, das Grundstück zunächst im eigenen Namen zu erwerben, diesen dem vollen Risiko aus, den Kaufpreis aus eigenen Mitteln aufbringen zu müssen. Dies gilt umso mehr, als der A in Geldschwierigkeiten war. Unter diesen Umständen ist auch der B schutzwürdig. Eine Berufung auf den Formmangel ist daher nicht treuwidrig (§ 242).

3. Ergebnis

18 Ein Anspruch auf Herausgabe des Grundeigentums gemäß § 667 besteht nicht.

II. Anspruch auf Auflassung gem. §§ 677, 681 S. 2, 667

19 Zu prüfen ist ferner, ob ein Anspruch des A auf Übereignung des Grundstücks aus Geschäftsführung ohne Auftrag gem. §§ 677, 681 S. 2, 667 bestehen kann.

20 Zwar kann auf die Vorschriften über die Geschäftsführung ohne Auftrag zurückgegriffen werden, wenn das Geschäft aufgrund eines sich später als nichtig erweisenden Auftrags ausgeführt worden ist.[10] Ein (auch) fremdes Geschäft erscheint denkbar, weil B das Grundstück zumindest ursprünglich nicht für sich selbst erwerben wollte. Der Anspruch aus §§ 677, 681 S. 2, 667 scheitert jedoch daran, dass sich bei dem von B im eigenen Namen getätigten Kauf des Grundstücks ein objektiv in Erscheinung tretender Fremdgeschäftsführungswille nicht feststellen lässt. Der Sachverhalt lässt nämlich auch die Deutung zu, dass der B bei den Verkaufsverhandlungen bereits, nachdem das im Namen des A abgegebene Angebot abgelehnt worden war, den Willen gefasst hatte, nunmehr allein im eigenen Namen weiter zu handeln und das Grundstück selbst zu erstehen, um erst dann aus freien Stücken zu entscheiden, ob eine Weiterveräußerung an A stattfinden sollte.

21 Damit scheidet auch ein Anspruch aus §§ 677, 681 S. 2, 667 aus.

---

[9] *BGH* NJW 1996, 1960, 1961.
[10] Vgl. dazu *BGH* NJW-RR 1993, 200.

Fall 27. Rauschender Nachmittag

Sachverhalt

Prätorius Promiller (P), Partner der Großkanzlei Golding Glamour, besucht nach einem der seltenen Gerichtstermine, die er noch selbst wahrnimmt, am frühen Nachmittag das Oktoberfest in München. Im Bierzelt gefällt es ihm so gut, dass er innerhalb von vier Stunden etwa zwölf Maß Bier zu sich nimmt. Anschließend weiß er nicht mehr, wie er heißt und wo er ist. Da fragt ihn der vierjährige Viktor Vischinger (V), der gerade die Uhr zu lernen versucht und deshalb jeden nach der Uhrzeit fragt, wie spät es ist. Daraufhin lallt Promiller: „Kleiner, hast du denn noch keine Uhr?" Da Viktor verneint, erklärt ihm Promiller, er könne seine haben. Viktor sagt artig „Danke" und nimmt die Uhr. Kann Promiller die Uhr herausverlangen, wenn er Viktor nach seiner Ausnüchterung wieder trifft und dieser die Uhr dabei hat? (Ansprüche aus – ehemaligem – Besitz sind nicht zu prüfen.)

Vorüberlegung

Kinder unter sieben Jahren sind gem. § 104 Nr. 1 geschäftsunfähig und können gem. § 105 Abs. 1 keine wirksamen Willenserklärungen abgeben, also nicht einmal „lediglich rechtlich vorteilhafte" (vgl. § 107). Völlig betrunkene Erwachsene sind zwar nicht geschäftsunfähig, ihre Willenserklärungen sind aber dennoch nicht wirksam, § 105 Abs. 2. Geht es um die Herausgabe, muss man dies bei der Anwendung der in Betracht kommenden Anspruchsgrundlagen berücksichtigen. Nahe liegend ist insbesondere für Studienanfänger (hoffentlich) der Gedanke an die Leistungskondiktion (§ 812 Abs. 1 S. 1 Alt. 1). Das ist aber nicht die erste und nicht die einzige Anspruchsgrundlage in diesem sehr kurzen Fall, was man z. B. seit Fall 22 wissen sollte.

Gliederung

Lösung

I. Anspruch P gegen V gem. § 985

1 P kann von V die Uhr gem. § 985 herausverlangen, wenn er noch Eigentümer der Uhr und V ihr Besitzer ist, dem kein Besitzrecht i. S. v. § 986 zusteht.

1. V als Eigentümer der Uhr

2 Ursprünglicher Eigentümer der Uhr war P (vgl. § 1006 Abs. 1). Er könnte das Eigentum an der Uhr durch Einigung und Übergabe nach § 929 S. 1 auf V übertragen haben. In der Aussage, V könne die Uhr haben, liegt ein Angebot auf Übereignung i. S. v. § 929 S. 1, und auch die Übergabe hat stattgefunden.

3 Zu prüfen ist jedoch, ob das Angebot des P gem. § 105 Abs. 2 nichtig ist. Da P zwölf Maß Bier getrunken hatte, desorientiert war und lallte, war er so betrunken, dass er sich in einem Zustand vorübergehender Störung der Geistestätigkeit befand. Seine Willenserklärung war also gem. § 105 Abs. 2 nichtig.

4 Damit scheidet eine wirksame Übereignung aus. Die Übereignung scheitert im Übrigen auch daran, dass V gem. § 104 Nr. 1 geschäftsunfähig und seine Willenserklärung somit gem. § 105 Abs. 1 nichtig ist. V ist immer noch Eigentümer der Uhr.

2. Besitz des V

5 V übt die tatsächliche Sachherrschaft über die Uhr aus und ist somit Besitzer.

3. Kein Recht zum Besitz nach § 986

6 Der Anspruch wäre ausgeschlossen, wenn V ein Recht zum Besitz hätte. Ein solches könnte sich hier aus einem Schenkungsvertrag i. S. v. § 516 Abs. 1 ergeben, den P und V zeitgleich mit der Übereignung abgeschlossen haben. Denn V und P waren sich einig, dass V die Uhr von P kostenlos erhalten soll. Jedoch sind die Willenserklärungen von P und V wiederum gem. § 105 Abs. 2 bzw. Abs. 1 nichtig. Damit ist auch der Schenkungsvertrag nicht wirksam, und V hat kein Recht zum Besitz.

4. Ergebnis

7 V muss die Uhr nach § 985 an P herausgeben.

II. Anspruch des P gegen V gem. § 812 Abs. 1 S. 1 Alt. 1

8 P könnte gem. § 812 Abs. 1 S. 1 Alt. 1 von V die Uhr herausverlangen, wenn dieser die Uhr durch Leistung des P ohne rechtlichen Grund erlangt hat.

1. Etwas durch Leistung erlangt

9 Durch die Übergabe der Uhr hat P dem V den unmittelbaren Besitz daran eingeräumt und somit dessen Vermögen bewusst und zweckgerichtet gemehrt. V hat den Besitz an der Uhr daher durch Leistung des P erlangt.

2. Ohne rechtlichen Grund

V müsste jedoch den Besitz an der Uhr ohne rechtlichen Grund erlangt haben. **10** Rechtlicher Grund könnte der zwischen V und P geschlossene Schenkungsvertrag i.S. d. § 516 Abs. 1 sein, doch ist dieser – wie oben festgestellt – gem. § 105 Abs. 2 bzw. §§ 105 Abs. 1, 104 Nr. 1 nichtig und kann daher keinen Grund für das Behaltendürfen der Uhr darstellen. V hat die Uhr von P ohne rechtlichen Grund erlangt.

3. Ergebnis

P kann daher von V die Uhr gem. § 812 Abs. 1 S. 1 herausverlangen. **11**

Fall 28. Unterschiedliche Ansichten über Rollschuhe

Sachverhalt

V hat in der Zeitung annonciert: „Achtung, einmalige Gelegenheit! Fabrikneue Rollerblades; Neupreis 328 €, für nur 200 € abzugeben. Angebote unter …". Der 16-jährige M, der sich neue Rollerblades wünscht, um im Ansehen seiner Freunde zu steigen, gibt eine entsprechende schriftliche Offerte im Verlagshaus der Zeitung ab. Er hofft, das Geld für die Rollerblades von seinen Eltern zu bekommen. V nimmt das Angebot schriftlich an. Als die Eltern des M davon erfahren, schreiben sie dem V, sie würden den Kauf nicht gelten lassen. Eine so unsinnige und gefährliche Anschaffung sei nicht nötig.

Kann V trotzdem von M den Kaufpreis verlangen?

Zusatzfrage: Angenommen, V hat die Rollerblades dem M bereits übergeben und übereignet – kann er sie nach Erhalt des Briefes der E von M herausverlangen?

Vorüberlegungen

Die beschränkte Geschäftsfähigkeit und ihre Rechtsfolgen, um die es hier angesichts des Alters des M offensichtlich geht, bietet eine relativ begrenzte Themenauswahl für Klausuren. Umso wichtiger ist es, diese zu kennen und zu beherrschen.

Nicht ganz einfach ist gelegentlich der richtige Aufbau. An sich betrifft die beschränkte Geschäftsfähigkeit nur die Willenserklärung eines Minderjährigen, doch wirkt sie sich im Falle des Vertragsschlusses weitergehend aus. Deshalb sollte man sich merken: Bei einseitigen Rechtsgeschäften prüft man § 111 S. 1 als Unwirksamkeitsgrund bei der Willenserklärung. Beim Vertragsschluss eines Minderjährigen spricht man die beschränkte Geschäftsfähigkeit bei dessen Willenserklärung noch nicht an, sondern prüft grundsätzlich erst den Vertragsschluss als solchen. Sollten die Eltern aber in den Vertragsschluss eingewilligt haben, kann man dies ausnahmsweise einfach bei der Willenserklärung des Minderjährigen kurz feststellen, um die umständliche Prüfung des § 108 Abs. 1 zu vermeiden.

Ansonsten untersucht man die schwebende Unwirksamkeit eines Vertrags als rechtshindernde Einwendung nach § 108 Abs. 1. Der Grund liegt darin, dass *diese* Norm auf den Vertrag abstellt, was damit zusammenhängt, dass die (beschränkte) Geschäftsfähigkeit beim Vertragsschluss in doppelter Hinsicht relevant ist.[1] Bei penibler Betrachtung stellt sich nämlich auch das Problem des Zugangs der Willenserklärung des anderen Teils, vgl. § 131 Abs. 2. Geht der Antrag dem Minderjährigen zu, ist das kein Problem, weil dieser Vorgang lediglich rechtlich vorteilhaft i. S. v. § 131 Abs. 2 S. 2 ist. Geht dem Minderjährigen aber die Annahme zu, käme man mit § 131 Abs. 2 allein gar nicht mehr zu einem wirksamen Zugang, da die Norm keine Genehmigungsmöglichkeit kennt. Zudem müsste man im Umkehr-

---

[1] So wohl auch BGHZ 47, 352; Soergel/*Hefermehl*, § 131 Rn. 6.

schluss aus den §§ 107, 108 auch das Vorliegen einer Regelungslücke verneinen, so dass eine analoge Anwendung von § 108 Abs. 1 ausscheidet. Dennoch ist richtigerweise davon auszugehen, dass die Genehmigung auch für den Zugang in § 108 Abs. 1 mit enthalten ist. Dieses kleine Dilemma hängt mit der Entstehungsgeschichte des heutigen § 131 zusammen. Ursprünglich sollte der Zugang von Willenserklärungen bei nicht voll geschäftsfähigen Personen thematisch im Rahmen der heutigen §§ 106 ff. geregelt werden. Aus systematischen Gründen entschloss man sich jedoch später diese Vorschrift an ihren jetzigen Platz zu verschieben, ohne die eben geschilderte Folge zu erkennen. In der Falllösung sagt man dazu am besten mehr oder weniger gar nichts, da das Problem weithin unbekannt ist.

Das Ergebnis zur Frage, ob der Vertrag gem. § 108 Abs. 1 schwebend unwirksam ist, kann allerdings auch lauten, dass der Vertrag wirksam oder endgültig unwirksam ist, wenn die gesetzlichen Vertreter (= die Eltern, §§ 1626 Abs. 1, 1629 Abs. 1) den Vertrag (endgültig, vgl. § 108 Abs. 2 S. 1 Hs. 2) genehmigt oder die Genehmigung verweigert haben.

In der Abwandlung geht es um die Herausgabe der Rollerblades durch M. Studienanfängern mag das zu weit gehen, doch gehört die Rückabwicklung von Leistungen, die aufgrund unwirksamer Verträge erbracht wurden, in ihren *Grundzügen* von Anfang an dazu. Aber dies sollte zumindest seit Fall 22 Teil 1 bekannt sein.

Gliederung

Lösung

Kaufpreisanspruch (§ 433 Abs. 2) des V gegen M

1 V könnte gegen M gem. § 433 Abs. 2 einen Anspruch auf Zahlung von 200 € haben.

I. Vertragsschluss

2 Der Zahlungsanspruch setzt voraus, dass ein Kaufvertrag über die Rollerblades wirksam zustande gekommen ist. Dazu müssen V und M sich durch zwei aufeinander bezogene Willenserklärungen, Antrag und Annahme, geeinigt haben.

1. Antrag

3 Die Zeitungsannonce des V stellt noch kein Angebot, sondern eine bloße invitatio ad offerendum dar. Da V die Rollerblades nur einmal veräußern kann, ist offensichtlich, dass er sich die endgültige Entscheidung zum Vertragsschluss noch offen halten will, so dass es am Rechtsbindungswillen fehlt. Ein Angebot liegt in der Offerte des M, die dem V auch zugegangen ist, § 130 I 1.

2. Annahme

4 V hat das Angebot angenommen, und seine Annahmeerklärung ist M auch zugegangen. Zwar erscheint die Wirksamkeit der Annahme im Hinblick auf § 131 Abs. 2 S. 1 zweifelhaft, da M als Minderjähriger (§ 2) in der Geschäftsfähigkeit beschränkt ist, § 106, und seine Eltern nicht i.S.v. § 131 Abs. 2 S. 2 in den Zugang eingewilligt haben. Die Wirksamkeit kann aber dahinstehen, da ein eventueller Mangel gem. § 108 Abs. 1 heilbar wäre.

3. Zwischenergebnis

5 Ein Kaufvertrag ist also geschlossen worden.

II. (Un-)Wirksamkeit des Vertrages gem. § 108 Abs. 1

6 Der Vertrag wäre gem. § 108 Abs. 1 (schwebend) unwirksam, wenn M beschränkt geschäftsfähig wäre und den Vertrag ohne die erforderliche Einwilligung seiner gesetzlichen Vertreter geschlossen hätte.

1. Beschränkte Geschäftsfähigkeit des M

7 M ist 16 Jahre alt und damit gem. §§ 2, 106 nur beschränkt geschäftsfähig.

2. Fehlen der nach § 107 erforderlichen Einwilligung

8 Erforderlich ist die Einwilligung (§ 183) gem. § 107 dann, wenn der Minderjährige durch die Abgabe seiner Willenserklärung nicht lediglich einen rechtlichen Vorteil erlangt. Daher kommt es darauf an, ob M durch seinen Vertragsantrag lediglich einen rechtlichen Vorteil erlangt.

Rein wirtschaftlich betrachtet wäre der Kaufvertrag für M möglicherweise vorteil- **9** haft, da er ein Wirtschaftsgut weit unter Marktpreis erwerben könnte. Eine wirtschaftliche Betrachtungsweise bei der Nachteilsfeststellung wollte der Gesetzgeber jedoch durch die Formulierung „nicht lediglich einen rechtlichen Vorteil erlangt" im Interesse der Rechtssicherheit gerade ausschließen: Ob ein Geschäft wirtschaftlich vorteilhaft oder nachteilig ist, kann im Einzelfall höchst zweifelhaft sein. Der Rechtsverkehr muss aber möglichst Klarheit haben, ob die Willenserklärungen eines Minderjährigen wirksam sind oder nicht.

Maßgebend sind daher allein die rechtlichen Folgen des Rechtsgeschäfts. Rechtliche **10** Nachteile sind stets anzunehmen, wenn das Rechtsgeschäft für den Minderjährigen unmittelbare persönliche Pflichten begründet oder bestehende Rechte aufhebt. Ob er aus einem Rechtsgeschäft zugleich auch Ansprüche erwirbt, ist unerheblich: Eine Saldierung von rechtlichen Vorteilen und Nachteilen kommt grundsätzlich nicht in Betracht. Da der Kaufvertrag für M die Pflicht zur Kaufpreiszahlung (§ 433 Abs. 2) begründet, bedarf M der Einwilligung seiner Eltern. Diese liegt nicht vor.

> **Hinweis:** **11**
> Man könnte jetzt kurz erwähnen, dass § 110 (dazu Fall 30) hier nicht eingreift, weil M die ihm obliegende Leistung noch nicht erbracht hat. Andererseits ist dies so offensichtlich, dass man es auch weglassen kann. Studienanfänger/innen sollten aus Genauigkeitsgründen besser kurz darauf eingehen, Fortgeschrittene können es eher weglassen.

3. Keine Genehmigung oder Verweigerung

Nach § 108 Abs. 2 hängt die Wirksamkeit des Kaufvertrages von der Genehmigung **12** (§ 184 Abs. 1) der Eltern als gesetzlicher Vertreter (§§ 1626 Abs. 1, 1629 Abs. 1) ab (sog. schwebende Unwirksamkeit). Die Eltern erklärten gegenüber V, sie wollten den Kaufvertrag nicht gelten lassen. Darin ist die Verweigerung der Genehmigung zu erblicken, die gem. § 182 Abs. 1 gegenüber dem V erklärt werden konnte. Der Kaufvertrag ist somit endgültig unwirksam.

III. Ergebnis

V hat keinen Zahlungsanspruch gem. § 433 Abs. 2 gegen M. **13**

Zusatzfrage

I. Anspruchgrundlage § 985

V hat gegen E einen Herausgabeanspruch gem. § 985, wenn er Eigentümer der **14** Rollerblades und M deren Besitzer ohne Besitzrecht (§ 986) ist.

1. Ursprüngliches Eigentum des V

Ursprünglicher Eigentümer der Rollerblades war V (arg. § 1006 Abs. 1). **15**

2. Übereignung nach § 929 S. 1 an M

Er könnte sein Eigentum aber durch Übereignung nach § 929 S. 1 an M verloren **16** haben. Laut Sachverhalt hat eine Übereignung stattgefunden.

17 Da diese gem. § 929 S. 1 nicht nur den Realakt der Übergabe erfordert, sondern auch eine vertragliche Einigung, ist zu prüfen, ob diese gem. § 108 Abs. 1 aufgrund der Verweigerung der Genehmigung (§ 182 Abs. 1) unwirksam ist.

18 Wie bereits festgestellt, ist M gem. §§ 2, 106 beschränkt geschäftsfähig und kann gem. § 107 eine Willenserklärung ohne Einwilligung seines gesetzlichen Vertreters nur wirksam abgeben, wenn die Erklärung für ihn lediglich rechtlich vorteilhaft ist. Da die Einigungserklärung im Rahmen des § 929 S. 1 hier allein zum Eigentumserwerb führt und M nicht unmittelbar zu irgendetwas verpflichtet, ist sie lediglich rechtlich vorteilhaft. M konnte sie gem. § 107 ohne Einwilligung der Eltern abgeben, so dass deren entgegenstehender Wille unbeachtlich ist. Das Eigentum ist also gem. § 929 S. 1 auf M übergegangen.

3. Ergebnis

19 V hat keinen Herausgabeanspruch gem. § 985.

II. Anspruchsgrundlage § 812 Abs. 1 S. 1 Alt. 1

20 Ein Herausgabeanspruch des V gegen M könnte sich aus Leistungskondiktion, § 812 Abs. 1 S. 1 Alt. 1, ergeben.

1. Etwas erlangt

21 Erlangt hat M von V das Eigentum und den Besitz an den Rollerblades.

2. Durch Leistung des V

22 Da V mit der Übereignung der Rollerblades einen Kaufvertrag erfüllen wollte, hat er das Vermögen des M bewusst und gewollt vermehrt, also aus der Sicht des M eine Leistung erbracht.

3. Ohne rechtlichen Grund

23 Die Leistung erfolgte ohne rechtlichen Grund, da der ihr zugrunde liegende Kaufvertrag nach der Verweigerung der Genehmigung durch die Eltern des M endgültig unwirksam ist (s.o. Rn. 12).

4. Ergebnis

24 V kann von M gem. § 812 Abs. 1 S. 1 Alt. 1 Verschaffung des Eigentums und des Besitzes an den Rollerblades verlangen.

25 **Hinweis:**
Geht es um die Herausgabe von Sachen, kann man meist auch die §§ 861 Abs. 1, 1007 prüfen. Diese Normen führen nur ganz selten zu einem Erfolg, der nicht auch über § 985 oder § 812 zu erzielen wäre. Da sie über den Begleitstoff zum Allgemeinen Teil des BGB hinausgehen, werden sie in diesem Band weggelassen.

Fall 29. Schwebender Roller

Sachverhalt

V hat mit dem siebzehnjährigen M einen Kaufvertrag über einen gebrauchten Roller zum Preis von 1 500 € geschlossen. Kurz darauf erfährt V von der Minderjährigkeit des M. Er fragt daher schriftlich bei dessen Eltern (E) an, ob diese den Kauf genehmigen. Später meldet sich ein anderer Interessent für den Roller, der einen höheren Preis bietet. Da bereits zehn Tage verstrichen sind, ohne dass von E Nachricht vorliegt, ruft V den M an und teilt ihm mit, er mache den Kauf rückgängig. M protestiert und überredet seine Eltern, eine Genehmigungserklärung anzufertigen, die er am nächsten Tag auf Weisung seiner Eltern überbringt.

Muss V dem M den Roller liefern?

Zusatzfrage: Ändert es etwas, wenn M dem V keine Genehmigungserklärung überbringt, sondern eine Einverständniserklärung, die er als Schüler des Leistungskurses „Wirtschaft und Recht" seine Eltern vorsichtshalber bereits vor Vertragsschluss hatte unterschreiben lassen?

Vorüberlegungen

Es geht wiederum um einen Vertrag, den ein Minderjähriger ohne die nach § 107 erforderliche Einwilligung seines gesetzlichen Vertreters geschlossen hat. Damit ist wiederum § 108 Abs. 1 zu prüfen. Der Schwebezustand könnte hier durch die Genehmigung der Eltern (§ 184) beendet worden sein. Da V die Eltern des M gem. § 108 Abs. 2 S. 1 aufgefordert hatte, sich über die Genehmigung zu erklären, konnte die Genehmigung nur noch ihm gegenüber erklärt werden. Stattdessen haben die Eltern dem M eine Genehmigungsurkunde übergeben, die dieser vorlegt. Ob das im Falle des § 108 Abs. 2 ausreicht, ist umstritten.

Die Kontroverse ist hier aber nicht entscheidend und braucht nicht unbedingt entschieden zu werden. Denn V macht von der Möglichkeit eines Widerrufs nach § 109 Abs. 1 S. 2 Gebrauch. Dieser Regelung liegt der Gedanke zugrunde, solange der beschränkt Geschäftsfähige nicht an den Vertrag gebunden sei, solle es auch sein Geschäftsgegner nicht sein, sofern er nicht die mangelnde rechtliche Bindung des beschränkt Geschäftsfähigen bewusst in Kauf genommen hat (§ 109 Abs. 2).

Die Zusatzfrage beschäftigt sich mit der über das Anfängerniveau hinausgehenden Konstellation, dass der gesetzliche Vertreter dem Minderjährigen eine *Einwilligungsurkunde* gibt, die dieser erst nach einer Aufforderung gem. § 108 Abs. 2 S. 1 vorlegt. Aber auch Anfänger können dabei juristische Argumentationstechnik erlernen.

Gliederung

Lösung

Anspruch des M gegen V gem. § 433 Abs. 1 S. 1

1 M könnte gegen V gem. § 433 Abs. 1 S. 1 einen Anspruch auf Übereignung und Übergabe des Rollers haben.

I. Vertragsschluss

2 Laut Sachverhalt haben V und M einen entsprechenden Kaufvertrag geschlossen.

II. (Un-)Wirksamkeit des Vertrages gem. § 108 Abs. 1

3 Der Vertrag wäre gem. § 108 Abs. 1 schwebend unwirksam, wenn M beschränkt geschäftsfähig war und den Vertrag ohne die erforderliche Einwilligung seiner gesetzlichen Vertreter geschlossen hat.

1. Beschränkte Geschäftsfähigkeit des M

4 M ist 17 Jahre alt und damit gem. §§ 2, 106 nur beschränkt geschäftsfähig.

5   **Hinweis:**
    Die beschränkte Geschäftsfähigkeit kann man in aller Regel im Urteilsstil feststellen.

2. Fehlen der nach § 107 erforderlichen Einwilligung

6 Erforderlich ist eine Einwilligung (§ 183) des gesetzlichen Vertreters gem. § 107 nur, wenn M durch die Abgabe seiner Willenserklärung nicht lediglich einen rechtlichen Vorteil erlangt hat. Insofern kommt es also nicht etwa auf eine wirtschaftliche Betrachtung des beabsichtigten Geschäfts an, sondern nur auf die Begründung rechtlicher Nachteile. Rechtliche Nachteile sind stets anzunehmen, wenn das Rechtsgeschäft für den Minderjährigen Pflichten begründet. Dass er gleichzeitig aus dem Rechtsgeschäft auch Ansprüche erwirbt, ist unerheblich: § 107 verlangt, dass der Minderjährige lediglich einen rechtlichen Vorteil erlangt. Eine Saldierung von rechtlichen Vorteilen und Nachteilen kommt grundsätzlich nicht in Betracht. Da der Kaufvertrag für M die Pflicht zur Kaufpreiszahlung (§ 433 Abs. 2) begründet, ist seine auf Vertragsabschluss gerichtete Willenserklärung nicht lediglich rechtlich vorteilhaft.

Daher bedurfte M einer Einwilligung (§ 183) seines gesetzlichen Vertreters, also **7** gem. §§ 1626 Abs. 1, 1629 Abs. 1 seiner Eltern, die diese nicht erteilt haben. Die Willenserklärung des M ist also nicht gem. § 107 wirksam.

3. Wirksamkeit gem. § 110

Der Vertrag würde dennoch gem. § 110 als von Anfang an wirksam gelten, wenn M **8** die ihm obliegende Leistung mit ihm zur freien Verfügung gestellten Mitteln bewirkt hätte. Da M den Roller aber nicht vollständig bezahlt und somit die Leistung nicht bewirkt hat, ist dies nicht der Fall.

4. Keine Genehmigung

Ferner dürfen die E den Kaufvertrag nicht genehmigt, ihm also nicht nachträglich **9** zugestimmt haben (§ 184). Dies ist grundsätzlich jederzeit und auch gegenüber M möglich (§ 182 Abs. 1). Da V aber die E zur Genehmigung aufgefordert hatte, konnten sie diese gem. § 108 Abs. 2 nur noch innerhalb von zwei Wochen ab der Aufforderung und nur noch V gegenüber erklären. Innerhalb dieser Frist ist lediglich eine Genehmigung der E gegenüber M erfolgt, was gem. § 108 Abs. 2 S. 1 Hs. 2 nicht ausreicht.

Allerdings erscheint es zweifelhaft, ob hier nicht doch eine Genehmigung gegen- **10** über V erfolgt ist. Denn die E haben zwar formell betrachtet nur eine Genehmigungserklärung gegenüber M angefertigt, diesen aber angewiesen, sie dem V zu überbringen. Dies spricht dafür, dass es sich letztlich um eine Genehmigung gegenüber V handelt, die M als Erklärungsbote übermittelt. Zumindest dürfte sich V unter Berücksichtigung von Treu und Glauben (§ 242) angesichts dieser Umstände nicht darauf berufen, dass die Erklärung eigentlich nicht an ihn gerichtet war.

5. Kein rechtzeitiger Widerruf nach § 109 Abs. 1

Die Frage der Wirksamkeit der Genehmigung kann jedoch dahinstehen, wenn V **11** den Vertrag vor der Genehmigung gem. § 109 Abs. 1 widerrufen hat. Dazu muss er nach dieser Norm zum Widerruf berechtigt gewesen sein und diesen gegenüber dem richtigen Empfänger erklärt haben.

V hat gegenüber M erklärt, den Kauf „rückgängig" machen zu wollen. Da Willens- **12** erklärungen grundsätzlich nicht nur dann wirksam sind, wenn sie juristisch einwandfrei bezeichnet sind, und der Erklärung des V im Wege der Auslegung nach

§§ 133, 157 der eindeutige Wille zu entnehmen ist, nicht mehr an den Vertrag gebunden sein zu wollen, reicht dies für einen Widerruf aus.

13 Der Widerruf kann gem. § 109 Abs. 1 S. 2 auch gegenüber dem Minderjährigen erklärt werden, wie hier geschehen. Damit er seine Wirkung entfaltet, muss er gem. § 109 Abs. 1 S. 1 vor der Genehmigung erklärt werden. Dies ist hier geschehen.

14 Da V die Minderjährigkeit des M bei Vertragsschluss nicht kannte, ist seine Widerrufsmöglichkeit auch nicht gem. § 109 Abs. 2 eingeschränkt bzw. ausgeschlossen. Damit ist der Widerruf des V gem. § 109 Abs. 1 S. 1 wirksam.

6. Zwischenergebnis

15 Infolge des Widerrufs des V ist der Kaufvertrag mit M endgültig unwirksam.

III. Ergebnis

16 M hat keinen Lieferanspruch gegen V aus § 433 Abs. 1 S. 1.

Zusatzfrage

I. Anspruch des M gegen V gem. § 433 Abs. 1 S. 1

17 M kann von V gem. § 433 Abs. 1 S. 1 Übergabe und Übereignung des Rollers verlangen, wenn zwischen beiden ein wirksamer Kaufvertrag zustande gekommen ist. M und V haben sich über den Verkauf des Rollers geeinigt. Der Kaufvertrag wäre jedoch gem. § 108 Abs. 1 unwirksam, wenn er im Zeitpunkt des Widerrufs durch V gem. § 109 Abs. 1 schwebend unwirksam gewesen wäre. M handelte bei Vertragsschluss mit der Einwilligung seiner Eltern, so dass der Kaufvertrag wirksam zustande kam. Zu prüfen ist jedoch, ob der Vertrag nachträglich schwebend unwirksam geworden ist. Dies wäre der Fall, wenn die Einwilligung der Eltern aufgrund der an sie gerichteten Aufforderung des V, sich über die Genehmigung des Vertrags zu erklären, gem. § 108 Abs. 2 S. 1 Hs. 2 unwirksam geworden ist.

18 Allerdings setzt der Wortlaut des § 108 Abs. 2 S. 1 Hs. 2 voraus, dass der Vertragspartner des Minderjährigen dessen gesetzlichen Vertreter auffordert, eine Erklärung über die Genehmigung des Vertrages abzugeben. Die E des M haben den Vertrag jedoch nicht genehmigt, sondern waren mit dem Abschluss von Anfang an einverstanden. Auf die Einwilligung bezieht sich die Unwirksamkeitsfolge des § 108 Abs. 2 S. 1 Hs. 2 ihrem Wortlaut nach nicht. Eine direkte Anwendung dieser Vorschrift scheidet also aus. Umstritten ist, ob § 108 Abs. 2 S. 1 Hs. 2 auf die zuvor dem Minderjährigen erteilte Einwilligung zumindest analog angewendet werden kann. Die analoge Anwendung einer zivilrechtlichen Norm setzt eine planwidrige Regelungslücke voraus.

19 Ein Teil der Literatur[1] bejaht das Vorliegen einer solchen Regelungslücke mit folgenden Erwägungen: Die Vorschrift des § 108 Abs. 2 diene dem Zweck, eine subjektive Unsicherheit des Vertragspartners über die Wirksamkeit auszuräumen, und

---

[1] Erman/*Müller,* § 108 Rn. 10; Jauernig/*Jauernig,* § 108 Rn. 3; *Köhler,* § 10 Rn. 31; Palandt/*Ellenberger,* § 108 Rn. 7.

schaffe deshalb die Möglichkeit, die Eltern zu einer Erklärung über die Genehmigung des Vertrags aufzufordern, um so Rechtssicherheit zu erlangen. Eine vergleichbare Schutzbedürftigkeit bestehe auch im Falle einer vor Vertragsschluss erteilten Einwilligung, weil der Vertragspartner regelmäßig keine sichere Kenntnis darüber habe, ob die Eltern mit dem Vertragsschluss ihres minderjährigen Kindes einverstanden waren. Daher müsse der Vertragspartner über den Wortlaut des § 108 Abs. 2 hinaus stets berechtigt sein, sich über das Bestehen einer elterlichen Zustimmung zu informieren, unabhängig davon, ob diese vor oder nach Vertragsschluss erteilt bzw. verweigert wurde. Daher müsse der Anwendungsbereich des § 108 Abs. 2 S. 1 Hs. 2 auch das Einverständnis i.S.v. § 107 umfassen. Dass dabei ein schon vollwirksamer Vertrag nachträglich wieder schwebend unwirksam wird, sei hinzunehmen, da der Gesetzgeber die gleiche Rechtsfolge auch bei einer dem Minderjährigen gegenüber erklärten Genehmigung in Kauf genommen hat.

Dieser Ansicht nach wäre der Kaufvertrag aufgrund der Aufforderung zur Genehmigung nach § 108 Abs. 2 wieder schwebend unwirksam geworden. Da V nach der Aufforderung aber vor der erneuten Zustimmung der E den Vertrag gem. § 109 Abs. 1 S. 1 widerrief, wäre dieser nun endgültig unwirksam. Ein Anspruch des M gegen V aus § 433 Abs. 1 S. 1 bestünde nicht. **20**

Die analoge Anwendung des § 108 Abs. 2 S. 1 Hs. 2 wird jedoch von der herrschenden Ansicht zu Recht abgelehnt.[2] Die Vorschriften der §§ 107 ff. bezwecken primär den Schutz des beschränkt Geschäftsfähigen. Anders als bei der nachträglichen Genehmigung hat der Vertragspartner die Möglichkeit, sich bei Vertragsschluss über das Bestehen der Einwilligung der Eltern zu vergewissern. Unterlässt er dies, kann er bei bestehenden Unsicherheiten insgesamt vom Vertragsschluss Abstand nehmen. Geht er jedoch, ohne sichere Kenntnis zu haben, vom Bestehen der vom Minderjährigen behaupteten Einwilligung aus, kann er sich nicht später durch eine nachträgliche Aufforderung i.S.d. § 108 Abs. 2 (analog) anders entscheiden. Gegen eine planwidrige Regelungslücke spricht auch, dass der Gesetzgeber der Vorschrift keine über ihren Wortlaut hinausgehende Bedeutung beimessen wollte: § 108 Abs. 2 S. 1 Hs. 2 sollte bloß die Rechtsunsicherheit ausgleichen, die dem Vertragspartner durch eine Erweiterung des § 182 entstanden ist. Während nach früherer Gesetzeslage eine Genehmigungserteilung gegenüber dem Minderjährigen ausgeschlossen war (§ 65 Abs. 3 S. 2 Hs. 2 BGB-E I bzw. § 82 Abs. 1 S. 2 BGB-E II), entschied sich der Gesetzgeber,[3] es den Eltern freizustellen, die Genehmigung entweder gegenüber dem Minderjährigen oder dem Vertragspartner zu erklären. Nur die durch diese Erweiterung entstandene Rechtsunsicherheit sollte durch § 108 Abs. 2 S. 1 Hs. 2 wieder korrigiert werden. Die Vorschrift ist daher nicht auf Einwilligungen analog anwendbar, eine planwidrige Regelungslücke liegt somit nicht vor.[4] **21**

Die Aufforderung des V an die Eltern, sich über die Genehmigung zu erklären, hatte nicht zur Folge, dass der Vertrag nachträglich wieder schwebend unwirksam wur- **22**

---

[2] *Bork*, Rn. 1031; Larenz/*Wolf*, § 25 Rn. 49; MünchKomm/*Schmitt*, § 108 Rn. 24; Soergel/*Hefermehl*, § 108 Rn. 8; *Wilhelm*, NJW 1992, 1666, 1667.

[3] Protokolle, S. 8361 ff., 8366 ff.; *Mugdan*, Die gesammten Materialien zum Bürgerlichen Gesetzbuch für das Deutsche Reich, Bd. 1 (1899), S. LXXV.

[4] Zur rechtsgeschichtlichen Erläuterung des § 108 vgl. *Kohler*, Jura 1984, S. 349 ff., 350, 358.

de. Dementsprechend konnte V den Vertrag auch nicht gem. § 109 Abs. 1 S. 1 widerrufen.

II. Ergebnis

23 M kann von V gem. § 433 Abs. 1 S. 1 Übergabe und Übereignung des Rollers verlangen.

Fall 30. Unterschiedliche Verwendung von Taschengeld

Sachverhalt

Die 15-jährige Melli (M) erhält von ihren Eltern monatlich 60 € Taschengeld ohne ausdrückliche Vorgabe, wofür sie das Geld verwenden oder nicht verwenden darf.

Da Melli gerne liest, kauft sie beim Antiquar Ansgar (A) eine Bücher-Überraschungskiste zum Preis von 90 €. Den Kaufpreis soll sie in drei Monatsraten bezahlen. Die erste Rate bezahlt Melli sogleich und darf anschließend die Kiste – ohne weitere Erklärungen seitens des Ansgar – gleich mitnehmen. Zu Hause stellt Melli fest, dass die Bücher überwiegend nicht ihrem literarischen Geschmack entsprechen. Es handelt sich meist um Groschenromane, juristische Lehrbücher und Reparaturanleitungen für Autos aus den 1970er-Jahren. Daraufhin zahlt Melli mit Billigung ihrer Eltern, die erst jetzt von dem Kauf erfahren, die restlichen Raten nicht mehr. Ansgar besteht zunächst auf Zahlung und verlangt später Herausgabe. Nun werden die Bücher, die sich samt der Kiste im Keller von Mellis Eltern befinden, bei einer Jahrhundertflut weggeschwemmt. – Hat Ansgar Ansprüche gegen Melli?

Variante 1: Melli kauft von dem Geld beim Spirituosenhändler Spike (S) eine Flasche 80%igen Rum und vier Zigarren, um entsprechende Erfahrungen ihres Idols, der Sängerin Piggy Pierce, nachzuempfinden. Als sie gerade an der Kasse steht und S den Kaufpreis übergeben hat, wird sie von ihren zufällig vorbeikommenden Eltern entdeckt. Die Eltern, die jeglichen Alkohol- und Tabakkonsum verabscheuen, unterbinden die weitere Abwicklung des Geschäfts. Kann Melli am nächsten Tag von Spike Rum und Zigarren verlangen?

Variante 2: Melli kauft sich von dem Geld ein Lotterielos und gewinnt 100 000 €, von denen sie ohne Rücksicht auf die Schule sogleich eine Weltreise bucht. Ist der Reisevertrag wirksam, wenn Melli den Reisepreis von ihrem Gewinn bezahlt?

Vorüberlegungen

Wieder geht es um den Vertragsschluss durch eine Minderjährige, doch muss man dieses Mal den sog. „Taschengeldparagrafen" kennen und anhand seiner Tatbestandsvoraussetzungen untersuchen. Diese legen nahe, dass die Norm einen Spezialfall der Einwilligung nach § 107 darstellt, wie es die h. M. annimmt.

Um § 110 ranken sich ein paar Probleme, die man kennen muss: Bei Ratenzahlungsvereinbarungen wie im Ausgangsfall ist der Vertrag zunächst einmal unwirksam. Das ändert sich erst nach der Zahlung der letzten Rate, wobei aber auch dies umstritten ist. – Auch bei vollständiger Leistungsbewirkung kann der Vertrag aber unwirksam sein, wenn man davon ausgehen kann, dass die konkrete Mittelverwendung dem Willen des gesetzlichen Vertreters zuwiderläuft wie bei Anschaffung von Waffen oder in Variante 2. Umstritten ist allerdings, ob die Reichweite der Einwilligung nach § 110 aus der Sicht des Vertragspartners oder ausschließlich nach dem Innenverhältnis zu beurteilen ist. – Schließlich stellt sich in Variante 3 die Frage, wie es sich mit Surrogaten verhält, die der Minderjährige im Rahmen des § 110 von seinem Taschengeld erworben hat: Darf er über diese dann auch frei verfügen? Zumindest bei so wertvollen Ersatzgegenständen wie hier ist das zu verneinen; im Übrigen kommt es darauf an, ob die Verfügung durch die Einwilligung des gesetzlichen Vertreters gedeckt ist.

Zudem geht es in Variante 1 noch um Fragen der Rückabwicklung, die auch Studienanfänger bereits kennen sollten (und die in früheren Fällen schon häufiger vorgekommen sind). Neu könnte die Frage der anspruchsausschließenden Entreicherung nach § 818 Abs. 3 sein.

Gliederung

Lösung

I. Anspruch des A gegen M auf Kaufpreiszahlung, § 433 Abs. 2

A hat gegen M einen Anspruch auf Kaufpreiszahlung gem. § 433 Abs. 2, wenn die **1** beiden einen wirksamen Kaufvertrag über die Bücherkiste geschlossen haben.

1. Vertragsschluss über die Bücherkiste

A und M haben einen Kaufvertrag über die Bücherkiste zum Preis von 90 € ge- **2** schlossen.

2. (Un-)Wirksamkeit des Vertrags gem. § 108 Abs. 1

Zu prüfen ist, ob der Vertrag gem. § 108 Abs. 1 schwebend unwirksam ist. **3**

a) Beschränkte Geschäftsfähigkeit der M

Mit ihren 15 Jahren ist M gem. §§ 2, 106 beschränkt geschäftsfähig. **4**

b) Keine Wirksamkeit gem. § 107

Da der Abschluss eines Kaufvertrags wegen der gegenseitigen Verpflichtungen nie **5** lediglich rechtlich vorteilhaft ist und die Eltern der M als gesetzliche Vertreter (§§ 1626 Abs. 1, 1629 Abs. 1) in das konkrete Geschäft nicht eingewilligt haben, ist der Vertrag nicht bereits gem. § 107 wirksam.

c) Wirksamkeit gem. § 110

Der Vertrag könnte aber gem. § 110 als von Anfang an wirksam gelten. Dazu müss- **6** te M die ihr obliegende Leistung, also die Kaufpreiszahlung, mit Mitteln bewirkt haben, die ihr vom gesetzlichen Vertreter oder mit dessen Zustimmung von einem Dritten zur freien Verfügung überlassen worden sind. M erhält hier 60 € Taschengeld pro Monat, hat also Mittel zur freien Verfügung. Jedoch hat sie bislang vom Kaufpreis nur einen Teilbetrag i.H.v. 30 € bezahlt und somit die ihr obliegende Leistung nicht – wie § 110 dies voraussetzt – vollständig bewirkt. Damit ist der Vertrag nicht gem. § 110 wirksam.

d) Wirksamkeit infolge Genehmigung, §§ 182 Abs. 1, 184 Abs. 1

Der Vertrag wäre aber auch wirksam, wenn die Eltern der M ihn gem. §§ 182 **7** Abs. 1, 184 Abs. 1 genehmigt, ihm also nachträglich zugestimmt hätten. Da die Eltern aber mit der Zahlungseinstellung durch M einverstanden waren, haben sie ihr gegenüber (§ 182 Abs. 1) die Genehmigung des Vertrags konkludent verweigert; dies war auch möglich, da A die Eltern bislang nicht nach § 108 Abs. 2 S. 1 Hs. 1 zur Erklärung über die Genehmigung aufgefordert hat. Damit ist der Vertrag endgültig unwirksam.

Hinweis: **8**
Dies gilt unbeschadet der Möglichkeit des A, noch nach § 108 Abs. 2 vorzugehen.

3. Ergebnis

9 Infolge der Verweigerung der Genehmigung durch die Eltern der M hat A keinen Kaufpreisanspruch (§ 433 Abs. 2) gegen M.

II. Anspruch des A gegen M gem. § 985

10 A hat gegen M einen Anspruch auf Herausgabe der Bücherkiste samt Inhalt gem. § 985, wenn er noch Eigentümer und M Besitzerin ohne Besitzrecht (§ 986) ist. Ursprünglicher Eigentümer der Kiste und der einzelnen Bücher war A; da er ihr die Kiste trotz noch ausstehender Kaufpreisraten kommentarlos mitgegeben hat, hat er sein Eigentum aber gem. § 929 S. 1 an M verloren; M konnte die dazu notwendige Einigung gem. § 107 selbst vornehmen, da der Eigentumserwerb für sie lediglich rechtlich vorteilhaft ist. Somit hat A keinen Anspruch gem. § 985 gegen M.

III. Anspruch des A gegen M aus § 812 Abs. 1 S. 1 Alt. 1

11 A könnte gegen M einen Herausgabeanspruch gem. § 812 Abs. 1 S. 1 Alt. 1 haben. M hat Eigentum und Besitz an der Kiste und den Büchern durch Leistung des A, der den Vertrag erfüllen wollte, ohne rechtlichen Grund (s. o. Rn. 3 ff.) erlangt. Damit wäre sie gem. § 812 Abs. 1 S. 1 Alt. 1 zur Herausgabe bzw., da diese mittlerweile nicht mehr möglich ist, gem. § 818 Abs. 2 zum Wertersatz verpflichtet. Jedoch ist dieser Anspruch gem. § 818 Abs. 3 ausgeschlossen, falls M nicht mehr bereichert ist. Nicht mehr bereichert ist sie, wenn in ihrem Vermögen kein „Rückstand" der Bereicherung mehr vorhanden ist. Davon ist nach dem Verlust der Bücher durch die Jahrhundertflut auszugehen. Schließlich haftet M auch nicht nach § 989 (über §§ 819 Abs. 1, 818 Abs. 4, 292 Abs. 1), da sie die Zerstörung der Bücher durch die Jahrhundertflut nicht gem. § 276 Abs. 1 S. 1 zu vertreten hat. Ein Anspruch aus § 812 besteht somit nicht.

Variante 1: Anspruch der M gegen S auf Rum und Zigarren, § 433 Abs. 1 S. 1

12 M hat gegen S einen Anspruch auf Übereignung und Übergabe des Rums und der Zigarren gem. § 433 Abs. 1 S. 1, wenn ein wirksamer Kaufvertrag zwischen ihnen besteht.

I. Vertragsschluss über Rum und Zigarren

13 S und M haben einen Kaufvertrag über den Rum und die Zigarren geschlossen.

II. (Un-)Wirksamkeit des Vertrags gem. § 108 Abs. 1

14 Zu prüfen ist, ob der Vertrag gem. § 108 Abs. 1 schwebend unwirksam ist.

1. Beschränkte Geschäftsfähigkeit der M

15 Mit ihren 15 Jahren ist M gem. §§ 2, 106 beschränkt geschäftsfähig.

2. Keine Wirksamkeit gem. § 107

Da der Abschluss eines Kaufvertrags wegen der gegenseitigen Verpflichtungen nie **16** lediglich rechtlich vorteilhaft ist und die Eltern der M als gesetzliche Vertreter (§§ 1626 Abs. 1, 1629 Abs. 1) in das konkrete Geschäft nicht eingewilligt haben, ist der Vertrag nicht bereits gem. § 107 wirksam.

3. Wirksamkeit gem. § 110

Der Vertrag könnte aber gem. § 110 als von Anfang an wirksam gelten. Dazu müss- **17** te M die ihr obliegende Leistung, also die Kaufpreiszahlung, mit Mitteln bewirkt haben, die ihr vom gesetzlichen Vertreter oder mit dessen Zustimmung von einem Dritten zur freien Verfügung überlassen worden sind. M hat den gesamten Kaufpreis bezahlt, also die ihr obliegende Leistung bewirkt.

Fraglich ist, ob sie dies mit Mitteln getan hat, die sie von ihren Eltern zur freien **18** Verfügung erhalten hat. Grundsätzlich wäre dies zu bejahen, da sie 60 € Taschengeld pro Monat erhält. Zwar haben die Eltern nach Vertragsschluss protestiert, doch würde dies am Vorliegen der Voraussetzungen des § 110 nichts mehr ändern können.

Jedoch ist § 110 nach h. M. als Auslegungsregel zu verstehen, nach der ein Minder- **19** jähriger Geschäfte mit den überlassenen Mitteln vornehmen kann, weil sie von einer konkludenten Einwilligung der Eltern gedeckt sind, die sich aus der Verkehrsanschauung ergibt. Daher gibt es Geschäfte, die auch von der Überlassung von Mitteln zur freien Verfügung typischerweise nicht mehr gedeckt sind. Dies gilt etwa für die Anschaffung hochprozentiger Alkoholika und – zumindest bei selbst nicht rauchenden Eltern – Tabakwaren aller Art. Damit war der Erwerb des Rums und der Zigarren von der in der Taschengeldüberlassung liegenden Einwilligung nicht umfasst. Der Vertrag ist nicht gem. § 110 wirksam.

4. Unwirksamkeit wg. Genehmigungsverweigerung, §§ 182 Abs. 1, 184 Abs. 1

Da die Eltern die weitere Durchführung des Vertrags in Anwesenheit des S verhin- **20** derten, haben sie ihre Genehmigung (auch S gegenüber) konkludent verweigert, §§ 182 Abs. 1, 184 Abs. 1. Damit ist der Vertrag endgültig unwirksam.

III. Ergebnis

M hat keinen Erfüllungsanspruch gem. § 433 Abs. 1 S. 1 gegen S.   **21**

Hinweise: **22**
(1) M kann natürlich Kaufpreisrückzahlung gem. § 812 Abs. 1 S. 1 Alt. 1 verlangen. Einem Anspruch gem. § 985 steht entgegen, dass M ihr Eigentum zwar nicht nach § 929 S. 1 an S verloren hat, wohl aber nach §§ 948 Abs. 1, 947 Abs. 2. Die sog. „Geldwertvindikation", derzufolge § 985 bei Geld auf Herausgabe des Wertes gerichtet sei, hat sich nicht durchgesetzt. (2) Angenommen, die Eltern hätten den Vertrag genehmigt, würde sich die weitere Frage stellen, ob der Vertrag dann aus anderen Gründen nichtig ist.

Variante 2: Wirksamkeit des Reisevertrags

I. Wirksamkeit des Reisevertrags (§ 651 a Abs. 1)

23 Der Wirksamkeit des Reisevertrags könnte wiederum § 108 Abs. 1 entgegenstehen. M ist gem. §§ 2, 106 beschränkt geschäftsfähig, und da der Reisevertrag sie gem. § 651 a Abs. 1 S. 2 zur Zahlung des Preises verpflichtet, ist sein Abschluss für M auch nicht lediglich rechtlich vorteilhaft i. S. v. § 107. Eine Einwilligung der Eltern in den Abschluss des Reisevertrags ist ebenfalls nicht ersichtlich.

24 Der Vertrag wäre aber gem. § 110 von Anfang an wirksam, wenn M ihn mit Mitteln bewirkt hätte, die ihr zu diesem Zweck oder zur freien Verfügung überlassen worden sind. Bewirkt hat M die Zahlung des Reisepreises mit dem Geld aus dem Lotteriegewinn. Dieses ist ihr nicht von ihrem gesetzlichen Vertreter, sondern vom Lotterieveranstalter überlassen worden; dass die Eltern dieser Überlassung zugestimmt hätten, vgl. § 110, ist nicht ersichtlich. Damit sind die Voraussetzungen des § 110 an sich nicht erfüllt.

25 Allenfalls könnte man noch erwägen, ob § 110 deshalb anwendbar ist, weil M den Gewinn quasi als Surrogat (Ersatz) für ihr Taschengeld erhalten hat. M erhielt 60 € Taschengeld zur grundsätzlich freien Verfügung. Die darin liegende Einwilligung der Eltern in eine beliebige Verwendung umfasst nach der Verkehrsanschauung auch den Erwerb eines Lotterieloses. Dennoch bezieht sich nach h. M. die beschränkte Generaleinwilligung aus der Mittelüberlassung nach § 110 nur auf die Verwendung der Mittel selbst, nicht auch auf die Verwendung von mit ihrer Hilfe erworbenen Surrogaten.[1] Also deckt die Taschengeldüberlassung durch die Eltern zwar den Loserwerb, aber nicht mehr die Verwendung des Lotteriegewinns zu weiteren Vertragsabschlüssen.

II. Ergebnis

26 Damit bleibt es dabei, dass der Reisevertrag gem. § 108 Abs. 1 schwebend unwirksam ist.

---

[1] RGZ 74, 234, 235 f.

Fall 31. Schwarzgefahren

Sachverhalt

Die 16-jährige Miriam (M) aus Regensburg will über das Wochenende ihre Oma in Köln besuchen und erhält dafür von ihren Eltern (E) 200 € nebst der Ermahnung, auf jeden Fall öffentliche Verkehrsmittel zu benutzen. Als M erfahren hat, was die Bahnfahrt kosten wird, ist sie entsetzt. Das veranlasst sie, für die Fahrt mit dem Bus des Regensburger Verkehrsverbundes (R) zum Bahnhof keinen Fahrschein zum Preis von 2 € zu entwerten. Natürlich gerät sie sogleich in eine Fahrausweiskontrolle. Der Kontrolleur verlangt von M die sofortige Zahlung von 40 € und verweist zur Begründung auf § 13 der von der zuständigen Verkehrsbehörde genehmigten „Allgemeinen Beförderungsbedingungen" (ABB) des R. Danach müssen „Schwarzfahrer" ein erhöhtes Beförderungsgeld i. H. v. 40 € zahlen. Weil M die Zahlung verweigert, werden ihre Personalien aufgenommen. Als der R später schriftlich die Begleichung dieses Geldbetrags anmahnt, entgegnen die Eltern, sie hätten von der Busfahrt nichts gewusst und seien mit Schwarzfahrten auch nicht einverstanden. Des Weiteren wendet M ein, sie habe die „Schwarzfahrerregelung" niemals akzeptiert, und diese sei auch völlig unangemessen und unwirksam. Der R erwidert, das interessiere ihn alles nicht. Die Eltern könnten das Risiko des Schwarzfahrens nicht auf ihn abwälzen und Gratisfahrten für M verlangen, worauf ihr Verhalten hinauslaufe. Die ABB seien im Verhältnis zu M und auch sonst gültig.

Kann der RVV von M auf vertraglicher Grundlage Zahlung von 40 € verlangen?

Vorüberlegung

Dieser Fall wendet sich an Fortgeschrittene. Es geht um den Abschluss von Verträgen im öffentlichen Personennahverkehr und damit noch einmal um ein Angebot an einen unbestimmten Personenkreis (vgl. bereits Fall 10 Rn. 5 und v. a. Fall 13 Rn. 4). Hinzu treten als weitere Probleme die beschränkte Geschäftsfähigkeit der M sowie die Einbeziehung und die Inhaltskontrolle der „Allgemeinen Beförderungsbedingungen" des R. Der Einbau der beschränkten Geschäftsfähigkeit in die Falllösung ist bereits aus den Fällen 28 und 29 bekannt. Man muss hier also wieder § 108 Abs. 1 prüfen und dabei klären, ob eine Einwilligung der E vorliegt, da es jedenfalls an einer Genehmigung fehlt und § 110 auch nicht hilft, solange M nicht zahlt. Durch ihr Einverständnis mit der Reise der M nach Köln und die Überlassung der 200 € haben die Eltern eine sog. beschränkte Generaleinwilligung in alle Geschäfte erteilt, welche die Reise mit sich bringt. Das Fahren mit dem Bus ist grundsätzlich davon erfasst.

Problematisch ist nur, dass M keinen Fahrschein löst bzw. entwertet, also „schwarzfährt". Nach wohl h. M. ist ein beschränkter Generalkonsens in solchen Fällen zumindest inhaltlich beschränkt mit der Folge, dass Schwarzfahrten nicht erfasst sind, sofern sich nicht ausnahmsweise ein abweichender Wille der Eltern feststellen lässt.

Die Konstruktion ist nicht unumstritten, weil darin eine Art Freibrief zum Schwarzfahren liegen soll. Damit muss man sich auseinandersetzen, was hier dadurch erleichtert wird, dass die Beteiligten in diese Richtung argumentieren. Wie bereits mehrfach erwähnt, ist auf solche rechtlichen Argumente in der Sachverhaltsangabe stets einzugehen, selbst wenn das eine oder andere zwangsläufig unzutreffend sein wird. Es handelt sich um eine Hilfestellung in der Aufgabe.

Auch wenn man mit der h. M. keinen wirksamen Vertrag zwischen R und M konstruieren kann, muss man wegen der entsprechenden Hinweise auf die Frage der Einbeziehung und Wirksamkeit von § 13 ABB eingehen. Hier ist also ausnahmsweise einmal ein Hilfsgutachten gefragt, sofern man dies nicht durch Übernahme des Standpunkts der Mindermeinung vermeidet. – Zur Vermeidung von Irritationen, die beim Nachlesen der zitierten Literatur auftreten könnten, sei auf Folgendes hingewiesen: In dem Fall geht es um von der zuständigen Verkehrsbehörde genehmigte „Allgemeinen Beförderungsbedingungen". Es sind also nicht die ABB gemeint, die in der Verordnung über die Allgemeinen Beförderungsbedingungen für den Straßenbahn- und Obusverkehr sowie den Linienverkehr mit Kraftfahrzeugen (VO ABB)[1] geregelt sind und ein erhöhtes Entgelt in § 9 vorsehen. Kämen die ABB aus dieser Verordnung zur Anwendung, würde sich die Frage der Einbeziehung und Wirksamkeit Allgemeiner Geschäftsbedingungen nicht stellen, weil es dann um gesetzlich geregelte AGB ginge.[2] Solche im Verordnungswege geregelten Vertragsbedingungen gibt es übrigens auch im Bereich der Strom-, Wasser- und Gasversorgung. (Das müssen Studierende natürlich nicht wissen, es geht, wie gesagt, nur um eine Klarstellung.)

Hinweis:

Man kann wegen der Schwierigkeiten, einen vertraglichen Anspruch zu begründen, versuchen, das erhöhte Beförderungsentgelt – zusätzlich bzw. hilfsweise – auf eine gesetzliche Anspruchsgrundlage zu stützen. Das geht über die gestellte Aufgabe („auf vertraglicher Grundlage") hinaus, liegt als Frage aber natürlich nahe. In Betracht kommen grundsätzlich ein Bereicherungsanspruch des R gegen M gem. § 812 Abs. 1 S. 1 Alt. 1 sowie ein Schadensersatzanspruch nach §§ 823 Abs. 2 i. V. m. § 265 a StGB, deren Eingreifen aber umstritten ist.[3] Der Bereicherungsanspruch schöpft nur den ungerechtfertigten Vorteil bei M ab, so dass R Wertersatz für die Beförderungsleistung und somit das reguläre Beförderungsentgelt verlangen kann. Wenn man einen Schadensersatzanspruch bejahen will, ist der tatsächliche Schaden zu ersetzen, der allenfalls zufällig mit dem „erhöhten Beförderungsentgelt" identisch sein wird.[4] Es hilft auch nichts, dass das „erhöhte Beförderungsentgelt" tatsächlich in der Regel bereits auf gesetzlicher Grundlage geschuldet ist, da die entsprechenden Normen ebenfalls einen wirksamen Vertrag voraussetzen.[5] – Von den E kann der R ebenfalls nichts verlangen: Ein Vertrag ist nicht ersichtlich, ein Kontakt i. S. v. § 311 Abs. 2 auch nicht; die Eltern haben auch nichts i. S. v. § 812 erlangt, und eine Verletzung der Aufsichtspflicht i. S. v. § 832 Abs. 1 S. 1 wird man wegen des Alters der M allenfalls dann annehmen können, wenn M ständig schwarzfährt und die E dies wissen, was dem Sachverhalt aber nicht zu entnehmen ist.

1   Vom 27. 2. 1970, BGBl. I S. 230, zuletzt geändert durch Art. 23 VerjährungsvorschriftenanpassungsG vom 9. 12. 2004, BGBl. I S. 3214.
2   Vgl. Palandt/*Grüneberg*, § 305 Rn. 2, § 305 a Rn. 2.
3   Vgl. *Harder*, NJW 1990, 857, 862 ff. einerseits, *Stacke*, NJW 1991, 875 andererseits.
4   Vgl. dazu m. w. N. *Fielenbach*, NZV 2000, 358, 361; *Stacke*, NJW 1991, 875, 877 f.
5   Vgl. dazu MünchKomm/*Gottwald*, § 339 Rn. 11 mit Verordnungs-Fundstellen.

Gliederung

Lösung

I. Anspruch R gegen M auf Zahlung von 40 € aus § 631 Abs. 1/§ 13 ABB

R könnte gegen M gem. § 631 Abs. 1 i. V. m. § 13 der Allgemeinen Beförderungs- **1**
bedingungen einen Anspruch auf Zahlung von 40 € haben. Dazu müsste § 13 ABB
wirksam in einen zwischen R und V abgeschlossenen wirksamen Beförderungsvertrag einbezogen sein. Erforderlich ist also zunächst ein Vertragsschluss durch Antrag
und Annahme.

1. Antrag

Der Antrag könnte darin liegen, dass der R Busse bereitstellt, die jedermann durch **2**
Einsteigen benutzen kann. Dazu müsste dieses Bereitstellen den Anforderungen an
einen Vertragsantrag i. S. v. § 145 entsprechen, d. h. es müssten die wesentlichen
Vertragsbestandteile feststehen. Dies erscheint in verschiedener Hinsicht fraglich:

Zunächst liegt kein Angebot an eine bestimmte Person vor, sondern an jedermann. Jedoch schadet dies nicht, wenn der Antragende bereit ist, im Rahmen seiner Kapazitäten mit jedermann einen Vertrag zu schließen. So verhält es sich im öffentlichen Personenverkehr: Verkehrsunternehmen wie der R sind grundsätzlich bereit (bzw. sogar verpflichtet,[6] was Studierende so nicht wissen müssen), jedermann auf der Grundlage ihrer Beförderungsbedingungen zu transportieren. Damit liegt in der Bereitstellung des Busses eine Realofferte an alle zu diesem Zeitpunkt an der Haltestelle anwesenden Personen (Offerte ad incertas personas).[7]

3 Allerdings steht bei der Bereitstellung des Busses weder das Fahrtziel noch der zu entrichtende Preis fest, so dass auch insoweit die für ein Vertragsangebot notwendige Bestimmtheit fehlen könnte. Indes bedeutet die Bereitstellung öffentlicher Verkehrsmittel aus der Sicht des potentiellen Kunden als Erklärungsempfänger immer, dass die Beförderung entgeltlich erfolgen soll (vgl. § 632 Abs. 1) und dass sich die Entgelte aus den (behördlich genehmigten) Tarifen des Verkehrsunternehmens ergeben. Das Fahrtziel darf der Kunde erkennbar selbst bestimmen, da es sich um einen Linienverkehr mit feststehender Fahrtroute handelt. Die Leistungserbringung ist also nicht von der vorherigen Bekanntgabe abhängig.

4 Damit liegt in dem Bereitstellen des Busses also ein Antrag des R auf Abschluss von Beförderungsverträgen mit beliebigen Kunden und dem Inhalt, diese gegen Zahlung des (von den Kunden selbst zu ermittelnden) tariflichen Entgelts mit Hilfe der angebotenen Linien zu Haltestellen ihrer Wahl zu befördern.

2. Annahme

5 M müsste den Antrag angenommen haben. Wie im Bereich des modernen Massenverkehrs Verträge zustande kommen, ist umstritten.[8] Nach einer früher vertretenen Ansicht erfolgt der Vertragsschluss in solchen Fällen ohne echte Annahmeerklärung durch bloßes Einsteigen, also durch ein faktisches oder ein sozialtypisches Verhalten, ohne dass es eines erklärten Willens seitens des Fahrgasts bedürfe.[9] Diese Lehren vermögen jedoch nicht zu überzeugen, da sie im Gesetz keine Stütze finden und insbesondere den Minderjährigenschutz kaum berücksichtigen können.[10] Vor allem sind diese Konstruktionen aber überflüssig, da die Inanspruchnahme der Beförderungsleistung problemlos als konkludente Willenserklärung ausgelegt werden kann, auf deren Zugang das Verkehrsunternehmen nach der Verkehrssitte i. S. v. § 151 S. 1 verzichtet.[11] Demzufolge hat M mit dem Einsteigen in den Bus konkludent die Annahme der Realofferte des R erklärt. Da M älter als sieben Jahre und somit nicht geschäftsunfähig i. S. d. § 104 Nr. 1 ist, ist ihre Annahmeerklärung nicht gem. § 105 Abs. 1 nichtig. Damit haben R und M grundsätzlich einen Vertrag geschlossen.

---

[6]   § 22 PBefG i. V. m. §§ 2, 6 Abs. 1 VO ABB.

[7]   Bamberger/Roth/*Eckert,* § 145 Rn. 34.

[8]   Vgl. näher Fall 13 Rn. 5 ff. m. w. N.

[9]   BGHZ 21, 319, 333 ff.; 23, 175, 177 ff.; 23, 249, 261 ff.; früher auch *Larenz,* DRiZ 1958, 245, 246.

[10]   Bamberger/Roth/*Eckert,* § 145 Rn. 45; § 133 Rn. 9; *Brox/Walker,* § 8 Rn. 194; Münch-Komm/*Busche,* § 151 Rn. 10; BGHZ 95, 393, 399; *BGH* NJW-RR 1991, 176, 177.

[11]   *Brox/Walker,* § 8 Rn. 194.

3. Wirksamkeit des Vertrags

Die Wirksamkeit des von M geschlossenen Vertrags könnte gem. § 108 Abs. 1 von **6** der Genehmigung ihres gesetzlichen Vertreters abhängen, wenn M beschränkt geschäftsfähig ist und die nach § 107 erforderliche Einwilligung in den Vertragsschluss nicht vorliegt.

> **Hinweis:** **7**
> Ohne einen guten Obersatz, der den „roten Faden" für die weitere Prüfung vorgibt, kann man die Folgen der beschränkten Geschäftsfähigkeit nicht sinnvoll prüfen. Den Aufhänger bildet § 108 Abs. 1, der nicht ausdrücklich die Unwirksamkeit normiert wie § 105 Abs. 1, sondern die Wirksamkeit grundsätzlich von der Genehmigung der Eltern abhängig macht.

a) Beschränkte Geschäftsfähigkeit der M

M hat mit 15 Jahren zwar das siebte, nicht aber das 18. Lebensjahr vollendet und **8** ist somit gem. §§ 2, 106 beschränkt geschäftsfähig.

b) Wirksamkeit der Annahmeerklärung nach § 107

Gem. § 107 bedarf M für die Annahmeerklärung der Einwilligung ihres gesetzlichen Vertreters, also gem. §§ 1626 Abs. 1, 1629 Abs. 1 ihrer Eltern, wenn sie durch **9** die Erklärung nicht lediglich einen rechtlichen Vorteil erlangt. Eine Willenserklärung ist lediglich rechtlich vorteilhaft, wenn sie für den Erklärenden unmittelbar weder Verpflichtungen begründet noch subjektive Rechte aufhebt.[12] Die Annahmeerklärung führte zum Abschluss eines Beförderungsvertrages und begründete für M die Pflicht zur Zahlung des Fahrpreises i.H.v. 2 €. Somit bedurfte gem. § 107 der Abschluss des Beförderungsvertrags der Einwilligung der E und es ist zu prüfen, ob die E vor Antritt der Busfahrt in den Abschluss eines Beförderungsvertrages eingewilligt, also gem. § 183 ihre vorherige Zustimmung erklärt haben.

aa) Spezialeinwilligung

Die E der M haben nicht ausdrücklich in die konkrete Busfahrt zum Bahnhof ein- **10** gewilligt.

bb) Überlassung von Mitteln, § 110

Die E haben der M Mittel für die Reise nach Köln i.S.v. § 110 überlassen. Damit **11** würde der Beförderungsvertrag nach § 110 als von Anfang an wirksam gelten, wenn M ihre vertragsmäßige Leistung mit diesen Mitteln „bewirkt" hätte. Da die M die Fahrt aber nicht bezahlt hat, sind die Voraussetzungen des § 110 nicht erfüllt.

cc) Generaleinwilligung

Möglicherweise haben die E durch ihre Entscheidung, ihrer Tochter die Reise zur **12** Großmutter nach Köln zu ermöglichen, eine (sog. beschränkte) Generaleinwilligung für sämtliche diesem Zweck dienenden Verträge erteilt. Eine Generaleinwilligung ist für einen Kreis noch nicht individualisierter Geschäfte zulässig, solange sie aufgrund ihrer Reichweite zu keiner partiell erweiterten Geschäftsfähigkeit des Minderjährigen führt.[13] Denn der gesetzliche Vertreter darf über die Regelung des § 110 durch die Erteilung einer beschränkten Generaleinwilligung hinausgehen

---

[12] Palandt/*Ellenberger*, § 107 Rn. 2 f.
[13] BGHZ 47, 352, 359; Palandt/*Ellenberger*, § 107 Rn. 9.

und dem Minderjährigen auch die Kreditgeschäfte ermöglichen, wenn dies aufgrund besonderer Umstände notwendig ist.[14] Solche Umstände ergeben sich hier daraus, dass die Eltern ihrer Tochter erlaubt haben, allein zur Oma nach Köln zu reisen. Gleichwohl kann man am Vorliegen einer beschränkten Generaleinwilligung, die auch den Abschluss von Kreditgeschäften umfasst, zweifeln, weil die Eltern der M für den stark umgrenzten Bereich von Beförderungsverträgen und anderen auf der Reise notwendigen Geschäften, etwa den Kauf von Speisen und Getränken unterwegs, zusätzliche Geldmittel überlassen haben. Insofern besteht für die Annahme einer Generaleinwilligung neben § 110 an sich kaum eine Notwendigkeit. Doch kann es auf einer Reise zu unvorsehbaren Ausgaben kommen, die mit den überlassenen Mitteln nicht zu decken sind (etwa Taxifahrt wegen massiver Zugverspätung), und die E haben die M jedenfalls ermahnt, öffentliche Verkehrsmittel zu benutzen. Daher liegt zumindest eine beschränkte Generaleinwilligung in den Abschluss der für die Reise erforderlichen Beförderungsverträge vor, die nicht mit dem Schutzzweck der §§ 107, 110 kollidiert, da die Eltern dem Minderjährigen im Rechtsverkehr einen gewissen Entscheidungsspielraum zubilligen dürfen, ohne dabei sein Vermögen zu gefährden. Die Fahrt zum Bahnhof war also von der Generaleinwilligung der E grundsätzlich gedeckt. Zwar haben die E ihr „Einverständnis" nachträglich verweigert, was man als Widerruf der Einwilligung i. S. v. § 183 S. 1 verstehen muss; der Widerruf ist aber nach dieser Vorschrift nur bis zur Vornahme des Rechtsgeschäfts möglich und hier somit ohne Bedeutung.

dd) Ausnahme wegen Schwarzfahrt?

13 Fraglich ist allerdings, ob sich die beschränkte Generaleinwilligung auch auf „Schwarzfahrten" der M erstreckte oder nicht. Nach überwiegender Ansicht handeln „schwarzfahrende" Minderjährige immer ohne Einwilligung ihrer gesetzlichen Vertreter. Denn nach der Verkehrsanschauung soll davon auszugehen sein, dass die Eltern ihre Einwilligung nur unter der aufschiebenden Bedingung (§ 158 Abs. 1) erteilen, dass der Minderjährige bei der Fahrt eine gültige Fahrkarte benutzt.[15] Die Einwilligung sei auch kein bedingungsfeindliches Rechtsgeschäft.[16] Da M vor der Fahrt kein Ticket gelöst hat, wäre dieser Ansicht zufolge die Bedingung der ordnungsgemäßen Entrichtung des Fahrtpreises nicht eingetreten (§ 158 Abs. 1). Eine Einwilligung läge demnach nicht vor.

14 Dem wird entgegengehalten, eine so weitgehende Einschränkung des Generalkonsenses komme einer Einladung an alle Minderjährigen zur „Schwarzfahrt" gleich.[17] Ein Wille der Eltern oder eine Verkehrsanschauung dahin gehend, die Einwilligung erfolge nur unter der Bedingung der ordnungsgemäßen Entrichtung des Fahrtgeldes, sei nicht nachgewiesen bzw. im Regelfall nicht gegeben. Außerdem komme der Vertrag bereits mit dem Einsteigen in den Bus zustande und nicht erst mit dem

---

[14] MünchKomm/*Schmitt*, § 110 Rn. 30. Eine Generaleinwilligung ist insbesondere dann möglich, wenn sich der Minderjährige anlässlich einer Reise an einem anderen Ort befindet, so dass eine Einwilligung der Eltern in jedes einzelne Rechtsgeschäft unmöglich ist. Von der Generaleinwilligung gedeckt sind alle Rechtsgeschäfte, die üblicherweise auf der Reise vorgenommen werden, wie z. B. der Kauf von Getränken oder Speisen, MünchKomm/*Schmitt*, § 107 Rn. 13.

[15] *AG Bergheim* NJW-RR 2000, 202, 203; *AG Hamburg* NJW 1987, 448; *Fielenbach*, NZV 2000, 358, 359 f. m. w. N.; *Harder*, NJW 1990, 857, 858; *Winkler v. Mohrenfels*, JuS 1987, 692.

[16] *Harder*, NJW 1990, 857, 858; im Grundsatz auch *Stacke*, NJW 1991, 875, 876 f.

[17] *Weth*, JuS 1998, 795, 797; *Stacke*, NJW 1991, 875, 877.

Entwerten des Tickets. Bei Annahme einer aufschiebenden Bedingung i.S.d. § 158 Abs. 1 wäre der Beförderungsvertrag bis zum Entwerten des Fahrscheins stets schwebend unwirksam. Eine auflösende Bedingung sei nicht denkbar.

Die Kontroverse leidet an der Annahme, die Reichweite der Einwilligung bei **15** Schwarzfahrten sei Frage einer Bedingung i.S.v. § 158 Abs. 1. Das würde bedeuten, dass die Einwilligung als solche in ihrer Wirksamkeit davon abhängig sein soll, dass der Minderjährige eine Fahrkarte entwertet oder kauft. Dies kann man zwar bei einer Spezialeinwilligung erwägen. Bei einem beschränkten Generalkonsens ist dies aber sehr zweifelhaft, weil dieser sich auf eine Vielzahl von Geschäften bezieht. Deshalb kann die Wirksamkeit der *Generaleinwilligung* nicht davon abhängen, wie sich der Minderjährige bei einem dieser Geschäfte verhält. Vielmehr handelt es sich um eine Frage der inhaltlichen Reichweite der Einwilligung, die im Wege der Auslegung nach §§ 133, 157 zu klären ist. Insofern liegt es nahe, dass die Einwilligung sich von vornherein auf ordnungsgemäße Fahrten beschränkt und Schwarzfahrten nicht umfasst. Geht es aber um die Frage der inhaltlichen Reichweite der Einwilligung und nicht um die Frage ihrer Wirksamkeit, kann man dem Beförderungsunternehmen nicht über § 162 Abs. 1 helfen: Im Schrifttum wird teilweise angenommen, der Minderjährige vereitele beim Schwarzfahren den Eintritt der Bedingung für die Einwilligung wider Treu und Glauben, so dass die Bedingung nach § 162 Abs. 1 als eingetreten gelte.[18] Das funktioniert aber nur in Fällen, in denen die Wirksamkeit der Einwilligung von einer solchen Bedingung abhängig ist, und somit im vorliegenden Fall gerade nicht.

Schließlich wird die Auffassung vertreten, im Falle einer aufschiebend bedingten **16** Einwilligung müssten die Eltern die Fahrt nachträglich genehmigen, um sich nicht dem Vorwurf unzulässiger Rechtsausübung (§ 242) auszusetzen.[19] Dagegen spricht freilich, dass Vertragspartner die M werden sollte und nicht die E[20] und dass das Problem eher in § 162 Abs. 1 behandelt wird. So bleibt als letzter Ausweg, die Bedingung (bzw. die inhaltliche Beschränkung der Einwilligung) gem. § 242 für unbeachtlich zu halten, weil die E sonst das Risiko der Schwarzfahrt auf das Verkehrsunternehmen abwälzen.[21] Diese auf den ersten Blick plausible Erwägung lässt aber außer Acht, dass die Verkehrsunternehmen grundsätzlich die Möglichkeit hätten, das Vorhandensein einer gültigen Fahrkarte vor der Beförderung zu kontrollieren. Nur weil sie dies nicht tun, handeln die E noch nicht ihrerseits treuwidrig.

ee) Zwischenergebnis

Die Busfahrt ist nicht von der Generaleinwilligung der E gedeckt (a.A. vertretbar). **17** Da M das Beförderungsentgelt nicht gezahlt hat, ist der Vertrag auch nicht gem. § 110 wirksam.

c) Genehmigung nach § 108 Abs. 1

Damit liegen die Voraussetzungen des § 108 Abs. 1 vor: Die Wirksamkeit des Ver- **18** trags hängt von der Genehmigung, also der nachträglichen Zustimmung (§§ 182, 184) der E der M als gesetzliche Vertreter (§ 1629 Abs. 1) ab. Die E haben eine

---

[18] So vom grundsätzlichen Standpunkt der h.M. aus *Fielenbach,* NZV 2000, 358, 360f.

[19] Vgl. *Weth,* JuS 1998, 795, 797ff.; *Stacke,* NJW 1991, 875ff.

[20] Zutreffend *AG Bergheim* NJW-RR 2000, 202, 203; *AG Wolfsburg* NJW-RR 1990, 1142f.; *Fielenbach,* NZW 2000, 358, 360.

[21] *AG Köln* NJW 1987, 447.

Genehmigung mit ihrer Erklärung gegenüber dem R konkludent verweigert. Ein Beförderungsvertrag zwischen R und M i.S.v. § 631 Abs. 1 ist somit nicht wirksam zustande gekommen.

4. Ergebnis

19 Da ein Beförderungsvertrag zwischen R und M i.S.v. § 631 Abs. 1 nicht wirksam zustande gekommen ist, kann der R kein erhöhtes Beförderungsentgelt nach § 13 ABB verlangen.

II. Hilfsgutachten zu § 13 ABB bei Annahme eines wirksamen Vertrags

20 Nimmt man entgegen der oben vertretenen Ansicht an, zwischen R und M sei ein wirksamer Beförderungsvertrag zustande gekommen, ist **weiter** zu prüfen:

1. Einbeziehung von § 13 ABB in den Beförderungsvertrag

21 Das erhöhte Beförderungsentgelt von 40 € haben R und M nicht individuell bei Fahrtantritt vereinbart. R kann es daher nur dann von M verlangen, wenn § 13 ABB wirksam in den Beförderungsvertrag einbezogen wurde und wirksam ist. Dies ist anhand der §§ 305 ff. zu prüfen.

a) Sachlicher Anwendungsbereich

22 Der sachliche Anwendungsbereich der §§ 305 ff. ist eröffnet, wenn die Klausel eine allgemeine Geschäftsbedingung (AGB) darstellt und kein Ausschlussgrund gem. § 310 gegeben ist.

23 Gemäß § 305 Abs. 1 S. 1 sind AGB alle für eine Vielzahl von Verträgen vorformulierten Vertragsbedingungen, die der Verwender der anderen Vertragspartei bei Abschluss eines Vertrags stellt, soweit sie zwischen den Vertragsparteien nicht ausgehandelt wurden (§ 305 Abs. 1 S. 3). Die ABB legen den näheren Inhalt des Vertrages fest, enthalten also Vertragsbedingungen. Da R sie allen Beförderungsverträgen einseitig zugrunde legt, ohne den Fahrgästen die Möglichkeit einzuräumen, auf ihren Inhalt Einfluss zu nehmen, sind die ABB auch für eine Vielzahl von Fällen vorformuliert und von R gestellt. Da M den Beförderungsvertrag nicht zu Zwecken der in § 13 angesprochenen Art schließt, während der Vertrag zur gewerblichen Tätigkeit des R i.S.v. § 14 Abs. 1 zählt, gelten die ABB überdies gem. § 310 Abs. 3 Nr. 1 als gestellt. Damit stellt § 13 ABB eine AGB i.S.d. § 305 Abs. 1 S. 1 dar. Ausschlussgründe gem. § 310 Abs. 2 und 4 sind nicht ersichtlich.[22] Der sachliche Anwendungsbereich ist damit eröffnet.

b) Einbeziehung von § 13 ABB in den Vertrag

24 § 13 ABB müsste in den Beförderungsvertrag einbezogen worden sein. Gemäß § 305 Abs. 2 werden AGB nur dann Vertragsbestandteil, wenn der Verwender ausdrücklich oder durch einen sichtbaren Aushang auf seine AGB hinweist (Nr. 1), der

---

[22] Da der Beförderungsvertrag zwischen R und M einen Verbrauchervertrag darstellt, gelten gem. § 310 Abs. 3 die AGB als vom Unternehmer (§ 14) gestellt (Nr. 1). Außerdem finden die Vorschriften zur Inhaltskontrolle (§§ 307–309) auch dann Anwendung, wenn die AGB nur zur einmaligen Verwendung bestimmt sind (Nr. 2). Da aber hier die AGB für eine Vielzahl von Verträgen bestimmt sind, kommt es auf § 310 Abs. 3 nicht an.

anderen Vertragspartei die Möglichkeit der Kenntnisnahme verschafft (Nr. 2) und diese mit der Geltung der AGB einverstanden ist. Da M den Vertrag als Verbraucherin und nicht als Unternehmerin schließt (s. o. Rn. 23), ist eine Anwendung des § 305 Abs. 2 nicht gem. § 310 Abs. 1 ausgeschlossen. Da R weder auf seine ABB hingewiesen noch M die Möglichkeit gegeben hatte, von § 13 ABB Kenntnis zu nehmen, ist eine Einbeziehung nach § 305 Abs. 2 nicht erfolgt.

Allerdings werden gem. § 305a Nr. 1 die Allgemeinen Beförderungsbedingungen **25** von Kraftfahrzeugen im Linienverkehr, die nach Maßgabe des Personenbeförderungsgesetzes genehmigt wurden, schon dann in den Beförderungsvertrag einbezogen, wenn der Fahrgast mit ihrer Geltung einverstanden ist. Ein Hinweis sowie die Möglichkeit der Kenntnisnahme i. S. d. § 305 Abs. Nr. 1, 2 sind nicht erforderlich.[23] Fraglich ist, ob M mit der Geltung von § 13 ABB einverstanden war. An das Einverständnis sind keine hohen Anforderungen zu stellen. Da der Fahrgast aufgrund der Veröffentlichung der ABB gem. § 39 Abs. 7 PersBefG die Möglichkeit zur Kenntnisnahme hatte, reicht es für sein konkludent erklärtes Einverständnis bereits aus, wenn er durch Inanspruchnahme des Busses den Beförderungsvertrag annimmt.[24] M hat somit bei Fahrtantritt konkludent ihr Einverständnis mit den derzeit gültigen ABB erklärt.

Gemäß § 305a Nr. 1 wurde § 13 ABB also in den Beförderungsvertrag einbezogen. **26**

c) Inhaltskontrolle

Die in den Vertrag einbezogene Regelung des § 13 ABB könnte jedoch gem. **27** §§ 307 ff. nichtig sein. Dazu müsste § 13 ABB zunächst überhaupt gem. § 307 Abs. 3 der Inhaltskontrolle unterliegen.

aa) Eröffnung der Inhaltskontrolle

Gemäß § 307 Abs. 3 gelten die §§ 307 Abs. 1 und 2, 308, 309 nur für AGB, durch **28** die vom dispositiven Recht abgewichen wird. Daher sind insbesondere Klauseln, die lediglich den Leistungsgegenstand sowie die hierfür zu entrichtende Gegenleistung bestimmen, kontrollfest.[25] Da § 13 ABB die Zahlung eines erhöhten Fahrpreises regelt, könnte es sich um eine solche Preisregelung handeln, die nicht der Inhaltsbestimmung unterliegt. Doch gilt der Ausschluss der Kontrolle nur für solche Preisabreden, ohne die ein wirksamer Vertrag nicht zustande kommen kann, nicht aber für Preisabreden, die das Leistungsversprechen modifizieren.[26] Da ohne § 13 ABB ein Vertrag mit dem Schwarzfahrer zum normalen Fahrpreis zustande käme, unterliegt die Regelung gem. § 307 Abs. 3 der Inhaltskontrolle. Dabei sind die §§ 308 und 309 gem. § 310 Abs. 1 anwendbar, da M den Vertrag nicht als Unternehmerin geschlossen hat (s. o. Rn. 23).

bb) Unwirksamkeit gem. § 309 Nr. 5b

Die „Schwarzfahrerregelung" wäre gem. § 309 Nr. 5b unwirksam, wenn sie eine **29** Schadensersatzpauschale enthält und dem Vertragspartner den Nachweis eines ge-

---

[23] Hintergrund ist, dass solche Beförderungsbedingungen gem. § 39 Abs. 7 PBefG öffentlich bekannt gegeben werden, vgl. Bamberger/Roth/*Becker*, § 305a Rn. 3.

[24] Bamberger/Roth/*Becker,* § 305a Rn. 10, § 305 Rn. 66.

[25] Bamberger/Roth/*Schmidt*, § 307 Rn. 79.

[26] BGHZ 148, 74 m. w. N.; s. a. *BGH* NJW 2001, 1934, 1935; Bamberger/Roth/*Schmidt*, § 307 Rn. 849.

ringeren Schadens nicht ausdrücklich gestattet. Schadensersatzpauschalen dienen der erleichterten Durchsetzung eines als bestehend vorausgesetzten Schadensersatzanspruchs.[27] Die „Schwarzfahrerregelung" soll jedoch in erster Linie Druck auf die Fahrgäste ausüben, vor Fahrtantritt den normalen Fahrpreis ordnungsgemäß zu bezahlen; damit ähnelt sie vom Zweck her eher einer Vertragsstrafe i. S. v. § 339, die auch ein Element der Schadenspauschalierung in sich trägt. Daher stellt § 13 ABB keine pauschale Schadensersatzregelung dar und ist somit nicht gem. § 309 Nr. 5 b unwirksam (a. A. vertretbar mit Unwirksamkeitsfolge, da kein Nachweis eines geringeren Schadens vorgesehen).

cc) Unwirksamkeit gem. § 309 Nr. 6

30 Die Klausel könnte jedoch gem. § 309 Nr. 6 unwirksam sein. Dazu müsste § 13 ABB eine Vertragsstrafe für den Fall der Nichtabnahme oder verspäteten Abnahme einer Leistung, des Zahlungsverzugs oder der Lösung vom Vertrag zum Gegenstand haben. Vertragsstrafen i. S. d. §§ 339 ff. dienen *auch* als Druckmittel gegenüber dem Vertragspartner, die versprochene Leistung ordnungsgemäß zu erfüllen.[28] Damit ist § 13 ABB als Vertragsstrafenregelung einzustufen. Doch ist das erhöhte Beförderungsentgelt nicht für den Fall des Zahlungsverzugs zu zahlen, sondern für die Benutzung von Nahverkehrsmitteln ohne gültige Fahrkarte. Damit knüpft die Klausel nicht an den Zahlungsverzug an, sondern an den Versuch, sich der Gegenleistungsverpflichtung endgültig zu entziehen und sich die Beförderungsleistung zu erschleichen.[29] Auch die anderen in § 309 Nr. 6 aufgeführten Fälle passen daher nicht, so dass die Norm ebenfalls nicht zur Unwirksamkeit der Klausel führt.

dd) Unwirksamkeit gem. § 307 Abs. 1

31 Angesichts der eben dargelegten Zwecke von § 13 ABB scheidet auch eine Unwirksamkeit nach § 307 Abs. 1 aus, da es keine unangemessene Benachteiligung des Vertragspartners darstellt, wenn der AGB-Verwender R versucht, ihn zu einem vertragsgemäßen Verhalten zu bewegen.

ee) Zwischenergebnis

32 Die Klausel in § 13 ABB ist also wirksam.

2. Ergebnis

33 R kann gem. § 631 Abs. 1 i. V. m. § 13 ABB von M das erhöhte Beförderungsentgelt i. H. v. 40 € fordern.

---

[27] BGHZ 162, 294, 301; Bamberger/Roth/*Jacobs,* § 309 Rn. 14 ff.
[28] Bamberger/Roth/*Janoschek,* § 339 Rn. 1.
[29] Palandt/*Grüneberg,* § 309 Rn. 35; *Weth,* JuS 1998, 795, 800.

Fall 32. Gute Sitten, schlechte Sitten

Nach BGH NJW 2000, 2584 und NJW 2004, 66.

Sachverhalt

Edwina Eitel (E) und Stefan Scharf (S) haben einige Jahre eine gemeinsame Rechtsanwaltskanzlei betrieben. Zum 31. 12. 2003 ist Edwina ausgeschieden. In einem Auseinandersetzungsvertrag hat sie sich verpflichtet, „für die Dauer von fünf Jahren nach ihrem Ausscheiden aus der Gesellschaft weder im Rahmen einer eigenen Praxis noch im Rahmen eines Dienst- oder Arbeitsverhältnisses unmittelbar oder mittelbar für solche Mandanten tätig zu werden, die in den letzten fünf Jahren vor ihrem Ausscheiden Mandanten der Gesellschaft waren". Die Einhaltung dieses Wettbewerbsverbots ist mit einer Vertragsstrafe von 5001 € für jeden Fall der Zuwiderhandlung sanktioniert. Im März 2004 stellt Stefan fest, dass Edwina seit ihrem Ausscheiden aus der Kanzlei die mit ihr befreundete Inhaberin einer Boutique vertritt, die zuvor Mandantin der Gesellschaft war.

Die Inhaberin der Boutique, Iris I. (I), hat ihr Geschäft soeben für 300000 € an die Millionärsgattin Melanie M. (M) verkauft und bereits übergeben. Sorgen bereitet ihr, dass Melanie nicht zahlen will und ihr Wucher vorwirft. Mehrere unabhängige Sachverständige haben festgestellt, die Boutique sei allenfalls 100000 € wert. Iris I. hat sich mit Melanie M. im Verhandlungswege über den Kaufpreis geeinigt und sich über den objektiven Wert ihrer Boutique vorher keine näheren Gedanken gemacht.

1. Kann Iris I. von Melanie M. Zahlung von 300000 € verlangen?

2. Kann Scharf von der Eitel die Zahlung einer Vertragsstrafe von 5001 € und die Unterlassung der steuerlichen Beratung von Iris I. bis Ende 2008 verlangen? Eitel meint, das könne nicht sein, weil es zu einem teilweisen Berufsverbot führe.

Vorüberlegungen

Auch dieser Fall wird Studienanfänger wegen der fremden Begriffe erschrecken. Wie früher erwähnt, darf man sich von solchen „exotischen" Aufhängern nicht erschüttern lassen, sondern sollte nach einer Anspruchsgrundlage suchen und sie stur durchprüfen.

Die erste Frage ist dann harmlos. Es ist etwas verkauft worden – man soll untersuchen, ob der Kaufpreisanspruch besteht. Angesichts der im Sachverhalt geschilderten Wertrelationen und darin erhobenen Vorwurfs dürfte kaum unklar sein, was man hier prüfen soll. Wissen muss man, dass der Wuchertatbestand strenge Tatbestandsvoraussetzungen hat, die oftmals nicht vorliegen oder nicht nachweisbar sind, und dass die Rechtsprechung deshalb das sog. „wucherähnliche Rechtsgeschäft" entwickelt hat. Das derzeitige Stadium der Rechtsprechung ist eher unbefriedigend, da die Anforderungen an ein solches Rechtsgeschäft doch sehr niedrig sind.

Den Einstieg in Frage 2 kann man wohl schaffen. Denn die Vertragsstrafe findet man – wie vieles – notfalls mit Hilfe des Stichwortverzeichnisses der BGB-Textausgabe (bitte suchen!). Sie soll typischerweise den Schuldner zur ordnungsgemäßen Erfüllung anhalten und zugleich dem Gläubiger einen Entschädigungsanspruch ohne besondere Nachweisschwierigkeiten geben.

Prüft man den Vertragsstrafenanspruch anhand der einschlägigen Norm, stellt sich zunächst die Frage der wirksamen Vereinbarung der Vertragsstrafe, womit man wieder im Allgemeinen Teil des BGB wäre. An der Vereinbarung bestehen keine Zweifel, wohl aber an der Wirksamkeit. Die Beurteilungsgrundsätze für nachvertragliche Wettbewerbsverbote der vorliegenden Art sind von Anfängern natürlich nicht zu erwarten. Verallgemeinernd geht es darum, dass die Grundrechte nach h.M. über die zivilrechtlichen Generalklauseln Berücksichtigung in Zivilrechtsverhältnissen finden. Die passende Generalklausel für den vorliegenden Fall sollte man schon bei Frage 1 gefunden haben. Die Rechtsprechung hilft allerdings nicht nur dem Schuldner eines Wettbewerbsverbots, sondern auch dem Gläubiger durch eine geltungserhaltende Reduktion übermäßig langer Vereinbarungen auf das zeitlich zulässige Maß.

Gliederung

Lösung

I. Anspruch der I gegen M auf Zahlung von 300 000 € aus § 433 Abs. 2

I könnte gegen M einen Anspruch auf Zahlung von 300 000 € aus § 433 Abs. 2 **1** haben. Dazu müssten die beiden einen entsprechenden Kaufvertrag wirksam abgeschlossen haben.

1. Abschluss eines Kaufvertrags

Dem Sachverhalt zufolge haben die Parteien einen Vertrag geschlossen, den sie als **2** Kauf angesehen haben. Zwar geht § 433 Abs. 1 S. 1 davon aus, dass Gegenstand des Kaufvertrags eine Sache ist. Doch finden die Vorschriften über den Sachkauf gem. § 453 Abs. 1 auch auf den Kauf von Rechten und sonstigen Gegenständen entsprechende Anwendung und somit auch auf den hier vorliegenden Unternehmenskauf. Damit liegt ein Kaufvertrag vor.

2. Nichtigkeit gem. § 138 Abs. 2

Der Vertrag wäre gem. § 138 Abs. 2 nichtig, wenn der Tatbestand des Wuchers er- **3** füllt ist. Dazu müssten die im Gegenseitigkeitsverhältnis stehenden vertraglichen Leistungen zueinander in einem auffälligen Missverhältnis stehen und dies darauf beruhen, dass der eine Vertragsteil eine Zwangslage, die Unerfahrenheit, den Mangels an Urteilsvermögen oder die erhebliche Willensschwäche des anderen ausgebeutet hat. I hat ihr Unternehmen an M für 300 000 € verkauft, obwohl es tatsächlich nur einen Wert von 100 000 € hatte.

a) Auffälliges Missverhältnis

Fraglich ist, ob hier ein auffälliges Missverhältnis zwischen Leistung und Gegenleis- **4** tung gegeben ist. Dazu müsste die Disparität der beiden Leistungen die Grenzen des Hinnehmbaren überschreiten. Wann dies der Fall ist, beurteilt sich nicht nach allgemeinen Kriterien, sondern hängt grundsätzlich von der Marktlage ab. Ein auffälliges Missverhältnis wird aber jedenfalls dann angenommen, wenn der Wert der einen Leistung doppelt so hoch ist wie der Wert der anderen Leistung.[1] Hier ist der Kaufpreis dreimal so hoch wie der Unternehmenswert. Ein auffälliges Missverhältnis liegt daher vor.

b) Ausbeutung einer Schwächesituation

Zu prüfen ist weiter, ob I den überhöhten Kaufpreis durch Ausbeutung einer **5** Zwangslage, der Unerfahrenheit, des mangelnden Urteilsvermögens oder einer erheblichen Willensschwäche der M erzielt hat. Anhaltspunkte für das Bestehen einer solchen Schwächesituation sind hier nicht gegeben. Das bloße Missverhältnis zwischen den gegenseitigen Leistungen begründet den Tatbestand des Wuchers jedoch nicht.

Der Vertrag ist nicht gem. § 138 Abs. 2 nichtig. **6**

---

[1] *BGH* NJW-RR 1991, 589; NJW 1992, 899; 1994, 1344, 1347; 1995, 1022; Palandt/*Ellenberger*, § 138 Rn. 67; *Larenz/Wolf*, § 41 Rn. 65; Erman/*Palm/Arnold*, § 138, Rn. 16.

3. Nichtigkeit gem. § 138 Abs. 1

7 Der Vertrag wäre jedoch gem. § 138 Abs. 1 auch dann nichtig, wenn er sittenwidrig wäre. Dazu müsste der Unternehmenskauf im Zeitpunkt seiner Vornahme unter Berücksichtigung von Inhalt, Beweggrund und Vertragszweck[2] gegen das Anstandsgefühl aller billig und gerecht Denkenden[3] verstoßen. Da die Anstandsformel allein keine verlässliche Anwendung des § 138 Abs. 1 ermöglicht, erfolgt eine weitere Konkretisierung durch die Bildung von Fallgruppen.

8 Im vorliegenden Fall könnte sich die Sittenwidrigkeit angesichts des überhöhten Kaufpreises aus dem Gesichtspunkt des so genannten wucherähnlichen Rechtsgeschäfts ergeben. Ein solches erfordert nach Ansicht des BGH[4] und der ihm folgenden h. L.[5] ein auffälliges Missverhältnis zwischen den gegenseitigen Leistungen und eine verwerfliche Gesinnung auf Seiten des Begünstigten. Der um das Doppelte des Unternehmenswertes erhöhte Kaufpreis führt zu einem auffälligen Missverhältnis zwischen den synallagmatischen Verpflichtungen, so dass dieses objektive Kriterium erfüllt ist.

9 Für eine verwerfliche Gesinnung der I enthält der Sachverhalt keinerlei Anhaltspunkte. Jedoch wird nach Ansicht der Rechtsprechung zugunsten des Benachteiligten das Vorliegen einer verwerflichen Gesinnung widerleglich vermutet, wenn das Missverhältnis der Leistungen nicht nur auffällig ist, sondern als grob bezeichnet werden kann. Dies ist insbesondere bei einer Wertabweichung von ca. 100% der Fall.[6] Im vorliegenden Fall wurde das Unternehmen für den dreifachen Preis verkauft, so dass das verwerfliche Verhalten vermutet wird.

10 Diese Vermutung ist allerdings widerleglich, wenn sich konkrete Anhaltspunkte finden lassen, die gegen eine verwerfliche Gesinnung sprechen. Solche Anhaltspunkte können sich etwa aus dem Versuch beider Parteien, einen angemessenen Preis festzulegen, oder dem Umstand ergeben, dass die Ermittlung eines richtigen Wertverhältnisses objektiv schwierig ist.[7] Der bloße Einwand der I, sie habe sich über den Preis keine Gedanken gemacht, reicht dagegen nicht aus, weil er die Möglichkeit offen lässt, dass I ein erhebliches Missverhältnis für möglich hielt und es billigend in Kauf genommen hat. Außerdem ist nicht erforderlich, dass der Begünstigte das grobe Missverhältnis kennt.[8] Allerdings ist die Vermutung der verwerflichen Gesinnung in der Regel widerlegt, wenn die benachteiligte Person Kaufmann i. S. v. § 1 Abs. 1 HGB ist. Da M mit dem Erwerb des Geschäfts erst zur Kauffrau wird, ist dieser Fall hier nicht einschlägig, so dass von einer verwerflichen Gesinnung der I auszugehen ist (a. A. vertretbar).

---

2 *Larenz/Wolf,* § 41 Rn. 24.

3 RGZ 80, 221; BGHZ 10, 228, 232; 52, 20; *Brox/Walker,* Rn. 329; *Köhler,* § 13 Rn. 19.

4 BGHZ 80, 153, 156; 87, 309, 315; 125, 135, 140; *BGH* NJW 1995, 1019; 2001, 1127.

5 Bamberger/Roth/*Wendtland,* § 138 Rn. 61; *Köhler,* § 13 Rn. 30; *Larenz/Wolf,* § 41 Rn. 44.

6 St. Rspr., etwa *BGH* NJW 2000, 1487; 2001, 1127; 2002, 429, 430 ff.; *Brox/Walker,* Rn. 342; Palandt/*Ellenberger,* § 138 Rn. 34a; *Larenz/Wolf,* § 41 Rn. 47. A. A. *Maas,* NJW 2001, 3467, 3468, der bezweifelt, dass ein grobes Missverhältnis stets auf eine verwerfliche Gesinnung schließen lässt; insbesondere beim Preis von Grundstücken könnten beide Vertragsparteien so unkundig sein, dass sie auch einen grob überhöhten Preis subjektiv für angemessen hielten.

7 Vgl. dazu *BGH* NJW 2002, 3165, 3166 bzw. *BGH* NJW 2003, 283, 284.

8 *BGH* NJW 2004, 3553, 3554 f. m. w. N.

Der Unternehmenskauf ist somit als wucherähnliches Rechtsgeschäft sittenwidrig **11** und gem. § 138 Abs. 1 nichtig.

4. Ergebnis

I hat gegen M keinen Anspruch auf Kaufpreiszahlung gem. § 433 Abs. 2.   **12**

> **Hinweis:**   **13**
> Es erscheint als durchaus sinnwidrig, dass Wucher i.S. d. § 138 Abs. 2 nur dann angenommen wird, wenn sowohl objektiv ein auffälliges Missverhältnis (100%) besteht als auch subjektiv die Ausbeutung einer Schwächesituation gegeben ist, während im Rahmen des § 138 Abs. 1 Sittenwidrigkeit ohne den Nachweis irgendwelcher subjektiver Merkmale (verwerfliche Gesinnung) bejaht wird, wenn das Missverhältnis der gegenseitigen Leistungen „knapp 100%" erreicht.[9]

II. Anspruch des S gegen E auf Zahlung der Vertragsstrafe i. H. v. 5001 €

Ein Anspruch S gegen E auf Zahlung der Vertragsstrafe könnte sich aus der straf- **14** bewehrten Mandatsschutzvereinbarung i. V. m. § 339 S. 2 ergeben. Dazu müssten die Parteien eine Unterlassungsvereinbarung wirksam vereinbart und E dieser schuldhaft zuwidergehandelt haben.

1. Mandantenschutzvereinbarung

S und E haben eine Vertragsstrafe i. H. v. 5001 € für den Fall vereinbart, dass ein **15** Gesellschafter innerhalb von fünf Jahren nach seinem Ausscheiden aus der Gesellschaft entweder im Rahmen einer eigenen Kanzlei oder im Rahmen eines Dienst- oder Arbeitsverhältnisses unmittelbar oder mittelbar für solche Mandanten tätig wird, die in den letzten fünf Jahren vor seinem Ausscheiden Mandanten der Gesellschaft waren. Eine solche Vereinbarung ist im Rahmen der Privatautonomie (§§ 311 Abs. 1, 241 Abs. 1) grundsätzlich möglich.

2. Unwirksamkeit nach § 138 Abs. 1

Diese Mandantenschutzvereinbarung könnte jedoch sittenwidrig und damit gem. **16** § 138 Abs. 1 nichtig sein. Dazu müsste sie nach Inhalt, Beweggrund oder Vertragszweck[10] gegen das Anstandsgefühl aller billig und gerecht Denkenden verstoßen.[11] Dies könnte im vorliegenden Fall insbesondere dann der Fall sein, wenn die Regelung nach ihrer Art, Dauer und räumlichen Ausdehnung die durch Art. 2, 12 GG geschützte berufliche und wirtschaftliche Freiheit des Belasteten unangemessen einschränkt und das für die Wahrung der Interessen des Begünstigten notwendige Maß überschreitet.[12] Zwar gelten die Grundrechte zwischen Privaten nicht unmittelbar, doch sind ihre Wertungen von den Gerichten über die Generalklauseln des Zivilrechts auch dort zu beachten (sog. mittelbare Drittwirkung).[13] Wegen Art. 2 und vor allem Art. 12 GG sind nachvertragliche Wettbewerbsverbote unzulässig, wenn sie das zur Durchführung des jeweiligen Geschäfts notwendige Maß überschreiten.

---

9   Vgl. hierzu auch Palandt/*Ellenberger,* § 138 Rn. 34a.

10 *Larenz/Wolf,* § 41 Rn. 24.

11 RGZ 80, 221; BGHZ 10, 228, 232; 52, 20; *Brox,* Rn. 329; *Köhler,* § 13 Rn. 19.

12 *BGH* NJW 1997, 3089; 2004, 66f.; Bamberger/Roth/*Wendtland,* § 138 Rn. 77; *Köhler,* § 13 Rn. 28.

13 BVerfGE 7, 198, 205 – Lüth; BVerfGE 73, 261, 269; *Köhler,* § 3 Rn. 33.

Ein nachvertragliches Wettbewerbsverbot, wie es eine Mandantenschutzvereinbarung darstellt, ist nur insoweit mit Art. 2, 12 GG zu vereinbaren, als es notwendig ist, um die Gesellschaft vor einer illoyalen Verwertung der Erfolge gemeinsamer Arbeit zu schützen. Ein solcher nachvertraglicher Schutz der Gesellschaft ist unter Abwägung der beiderseitigen Interessen anerkennungswürdig. Im Allgemeinen gilt eine Grenze von zwei Jahren.

17 Nach einhelliger Auffassung in der Rechtsprechung lösen sich die während der Zugehörigkeit zur Gesellschaft geknüpften Verbindungen zu Mandanten typischerweise bereits innerhalb eines Zeitraums von zwei Jahren so stark, dass eine weitere Bindung nicht mehr notwendig und daher unzulässig ist.[14] Der Zeitraum von zwei Jahren soll sicherstellen, dass ein Mandat auch wirklich beendet ist und nicht nur gerade ruht.[15] Nach Ablauf von mehr als zwei Jahren ist die Beziehung zwischen der Gesellschaft und einem früheren Mandanten jedenfalls so weit gelockert, dass ein weiteres Tätigkeitsverbot unverhältnismäßig wäre. Die vereinbarte Tätigkeitseinschränkung von fünf Jahren ist daher unangemessen.

3. Reichweite der Nichtigkeit

18 Zu prüfen bleibt, ob die Mandantenschutzvereinbarung allein aufgrund dieser unverhältnismäßigen Bindung insgesamt gem. § 138 Abs. 1 nichtig ist, wie es dem Wortlaut der Vorschrift entspricht. Die Rechtsprechung gewährt bei Überschreitung der zeitlichen Grenze eine geltungserhaltende Reduktion auf das tolerable Maß von zwei Jahren, sofern die Vereinbarung in den übrigen Punkten verhältnismäßig und mit Art. 2, 12 GG zu vereinbaren ist.[16] Dabei ist von einer Teilbarkeit befristeter Vereinbarungen in kürzere Abschnitte auszugehen.[17]

19 Damit kommt es darauf an, welche inhaltlichen und räumlichen Beschränkungen die Mandantenschutzklausel noch vorsieht. Sie gilt allein für Mandanten der Gesellschaft aus den letzten Jahren vor dem Ausscheiden eines Gesellschafters und beschränkt dessen künftige berufliche Tätigkeit im Übrigen nicht. Damit bestehen gegen das verbleibende Wettbewerbsverbot von zwei Jahren keine Bedenken aus Art. 2, 12 GG.

20 Eine geltungserhaltende Reduktion des Tätigkeitsverbots von fünf auf zwei Jahren ist also möglich. Die Mandatsschutzvereinbarung ist daher nicht gem. § 138 Abs. 1 sittenwidrig, soweit es um den hier interessierenden Zeitraum von zwei Jahren ab Ausscheiden der E geht.

21 **Hinweis:**
Die geltungserhaltende Reduktion scheidet dagegen aus, wenn eine Teilung nicht möglich sein sollte. Unzulässig ist sie nach h.M. bei einheitlichen Klauseln in Allgemeinen Geschäftsbedingungen, da dies mit den Schutzzwecken der §§ 307 ff. unvereinbar wäre.[18]

4. Schuldhafter Verstoß gegen die Mandatsschutzvereinbarung

22 E hätte die Vertragsstrafe i.H.v. 5001 € verwirkt, wenn sie der Mandatsschutzbestimmung schuldhaft zuwidergehandelt hätte (§ 339 S. 2). Nach ihrem Ausschei-

---

[14] *BGH* NJW 2004, 66; 1997, 3089; NJW-RR 1996, 741; *Köhler,* § 13 Rn. 28.
[15] *BGH* NJW 1991, 699, 700.
[16] *BGH* NJW-RR 1996, 741, 742; *BGH* NJW 2004, 66, 67; *Köhler,* § 13 Rn. 28.
[17] Vgl. Bamberger/Roth/*Wendtland,* § 139 Rn. 14 m.w.N.
[18] Näher Bamberger/Roth/*Schmidt,* § 306 Rn. 16 ff.; *Bork,* Rn. 1786.

den zum 31. 12. 2003 hat E im März 2004 die Boutiquenbesitzerin I vertreten, obwohl sie wusste, dass I bislang Mandantin der Gesellschaft war. Ein schuldhafter Verstoß gegen die Mandatsschutzbestimmung liegt daher vor. Die Vertragsstrafe i. H. v. 5 001 € ist somit verwirkt.

5. Ergebnis

S kann von E Zahlung der Vertragsstrafe i. H. v. 5 001 € verlangen.   23

III. Anspruch der S gegen E auf Unterlassung der weiteren Beratung der I bis zum Jahr 2008

Fraglich ist, ob S gegen E auch Unterlassung weiterer steuerrechtlicher Beratung bis   24
zum Jahr 2008 verlangen kann. Zwar sah die Mandantenschutzvereinbarung vor, dass der Ausscheidende bis zum Jahr 2008 keine Mandanten juristisch beraten darf, die in den vorangegangenen zwei Jahren Mandanten der Gesellschaft waren. Daraus folgt ein vertraglicher Unterlassungsanspruch (vgl. § 241 Abs. 1 S. 2). Wie bereits dargelegt, ist eine Mandantenschutzvereinbarung, die die Berufsfreiheit über einen Zeitraum von mehr als zwei Jahren beschränkt, unzulässig und wird im Wege der geltungserhaltenden Reduktion entsprechend verkürzt. S kann daher Unterlassung der juristischen Beratung nur bis einschließlich 2005 verlangen.

Fall 33. Geborene Verkäuferin

Sachverhalt

Stefanie (S) ist eine geborene Verkäuferin. Weil ihr niemand etwas abschlagen kann, bittet der Nachbar Veit (V) sie, ihm beim Verkauf seines zwölf Jahre alten hellblauen Fiat Tipo auf einer Gebrauchtwagenbörse behilflich zu sein. Veit möchte mindestens 1000 € erlösen und ist bereit, Stefanie für ihre Tätigkeit – unabhängig von einem Erfolg – 50 € zu zahlen. Von einem Mehrerlös (über 1000 €) soll Stefanie zusätzlich 20% erhalten. Stefanie ist einverstanden und begibt sich mit Veit, seinem Tipo und den Fahrzeugpapieren zur Gebrauchtwagenbörse, wo sich Veit im Hintergrund hält. Alsbald interessieren sich mehrere Herren (nicht nur) für den Tipo. Stefanie gelingt es nach einer Stunde, den Wagen für 1400 € an den Interessenten Ingo (I) zu verkaufen. Beim Vertragsschluss weist sie darauf hin, dass der Tipo nicht ihr gehört, sondern einem Bekannten. Anschließend holt Stefanie Veit und die Fahrzeugpapiere. Die gute Stimmung aller Beteiligten kühlt sich merklich ab, als Veit den Ingo sieht. Den kann er nämlich nicht leiden, weil der ihm einmal die Freundin ausgespannt hat, und deshalb will er ihm den Wagen und die Papiere auch nicht überlassen. Es sei doch ganz selbstverständlich, dass Stefanie nicht berechtigt sein sollte, den Tipo an einen persönlichen Feind zu verkaufen.

1. Kann I von V Übergabe und Übereignung des Autos verlangen?

2. Hat es Auswirkungen, wenn Stefanie erst 17 Jahre alt ist?

Vorüberlegung

Da V selbst den Vertrag nicht schließt, kann er gegenüber I nur durch eine wirksame Stellvertretung seitens der S (§ 164 Abs. 1 S. 1) verpflichtet worden sein. Die wirksame **Stellvertretung** hat gem. § 164 Abs. 1 S. 1 **drei Voraussetzungen**, die man in der folgenden Reihenfolge prüft:

(1) Der Vertreter muss eine *eigene Willenserklärung* abgeben (damit er nicht nur als Bote eine fremde Willenserklärung überbringt).

(2) Er muss im fremden Namen handeln (aber nicht unbedingt die Person des Vertretenen nennen).

(3) Er muss sich im Rahmen einer ihm zustehenden (gesetzlichen oder rechtsgeschäftlich erteilten, § 167) Vertretungsmacht halten.

Häufig wird als allererste Voraussetzung die Zulässigkeit der Vertretung genannt, doch folgt schon aus dem Wortlaut des § 164, dass eine Stellvertretung (nur) bei Willenserklärungen möglich ist und bedarf daher an sich keiner besonderen Erwähnung über die erste Voraussetzung hinaus. Ansprechen sollte man aber ggf., dass sie bei höchstpersönlichen Rechtsgeschäften ausscheidet. Beim Erfordernis der Willenserklärung kann man insbesondere die Notwendigkeit einer analogen Anwendung der §§ 164 ff. auf geschäftsähnliche Handlungen (wie die Mahnung nach § 286 Abs. 1 S. 1) ansprechen. Zu beachten ist weiter, dass es nicht nur die **Aktivvertretung** bei der Abgabe von Willenserklärungen gibt, sondern – wie sollte sonst ein Vertrag zustande kommen? – auch die **Passivvertretung** bei der Entgegennahme fremder Willenserklärungen.

Der Ausgangsfall ist zur Einführung geeignet und deshalb einfach gehalten. Zwar gibt es die Komplikation um die Feindschaft zwischen V und I, doch sollte man sie in den Griff bekommen können. Der Sachverhalt enthält mit der Äußerung des V einen Hinweis darauf, wo man die Frage ansprechen kann.

Die durch Rechtsgeschäft begründete Vertretungsmacht, die gem. § 166 Abs. 2 S. 1 Vollmacht heißt, ist in ihrer Wirksamkeit grundsätzlich (vgl. aber § 168 S. 1) abstrakt gegenüber dem Grundverhältnis, das ihrer Erteilung zugrunde liegt. Deshalb braucht man bei der Lösung der ersten Frage auf dieses Grundverhältnis auch nicht einzugehen. Bei Frage 2 spiegelt sich diese Abstraktheit dagegen in der Lösung wider.

> **Hinweis (für etwas Fortgeschrittene):**
> Das Grundverhältnis ist hier nicht etwa ein Maklervertrag i. S. v. § 652, was zunächst nahe liegt, da S einen Vertragsabschluss herbeiführen soll. Ihre Grundbezahlung ist aber nicht von dem Vermittlungserfolg abhängig. Daher handelt es sich um einen Geschäftsbesorgungsvertrag i. S. v. §§ 675 Abs. 1, 611. Das ist aber nicht weiter wichtig und allenfalls für die – nicht gestellte (!) – Frage von Bedeutung, ob S die vereinbarten 50 € plus Zusatzprovision verlangen kann. Bei Frage 2 wäre das Grundverhältnis gem. § 108 Abs. 1 schwebend unwirksam (vgl. dazu Fall 28, 29), doch wirkt sich das nicht auf das Vertretergeschäft aus.

Gliederung

Lösung

I. Frage 1: Anspruch I gegen V gem. § 433 Abs. 1 S. 1

1 I könnte gegen V einen Anspruch auf Übergabe und Übereignung des Autos gemäß § 433 Abs. 1 Satz 1 haben. Dazu müsste zwischen ihnen ein wirksamer Kaufvertrag bestehen.

1. Vertragsschluss

2 Laut Sachverhalt hat S mit I einen Kaufvertrag über den Tipo des V geschlossen.

3 **Hinweis:**
Man kann auf den Vertragsschluss nicht näher eingehen, weil er nur als Faktum mitgeteilt wird. Deshalb kann man die Stellvertretung auch nicht bei „der Willenserklärung" der S prüfen. Man weiß ja nicht, welche Erklärung sie abgegeben hat.

2. Vertretung des V durch S, § 164 Abs. 1 S. 1

4 Da V den Vertrag also nicht selbst geschlossen hat, kann er nur Partei sein, wenn S ihn gem. § 164 Abs. 1 S. 1 und Abs. 3 wirksam vertreten hat. Dazu müsste S eine eigene auf Abschluss eines Kaufvertrages gerichtete Willenserklärung im Namen des V innerhalb der ihr zustehenden Vertretungsmacht abgegeben haben.

a) Eigene Willenserklärung der S

5 Ob S eine eigene Willenserklärung abgegeben hat, richtet sich danach, wie ein objektiver Dritter ihr Auftreten verstehen musste. Hier trat S nicht nur als Botin einer von V vorformulierten Willenserklärung auf, sondern hatte im Rahmen der Verkaufsverhandlungen einen Preisgestaltungsspielraum, um ihr besonderes Verhandlungsgeschick einsetzen zu können. S hat daher beim Vertragsschluss eine eigene Willenserklärung abgegeben.

b) Im fremden Namen

6 Des Weiteren müsste S beim Verkauf deutlich gemacht haben, im fremden Namen zu handeln, also nicht sich selbst, sondern einen anderen verpflichten zu wollen. Da sie dem Interessenten I vor Vertragsschluss mitgeteilt hat, dass der Wagen nicht ihr, sondern einem Bekannten gehöre, hat sie im fremden Namen gehandelt. Der Umstand, dass S den Namen des Vertretenen V zunächst nicht nannte, ist unschädlich.[1] Denn sie hat ihren Fremdverpflichtungswillen auch so deutlich gemacht. S handelte daher in fremdem Namen.

7 **Hinweis:**
Der Vertretene braucht also namentlich nicht benannt zu werden und bei der Vornahme der Willenserklärung noch nicht einmal festzustehen; es reicht, wenn er bestimmbar ist.[2] Die Parteien können einander völlig unbekannt bleiben, wenn sie auf wechselseitige Kenntnis keinen Wert legen. Die Grenze ist erst erreicht, wenn der Stellvertreter die Person des Vertretenen später nicht benennt, obwohl der Vertragspartner dies fordert. Dann ist § 179 entsprechend anzuwenden.[3]

---

[1] Palandt/*Ellenberger,* § 164 Rn. 1; MünchKomm/*Schramm,* § 164 Rn. 18, 20.
[2] Vgl. *BGH* NJW 1989, 164, 166; Bamberger/Roth/*Valenthin,* § 164 Rn. 22.
[3] MünchKomm/*Schramm,* § 164 Rn. 20 m. w. N.

c) Innerhalb bestehender Vertretungsmacht

Zu prüfen ist, ob S innerhalb der ihr eingeräumten Vertretungsmacht handelte. V **8**
hat S gebeten, den Wagen für ihn gegen Entgelt zu einem Preis von mindestens
1 000 € zu verkaufen. Damit hat er der S für den Verkauf konkludent die notwendige Vertretungsmacht durch Rechtsgeschäft in Gestalt einer Innenvollmacht
(§ 167 Abs. 1 Alt. 1) eingeräumt. Die Vollmacht war allerdings nicht unbeschränkt,
denn V hat S einen Mindestpreis von 1 000 € vorgegeben. Daran hat sich S allerdings beim Verkauf an I gehalten. Eine weitere Beschränkung des Inhalts, S dürfte
an bestimmte Personen nicht verkaufen, hat V bei der Bevollmächtigung nicht vorgenommen, und sie ergab sich auch nicht aus den Umständen.

Dennoch wäre der Kaufvertrag schwebend unwirksam (§ 177 Abs. 1), wenn S **9**
durch den Verkauf des Wagens an I, den persönlichen Feind des V, ihre Vollmacht
missbraucht hätte. Zwar führt nicht jeder Missbrauch der Vertretungsmacht zu diesem Ergebnis, da es sich insofern um ein Risiko aus der Einschaltung eines Stellvertreters handelt, das der Vertretene grundsätzlich selbst zu tragen hat. Die Grenzen
dieser Risikoverteilung sind aber überschritten, wenn sich dem Vertragspartner die
Treuwidrigkeit des Vollmachtsgebrauchs evident aufdrängen musste oder der Vertreter und die andere Vertragspartei sogar kollusiv zum Schaden des Vertretenen
zusammenwirken.[4] Hier liegt weder ein Zusammenwirken von S und I vor noch
hat S ein in irgendeiner Weise für V objektiv nachteiliges Geschäft geschlossen oder
gegen eine Weisung des V verstoßen. Damit scheidet auch ein Missbrauch der Vertretungsmacht aus.

d) Zwischenergebnis

Die auf Vertragsschluss gerichtete Willenserklärung der S muss sich daher V gem. **10**
§ 164 Abs. 1 S. 1 als eigene zurechnen lassen. Zwischen I und V ist ein Kaufvertrag
über den Fiat Tipo zustande gekommen.

3. Ergebnis

I hat gegen V gem. § 433 Abs. 1 S. 1 einen Anspruch auf Übergabe und Übereig- **11**
nung des Autos.

II. Frage 2

Zu prüfen ist, ob die gem. §§ 2, 106 beschränkte Geschäftsfähigkeit der S an der **12**
Wirksamkeit der Vertretung nach § 164 Abs. 1 S. 1 etwas ändert.

1. Eigene Willenserklärung der S im fremden Namen

S hat eine eigene auf Vertragsschluss gerichtete Willenserklärung im Namen des V **13**
abgegeben. Die Willenserklärung wäre gem. § 108 Abs. 1 schwebend unwirksam,
wenn S zu ihrer Abgabe gem. § 107 der Einwilligung ihrer Eltern bedurft hätte. Da
S gem. §§ 2, 106 beschränkt geschäftsfähig ist, bedarf sie gem. § 107 der Einwilligung ihres gesetzlichen Vertreters, also ihrer Eltern (§§ 1626 Abs. 1, 1629 Abs. 1)
für Willenserklärungen, durch die sie nicht lediglich einen rechtlichen Vorteil erlangt. Fraglich ist, ob die als Vertreter abgegebene Willenserklärung in diese Katego-

---

[4] *Brox/Walker,* Rn. 580; *Köhler,* § 11 Rn. 63.

rie fällt. Da die Rechtsfolgen des Geschäfts nicht sie selbst treffen (sollen) und auch eine Haftung als Vertreterin ohne Vertretungsmacht gem. § 179 Abs. 3 S. 1 nicht möglich ist, erlangt sie durch ihre Erklärung als Vertreterin weder einen rechtlichen Vor- noch einen rechtlichen Nachteil. Die Erklärung ist vielmehr „neutral". Unter Berücksichtigung der Schutzzwecke der §§ 106 ff. dürfte man sie daher den lediglich rechtlich vorteilhaften Geschäften gleichstellen können.[5] Dies kann aber letztlich offenbleiben, da gem. § 165 die beschränkte Geschäftsfähigkeit des Vertreters der Wirksamkeit einer von ihm abgegebenen Willenserklärung nicht entgegensteht. Damit war die im Namen des V abgegebene Willenserklärung der S also auf jeden Fall wirksam.

14 Zum Vertragsschluss müsste ihr allerdings auch die Erklärung des I wirksam zugegangen sein. Insofern wiederholt sich das Problem der rechtlich neutralen Geschäfte bei § 131 Abs. 2 S. 2, doch konnte die Erklärung des I der S zumindest gem. § 165 i. V. m. § 164 Abs. 3 mit Wirkung für und gegen V wirksam zugehen.

2. Innerhalb bestehender Vertretungsmacht

15 Fraglich ist, ob S mit Vertretungsmacht gehandelt hat. Zwar hat V der S eine Vollmacht erteilt, seinen Wagen für mindestens 1 000 € an einen beliebigen Käufer zu verkaufen (s. o. Rn. 8). Zu prüfen ist allerdings, ob sich die fehlende Einwilligung der Eltern auf die Wirksamkeit der Vollmachterteilung durch V auswirkt. Eine Vollmacht wird gem. § 167 Abs. 1 Alt. 1 durch einseitige Willenserklärung erteilt. Sie setzt kein Einverständnis des Vertretenen voraus. Damit hängt die Wirksamkeit der Bevollmächtigung nur davon ab, ob die Willenserklärung des V der S gem. § 131 Abs. 2 wirksam zugehen konnte oder nicht.[6] Nach S. 1 dieser Norm kann eine Willenserklärung einem beschränkt Geschäftsfähigen grundsätzlich nicht wirksam zugehen. Anders ist es nach S. 2 u. a. dann, wenn die Erklärung dem beschränkt Geschäftsfähigen lediglich einen rechtlichen Vorteil bringt. Somit ist zu klären, ob dies bei der Bevollmächtigung der Fall ist. Dass S im eigentlichen Sinne lediglich einen rechtlichen Vorteil erlangt, erscheint zweifelhaft: Zwar gibt die Vollmachterteilung der S die Rechtsmacht, wirksam im Namen des V handeln zu können, doch erlangt sie selbst dadurch keinen wirklichen rechtlichen Vorteil. Doch ist die Vollmachtserteilung auch nicht rechtlich nachteilig, da sie die S zu nichts verpflichtet und ihr auch keine Rechte nimmt. Damit stellt die Bevollmächtigung (ebenfalls) ein sog. neutrales Geschäft dar, das nach h. M. mit dem Schutz beschränkt Geschäftsfähiger zu vereinbaren ist und aus diesem Grunde den lediglich rechtlich vorteilhaften Geschäften gleichgestellt werden kann.[7] Damit greift § 131 Abs. 2 S. 2 Alt. 1, und V hat der S wirksam eine Vollmacht erteilt.

16 **Hinweis:**
Der Vollmachtgeber kann die Vollmacht zwar ohne Einverständnis des Vertreters wirksam erteilen. Zum Schutz seiner Privatautonomie kann der Vertreter die Vollmacht aber zurückweisen, wenn er sie nicht wünscht und von ihr keinen Gebrauch machen will.

17 Zu prüfen bleibt, ob sich aus § 168 S. 1 Zweifel an der Wirksamkeit der Vollmacht ergeben. Danach richtet sich das Erlöschen der Vollmacht nach dem ihr zugrunde

---

[5] Bamberger/Roth/*Valenthin*, § 165 Rn. 2 ff.; MünchKomm/*Schmitt*, § 107 Rn. 33; Palandt/*Ellenberger*, § 107 Rn. 7; a. A. *Medicus*, Rn. 568.

[6] Vgl. *Bork*, Rn. 1461 Fn. 49; Palandt/*Ellenberger*, § 131 Rn. 2 f. und § 107 Rn. 2.

[7] Vgl. Bamberger/Roth/*Habermeier*, § 165 Rn. 4.

liegenden Rechtsverhältnis. Dies ist hier ein entgeltlicher Geschäftsbesorgungsvertrag i.S.d. §§ 675 Abs. 1, 611 Abs. 1, den S als gegenseitigen Vertrag gem. § 107 wirksam nur mit Zustimmung ihrer Eltern hätte schließen können und der wegen Fehlens der Einwilligung (§§ 107, 183) gem. § 108 Abs. 1 schwebend unwirksam ist. Doch schränkt § 168 S. 1 die Abstraktheit der Vollmacht gegenüber dem ihr zugrunde liegenden Rechtsverhältnis[8] nur für das Erlöschen ein, ansonsten aber nicht. Daher bleibt es bei der Wirksamkeit der Bevollmächtigung der S.

3. Ergebnis

Die Willenserklärung der S verpflichtete V gem. § 164 Abs. 1 S. 1. Daher kann I **18** wiederum Übereignung des Wagens gem. § 433 Abs. 1 S. 1 verlangen.

---

[8] *Köhler*, § 11 Rn. 25 f.; *Brox/Walker*, Rn. 551.

Fall 34. Kauf mir eine Villa

Sachverhalt

Rechtsanwalt Randolf Rathgeber (R) hat mit der Betreuung von Fusionen und ähnlichen Großgeschäften inzwischen so viel Geld verdient, dass er sich eine Villa am Starnberger See leisten kann und möchte. Er beauftragt seinen Bruder Blasius (B), für ihn eine entsprechende Villa zu einem Preis zwischen 6 und 10 Mio. € zu erwerben, und erteilt ihm eine entsprechende schriftliche Vollmacht.

Blasius wird nach einigen Monaten tatsächlich fündig und einigt sich im Namen Randolfs mit dem nach London wechselnden Fußballprofi Flavio Flankengott (F) auf den Kauf von dessen Villa für 9 Mio. Euro. Das Geschäft wird von einem Notar beurkundet.

Kann Flavio Flankengott von Randolf Rathgeber Zahlung von 9 Mio. Euro verlangen?

Abwandlung: Randolfs Lebensgefährtin Lioba Leininger (L) wäre ein Domizil am Wannsee sympathischer. Deshalb versucht sie, ihren Randolf umzustimmen. Randolf weiß, dass ihr dies erfahrungsgemäß nach einiger Zeit immer gelingt. Um sich einmal nicht umstimmen zu lassen, erteilt er seinem Bruder den Auftrag und die Vollmacht in einem Schriftstück, in dem es heißt, die zur Ausführung des Auftrags erteilte Vollmacht sei „unwiderruflich" und diene auch dazu, seinem Bruder ein dauerhaftes Wohnquartier in der Villa zu verschaffen. Während Blasius die Villa sucht, bearbeitet Lioba ihren Randolf ohne Unterbrechung, auf die Villa „bei den Seppels" zu verzichten und lieber mit ihr in die Bundesmetropole zu ziehen. Randolf weigert sich mannhaft unter Hinweis auf die unwiderrufliche Vollmacht. Sein Widerstand ist gebrochen, als ihm Lioba eines Tages erklärt, sich habe sich bei einem befreundeten Kollegen Randolfs nach der Rechtslage erkundigt.

Als der Notar im Namen Flankengotts Zahlung des vereinbarten Kaufpreises auf sein Notar-Anderkonto verlangt, verweigert Randolf die Kaufpreiszahlung unter Hinweis auf eine angebliche Unwirksamkeit der Vollmacht seines Bruders Blasius. Zu Recht?

Vorüberlegungen

Es geht um einen Grundstückskaufvertrag, so dass die Formvorschrift des § 311b Abs. 1 S. 1 zu beachten ist (vgl. dazu Fälle 24–26). Man muss das an passender Stelle und unter dem richtigen Aufhänger ansprechen.

R handelt aber nicht selbst, sondern lässt seinen Bruder B über einen Auftrag i.S.v. § 662 handeln, was aber für das Außenverhältnis zu F keine Rolle spielt, denn insofern kommt es auf die Stellvertretung nach § 164 Abs. 1 an. Denkt man genau über die Voraussetzungen der Stellvertretung nach und liest man den Fall bis zum Ende genau durch, kann man auf den entscheidenden Aspekt kommen: Dazu findet sich in den Stellvertretungsvorschriften sogar eine Regelung, die aber entgegen ihrem Wortlaut nicht völlig uneingeschränkt gilt. Letztlich sollte man das Problem und seine Lösung kennen bzw. es zumindest erkennen und ein wenig diskutieren.

Die Besonderheit der Abwandlung liegt – offensichtlich – in der Unwiderruflichkeit der Vollmacht. Eine Vollmacht ist grundsätzlich gem. § 168 S. 2 frei widerruflich, auch wenn ihrer Erteilung ein Rechtsverhältnis zugrunde liegt. Der Arbeitgeber kann also beispielsweise die Vollmacht, die er einem Arbeitnehmer erteilt hat, auch dann ohne weiteres und jederzeit widerrufen, wenn das Arbeitsverhältnis fortbesteht. Denn es mag ja sein, dass sein Vertrauen in die Verhandlungsfähigkeiten des Arbeitnehmers enttäuscht wird. Die Privatautonomie ermöglicht es dem Vollmachtgeber aber auch, bei der Bevollmächtigung auf die Widerrufsmöglichkeit zu verzichten, indem er die Vollmacht unwiderruflich erteilt. In § 168 S. 2 a. E. ist die Möglichkeit angesprochen, dass das Grundverhältnis den Widerruf der Vollmacht ausschließt. Es ist allerdings umstritten, ob die Unwiderruflichkeit ohne weiteres im Grundverhältnis vorgesehen werden kann[1] oder nur bei Vorliegen eines rechtfertigenden Grundes, insbesondere eines Eigeninteresses des Vertreters.[2] Die Rechtsprechung geht übrigens davon aus, dass eine ohne Grundverhältnis erteilte Vollmacht jederzeit widerruflich ist, da es in diesem Fall keinen Grund gibt, den Vollmachtgeber an dem Ausschluss des Widerrufs festzuhalten.[3] Letztlich wird sich all dies hier freilich gar nicht auswirken, weil die Vollmacht nicht widerrufen wird.

Man gelangt aber wiederum zu der Frage der Formbedürftigkeit, die von der Rechtsprechung bei der unwiderruflichen Vollmacht strenger beurteilt wird als bei widerruflichen Vollmachten. Das muss man freilich wissen oder sich aus allgemeinen Grundsätzen herleiten. Aber keine Sorge: Von Studienanfängern ist eine Herleitung jedenfalls nicht zu erwarten. Wiederum ist der Auftrag zwischen R und B im Verhältnis zu F unerheblich.

Gliederung

---

[1] *Bork,* Rn. 1508.
[2] *Faust,* § 26 Rn. 14; *Köhler,* § 11 Rn. 32.
[3] *BGH* NJW 1988, 2603 f. m. w. N.

Rn.

Abwandlung

Lösung

Anspruch F gegen R auf Kaufpreiszahlung, § 433 Abs. 2

1 F könnte gegen R einen Anspruch auf Kaufpreiszahlung in Höhe von 9 Mio. € haben, § 433 Abs. 2. Dies setzt voraus, dass zwischen den Parteien ein wirksamer Grundstückskaufvertrag besteht.

I. Abschluss des Kaufvertrags

2 Lt. Sachverhalt haben sich B und F auf einen Grundstückskaufvertrag mit einem Preis von 9 Mio. € geeinigt. Ein Kaufvertrag ist also geschlossen.

II. Formnichtigkeit gem. § 125 S. 1 i.V.m. § 311b Abs. 1 S. 1

3 Da der Kaufvertrag von einem Notar beurkundet wurde, entspricht er der in § 311b Abs. 1 S. 1 vorgeschriebenen Form und ist daher nicht gemäß § 125 S. 1 formnichtig.

III. Wirksame Vertretung des R durch B, § 164 Abs. 1 S. 1

4 Zu prüfen bleibt, ob der von B geschlossene Kaufvertrag für und gegen R wirkt. Dazu müsste B den R gem. § 164 Abs. 1 S. 1 wirksam vertreten haben.

1. Eigene Willenserklärung; im fremden Namen

5 Da B das Kaufobjekt und innerhalb gewisser Grenzen den Kaufpreis selbst bestimmen konnte und dies auch getan hat, hat er eine eigene Willenserklärung abgegeben und insofern als Vertreter gehandelt. Dabei hat er ausdrücklich im Namen des R gehandelt.

2. Innerhalb einer Vertretungsmacht

6 Fraglich ist, ob B mit Vertretungsmacht gehandelt hat. R hat ihm schriftlich gem. § 167 Abs. 1 Alt. 1 eine Vollmacht erteilt (Innenvollmacht). Diese gab einen Kaufpreisrahmen vor, den B auch eingehalten hat.

7 Fraglich ist, ob die Vollmachterteilung nach § 125 S. 1 formnichtig ist. Das wäre der Fall, wenn die Vollmacht der Form des § 311b Abs. 1 S. 1 bedurft hätte, weil R im Falle der Vornahme des Vertretergeschäfts zum Grundeigentumserwerb verpflichtet wurde. Die Rechtsprechung wendet § 311b Abs. 1 grundsätzlich immer an, wenn eine solche Verpflichtung – und sei es auch nur mittelbar – begründet wird (vgl. Fall 26 Rn. 3 ff.). Jedoch ist zu beachten, dass die Vollmacht gem. § 167 Abs. 2 nicht der Form bedarf, die für das vom Vertreter vorzunehmende Rechtsgeschäft vorgeschrieben ist. Dahinter steht die – wenig überzeugende – Erwägung des

Gesetzgebers, dem Warnzweck eventueller Formvorschriften werde Genüge getan, weil der Vertreter die Form einhalten müsse, wie es hier auch geschehen ist. Dies übersieht indes, dass eigentlich der Vollmachtgeber gewarnt werden muss, weil er aus dem Geschäft verpflichtet wird.[4] Deshalb wird teilweise gefordert, man müsse die Regelung des § 167 Abs. 2 im Hinblick auf die Warnzwecke von Formvorschriften wie § 311b Abs. 1 (teleologisch) reduzieren und etwa im vorliegenden Fall nicht anwenden, so dass die Vollmachterteilung formbedürftig wäre.[5] Auch die Rechtsprechung tendiert in bestimmten Fallkonstellationen in diese Richtung, so etwa bei einer Blankobürgschaft.[6] Für den vorliegenden Fall einer „einfachen" Vollmacht zum Abschluss eines Grundstückskaufs geht sie bislang jedoch noch von der gesetzlichen Regelung in § 167 Abs. 2 aus. Wenn man dies als Ausdruck der gesetzgeberischen Entscheidung akzeptiert, ist die Vollmachterteilung wirksam und R von B wirksam vertreten worden. Die besseren Gründe sprechen jedoch für die Gegenauffassung, die davon ausgeht, dass der Gesetzgeber bei der Schaffung des § 167 Abs. 2 zu wenig an die Schutzzwecke von Formvorschriften mit Warnfunktion gedacht hat. Demnach hätte die Vollmacht notariell beurkundet werden müssen, was nicht geschehen ist. Damit ist die Vollmachterteilung gem. § 125 S. 1 formnichtig.

3. Zwischenergebnis

B hat ohne Vertretungsmacht einen Vertrag geschlossen, der somit gem. § 177 **8** Abs. 1 schwebend unwirksam ist. R hat noch die Möglichkeit, den Vertragsschluss gem. §§ 182 Abs. 1, 184 zu genehmigen; die Genehmigung ist nach ständiger Rechtsprechung formfrei möglich.[7] F kann R gem. § 177 Abs. 2 S. 1 eine Frist zur Genehmigung setzen, nach deren fruchtlosem Ablauf die Genehmigung als verweigert gelten und der Vertrag somit endgültig unwirksam wäre.

> **Hinweis:** **9**
> Man sollte das, wenn der Sachverhalt zur Frage der Genehmigung oder ihrer Verweigerung keine Angaben enthält, in dieser Form niederschreiben. Das ist keine unzulässige „Alternativlösung", weil in den Fällen der §§ 108 Abs. 1, 177 Abs. 1 nun einmal diese Möglichkeiten bestehen und man den Fall gar nicht endgültig lösen kann.

IV. Ergebnis

F hat derzeit gegen R keinen Anspruch auf Kaufpreiszahlung gem. § 433 Abs. 2 **10** (a. A. vertretbar); dieser könnte aber noch entstehen, wenn R das Geschäft des B nach § 177 Abs. 1 genehmigt.

Abwandlung

I. Anspruch F gegen R auf Kaufpreiszahlung, § 433 Abs. 2

F könnte gegen R einen Anspruch auf Kaufpreiszahlung in Höhe von 9 Mio. € **11** haben, § 433 Abs. 2.

---

[4] Vgl. *Faust,* § 26 Rn. 7; *Köhler,* § 11 Rn. 27.

[5] *Flume,* § 52, 2b; *Köhler,* § 11 Rn. 27; Staudinger/*Schilken,* § 167 Rn. 20 m. w. N.; unentschieden *Faust,* § 26 Rn. 8.

[6] BGHZ 132, 119, 124f. Näher zur Gesamtproblematik Staudinger/*Schilken,* § 167 Rn. 21 m. w. N.

[7] BGHZ 125, 218, 220ff. m. w. N.

12 Wie bereits oben Rn. 2 ff. geprüft, hat B grundsätzlich im Namen des R einen formwirksamen Kaufvertrag mit F geschlossen. Wiederum hängt die Wirkung des Vertrags für und gegen R gem. § 164 Abs. 1 S. 1 davon ab, ob B Vertretungsmacht für das formbedürftige Grundstücksgeschäft hatte oder nicht. Wie in Rn. 7 dargelegt, ist zwischen dem Schrifttum und der Rechtsprechung grundsätzlich umstritten, ob die Vollmacht zum Abschluss eines Grundstückskaufvertrags in teleologischer Reduktion des § 167 Abs. 2 ausnahmsweise formbedürftig ist. Im Fall der unwiderruflichen Vollmacht geht allerdings auch die Rechtsprechung seit jeher davon aus, dass § 167 Abs. 2 nicht gilt und die Erteilung der Vollmacht der Form des Vertretergeschäfts bedarf, hier also der Form der notariellen Beurkundung, § 311 b Abs. 1 S. 1. Begründet wird dies mit der stärkeren Bindung des Vollmachtgebers, die einer Vorwegnahme des Vertretergeschäfts gleichkomme, da der Vollmachtgeber es – außer bei Vorliegen eines wichtigen Grundes (vgl. § 314) – nicht mehr durch einen Widerruf der Vollmacht verhindern könne. Unabhängig davon, wie plausibel diese Erwägung im Hinblick auf die Warnzwecke von Formvorschriften sein mag, ist die von R erteilte Vollmacht daher hier, weil sie nur schriftlich erteilt wurde, nach jeder Ansicht gem. § 125 S. 1 nichtig.

13 **Hinweis:**
Zur unwiderruflichen Vollmacht sollte man außerdem wissen, dass die ganz h. M. die Unwiderruflichkeit nur dann anerkennt, wenn das zugrunde liegende Rechtsverhältnis einen rechtfertigenden Grund für die Unwiderruflichkeit enthält, etwa weil der Vertreter oder ein ihm gegenüber weisungsbefugter Dritter einen Anspruch auf die Vornahme des Geschäfts hat oder wenn die Vollmacht einem sonstigen besonderen Interesse des Bevollmächtigten dient. Dient die Vollmacht dagegen nur den Interessen des Vollmachtgebers oder liegt ihr kein Rechtsverhältnis zugrunde, ist sie auch dann frei widerruflich, wenn sie unwiderruflich erteilt wurde.[8] Im vorliegenden Fall läge wohl ein anerkennenswertes Interesse des B vor, doch kommt es darauf ausnahmsweise nicht an. Das zeigt also, dass ein Sachverhalt manchmal doch Angaben enthält, auf die es für die Lösung letztlich nicht ankommt. – Der wirksame Auftrag zwischen R und B kann auch über § 674 zu keinem anderen Ergebnis führen, da der Auftrag nur zwischen R und B wirkt, nicht aber gegenüber F.

14 Damit hat B wiederum als Vertreter ohne Vertretungsmacht einen Vertrag geschlossen, der gem. § 177 Abs. 1 zunächst schwebend unwirksam ist, weil er von der Genehmigung des R nach §§ 182 Abs. 1, 184 Abs. 1 abhängt. Da R allerdings die Kaufpreiszahlung unter Hinweis auf die Formnichtigkeit der Vollmacht des B verweist, hat er die Genehmigung bereits verweigert. Der Vertrag ist somit endgültig unwirksam.

II. Ergebnis

15 F kann von R nicht gemäß § 433 Abs. 2 Kaufpreiszahlung verlangen.

16 **Hinweis:**
Es ist zwar nicht nach einem Anspruch gegen B gefragt, dieser würde sich aber aus § 179 Abs. 1 ergeben, wäre jedoch gem. § 179 Abs. 2 auf den Ersatz des Vertrauensschadens begrenzt, da B das Fehlen seiner Vertretungsmacht nicht kannte.

---

8 Vgl. *Larenz/Wolf*, § 47 Rn. 51 f.

Fall 35. Immer Ärger mit dem Personal

Sachverhalt

Verena Veltberg (V) ist Alleinvorstand der Visage AG (AG). Sie beschäftigt den Studenten Sancho Sandler (S) als Sekretär und Mädchen für alles. Als Verena über das Wochenende nach St. Moritz zu einer Party fahren will, weist sie Sancho an, ihren privaten Mercedes SLR McLaren vorher in der Waschanlage „Wash'n Drive" komplett von Hand pflegen zu lassen. Dazu gibt sie ihm einen 200 €-Schein, den er sich hinter das Ohr schiebt. Sancho führt das Gefährt erst einmal seinen Freunden vor und begibt sich anschließend zur Waschanlage, die von Drago Dryer (D) betrieben wird. Er fährt den SLR vor und verlangt nach Studium der Preistafel die Komplett-Hand-Reinigung „Smoothe'n'Shiny" für 191 €. Drago lässt sich den Schlüssel geben und ruft einen Angestellten herbei. Als das Fahrzeug nach der Wellnesskur innen wie außen aufs Höchste glänzt und kein Staubkorn weit und breit zu sehen ist, kann Sancho sich den Ausruf: „Fantastisch!" nicht verkneifen. Dummerweise kann er den Geldschein nicht mehr finden, als Drago den Rechnungsbetrag verlangt. Da Sancho die Wäsche nicht von seinem eigenen Geld bezahlen will, erklärt er Drago, das sei nicht sein Auto, sondern das von Verena, die bestimmt zahlen werde. Drago weigert sich, den Schlüssel herauszugeben, wenn er nicht entweder eine Zahlung oder eine schriftliche Bestätigung von Verena erhält, dass sie zahlen werde. Sancho ruft deshalb bei Verena an, die ihm aber lediglich in Aussicht stellt, mit dem Taxi auf seine Kosten zu reisen, wenn er nicht bald mit dem SLR zurückkomme.

Von wem kann Drago Zahlung verlangen?

Abwandlung 1: Sancho ist mit Verena verheiratet.

Abwandlung 2: Sancho ist Angestellter der Visage AG und bringt am Dienstag, mit einem auffälligen Firmenoverall bekleidet, einen Firmen-LKW in die Waschanlage. Verena hat namens der AG mit Drago vereinbart, dass Angestellte die Firmenfahrzeuge zur Reinigung vorbeibringen können und alle Wäschen einmal im Monat zentral zu festgelegten Einzelpreisen abgerechnet werden.

Vorüberlegung

Wie üblich ist nach der ersten Lektüre und kurzem Notieren spontan registrierter Probleme erst einmal die Anspruchsgrundlage zu klären. Offensichtlich geht es ausnahmsweise einmal nicht um einen Kauf, sondern um eine (untechnisch gesprochen) „Dienstleistung". Damit stellt sich die Frage, ob D einen Erfolg schuldet oder nicht. Denn davon hängt ab, ob hier ein Dienst- oder Werkvertrag vorliegt. Erörtern muss man die Frage *eigentlich* beim Vertragsantrag, weil dieser ja den Inhalt und damit auch den Typus des zu schließenden Vertrags festlegt. Freilich wird es erfahrungsgemäß auch toleriert, wenn man den Vertragstyp erst später klärt. Vor der Prüfung der ausgetauschten Willenserklärungen sollte man das aber nicht machen, weil der Vertragstyp von ihrem Inhalt abhängt.

Im Übrigen geht es offenbar wieder um die Frage einer wirksamen Stellvertretung. Wenn in einem Fall nach Ansprüchen sowohl gegen den Vertretenen als auch gegen den Vertreter gefragt ist, beginnt man mit den Ansprüchen gegen den Vertretenen. Dort lässt sich die Stellvertretung schön untersuchen, und am Ende hat man eine Grundlage, auf die man bei den Ansprüchen gegen den Vertreter verweisen kann. Im Ausgangsfall muss man mit dieser Maßgabe also die Stellvertretung prüfen, der Rest sollte dann einfach sein.

In den Zusatzfragen geht es um Spezialfragen. Zusatzfrage 1 enthält einen kleinen Ausflug ins Familienrecht, den Anfänger getrost auslassen können. Zusatzfrage 2 muss man genau lesen. Es geht um einen Firmenwagen der AG, also ist auf diese abzustellen. Wiederum sind die Voraussetzungen der Stellvertretung zu prüfen. Anfänger ohne Aktiengesetz müssen nicht verzweifeln. Für die Lösung muss man nur wissen: Die AG ist gem. § 1 Abs. 1 S. 1 AktG juristische Person, also selbst verpflichtungsfähig. Für sie handelt gem. § 76 Abs. 1 AktG der Vorstand, der gem. § 78 Abs. 1 AktG unbeschränkt vertretungsbefugt ist.

Gliederung

Lösung

I. Anspruch des D gegen V aus § 631 Abs. 1

D könnte gegen V einen Anspruch aus § 631 Abs. 1 auf Zahlung der Vergütung **1**
von 191 € für das Autowaschen haben.

1. Vertragsschluss

Dazu müsste zwischen D und V durch übereinstimmende Willenserklärungen, An- **2**
trag (§ 145) und Annahme (vgl. § 147), ein Werkvertrag zustande gekommen sein.
Fraglich ist, worin der Vertragsantrag liegt. Die Preistafel an der Waschanlage beinhaltet nur eine Übersicht des Leistungsangebots und der zu zahlenden Preise, also
eine allgemeine Information, der aus Empfängersicht weder ein Rechtsbindungswille des Anlagenbetreibers noch die notwendige Bestimmtheit für einen Vertragsantrag
zukommt. Da die Preistafel somit lediglich eine invitatio ad offerendum darstellt,
geht der Antrag von S aus, der die Komplett-Hand-Reinigung „Smoothe'n'Shiny"
verlangt. Da das Fahrzeug am Ende sauber sein soll, kommt es ihm auf den Leis-
tungserfolg an, so dass er den Abschluss eines Werkvertrags i.S.v. § 631 anträgt.
Die Annahme erklärt D durch Entgegennahme des Schlüssels. Damit ist ein Werkvertrag abgeschlossen.

> **Hinweis:** **3**
> Man kann hier Feingefühl beweisen, indem man zwischen dem *Abschluss* des Vertrags durch überein-
> stimmende Willenserklärungen und seinem *wirksamen Zustandekommen* zwischen zwei Personen un-
> terscheidet.

2. Wirksame Stellvertretung, § 164 Abs. 1 S. 1 und Abs. 3

Fraglich ist, ob der Vertrag zwischen V und D zustande gekommen ist. Da V selbst **4**
am Vertragsschluss nicht beteiligt war, ist dies nur im Falle einer wirksamen Stellvertretung durch S gem. § 164 Abs. 1 S. 1 und Abs. 3 möglich.

a) Willenserklärung des S

S hat an der Waschanlage selbst eine auf den Vertragsschluss gerichtete Willenser- **5**
klärung abgegeben. Nach den Umständen – also aus der Sicht des D – war er nicht
bloß Überbringer einer von V vorgegebenen Erklärung, sondern fasste selbst den
maßgeblichen Entschluss.

b) Handeln im fremden Namen (Offenkundigkeitsprinzip)

Fraglich ist, ob S im Namen der V gehandelt hat, wie § 164 Abs. 1 S. 1 dies ver- **6**
langt. Ausdrücklich hat er dies nicht getan, doch reicht es gem. § 164 Abs. 1 S. 2

auch aus, wenn sich aus den Umständen Anhaltspunkte für ein Handeln in fremdem Namen ergeben. Insofern könnte man zwar erwägen, dass der Wagen der V gehört und nicht dem S. Dies war dem Fahrzeug aber nicht anzusehen und D wusste auch nicht, wem das Fahrzeug gehört. Damit ergab sich der Wille des S, im fremden Namen zu handeln, nicht aus dem Umständen. Auch § 164 Abs. 2 belegt, dass zur Wahrung des Offenkundigkeitsprinzips der Wille, in fremdem Namen zu handeln, bei Abgabe der Willenserklärung deutlich gemacht werden muss. Dies war hier nicht der Fall, S hat nicht im Namen der V gehandelt.

c) Ausnahme: Geschäft für den, den es angeht

7 Als Ausnahme vom Offenkundigkeitsprinzip könnten aber die Grundsätze über das „verdeckte Geschäft für den, den es angeht" eingreifen. Danach treten die Wirkungen der Stellvertretung auch ohne Handeln im fremden Namen ein, wenn der Handelnde Vertretungswillen und Vertretungsmacht hat, sofern dem Geschäftsgegner gleichgültig ist, wer sein Vertragspartner wird. Anzunehmen ist dies vor allem bei so genannten „Bargeschäften des täglichen Lebens", bei denen eine Offenlegung der Stellvertretung nicht üblich und aus der Sicht des Vertragspartners auch nicht erforderlich ist, weil er die Gegenleistung sofort erhält.[1]

8 Fraglich ist, ob es sich beim Waschen eines Kfz um ein solches Bargeschäft des täglichen Lebens handelt. Dem täglichen Leben kann man das Autowaschen an sich sicherlich zuordnen, doch mag man angesichts des hohen Preises dieser Luxuswäsche zweifeln. Dies kann aber dahinstehen, weil S noch nicht an D gezahlt hat und es damit am Erfordernis des Bargeschäfts fehlt. Denn es ist dem Vertragspartner in aller Regel nicht mehr gleichgültig, mit wem er den Vertrag schließt, wenn er die Bezahlung nicht sofort erhält. Vielmehr will er sich, wie das Verhalten des D belegt, u. a. im Hinblick auf ein etwaiges Selbsthilferecht (§ 229) an die Person des Handelnden halten können. Damit greifen die Grundsätze über das Geschäft für den, den es angeht, hier nicht ein. Daher bedarf es auch keiner Diskussion der Frage, ob man diese Rechtsfigur überhaupt anerkennen sollte.[2]

d) Zwischenergebnis

9 Mangels wirksamer Stellvertretung ist V nicht Vertragspartei geworden.

3. Ergebnis

10 D hat gegen V keinen Zahlungsanspruch gem. § 631 Abs. 1.

II. Anspruch D gegen S aus § 631 Abs. 1

11 D könnte gegen S einen Zahlungsanspruch gem. § 631 Abs. 1 haben.

1. Vertragsschluss

12 Wie bereits oben geprüft, ist es zum Abschluss eines Werkvertrags durch D und S gekommen. Da S nicht zum Ausdruck gebracht hat, im Namen der V handeln zu

---

1 *Brox/Walker,* Rn. 526; Palandt/*Ellenberger,* § 164 Rn. 8.
2 Zu den Bedenken gegen die Anerkennung dieser Rechtsfigur vgl. Staudinger/*Schilken,* Vor § 164 Rn. 53 m. w. N.

wollen, hat er den Vertrag aus der Sicht des D (§§ 133, 157) im eigenen Namen geschlossen. Somit ist ein Vertrag zwischen den beiden geschlossen worden.

2. Nichtigkeit gem. § 142 Abs. 1

Der Werkvertrag könnte gem. § 142 Abs. 1 nichtig sein, wenn S seine Erklärung 13 wirksam angefochten hätte.

a) Anfechtungserklärung, § 143

Als Anfechtungserklärung i.S.v. § 143 Abs. 1, 2 käme grundsätzlich sein Hinweis 14 auf den Umstand in Betracht, dass das Auto nicht ihm gehört und V schon zahlen werde. Dies bringt zum Ausdruck, dass er den Vertrag nicht gegen sich gelten lassen will, weil er sich nicht selbst verpflichten wollte.

b) Anfechtungsgrund, § 119 Abs. 1 Alt. 1

Da sich S darauf beruft, er habe nicht für sich selbst, sondern für V handeln wollen, 15 kommt als Anfechtungsgrund ein Inhaltsirrtum (§ 119 Abs. 1 Alt. 1) in Betracht. Jedoch ist die Anfechtung gerade wegen dieser Art von Inhaltsirrtum in § 164 Abs. 2 ausgeschlossen, so dass die Anfechtung unwirksam ist.

3. Ergebnis

S ist also Partei des Werkvertrags und schuldet damit D gem. § 631 Abs. 1 die Ver- 16 gütung. Diese ist gem. § 641 Abs. 1 infolge Abnahme durch S („Fantastisch!") auch fällig.

Abwandlung 1

I. Anspruch des D gegen S und V

Am Anspruch gegen S selbst kann sich nichts ändern, da dieser darauf beruht, dass 17 S gegenüber D im eigenen Namen gehandelt hat. Es stellt sich allein die Frage, ob nun doch ein Anspruch gegen V besteht, weil S und V verheiratet sind. Für die Frage einer wirksamen Stellvertretung nach § 164 Abs. 1 S. 1 ergeben sich daraus keine Unterschiede – die Vertretung ist am Handeln im eigenen Namen gescheitert.

Ein Anspruch des D aus Kaufvertrag (§ 433 Abs. 2) gegen V könnte sich aber aus 18 § 1357 Abs. 1 S. 2 ergeben (sog. Schlüsselgewalt). Nach der (familienrechtlichen) Vorschrift des § 1357 Abs. 1 S. 1 ist jeder Ehegatte berechtigt, Geschäfte zur angemessenen Deckung des Lebensbedarfs der Familie mit Wirkung auch für den anderen Ehegatten zu besorgen; nach S. 2 werden daraus beide Ehegatten berechtigt und verpflichtet, soweit sich aus den Umständen nichts anderes ergibt; sie sind also Gesamtschuldner i.S.d. § 421.

Fraglich ist, ob zu den Geschäften zur angemessenen Deckung des Lebensbedarfs 19 der Familie auch die Wäsche eines Pkw zählt. Dies wird man grundsätzlich bejahen müssen. Zwar mag man angesichts der Luxuswäsche etwas zweifeln, doch hängt die *angemessene Deckung des Lebensbedarfs* von den Lebensverhältnissen der Ehegatten ab. Da V Alleinvorstand einer AG ist und ein 435 000 € teures Fahrzeug fährt, sind die Lebensverhältnisse offensichtlich nicht gerade bescheiden. Da auch keine Umstände ersichtlich sind, aus denen sich etwas anderes ergäbe, ist V somit gem. § 1357 Abs. 1 S. 2 gegenüber D mitverpflichtet.

II. Ergebnis

20 D kann auch von V Zahlung verlangen, §§ 631 Abs. 1, 1357 Abs. 1, 421 S. 1.

21 **Hinweis:**
Die Rechtsnatur des § 1357 Abs. 1 S. 2 ist umstritten: gesetzliche Vertretungsmacht, gesetzliche Verpflichtungsermächtigung oder beides?[3] In der Falllösung hat das in der Regel keine Auswirkungen, da § 1357 Abs. 1 S. 2 – wenn man ihn als Stellvertretungsnorm sehen will – eine Ausnahme vom Offenkundigkeitserfordernis enthält. Im Übrigen, also ohne gesetzliche Grundlage, ist eine „Verpflichtungsermächtigung" analog § 185 Abs. 1 nach h.M. unzulässig, da sie zur Folge hätte, dass ein im eigenen Namen Handelnder einen Dritten aufgrund erteilter Verpflichtungsmacht unmittelbar schuldrechtlich verpflichten könnte, ist sie mit dem Offenkundigkeitsprinzip unvereinbar und daher dem geltenden Recht fremd.[4]

Abwandlung 2

I. Anspruch des D gegen die AG, § 631 Abs. 1

22 D könnte einen Zahlungsanspruch aus § 631 Abs. 1 gegen die AG haben.

23 **Hinweis:**
Ein Anspruch gegen V selbst kommt hier nicht in Betracht, sie ist zwar Vorstandsvorsitzende der AG und damit deren vertretungsbefugtes Organ, § 78 Abs. 1 AktG, wird aber selbst in Person nicht verpflichtet, da die AG gem. § 1 Abs. 1 S. 1 AktG rechtsfähig ist.

1. Vertragsschluss

24 Beim Vertragsschluss ergeben sich keine Abweichungen zum Ausgangsfall. Zwar könnte man erwägen, ob der Werkvertrag bereits in der „Rahmenvereinbarung" liegt. Diese Vereinbarung besteht zwischen D und der AG, da V im Namen der AG gehandelt hat und gem. § 78 Abs. 1 AktG als Alleinvorstand zur Vertretung der AG berechtigt ist, so dass V die AG gem. § 164 Abs. 1 S. 1 wirksam vertreten hat. Doch hat die Rahmenvereinbarung offenbar nur zum Inhalt, dass die Firmenfahrzeuge zu besonderen Preisen gewaschen und alle Waschvorgänge zentral monatlich abgerechnet werden. Eine Vorverlagerung des Vertragsschlusses erfolgt nicht, so dass sich dieser wie oben (Rn. 2) vollzieht.

2. Wirksame Stellvertretung

25 Da die AG bzw. ihre Vertreterin im Rechtsverkehr, V (§ 78 Abs. 1 AktG), keine Willenserklärung abgegeben hat, ist zu prüfen, ob sie von S wirksam gem. § 164 Abs. 1 S. 1 und Abs. 3 vertreten worden ist.

a) Eigene Willenserklärung

26 Eine eigene Willenserklärung hat S den Umständen nach (s.o. Rn. 5) abgegeben.

---

[3] HK/*Kemper,* § 1357 Rn. 2; Palandt/*Brudermüller,* § 1357 Rn. 3.
[4] BGHZ 34, 125.

b) In fremdem Namen

S hat zwar nicht ausdrücklich im Namen der AG gehandelt, doch kann sich das **27** Handeln im fremden Namen auch aus den Umständen ergeben, § 164 Abs. 1 S. 2. Diese Umstände liegen hier darin, dass S mit einem Firmenlastwagen der AG vorfährt, Firmenkleidung trägt und es keine sonstigen Anhaltspunkte dafür gibt, dass er im eigenen Namen handeln wollte.

> **Hinweis:** **28**
> Anders wäre es, wenn der Arbeitnehmer z. B. offensichtlich mit dem Fahrzeug privat umzieht. – Außerdem sei auf das Problem einer *umgekehrten Anwendung* des § 164 Abs. 2 hingewiesen, wenn der Vertreter im eigenen Namen handeln will, aus der Sicht des Dritten gem. §§ 133, 157 aber im fremden Namen handelt. Dann kommt es unabhängig vom Willen des Vertreters zu einer wirksamen Vertretung, weil § 164 keinen Vertretungs*willen* verlangt. Der Vertreter kann aber gem. § 119 Abs. 1 Alt. 1 anfechten.[5]

c) Im Rahmen seiner Vertretungsmacht

Fraglich ist allerdings, ob S mit Vertretungsmacht für die AG gehandelt und deren **29** Rahmen eingehalten hat. Die Vertretungsmacht kann hier nur rechtsgeschäftlich eingeräumt sein, also auf einer Vollmacht (§ 166 Abs. 2) beruhen. Dass V namens der AG dem S eine (Innen-) Spezialvollmacht für das konkrete Geschäft gem. § 167 Abs. 1 Alt. 1 erteilt hätte oder ihm für seine Tätigkeit bei der Einstellung eine Vollmacht erteilt worden wäre, ist dem Sachverhalt nicht zu entnehmen.

Damit bleibt zu prüfen, ob V namens der AG durch Erklärung gegenüber D eine **30** Außenvollmacht, § 167 Abs. 1 Alt. 2, erteilt hat. Dies könnte durch die Vereinbarung zwischen der AG und D geschehen sein. Darin ist vorgesehen, dass die Fahrer der AG Firmenfahrzeuge zur Reinigung vorbeibringen dürfen, und dass die Abrechnung zentral erfolgen soll. Aus der Sicht eines objektiven vernünftigen Dritten (§§ 133, 157) enthält diese Vereinbarung eine konkludente Bevollmächtigung der Fahrer, jeweils einzelne Werkverträge mit D namens der AG abzuschließen. Damit hat S im Rahmen einer bestehenden Vertretungsmacht gehandelt.

d) Zwischenergebnis

S hat die AG gem. § 164 Abs. 1 S. 1 wirksam vertreten. **31**

II. Ergebnis

D kann von der AG gem. § 631 Abs. 1 Zahlung verlangen. **32**

---

[5] Vgl. dazu etwa HK/*Dörner,* § 164 Rn. 5.

Fall 36. Versteckte Vollmacht

Nach BGH NJW-RR 2002, 1312.

Sachverhalt

Stephanie Schaffer (S) will für sich und ihre Lebensgefährtin Lea Leandros ein schnuckeliges Nest schaffen. Dazu schließt sie mit der Bau-Dir-Ein-Heim GmbH (B) einen schriftlichen Vertrag über die Herstellung eines schlüsselfertigen Eigenheims zu einem Festpreis von 200 000 € auf einem ihr gehörenden Grundstück. Nach der Bau- und Leistungsbeschreibung schuldet B alle denkbaren Bauleistungen einschließlich des Innenausbaus. Der Vertrag verweist deutlich auf beigefügte vorgedruckte „Bedingungen für den Eigenheimbau". Diese beinhalten unter „Zahlungsmodalitäten" eine Klausel, wonach die „Bauherrin" der B die Vollmacht erteilt, in ihrem Namen Handwerker zur Fertigstellung des Bauwerkes beauftragen zu dürfen.

Zu den Handwerkern, die B beim Hausbau einsetzt, zählt auch der selbständige Fliesenlegermeister Florian Fliesinger (F). Als er von der B trotz ordnungsgemäßer Arbeit und mehrfacher Mahnung keine Zahlung erhält, verlangt F seine Vergütung von S. Er erklärt ihr, die B habe den Vertrag mit ihm im Namen der S abgeschlossen. S wendet ein, sie habe der B keine Vollmacht erteilen wollen und die Klausel in dem Vertrag nicht gelesen. Es könne kaum sein, dass sie die B für das ganze Haus und zusätzlich die einzelnen Handwerker für deren Leistungen bezahlen müsse.

Wer hat Recht?

Vorüberlegungen

Diesen Sachverhalt hat das Leben konstruiert. Zunächst muss man die Fragestellung konkretisieren, was aber nicht schwierig ist: F will von S Bezahlung. Dazu bedarf es eines (Werk-)Vertrags. Da S selbst keine entsprechende Willenserklärung abgegeben hat, kann sie nur infolge wirksamer Stellvertretung seitens der B verpflichtet sein. B hat lt. Sachverhalt (1) eine Willenserklärung (2) im Namen der S abgegeben. Auch wenn dies unproblematisch ist, sollte man diese *beiden* (!) Voraussetzungen einer wirksamen Stellvertretung kurz erwähnen. Fraglich ist die Vertretungsmacht der B, die sich nur aus der Klausel in den Bedingungen ergeben kann.

Daher ist kurz das Bestehen des Vertrags zwischen B und S zu prüfen. Der Vertragsschluss ist laut Sachverhalt erfolgt, und der Bauvertrag ist nicht nach § 125 S. 1 formnichtig. An diesen Punkt sollte man bei Verträgen über eine Gebäudeerrichtung vorsichtshalber stets denken. Da der Vertrag zwischen B und S aber allein die Erbringung von Bauleistungen auf dem Grundstück der S zum Gegenstand hat, greift die Formvorschrift des § 311b Abs. 1 nicht ein. Anders wäre es bei einem typisch(er)en Bauträgervertrag, bei dem der Bauherr vom Bauträger ein Grundstück nebst schlüsselfertig zu errichtendem Haus „erwirbt", also zusätzlich eine Verpflichtung zur Übertragung bzw. zum Erwerb des Grundeigentums besteht.

Da der (Haupt-)Vertrag als solcher keine Vollmachtserteilung enthält, kommt es auf die AGB der B an. Zunächst ist kurz der Tatbestand der AGB gem. § 305 Abs. 1 zu prüfen, auf den man auch in unproblematischen Fällen „kurz eingehen" sollte, und sei es, dass man die Voraussetzungen nur wiedergibt und im Urteilsstil für erfüllt erklärt. Gleiches gilt hier für die Einbeziehung nach § 305 Abs. 2, sofern der Sachverhalt nicht ausnahmsweise ausdrücklich erklärt, die AGB seien wirksam in den Vertrag einbezogen.

Zur Einbeziehung im weiteren Sinne zählt auch § 305 c Abs. 1, der überraschende Klauseln aus dem Vertragsinhalt ausnimmt, auch wenn die Voraussetzungen des § 305 Abs. 2 erfüllt sind. Insofern gilt hier, dass sich die Vollmachtsklausel so wenig mit dem Generalübernehmervertrag verträgt, dass S mit ihr nicht zu rechnen brauchte.

Die Folge ist, dass S nicht wirksam von B vertreten wurde, zumal es auch für eine Rechtsscheinsvollmacht (dazu Fall 39 Rn. 8 ff.) keinerlei Anhaltspunkte gibt. Der Vollständigkeit halber kann man noch gesetzliche Ansprüche des F gegen S aus Geschäftsführung ohne Auftrag und Leistungskondiktion prüfen, die aber auch ausscheiden. Von Erstsemestern wird dies typischerweise allenfalls verlangt, wenn sie nach dem örtlichen Studienplan auch gesetzliche Schuldverhältnisse hören.

Gliederung

Lösung

I. Anspruch F gegen S aus § 631 Abs. 1

F könnte gegen S aus § 631 Abs. 1 einen Anspruch auf Zahlung haben. Dazu müssten die beiden einen Werkvertrag geschlossen haben. Da S mit F selbst keinerlei Vertragsverhandlungen über Fliesenlegearbeiten geführt hat, kann sie nur Vertragspartei geworden sein, wenn B sie gem. § 164 Abs. 1 S. 1 wirksam vertreten hat. **1**

1. Wirksame Vertretung der S durch B, § 164 Abs. 1 S. 1

2 B hat eine auf den Vertragsschluss mit F gerichtete Willenserklärung im Namen der S abgegeben, § 164 Abs. 1 S. 1. Zu prüfen ist, ob B dabei innerhalb einer ihr zustehenden Vertretungsmacht gehandelt hat. Diese kann sich nur aus einer Vollmachtserteilung gem. § 167 Abs. 1 ergeben, die hier in der Klausel in den „Bedingungen für den Eigenheimbau" liegt, nach der die Bauherrin der B eine Vollmacht erteilt, in ihrem Namen Handwerker zur Fertigstellung des Bauwerkes zu beauftragen.

3 Da diese Vollmachtserteilung nicht auf einer autonomen Entscheidung der S beruht und auch nicht individuell ausgehandelt ist, kommt es darauf an, ob die „Bedingungen für den Eigenheimbau" gem. § 305 Abs. 2 Bestandteil des Werkvertrags zwischen S und B geworden sind.

a) Sachlicher Anwendungsbereich der §§ 305 ff.

4 Die „Bedingungen" sind gem. § 305 Abs. 1 AGB, wenn sie für eine Vielzahl von Verträgen vorformulierte Vertragsbedingungen darstellen, die eine Vertragspartei der anderen bei Vertragsabschluss stellt. Die „Bedingungen" samt Vollmachtsklausel sind offenbar von B ausgearbeitet und für eine Vielzahl von Fällen vorformuliert. Dass sie von B gestellt wurden, ohne S die Möglichkeit zur Einflussnahme auf den Inhalt zu geben, ist zumindest gem. § 310 Abs. 3 Nr. 1 zu vermuten: B hat den Vertrag im Rahmen ihrer gewerblichen Tätigkeit und somit als Unternehmerin i. S. v. § 14 Abs. 1 geschlossen, S dagegen zu einem privaten Zweck als Verbraucherin i. S. v. § 13. Damit liegt ein Verbrauchervertrag i. S. v. § 310 Abs. 3 vor, und die Vermutung der Nr. 1 greift ein. Die „Bedingungen" sind somit AGB i. S. d. § 305 Abs. 1. Der Anwendung der §§ 305 ff. steht in concreto auch § 310 Abs. 1, 2, 4 nicht entgegen.

5 **Hinweis:**
Zwar sagt der Sachverhalt nicht ausdrücklich, dass B die „Bedingungen" ausgearbeitet und den Kunden keine Möglichkeit zur Einflussnahme gegeben hat. Doch darf man aus der Verwendung von „Bedingungen" durch einen Vertragspartner auf deren Vorformulierung für eine Vielzahl von Fällen schließen, ebenso grundsätzlich auf das „Stellen", ohne damit eine „Sachverhaltsquetsche" zu begehen. Das Eingehen auf § 310 Abs. 3 Nr. 1 ist zweckmäßig, aber nicht unbedingt erforderlich, wenn sich das „Stellen" bereits aus sonstigen Umständen ergibt. – Deshalb wäre die Prüfung des sachlichen Anwendungsbereichs durchaus auch im Urteilsstil zulässig: „Die Zusatzvereinbarung stellt eine AGB i. S. d. § 305 Abs. 1 dar, da sie eine einseitig von B gestellte, nicht zwischen den Parteien ausgehandelte und für eine Vielzahl von Verträgen bestimmte Vertragsbedingung ist."

b) Einbeziehung der Zusatzvereinbarung in den Vertrag

6 Die Einbeziehung der Klausel erfordert gem. § 305 Abs. 2 Nr. 1 einen ausdrücklichen Hinweis der B auf die AGB und gem. § 305 Abs. 2 Nr. 2 eine Möglichkeit der Kenntnisnahme für S. Beide Voraussetzungen sind lt. Sachverhalt erfüllt. Fraglich ist allerdings, ob S gem. § 305 Abs. 2 a. E. mit der Geltung der Klausel einverstanden war, von der sie keine tatsächliche Kenntnis hatte. Das Einverständnis des Kunden mit der Einbeziehung jeder einzelnen Klausel ist jedoch bereits dann anzunehmen, wenn er der Geltung der AGB insgesamt nach vorherigem Hinweis auf diese und nach *Möglichkeit* der Kenntnisnahme nicht widersprochen hat.[1] Daher liegen die Voraussetzungen der Einbeziehung nach § 305 Abs. 2 vor.

---

[1] MünchKomm/*Basedow*, § 305 Rn. 83; *BGH* NJW 1982, 1388.

c) Ausschluss überraschender Klauseln, § 305 c Abs. 1

Allerdings wird gem. § 305 c Abs. 1 eine Klausel trotz Einbeziehung nicht Vertrags- **7** bestandteil, wenn sie nach den Umständen, insbesondere dem äußeren Erscheinungsbild des Vertrags, so ungewöhnlich ist, dass der Vertragspartner mit ihr nicht zu rechnen braucht. Von Bedeutung sind dabei auch Vorstellungen und Erwartungen, die der Kunde aufgrund der Verhandlungen und des Zwecks des Vertrags von dessen Inhalt haben durfte, sowie Abweichungen vom dispositiven Gesetzesrecht.[2]

S hat mit B einen Vertrag über die schlüsselfertige Erstellung eines Eigenheims ge- **8** schlossen, der sämtliche Bauleistungen umfasst. Mit der Einschaltung eines Bauträgers will der Bauherr erreichen, dass er nur einen Vertragspartner hat, an den er sich bei allen Schwierigkeiten und wegen aller Mängel wenden kann. Daher ist eine Klausel, die dem Bauträger eine Vollmacht einräumt, Handwerker im Namen des Bauherrn zu beauftragen, aus dessen Sicht unnötig. Da sie eine Doppelverpflichtung des Bauherrn ermöglicht, der unter Umständen die Leistungen von Subunternehmern quasi zweimal bezahlen muss, widerspricht sie in eklatanter Weise dem Zweck eines Generalübernehmervertrags.[3] Hinzu kommt, dass man eine solche Klausel nicht bei den „Zahlungsmodalitäten" erwartet. S musste daher mit der Vollmachtsklausel nicht rechnen; sie ist überraschend und gem. § 305 c Abs. 1 nicht Vertragsbestandteil geworden.

d) Zwischenergebnis

Da S der B keine Vollmacht erteilt hat, trat diese gegenüber F als vollmachtlose Ver- **9** treterin auf. Da eine Vertretungsmacht der B auch nicht unter dem Gesichtspunkt eines Rechtsscheins in Betracht kommt, ist zwischen S und F kein Werkvertrag über Fliesenlegearbeiten zustande gekommen.

2. Ergebnis

F hat gegen S keinen vertraglichen Zahlungsanspruch. **10**

II. Anspruch des F gegen S gem. §§ 683 S. 1, 670

F könnte gegen S einen Anspruch aus Geschäftsführung ohne Auftrag gem. §§ 683 **11** S. 1, 670 haben.

1. Geschäftsführung

Da der Begriff der Geschäftsführung i. S. v. § 677 sehr weit zu verstehen ist, umfasst **12** er jedwede Tätigkeit und somit auch das Fliesenlegen.

2. Objektiv fremdes Geschäft

Das Fliesenlegen im künftigen Haus der S spielt sich in deren Rechtskreis ab und ist **13** daher für F zumindest insofern fremd, als er damit keine Verpflichtung der S gegenüber erfüllen kann. Dies reicht aus.

---

[2] MünchKomm/*Basedow,* § 305 c Rn. 5; HK/*Schulte-Nölke,* § 305 c Rn. 2.
[3] *BGH* NJW-RR 2002, 1312, 1313; *OLG Nürnberg* NJW 1982, 2326.

3. Fremdgeschäftsführungswille

14 F müsste den Willen gehabt haben, ein Geschäft für einen anderen zu besorgen. Dieser Fremdgeschäftsführungswille ist nach h. M. selbst beim „Auch-fremden-Geschäft" zu vermuten (a. A. vertretbar).

4. Ohne Auftrag oder sonstige Berechtigung

15 F war von S nicht beauftragt, da B insofern keine Vollmacht hatte (s. o. Rn. 9).

5. Im Interesse der S

16 Die Tätigkeit des F müsste gem. § 683 S. 1 im Interesse der S gelegen haben. Wegen ihres Vertragsverhältnisses mit B, das die Fliesenlegearbeiten bereits umfasste, lag die Leistung des F nicht in ihrem Interesse.[4]

17 **Hinweis:**
Das nächste Tatbestandsmerkmal des § 683 S. 1 lautet „dem tatsächlichen oder mutmaßlichen Willen des Geschäftsherrn entsprechend". Es wäre nicht erfüllt. Man muss es im Anspruchsgutachten von der „Interessenentsprechung" unterscheiden, auch wenn beides oftmals in einem Atemzug genannt wird,[5] weil die h. M. aus dem Interesse des Geschäftsherrn auf seinen mutmaßlichen Willen schließt. Doch hat selbst ein unvernünftiger „wirklicher" Wille vorbehaltlich der §§ 679, 680 Vorrang.

6. Ergebnis

18 Ein Anspruch des F gegen S aus §§ 683 S. 1, 670 besteht nicht.

III. Anspruch gem. § 812 Abs. 1 S. 1 Alt. 1

19 F könnte gegen S einen Anspruch gem. § 812 Abs. 1 S. 1 Alt. 1 haben. Sie hat von F dessen Dienstleistung, also Fliesenlegearbeiten, erlangt. Dies müsste durch eine Leistung des F geschehen sein. Die dafür erforderliche bewusste und zweckgerichtete Mehrung des Vermögens der S durch den F liegt zwar objektiv vor, doch hat die Beurteilung aus der Sicht des Leistungsempfängers zu erfolgen. Aus der Sicht der S stellte sich die Tätigkeit des F aber als vertragliche Leistung der B dar.[6] Da somit eine Leistung der B vorliegt, scheidet nach h. M. ein Bereicherungsanspruch des F gegen die S aus, und zwar auch ein solcher aus Nichtleistungskondiktion (§ 812 Abs. 1 S. 1 Alt. 2).

20 **Hinweis:**
F hat also nur Ansprüche gegen B, insbesondere gem. § 179 Abs. 1 und 2, da B als falsus procurator aufgetreten ist, ohne das Fehlen der Vertretungsmacht positiv zu kennen. Interessanter für F ist jedoch ein Anspruch gegen B aus § 812 Abs. 1 S. 1 Alt. 1: Die Ausführung der Fliesenlegearbeiten durch F lässt den diesbezüglichen vertraglichen Erfüllungsanspruch der S gegenüber B erlöschen, so dass B in Höhe des Werts dieser Arbeiten bereichert wurde. Ein Anspruch des F gegen B aus §§ 683 S. 1, 670 kommt hingegen wegen § 687 Abs. 1 nicht in Betracht, da F, der sich zu den Fliesenlegearbeiten vertraglich verpflichtet glaubte, der Ansicht war, eine eigene Verpflichtung zu erfüllen.

---

[4] Vgl. etwa *BGH* NJW-RR 2002, 1312, 1313.
[5] Vgl. den pauschalen Hinweis in *BGH* NJW-RR 2002, 1312, 1313.
[6] Vgl. *BGH* NJW-RR 2002, 1312, 1313.

Fall 37. Die Badefreuden der Josefa

Sachverhalt

Die Kunstsammlerin Prummbaur (P) möchte wegen finanzieller Schwierigkeiten ihre Gemäldekollektion auflösen. In selbst gefertigten Katalogen bietet sie diversen Kunsthändlern ihre Gemälde zum Kauf an. Kaiser (K), der Inhaber einer Kunsthandlung ist und einen Katalog erhalten hat, entdeckt darin das schon seit langem begehrte Gemälde „Josefa am Strand" des Malers Endorfer. Er beschließt, es zu erwerben, und beauftragt seinen Angestellten Fritz (F), das Gemälde bei der Prummbaur für ihn zu kaufen. Der Preis spiele keine Rolle. Er zeigt Fritz das Gemälde und gibt ihm den Katalog vorsichtshalber mit. Kaiser kündigt anschließend der Prummbaur telefonisch das Erscheinen seines Angestellten an und fügt hinzu, dass er ihn beauftragt habe, ein Bild zu erwerben.

In der Villa der Prummbaur angekommen, muss sich Fritz auf Verlangen der Hausherrin erst einmal legitimieren. Er legt also die Visitenkarte seines Chefs vor und fragt dann nach dem „Josefa-Bild des Endorfer". Prummbaur führt ihn daraufhin zu den Gemälden dieses Künstlers. Fritz betrachtet die Kunstwerke und vergleicht sie mit den Abbildungen im Katalog. Schließlich zeigt er auf eines, das er für das Gesuchte hält, und fragt nach dem Preis. Tatsächlich handelte es sich nicht um „Josefa am Strand", sondern um das Gemälde „Josefa im Freibad". Prummbaur erklärt dem Fritz daraufhin, sie habe für dieses Bild bereits einen Interessenten, der 10000 € zahlen wolle und dem sie das Werk zu diesem Preis versprochen habe, falls niemand mehr zahle. Ohne zu zögern bietet Fritz der Prummbaur einen Preis von 11000 €. Prummbaur ist einverstanden und lässt Fritz mit dem Bild davonziehen.

Kaiser ist über die Verwechslung des Bildes entsetzt. Das erworbene Gemälde gefällt ihm gar nicht. Nachdem er den Fritz gehörig gerügt hat, teilt er der Prummbaur mit, dass sein Angestellter die Bilder verwechselt habe. Das erworbene Bild wolle er nicht, und er stelle es hiermit wieder zur Verfügung. Prummbaur will am Kauf festhalten, zumal das Bild nur einen objektiven Wert von 6000 € hat.

1. Kann Prummbaur von Kaiser 11000 € verlangen?

2. Gesetzt den Fall, dass Prummbaur den Kaufpreis nicht verlangen kann: Kann sie von Kaiser den entgangenen Gewinn aus dem Geschäft mit dem anderen Interessenten fordern, wenn dieser seine Kaufabsicht nach dem Verkauf an K aufgegeben hat?

Vorüberlegungen

In diesem einfachen Fall, der auf eine 90-Minuten-Klausur für Erstsemester zurückgeht, geht es um Willensmängel im Falle der Stellvertretung. Hier stellt sich die Frage, auf wen es für die Frage des Willensmangels ankommt: Vertreter oder Vertretener? Die Antwort liegt an sich nahe, wenn man an die Voraussetzungen der Stellvertretung gem. § 164 Abs. 1 S. 1 denkt: Der Vertreter gibt die Willenserklärung ab, ihm kann die Willenserklärung der anderen Partei gem. § 164 Abs. 3 zugehen. Für die Auslegung der Erklärung der anderen Partei kommt es auf den Empfängerhorizont des Vertreters an.[1] Für alle maßgeblichen Aspekte von Willenserklärungen ist also der Vertreter die relevante Person. Da er auch den Willen bildet, muss es auch auf seine Fehler ankommen. Dieses Ergebnis findet man dann in der Tat in § 166 Abs. 1: Handelt der Geschäftsherr durch einen Vertreter, so kommt es bei der Anfechtung wegen Irrtums nicht auf den Geschäftherrn, sondern auf den Vertreter an, sog. Wissenszurechnung. Der Irrtum des F wird also dem K so zugerechnet, als wäre dieser selbst dem Irrtum unterlegen.

Wenn man dies berücksichtigt und den Vertragsschluss, die Stellvertretung an sich und die Anfechtung ordnungsgemäß prüft und dabei auch nachdenkt, ergeben sich bei der Lösung der ersten Frage kaum wirkliche Probleme. In der Lösung hier wird übrigens kurz das HGB gestreift – das ist als Hinweis für mittlere Semester gedacht. Studierende der ersten beiden Semester brauchen das noch nicht zu wissen, dürfen es sich aber dennoch hinterher merken.

Die zweite Frage zielt auf die weitere Rechtsfolge der Irrtumsanfechtung, die Schadensersatzverpflichtung nach § … BGB. (Wissen Sie es noch?)

Gliederung

Lösung

I. Frage 1: Anspruch des P gegen K auf Zahlung von 11 000 €

1 P könnte gegen K gem. § 433 Abs. 2 Anspruch auf Zahlung des Kaufpreises in Höhe von 11 000 € haben.

---

[1] *Larenz/Wolf*, § 46 Rn. 104; *Medicus*, Rn. 898.

1. Abschluss eines Kaufvertrags

Dazu müsste zwischen K und P ein wirksamer Kaufvertrag bestehen. Ein Kaufver- 2
trag kommt zustande durch zwei übereinstimmende Willenserklärungen, Angebot
und Annahme.

Das Angebot i.S.v. § 145 muss seinem Empfänger den Abschluss eines Vertrages 3
mit Rechtsbindungswillen so bestimmt antragen, dass er nur noch zustimmen
muss. In ihrem Katalog bietet P allen Empfängern eine Vielzahl von Gemälden
zum Kauf an. Da somit klar erkennbar ist, dass sich P damit noch niemandem gegenüber binden will, stellt er eine bloße invitatio ad offerendum dar. Der Anruf des
K bei P benennt weder den Kaufgegenstand noch den Kaufpreis und ist aus diesem
Grunde für einen Antrag i.S.v. § 145 zu unbestimmt. Auch als F sich bei der P
nach dem Preis des Gemäldes „Josefa im Freibad" erkundigt, steht der Preis noch
nicht fest. Aber selbst die Antwort der P, sie habe einem Interessenten das Gemälde
für 10 000 € versprochen, falls niemand mehr zahle, bringt bei objektiver Auslegung
nur zum Ausdruck, dass sie das Gemälde an K nur für einen höheren Betrag verkaufen will, ohne diesen zu benennen. Somit liegt ein hinreichend bestimmtes Angebot erst mit dem Preisgebot des F vor, da erst jetzt geklärt ist, dass er das ausgewählte Bild „Josefa im Freibad" zum Preis von 11 000 € kaufen wolle. Dieses
Angebot hat die P sofort uneingeschränkt angenommen. Damit ist ein Kaufvertrag
geschlossen worden.

> **Hinweis:** 4
> Im vorliegenden Fall ist der Vertragsschluss nicht das zentrale Problem. Gleichwohl muss er sorgsam
> geprüft werden. Man kann im Laufe der Zeit trainieren, eine vollständige Prüfung nicht so wichtiger
> Aspekte mit wenigen Worten vorzunehmen. Das ist für spätere Semester notwendig, wenn in den
> Klausuren mehrere Probleme aus verschiedenen Bereichen des Bürgerlichen Rechts bzw. des gesam-
> ten Zivilrechts zu behandeln sind.

2. Wirksame Stellvertretung

Dieser Kaufvertrag wirkt aber nur dann für und gegen K, wenn ihn F beim Ver- 5
tragsschluss gem. § 164 Abs. 1 S. 1 wirksam vertreten hat.

> **Hinweis:** 6
> Man muss nicht stets mit Zwischenüberschriften arbeiten; es reicht, wenn man die einzelnen Voraus-
> setzungen eines Tatbestands im Text klar benennt und sprachlich (oder durch Absätze) voneinander
> trennt.

Wie bereits festgestellt, hat F beim Vertragsschluss eine eigene Willenserklärung 7
abgegeben, als er den Preis in seinem Angebot selbst festgelegt hat. Dabei hat er
durch die Vorlage der Visitenkarte des K zum Ausdruck gebracht, im Namen des K
tätig werden zu wollen, § 164 Abs. 1 S. 1.

F müsste weiterhin mit Vertretungsmacht gehandelt haben, § 164 Abs. 1 S. 1. 8
Zweifelhaft erscheint, ob die dem F erteilte Innenvollmacht, § 167 Abs. 1, 1. Alt.,
eine für das Rechtsgeschäft ausreichende Vertretungsmacht schafft. Denn K hat F
die Vollmacht nur für den Erwerb eines bestimmten Bildes erteilt, also als Spezialvollmacht für ein ganz bestimmtes Geschäft. Da F nicht dieses Bild erworben hat,
sondern ein anderes, hat er insoweit als vollmachtloser Vertreter gehandelt.

Die Vertretungsmacht des F könnte sich aus § 56 HGB ergeben. Es ist davon aus- 9
zugehen, dass K als Betreiber einer Kunsthandlung Kaufmann i.S.v. § 1 Abs. 1

HGB ist. Dann hätte F als Ladenangestellter eine Vollmacht für bestimmte typische Geschäfte, doch wird er nicht im Laden des K tätig; vor allem aber zählen Einkäufe gerade nicht zu den von § 56 HGB erfassten Geschäften. Auch insofern besteht keine Vertretungsmacht des F.

10 Dies hätte allerdings keine Auswirkungen, wenn in dem Anruf des K bei P die Erteilung einer Außenvollmacht nach § 167 Abs. 1 Alt. 2 läge, die nicht auf das eine spezielle Bild beschränkt wäre. Dazu müsste K dem F durch Erklärung gegenüber der P (nochmals) rechtsgeschäftlich Vertretungsmacht erteilt haben. Inhaltlich weist die Erklärung auf die „Beauftragung" des F mit der Vornahme eines Rechtsgeschäfts hin; dies kann man objektiv als Erteilung einer Außenvollmacht ohne Beschränkung auf ein bestimmtes Gemälde (wenn auch auf nur ein Gemälde) verstehen. Ganz eindeutig ist dies jedoch nicht; es könnte sich auch um die bloße Mitteilung des K an die P handeln, dem F zuvor bereits eine Innenvollmacht erteilt zu haben, bei der K keinen Willen zum rechtsgeschäftlichen Handeln hatte.[2]

11 Diesen Fall der Vollmachtskundgabe regelt aber jedenfalls § 171 Abs. 1: Macht jemand einem Dritten die Vollmachtserteilung durch besondere Mitteilung bekannt, so ist der Bevollmächtigte dem Dritten gegenüber *aufgrund der Kundgebung* zur Vertretung befugt. Die Norm dient dem Verkehrsschutz in Fällen, in denen die Vollmacht von Anfang an nicht besteht oder später erlischt,[3] und erfasst damit auch den Fall, dass die Vollmacht nicht im kundgegebenen Umfang besteht. Im vorliegenden Fall ist die Kundgabe des K an P gegenständlich nicht auf das Gemälde „Josefa am Strand" beschränkt. Da § 171 Abs. 1 einen gesetzlich geregelten Fall der Rechtsscheinsvollmacht enthält, ist, auch wenn das im Wortlaut der Norm nicht klar zum Ausdruck kommt, erforderlich, dass der Vertragspartner mit dem Vertreter gerade im Vertrauen auf den Bestand der Vollmacht abgeschlossen hat.[4] Der Rechtsscheintatbestand muss kausal (ursächlich) dafür gewesen sein, dass die P mit F abgeschlossen hat. Denn nach § 173 treten die Wirkungen der §§ 170 ff. nicht ein, wenn der Dritte das Erlöschen der Vollmacht kennt oder kennen muss. Er muss also gutgläubig in Bezug auf den (Fort-)Bestand der Vollmacht sein, und daraus ergibt sich, dass er seine Erklärung gerade wegen des Glaubens an den Bestand der Vertretungsmacht abgegeben haben muss.

12 Allerdings verweist § 173 seinem Wortlaut nach nicht auf § 171 Abs. 1. Es besteht aber Einigkeit, dass es sich dabei um ein Redaktionsversehen des Gesetzgebers handelt, so dass § 173 auf den Fall des § 171 Abs. 1 (und des § 172 Abs. 1) entsprechend anzuwenden ist.[5] Da P bei der Ankunft des F dessen Identität überprüft hat, kam es ihr erkennbar darauf an, mit dem von K angekündigten Angestellten zu kontrahieren; die Vollmachtskundgabe war also kausal für die Abgabe ihrer Willenserklärung, und der geringere Umfang der Innenvollmacht war ihr nicht bekannt und musste es auch nicht sein. Die Voraussetzungen des § 171 Abs. 1 i. V. m. § 173 analog sind also erfüllt.

13 Damit kann letztlich unentschieden bleiben, ob P die Erklärung als Erteilung einer Außenvollmacht nach § 167 Abs. 1 Alt. 2 oder als Vollmachtskundgabe i. S. v. § 171

---

2 Vgl. *Larenz/Wolf,* § 46 Rn. 7 f.
3 Vgl. *Faust,* § 26 Rn. 5; *Köhler,* § 11 Rn. 38.
4 Vgl. *Faust,* § 26 Rn. 26 i. V. m. 21 ff.; *Köhler,* § 11 Rn. 45.
5 *Faust,* § 26 Rn. 27; *Köhler,* § 11 Rn. 38; *Larenz/Wolf,* § 48 Rn. 2, 6 f.

Abs. 1 verstehen musste. Sowohl als Außenvollmacht als auch als Vollmachtskundgabe deckt die Erklärung des K gegenüber der P den Abschluss des Kaufvertrages über das Bild „Josefa im Freibad".

F hat also gem. § 164 Abs. 1 S. 1 als Vertreter des K den Kaufvertrag mit Wirkung **14** für und gegen diesen abgeschlossen. Ein Anspruch der P gegen den K gem. § 433 Abs. 2 ist infolgedessen entstanden.

3. Nichtigkeit infolge Anfechtung

Der Kaufvertrag wäre gem. § 142 Abs. 1 ex tunc nichtig, wenn K ihn bzw. die auf **15** seinen Abschluss gerichtete Willenserklärung des F wirksam angefochten hätte.

a) Anfechtungserklärung

Anfechtungsberechtigt ist derjenige, der an die Erklärung gebunden ist, hier also **16** der vertretene K (vgl. auch § 143 Abs. 2). Die notwendige Anfechtungserklärung i. S. v. § 143 Abs. 1 muss bei einem Vertrag gem. § 143 Abs. 2 gegenüber dem anderen Teil erfolgen. Hier hat K gegenüber der P unter Hinweis auf die Verwechslung geäußert, er wolle das Bild nicht und stelle es wieder zur Verfügung. Diese Erklärung lässt erkennen, dass K das Geschäft wegen eines Willensmangels nicht gelten lassen will. Eine wirksame Anfechtungserklärung liegt daher vor.

b) Anfechtungsgrund

Als Anfechtungsgrund könnte ein Inhaltsirrtum, § 119 Abs. 1, 1. Alt., in Betracht **17** kommen. Ein Irrtum des K selbst ist jedoch nicht ersichtlich. Vielmehr hat F das Bild verwechselt. Gem. § 166 Abs. 1 wird dieser Willensmangel des Stellvertreters F aber dem Vertretenen K zugerechnet, mit der Folge, dass ggf. in der Person des K ein Anfechtungsgrund gegeben ist. Fraglich ist, ob die Verwechslung der Gemälde unter einen der in § 119 Abs. 1 BGB enthaltenen Anfechtungsgründe zu subsumieren ist. Grundsätzlich handelt es sich um einen so genannten Identitätsirrtum oder error in obiecto, da F die eigentlich gewünschte Kaufsache mit einer anderen Sache verwechselt hat. Er hat zur Bezeichnung des gewünschten Gegenstandes „Josefa am Strand" auf ein Gemälde gezeigt; dieses Erklärungszeichen traf aber in der konkreten Situation auf das gemeinte Gemälde nicht zu, so dass er über die objektive Bedeutung seiner Erklärung im Irrtum war. Somit handelt es sich bei dem Identitätsirrtum also um einen Inhaltsirrtum i. S. v. § 119 Abs. 1 Alt. 1.[6] Die Abgabe der Willenserklärung durch F beruhte auf der Fehlvorstellung; in Kenntnis der wahren Sachlage und unter Würdigung der Umstände hätte F sie ohne den Irrtum nicht abgegeben. Subjektive und objektive Erheblichkeit des Irrtums, § 119 Abs. 1 a. E., sind daher zu bejahen. Der Anfechtungsgrund des § 119 Abs. 1 Alt. 1 besteht somit.

c) Anfechtungsfrist

Die Anfechtung muss gem. § 121 Abs. 1 unverzüglich, also ohne schuldhaftes **18** Zögern erklärt worden sein. Da K sofort angefochten hat, nachdem er den Irrtum des F bemerkt hatte, hat er die Anfechtungsfrist gewahrt.

---

6   Vgl. hierzu ausführlich Soergel/*Hefermehl*, § 119 Rn. 23; HK/*Dörner*, § 119 Rn. 8; Münch-Komm/*Kramer*, § 119 Rn. 76.

d) Zwischenergebnis

19   Die Anfechtung ist also wirksam und beseitigt den Kaufvertrag ex tunc, § 142 Abs. 1.

4. Ergebnis

20   Der Anspruch der P gem. § 433 Abs. 2 auf den Kaufpreis ist erloschen.

II. Frage 2

21   P könnte gegen K einen Schadensersatzanspruch gem. § 122 Abs. 1 haben. K hat den Kaufvertrag wirksam angefochten (s. o.). Daher hat er der P den Vertrauensschaden (auch negatives Interesse genannt) zu ersetzen. Da der Irrtum des F der P nicht bekannt und für sie auch nicht erkennbar war, ist der Anspruch nicht nach § 122 Abs. 2 ausgeschlossen. P ist daher gem. § 122 Abs. 1 so zu stellen, wie sie stünde, wenn der Vertrag mit K nicht abgeschlossen worden wäre. Dann hätte sie mit dem anderen Kunden kontrahiert und einen Gewinn von 4000 € erzielt. Der entgangene Gewinn ist ersatzfähig, §§ 249 Abs. 1, 252. Als Vertrauensschaden ist er aber gem. § 122 Abs. 1 a. E. nur ersatzfähig, wenn er das positive Interesse aus dem Geschäft mit K nicht übersteigt. Wäre es bei dem Vertrag mit K geblieben, hätte P ein Gemälde im Wert von 6000 € gegen Zahlung von 11 000 € übereignen müssen und somit einen Gewinn von 5000 € erzielt. Da der Gewinn von 4000 € aus dem entgangenen Geschäft niedriger ist, muss K ihn der P gem. § 122 Abs. 1 ersetzen.

Fall 38. Ostfriesennerze I

Sachverhalt

Finerl Feichtmayr (F) betreibt in einer oberbayerischen Kleinstadt eine Mode-Boutique. Ihrer einzigen Angestellten Gabi Gabelsperger (G) hat sie erlaubt, Warenbestellungen bis zu einem Gesamtpreis von 3 000 € eigenständig abzuwickeln.

Als Finerl eine Woche Urlaub macht, trifft ein Schreiben der Händlerin Hanne Hansen (H) ein, in welchem diese unter anderem in der Rubrik „Ohne Abbildung" auf einen Sonderposten „Ostfriesennerze in verschiedenen Größen" (gelbe Gummi-Regenmäntel) zum Gesamtpreis von 3 000 € hinweist. Gabi hat von „Ostfriesennerzen" noch nie gehört. Da sie in letzter Zeit viel von Gentechnologie gehört und gelesen hat, kommt sie auf den Gedanken, der Ostfriesennerz sei wohl ein genmanipuliertes Pelztier. Da Gabi nun die Chance sieht, ihrer Chefin unvorstellbar preiswerte Pelze zu verschaffen, bestellt sie im Namen Finerls bei Hanne den Sonderposten „Ostfriesennerze". Hanne bestätigt die Bestellung schriftlich. Als Finerl nach ihrem Urlaub davon erfährt, ist sie entsetzt, weil sie gewisse Vorbehalte ihrer trachtentragenden Kundschaft gegen die norddeutsche Wetterbekleidung befürchtet. Sie ruft bei Hanne an und teilt ihr unter Hinweis auf Gabis Fehlvorstellung mit, sie könne deren Bestellung leider nicht gelten lassen. Hanne besteht auf Erfüllung. Zum einen kann sie sich nicht vorstellen, dass Bayern noch dümmer sind, als man es landläufig Ostfriesen nachsagt. Zum anderen hätte sie den besagten Posten ohne Gabis Bestellung für 3 300 € an Rigobert Rieger (R) auf Rügen verkaufen können, der sich inzwischen anderweitig eingedeckt hat.

Am nächsten Tag erhalten Finerl und Gabi von Hanne jeweils ein Schreiben. Darin besteht Hanne auf der Zahlung des vereinbarten Kaufpreises von 3 000 €, hilfsweise auf Ersatz ihres entgangenen Gewinns. Zu Recht?

Abwandlung: Wie wäre es, wenn Gabi Finerl begeistert vor der Bestellung von dieser „einmaligen Gelegenheit" berichtet und Finerl nichts unternommen hätte?

Vorüberlegungen

Wie im Fall zuvor geht es um Willensmängel bei der Erklärung des Stellvertreters. Diese Dinge sollten also bekannt sein, so dass dazu nichts mehr zu sagen ist. Man muss also Vertragsschluss, Stellvertretung und Anfechtung ordnungsgemäß prüfen, ohne dass sich im Ausgangsfall wirkliche Probleme ergeben. Man sollte aber daran denken, dass die Nichtigkeit nach § 142 Abs. 1 nicht die einzige Rechtsfolge der Anfechtung ist. Das ist hier aber im Sachverhalt mit dem Hilfsverlangen der H klar angesprochen. Dabei sollte man nicht vergessen, dass ein Begehren einer Partei unter Umständen auf mehrere Anspruchsgrundlagen zu stützen ist, die sich im Zivilrecht auch häufig *nicht* wechselseitig ausschließen. Mit anderen Worten: Bitte denken Sie dieses Mal darüber nach, welche Anspruchsgrundlagen es für das Hilfsbegehren der H außerhalb des Allgemeinen Teils des BGB wohl noch geben könnte.

Da dieses Mal auch Ansprüche gegen die G gefragt sind, stellt sich die Frage nach möglichen Anspruchsgrundlagen. Da G als Vertreterin die Rechtsfolgen des Geschäfts, das sie für F vorgenommen hat, gem. § 164 Abs. 1 S. 1 selbst nicht treffen, scheiden vertragliche Ansprüche aus. Sollte die Vertretung ohne Vertretungsmacht erfolgt sein, etwa wegen einer Vollmachtsüberschreitung, käme § 179 Abs. 1 in Betracht. Im Übrigen ist eine Haftung gem. § 280 Abs. 1 möglich, wie § 311 Abs. 3 S. 2 zeigt.

Die Lösung der Abwandlung geht ab einem gewissen Punkt über die Kenntnisse und Fertigkeiten von Studienanfängern hinaus, die sie deshalb auch zunächst auslassen können oder zumindest nicht frustriert sein sollten, wenn sie auf die Erwägungen unten in der Lösung nicht gekommen wären. Da es Situationen geben kann, in denen die Regelung des § 166 Abs. 1 zu fragwürdigen Ergebnissen führt, macht § 166 Abs. 2 eine Ausnahme, wenn ein rechtsgeschäftlich bestellter (§ 167) Vertreter weisungsgebunden handelt. Die Norm trägt dem Umstand Rechnung, dass dann der wesentliche Entschluss zu dem konkreten Geschäft vom Vertretenen selbst stammt. Der Weisungsbegriff ist dabei nicht eng, sondern sehr weit zu verstehen. Mit diesem Wissen kann man sich der Lösung der Abwandlung nähern. Das Ergebnis, zu dem man bei genauer Gesetzeslektüre gelangen sollte, ist allerdings unbefriedigend. Seine Korrektur ist von Studienanfängern kaum zu erwarten (s.o.).

Hinweise:
Der Wortlaut des § 166 Abs. 2 ist Ausgangspunkt für zahlreiche Probleme. So stellt sich u. a. die Frage, was im Falle der gesetzlichen Stellvertretung zu gelten hat. Die Beschränkung in § 166 Abs. 2 beruht darauf, dass der gesetzlich Vertretene schutzbedürftig ist und vor allem typischerweise zu Weisungen gar nicht in der Lage ist.[1] Ausnahmen sind daher nur dann denkbar, wenn der gesetzliche Vertreter ausnahmsweise mit einem weisungsgebundenen Bevollmächtigten vergleichbar ist, wie dies etwa bei Betreuern sein kann, wenn der Betreute voll geschäftsfähig ist.[2] – Außerdem erfasst § 166 Abs. 2 im Gegensatz zu Abs. 1 Willensmängel gerade nicht. Dennoch ist weitgehend anerkannt, dass der Vertretene im Falle einer arglistigen Täuschung selbst dann analog § 166 Abs. 2 anfechten kann, wenn der Vertreter selbst keinem Irrtum unterliegt.[3]

Gliederung

[1] Soergel/*Leptien,* § 166 Rn. 31; Staudinger/*Schilken,* § 166 Rn. 31; MünchKomm/*Schramm,* § 166 Rn. 52.

[2] Staudinger/*Schilken,* § 166 Rn. 31; MünchKomm/*Schramm,* § 166 Rn. 57 mit weiteren Beispielen.

[3] BGHZ 51, 141, 145 ff.; Palandt/*Ellenberger,* § 166 Rn. 12; *Larenz/Wolf,* § 46 Rn. 117 f.

Rn.

Lösung

I. Anspruch der H gegen F aus § 433 Abs. 2

H könnte gegen F einen Anspruch auf Kaufpreiszahlung gem. § 433 Abs. 2 haben. **1** Dies setzt voraus, dass zwischen den beiden ein wirksamer Kaufvertrag besteht, der durch übereinstimmende Willenserklärungen zustande kommt.

1. Angebot der H

Ein Angebot könnte zunächst in dem Schreiben der H enthalten sein, in dem u.a. **2** auf den Sonderposten „Ostfriesennerze" zum Preis von 3 000 € hingewiesen wird. Die essentialia negotii sind enthalten, so dass ein hinreichend bestimmtes Angebot vorliegen könnte. Doch ist, da H auf verschiedene Sonderposten hinweist und das Schreiben keineswegs nur an F geschickt hat, davon auszugehen, dass sie sich damit noch nicht rechtlich binden wollte. Es fehlt also bei Auslegung vom objektiven Empfängerhorizont aus (§§ 133, 157) der Rechtsbindungswille und damit bereits der äußere Tatbestand der Willenserklärung.[4] Das Schreiben stellt daher nur eine invitatio ad offerendum und kein Angebot dar.

2. Angebot der G und Annahme durch H

Dementsprechend liegt erst in der Bestellung der G, die den Vertragsgegenstand **3** eindeutig festlegt und bei der auch sonst keine Zweifel am Bindungswillen be-

---

[4] *Brox/Walker,* Rn. 83; Palandt/*Ellenberger,* § 145 Rn. 2.

stehen, ein Angebot, das H durch die Bestätigung der Bestellung angenommen hat. Somit ist durch Austausch übereinstimmender Willenserklärungen ein Kaufvertrag geschlossen.

3. Stellvertretung der F durch G

4 Da F an dem Vertragsschluss selbst nicht beteiligt war, kann er Wirkung für und gegen sie nur entfalten, wenn sie von G wirksam gem. § 164 Abs. 1 S. 1 und Abs. 3 vertreten wurde.

a) Eigene Willenserklärung, Offenkundigkeit

5 G hat ein Angebot, mithin eine Willenserklärung, im Namen der F abgegeben.

b) Vertretungsmacht

6 Zu prüfen ist, ob sie dies mit Vertretungsmacht getan hat. Da F der G erlaubt hat, Warenbestellungen bis zu einem Gesamtwert von 3 000 € eigenständig abzuwickeln, hat sie ihr eine Innenvollmacht i. S. d. § 167 Abs. 1 Alt. 1 eingeräumt, die der Höhe nach auf einen Betrag von 3 000 € begrenzt ist. Da sich G an die Beschränkung ihrer Vertretungsmacht gehalten hat, hat sie die F wirksam vertreten.

c) Zwischenergebnis

7 Ein Vertrag zwischen H und F ist somit zustande gekommen, der Kaufpreisanspruch entstanden.

4. Anspruch untergegangen

8 Zu prüfen bleibt, ob dem Anspruch entgegensteht, dass die auf den Vertragsschluss gerichtete Willenserklärung (Bestellung) der G infolge einer Anfechtung als von Anfang nichtig anzusehen ist, § 142 Abs. 1.

a) Anfechtungsgrund

9 Dazu bedarf es zunächst eines Anfechtungsgrundes. In Betracht kommt hier ein Inhaltsirrtum nach § 119 Abs. 1 Alt. 1. Zwar hat sich nicht F selbst geirrt, doch kommt es beim Vertragsschluss durch eine Vertreterin gem. § 166 Abs. 1 auf deren Vorstellungen an, soweit Willensmängel im Raume stehen. Fraglich ist, ob die Fehlvorstellung der G unter einen der in § 119 Abs. 1 enthaltenen Anfechtungsgründe zu subsumieren ist. Insofern könnte man zunächst an einen Inhaltsirrtum (§ 119 Abs. 1 Alt. 1) im Sinne eines Identitätsirrtums der G denken. Der Identitätsirrtum meint aber nur Fälle, in denen das Erklärungszeichen der Bezeichnung eines bestimmten Gegenstandes oder einer bestimmten Person dient und aufgrund der Umstände des Einzelfalls nicht auf die gemeinte Sache oder Person zutrifft.[5] Das ist hier nicht der Fall, da G nicht etwa auf die falschen Gegenstände gezeigt hat (vgl. dazu Fall 37). Vielmehr hat sie sich über den Sinn und die Bedeutung der von ihr verwendeten Erklärungsmittel geirrt: Sie glaubte, sie bestelle Pelzmäntel, während sie objektiv den Abschluss eines Kaufvertrags über Regenmäntel anträgt. Es handelt

---

[5] Vgl. hierzu ausführlich Soergel/*Hefermehl*, § 119 Rn. 23; HK/*Dörner*, § 119 Rn. 8; Münch-Komm/*Armbrüster*, § 119 Rn. 76.

sich daher um einen Verlautbarungsirrtum, der ebenfalls als Inhaltsirrtum i. S. v. § 119 Abs. 1 Alt. 1 anzusehen ist.[6]

Hinweis: **10**
Man muss diese Begrifflichkeiten nicht unbedingt verwenden, um (nur) zu bestehen. Dazu reicht die bloße Feststellung, dass die subjektive Vorstellung der G vom Inhalt ihrer Erklärung (Pelzmäntel) vom objektiven Erklärungsgehalt (Regenmäntel) abwich.

b) Kausalität des Irrtums für die Abgabe

Da es G darum ging, für ihre Chefin preiswerte Pelze zu kaufen und nicht Gummi- **11** Regenmäntel, hätte sie die Bestellung ohne den Irrtum bei verständiger Würdigung der Umstände nicht getätigt; der Irrtum war also kausal für die Abgabe der Willenserklärung, § 119 Abs. 1 a. E.

c) Fristgemäße Anfechtungserklärung

F hat die Anfechtung – den §§ 143 Abs. 1 und 2 entsprechend – gegenüber ihrer **12** Vertragspartnerin erklärt, und zwar sofort, nachdem sie von dem Irrtum der G Kenntnis erlangt hatte, also auch unverzüglich im Sinne des § 121 Abs. 1.[7]

d) Zwischenergebnis

Die Anfechtung ist somit wirksam, die Bestellung der G gem. § 142 Abs. 1 unwirk- **13** sam und ein Vertrag nicht zustande gekommen.

5. Ergebnis

H hat gegen F keinen Kaufpreisanspruch gem. § 433 Abs. 2.   **14**

II. Anspruch H gegen F auf Schadensersatz nach § 122 Abs. 1

H könnte gegen F einen Schadensersatzanspruch gem. § 122 Abs. 1 haben. Da F **15** die Willenserklärung der G wirksam gem. § 119 Abs. 1 angefochten hat, liegen die Voraussetzungen für den Anspruch vor.

Weiter ist Voraussetzung, dass H im Vertrauen auf die Gültigkeit der Willenserklä- **16** rung der G einen Schaden erlitten hat, der im Wege der Differenzhypothese zu ermitteln ist: Das Geschäft mit R hätte H eine Einnahme von 3 300 € beschert bei gleichzeitigem Verlust der Ostfriesennerze. Jetzt hat sie diese zwar noch, kann für sie aber nur noch eine Einnahme von 3 000 € erzielen. Folglich liegt der Schaden, den sie aus dem Vertrauen auf die Gültigkeit des Geschäfts mit F erlitten hat, in dem entgangenen höheren Gewinn aus dem Geschäft mit R, der gem. § 252 ersatzfähig ist.

Jedoch ist der Ersatz gem. § 122 Abs. 1 auf das Erfüllungsinteresse begrenzt. Da im **17** Erfüllungsfalle H von F nur 3 000 € erhalten hätte, den Zusatzgewinn also auch nicht erzielt hätte, kann sie die 300 € zusätzlichen Gewinn gem. § 122 Abs. 1 nicht

---

6   Soergel/*Hefermehl,* § 119 Rn. 22; HK/*Dörner,* § 119 Rn. 9; Palandt/*Ellenberger,* § 119 Rn. 11; MünchKomm/*Armbrüster,* § 119 Rn. 74.
7   Anfechtungsberechtigt ist somit nur der Vertragspartner, also F, da ihr schließlich die Willenserklärung der G über § 164 zugerechnet wurde, Soergel/*Hefermehl,* § 119 Rn. 70; *Köhler,* § 11 Rn. 48. Es besteht allerdings die Möglichkeit, den Vertreter auch zur Abgabe der Anfechtungserklärung zu bevollmächtigen, *Köhler,* § 11 Rn. 48.

verlangen. Da davon auszugehen ist, dass H die Ostfriesennerze noch für 3 000 €
wird an einen Dritten verkaufen können, hat sie keinen gem. § 122 Abs. 1 ersatzfähigen Schaden.

18   **Hinweis:**

Dass H die Lieferung noch wird absetzen können, ist nach der Lebenserfahrung anzunehmen. Deshalb darf man dies unterstellen, auch wenn es der Sachverhalt nicht ausdrücklich erwähnt. Wenn es
so sein sollte, dass H die Lieferung jetzt gar nicht mehr absetzen könnte, müsste es darauf einen
Hinweis geben. Dann beliefe sich der ersatzfähige Schaden auf 3 000 €, da die Ostfriesennerze dann
auf dem Markt nichts mehr wert wären.

III. Schadensersatzanspruch H gegen F aus §§ 280 Abs. 1, 311 Abs. 2

19   Zu prüfen ist, ob H gegen F einen – nicht auf das Erfüllungsinteresse beschränkten
– Schadensersatzanspruch aus §§ 280 Abs. 1, 311 Abs. 2 (c.i.c.) hat. Ein solcher
Anspruch ist nach h.M. neben dem Anspruch aus § 122 Abs. 1 möglich, da dieser
keinen Sonderfall der c.i.c. regelt, sondern eine verschuldensunabhängige Vertrauenshaftung anordnet.[8]

20   **Hinweis:**

So äußern sich Lehrbücher und Kommentare „am Rande" des § 122 üblicherweise. Da im Gutachten das Begehren des Anspruchstellers umfassend zu würdigen ist, soll dem hier einmal näher nach-
gegangen werden. Von Studienanfängern ist diese Prüfung nicht zu erwarten. Sie können die folgenden Ausführungen also einstweilen übergehen.

1. Schuldverhältnis

21   Durch die Vertragsverhandlungen und die spätere Anfechtung durch F ist zumindest ein Schuldverhältnis entstanden, das einem Vertragsverhandlungs- bzw. Vertragsanbahnungsverhältnis (§ 311 Abs. 2 Nrn. 1 und 2) ähnelt, § 311 Abs. 2 Nr. 3.

2. Pflichtverletzung

22   Weiter bedarf es einer Verletzung von Pflichten i.S.v. § 241 Abs. 2, die der F zugerechnet werden kann. Insofern kommt die Verwendung des „falschen Erklärungsmit-
tels" durch G in Betracht. Fraglich ist allerdings, ob bei Vertragsverhandlungen eine
Pflicht gegenüber der anderen Partei besteht, sich vor der Verwendung von Begriffen
ihrer korrekten Bedeutung zu vergewissern. Grundsätzlich könnte man dies sicherlich in Erwägung ziehen, doch ist fraglich, ob dies nicht die in den §§ 119, 122 Abs. 1
zum Ausdruck kommende Wertung in Frage stellt, nach der die Schadensersatzpflicht begrenzt sein soll. Indes setzt die Haftung gem. § 280 Abs. 1 ein – allerdings
nach S. 2 vermutetes – Verschulden voraus, so dass die Annahme einer Pflicht vertretbar erscheint und auch nicht davon auszugehen ist, dass die §§ 119 ff. die Rechtsfolgen von irrtumsbehafteten Willenserklärungen abschließend regeln (a.A. vertretbar). Da G sich der Bedeutung des Begriffs „Ostfriesennerze" nicht vergewissert hat,
hat sie eine Pflicht i.S.v. § 241 Abs. 2 bei den Vertragsverhandlungen verletzt.

3. Vermutung des Vertretenmüssens, § 280 Abs. 1 S. 2

23   Das F die Pflichtverletzung zu vertreten hat, ist gem. § 280 Abs. 1 S. 2 zu vermuten, wenn ihr nicht der Beweis des Gegenteils gelingt.

---

[8]   Vgl. etwa Bamberger/Roth/*Wendtland*, § 122 Rn. 12 m.w.N.; *Köhler*, § 7 Rn. 36 a.E.

Da sie selbst nicht gehandelt hat, müsste sie nachweisen, dass es an einem ihr über **24**
§ 278 zurechenbaren Vertretenmüssen der G fehlt. F hat die G als Vertreterin und
im Rahmen der Verhandlungsführung mit H eingesetzt und ihr damit auch die
Erfüllung aller aus den Vertragsverhandlungen folgenden vorvertraglichen Pflichten
(§§ 311 Abs. 2, 241 Abs. 2) übertragen. Fraglich ist aber, ob F die Pflichtverletzung
durch G im Falle eigenen Handelns zu vertreten gehabt hätte. F hätte gem. § 276
Abs. 1 S. 1 selbst Vorsatz und Fahrlässigkeit zu vertreten gehabt. In der Person der
G kommt allenfalls Fahrlässigkeit i.S.v. § 276 Abs. 2 in Betracht. Freilich kann
man bei der Abgabe von Willenserklärungen einfachste Fehler nicht stets vermeiden, so dass eine Außerachtlassung der in diesem Verkehr erforderlichen Sorgfalt
nicht bereits in jedem zur Anfechtung berechtigenden Irrtum liegen kann. So sind
etwa Versprecher selbst bei höchster Konzentration nicht immer vermeidbar.

Im vorliegenden Fall hatte G allerdings zunächst keine Vorstellung von der Bedeu- **25**
tung des Begriffs „Ostfriesennerze" und sich selbst eine Erklärung zusammenge-
reimt, die völlig aus der Luft gegriffen war. Angesichts der nahe liegenden Möglichkeit einer Fehlinterpretation hätte sie Nachforschungen anstellen müssen, ob ihre
Mutmaßung richtig ist. Da sie dies nicht getan hat, hat sie die im Verkehr erforderliche Sorgfalt außer Acht gelassen (a.A. vertretbar).

4. Schaden

H müsste ein Schaden aus der Pflichtverletzung entstanden sein. Ihre Vermögens- **26**
einbuße liegt darin, dass sie einen höheren Gewinn aus dem möglichen Geschäft
mit R nicht erzielt hat. Zurückzuführen ist dies darauf, dass sie auf die Gültigkeit
des Geschäfts mit F vertraute, was wiederum auf den Irrtum zurückgeht. H kann
von F also verlangen, so gestellt zu werden, wie sie ohne die Pflichtverletzung der G
stünde. Ohne die Pflichtverletzung hätte G die Regenmäntel gar nicht bestellt, so
dass H das Geschäft mit R vorgenommen hätte. Dann hätte sie die Ostfriesennerze
an R liefern müssen und dafür 3 300 € erhalten. Da sie jetzt nur noch einen Kaufpreis von 3 000 € erlösen kann, ist ihr ein höherer Gewinn von 300 € entgangen,
der ihr nach § 252 zu ersetzen ist.

5. Ergebnis

H kann von F gem. §§ 280 Abs. 1, 311 Abs. 2 Schadensersatz i.H.v. 300 € verlan- **27**
gen.

IV. Anspruch H gegen F aus §§ 823 ff.

Ein Anspruch der H gem. § 823 Abs. 1 würde eine Eigentums- oder sonstige **28**
Rechtsverletzung voraussetzen, die hier nicht ersichtlich ist. Für einen Ersatz bloßer
Vermögensschäden, der gem. §§ 823 Abs. 2, 824, 826 möglich wäre, gibt es keinen
Ansatzpunkt im Sachverhalt. Damit scheidet auch § 831 aus.

Hinweis: **29**
Das ist hier „offensichtlich". Man kann dieses „Anprüfen" also auch unterlassen. Es erfolgt hier nur,
um nochmals daran zu erinnern, dass ein Gutachten umfassend sein soll.

V. Ansprüche der H gegen G

Ansprüche gegen G sind in dieser Variante nicht ersichtlich. Ein Vertrag bestand **30**
zwischen F und H. Eine Haftung als vollmachtlose Vertreterin nach § 179 Abs. 1

scheidet aus, da G sich an den Umfang ihrer Vertretungsmacht gehalten hat und die Vertretung wirksam war. Eine Eigenhaftung als Vertreterin aus §§ 280 Abs. 1, 311 Abs. 3 S. 2 setzt die Inanspruchnahme besonderen Vertrauens durch G in Person voraus,[9] für die es hier keinerlei Anhaltspunkt gibt.

Abwandlung

I. Ansprüche H gegen F und G

31 Der (einzige) Unterschied zum Ausgangsfall besteht darin, dass F den Irrtum der G bemerkt, bevor diese ihre Willenserklärung abgibt, und sie gleichwohl weder aufklärt noch an der Abgabe der Willenserklärung hindert. Zu prüfen ist, ob deshalb die spätere Anfechtung wegen des Irrtums der G ausgeschlossen ist. Dazu müsste zumindest in einer solchen Sonderkonstellation für die Frage der Anfechtung abweichend von § 166 Abs. 1 *auch* die Person der Vertretenen (F) von Bedeutung sein. Möglich ist dies gem. § 166 Abs. 2 S. 1: Danach kann sich der Vollmachtgeber in Ansehung von Umständen, die er selbst kannte, nicht auf die Unkenntnis eines Vertreters berufen, der nach bestimmten Weisungen des Vollmachtgebers gehandelt hat.

32 Fraglich ist bereits, ob eine Weisung der F vorliegt, da eine solche jedenfalls ausdrücklich nicht erfolgte. Der Begriff der Weisung ist allerdings weit auszulegen. Einer ausdrücklichen Weisung steht es nach einhelliger Meinung gleich, wenn der Vertretene trotz Kenntnis des Vorhabens des Vertreters den Abschluss des Geschäfts nicht verhindert, obgleich er die Möglichkeit dazu hätte.[10] F hat G trotz Kenntnis walten lassen, so dass eine Weisung im Sinne des § 166 Abs. 2 S. 1 vorliegt.

33 Darüber hinaus steht einer Anwendbarkeit des § 166 Abs. 2 auf den vorliegenden Fall der Gesetzeswortlaut entgegen. Im Gegensatz zu § 166 Abs. 1, der sowohl Willensmängel als auch Kenntnis bzw. Kennenmüssen bestimmter Umstände anspricht, sind Willensmängel in § 166 Abs. 2 nicht erfasst. Damit müsste es beim Grundsatz des § 166 Abs. 1 verbleiben, dass es für Willensmängel beim Vertretergeschäft allein auf die Person des Vertreters ankommt.[11] Am Ergebnis ändert sich daher nichts.

34 **Hinweis:**
Dieses Ergebnis dürfte dem Rechtsempfinden widersprechen. Es liegt daher nahe, nach einer Begründung für das gegenteilige Ergebnis zu suchen. Die Fähigkeiten von Studienanfängern dürfte dies aber typischerweise übersteigen.

35 Dieses Ergebnis erscheint jedoch wenig sachgerecht. Letztlich verschafft sich hier F dadurch, dass sie den erkannten Irrtum der G nicht aufklärt, ein Anfechtungsrecht, das sie bei eigenem Handeln nicht hätte und das in concreto auch nicht zum Ausgleich von Risiken aus der Einschaltung der G als Vertreterin notwendig ist. Der spätere Gebrauch dieses Anfechtungsrechts könnte rechtsmissbräuchlich und deshalb gem. § 242 unzulässig sein.[12] Anerkannt ist dies für Fälle, in denen der Ver-

---

9 Palandt/*Grüneberg*, § 311 Rn. 60 ff.
10 BGHZ 51, 141, 145; HK/*Dörner*, § 166 Rn. 5; Palandt/*Ellenberger*, § 166 Rn. 11; MünchKomm/*Schramm*, § 166 Rn. 58; für analoge Anwendung: Staudinger/*Schilken*, § 166 Rn. 33.
11 HK/*Dörner*, § 166 Rn. 4; Staudinger/*Schilken*, § 166 Rn. 28.
12 Vgl. hierzu ausführlich Palandt/*Ellenberger*, § 242 Rn. 38 ff.

tretene selbst arglistig handelt und der Vertreter gutgläubig ist.[13] Das kann man hier nicht annehmen, wohl aber an die Fallgruppe des widersprüchlichen Verhaltens (venire contra factum proprium) denken. Doch wird ein widersprüchliches Verhalten erst dann treuwidrig, wenn zunächst beim Vertragspartner ein Vertrauenstatbestand geschaffen wurde oder besondere Umstände die Rechtsausübung als treuwidrig erscheinen lassen.[14] Da F selbst bei H unmittelbar kein besonderes persönliches Vertrauen geweckt hat, bliebe nur die zweite Möglichkeit. Solche besonderen Umstände könnte man hier durchaus bejahen.

Insofern stellt sich aber die Frage, ob diesem Ergebnis nicht die in § 166 insgesamt **36** enthaltene gesetzgeberische Wertung entgegensteht. Daher liegt es nahe, dass eine analoge Anwendung des § 166 Abs. 2 sachgerechter wäre, so sie denn möglich ist. Dazu bedarf es zunächst einer planwidrigen Regelungslücke; der Gesetzgeber müsste also eine regelungsbedürftige Frage übersehen haben.

Des Weiteren ist zu prüfen, ob § 166 Abs. 2 analogiefähig ist und eine angemessene **37** Lösung des vorliegenden Problems ermöglicht. Die grundsätzliche Analogiefähigkeit des § 166 Abs. 2 auch für Willensmängel ist bereits anerkannt: Der Vorschrift des § 166 insgesamt wird weithin der Grundgedanke entnommen, es komme im Einzelfall auf die Bewusstseinslage der Person an, auf deren Interessenbewertung und Entschließung das Vertretergeschäft letztlich beruhe. Daraus hat man in analoger Anwendung des § 166 Abs. 2 eine Anfechtungsmöglichkeit des Vertretenen abgeleitet, wenn der Geschäftsgegner eine arglistige Täuschung (§ 123 Abs. 1) verübt, die den Vertretenen täuscht und zu einer Weisung veranlasst, der Vertreter selbst aber keinem Irrtum unterliegt.[15] Daher kann man umgekehrt erwägen, die Anfechtung analog § 166 Abs. 2 bei Willensmängeln des Vertreters auszuschließen, die der Vertretene vor Vornahme des Vertretergeschäfts erkennt, ohne sie aufzuklären oder das Vertretergeschäft zu verhindern.

II. Ergebnis

Im Ergebnis erscheint es daher vertretbar, die Anfechtung durch die F nach § 166 **38** Abs. 2 (eventuell analog) auszuschließen, so dass in dieser Fallvariante ein Anspruch der H gem. § 433 Abs. 2 gegen F besteht.

---

[13] Bamberger/Roth/*Valenthin*, § 166 Rn. 10; Staudinger/*Schilken*, § 166 Rn. 20.

[14] Palandt/*Ellenberger*, § 242 Rn. 55.

[15] BGHZ 51, 141, 145 ff.; Palandt/*Ellenberger*, § 166 Rn. 12; *Larenz/Wolf*, § 46 Rn. 117 f.; *Medicus*, Rn. 902; MünchKomm/*Schramm*, § 166 Rn. 59; ablehnend Staudinger/*Schilken*, § 166 Rn. 17; offen *BGH* NJW 2000, 2268, 2269 für andere Willensmängel als arglistige Täuschung.

Fall 39. Ostfriesennerze II

Sachverhalt

Finerl Feichtmayr (F) betreibt in einer oberbayerischen Kleinstadt ein nur stundenweise geöffnetes Trachtengeschäft, das einen in kaufmännischer Weise eingerichteten Gewerbebetrieb nicht erfordert. Sie hat ihrer einzigen Angestellten Gabi Gabelsperger (G) erlaubt, Warenbestellungen bis zu einem Gesamteinkaufspreis von 2 000 € eigenständig abzuwickeln. Bei höheren Beträgen bedarf Gabi der Genehmigung Finerls, die sie stets eingeholt hat.

Als Finerl eine Woche Urlaub macht, trifft ein Schreiben der Händlerin Hanne Hansen (H) ein, in welchem diese unter anderem auf einen Sonderposten „Ostfriesennerze" (gelbe Gummi-Regenmäntel) zum Gesamtpreis von 3 000 € hinweist. Gabi weiß, dass derartige Regenmäntel normalerweise deutlich teurer sind. Sie bestellt daher im Namen Finerls bei Hanne Hansen den Sonderposten „Ostfriesennerze". Hanne Hansen bestätigt die Bestellung per Brief schriftlich. Als Finerl nach ihrem Urlaub von dem Vorgang erfährt, ist sie entsetzt, weil sie mit Vorbehalten ihrer trachtentragenden Kundschaft gegen die norddeutsche Wetterbekleidung rechnet. Sie ruft bei Hanne Hansen an und erklärt ihr, sie könne das von Gabi abgeschlossene Geschäft nicht gelten lassen. Gabi sei zum Abschluss von Geschäften über 2 000 € nicht berechtigt und habe sich an diese Obergrenze stets gehalten. Hanne Hansen entgegnet, das gehe sie nichts an. Sie habe auf die Gültigkeit der Bestellung durch Gabi vertrauen dürfen. Finerl müsse ihr Geschäft so organisieren, dass Eigenmächtigkeiten von Angestellten ausgeschlossen seien.

Am nächsten Tag erhalten Finerl und Gabi von Hanne Hansen jeweils ein Schreiben. Darin besteht Hanne Hansen auf der Zahlung des vereinbarten Kaufpreises von 3 000 €. Finerl und Gabi schreiben zurück, dass sie nicht bezahlen wollen, zumal sie keine Lieferung erhalten hätten. Finerl weist nochmals auf ihren „telefonisch geäußerten Standpunkt" hin.

1. Kann Hanne von Finerl oder Gabi Zahlung von 3 000 € verlangen?

2. Kann sie auch Ersatz der Kosten der Auftragsbestätigung verlangen?

Vorüberlegungen

Der Fall erinnert vom Sachverhalt her stark an den vorhergehenden und dreht sich um die Rechtsfolgen des Handelns ohne Vertretungsmacht. Sie sind für das Verhältnis zwischen dem Vertretenen und dem Dritten in den §§ 177, 178, 180 geregelt; die passende Norm ist mithin für den Anspruch gegen Finerl heranzuziehen.

Die rechtlichen Beziehungen zwischen dem Dritten und dem vollmachtlosen Vertreter sind in § 179 geregelt. Die systematische Auslegung aller drei Absätze zeigt, dass die Haftung und ihr Umfang vom Kenntnisstand des Vertreters und des Dritten abhängen.[1] Außerdem regelt diese Norm nach ganz h.M. nur die Folgen der

---

[1] Vgl. *Larenz/Wolf,* § 49 Rn. 18 f.; *Köhler,* § 11 Rn. 71.

fehlenden Vertretungsmacht. Der Dritte soll über § 179 nicht besser gestellt werden, als er im Falle des Vertragsschlusses mit dem Vertretenen stünde.[2] Der Vertreter kann seiner Inanspruchnahme nach § 179 Abs. 1 also andere Einwendungen entgegensetzen.[3] Rechtsfolge des § 179 Abs. 1 ist aber gerade nicht, dass der Vertreter selbst Vertragspartei wird, sondern nur, dass ihn eine gesetzliche Garantiehaftung trifft.[4]

Nach ganz herrschender Meinung ist in § 179 Abs. 1 ein Wahlschuldverhältnis i.S.v. § 262 geregelt. Ist die Erfüllung durch den Vertreter unmöglich, so beschränkt sich das Schuldverhältnis nach § 265 S. 1 auf die Schadensersatzpflicht. Es handelt sich dabei um Schadensersatz statt der Leistung, wenngleich sich der Anspruch nur auf das Erfüllungsinteresse ohne Naturalrestitution richten kann, also nur auf Geld, da er ansonsten keine Alternative zum Erfüllungsanspruch darstellen würde.[5, 6]

Wird – wie im Fall – die Erfüllung gewählt, so führt dies zu der schwierigen Frage, welche Rechte nunmehr dem Vertreter selbst zustehen, insbesondere, inwieweit er sich auf § 320 berufen kann. Deshalb kann der Vertreter ohne Vertretungsmacht z.B. auch anfechten, wenn der Nicht-Vertretene dies im Falle einer wirksamen Vertretung hätte tun können.

Frage 2 beschäftigt sich mit dem Anspruch auf Ersatz des Vertrauensschadens nach § 179 Abs. 2. Die Ermittlung des Vertrauensschadens bereitet Studienanfängern meist Probleme.

Gliederung

2 Staudinger/*Schilken,* § 179 Rn. 15.
3 Soergel/*Leptien,* § 179 Rn. 6; Staudinger/*Schilken,* § 179 Rn. 9; MünchKomm/*Schramm,* § 179 Rn. 22.
4 *Köhler,* § 11 Rn. 68.
5 *Larenz/Wolf,* § 49 Rn. 22; Staudinger/*Schilken,* § 179 Rn. 16.
6 Staudinger/*Schilken,* § 179 Rn. 12; MünchKomm/*Schramm,* § 179 Rn. 32.

Lösung

Frage 1: Zahlungsanspruch der H

I. Zahlungsanspruch der H gegen F aus § 433 Abs. 2

1 H könnte gegen F einen Anspruch auf Zahlung von 3 000 € gem. § 433 Abs. 2 haben. Dies setzt den Abschluss eines Kaufvertrags durch übereinstimmende Willenserklärungen – Antrag und Annahme – voraus.

1. Angebot der H

2 Ein Angebot könnte zunächst in dem Schreiben der H enthalten sein, in dem u. a. auf den Sonderposten „Ostfriesennerze" zum Preis von 3 000 € hingewiesen wird. Die essentialia negotii sind enthalten, so dass die erforderliche Bestimmtheit (Annahmefähigkeit) gegeben sein könnte. Doch fehlt eine Festlegung der Menge, und außerdem schickt H das Schreiben nicht nur an F, sondern an eine Vielzahl von Empfängern. Da sie im Falle einer rechtlichen Bindung Gefahr liefe, mehr Verträge zu schließen, als sie erfüllen kann, fehlt dem Schreiben erkennbar der Rechtsbindungswillen. Es liegt keine Willenserklärung vor,[7] sondern nur eine invitatio ad offerendum.

2. Angebot der G

Dementsprechend liegt erst in der Bestellung der G ein bindendes Angebot, das H **3** durch die Bestätigung der Bestellung angenommen hat. Ein Kaufvertrag ist somit durch Austausch übereinstimmender Willenserklärungen abgeschlossen worden.

3. Stellvertretung der F durch G

Da F am Vertragsschluss selbst nicht beteiligt war, kann er nur für und gegen sie **4** wirken, wenn G sie wirksam gem. §§ 164 Abs. 1 S. 1, 164 Abs. 3 vertreten hat.

a) Eigene Willenserklärung, Offenkundigkeit

G hat ein Angebot, mithin eine eigene Willenserklärung, im Namen der F abgege- **5** ben.

b) Vertretungsmacht

Zu prüfen ist, ob sie dies mit Vertretungsmacht getan hat. **6**

aa) Überschreitung der Innenvollmacht

Da F der G erlaubt hat, Warenbestellungen bis zu einem Gesamtwert von 2 000 € **7** eigenständig abzuwickeln, hat sie ihr eine Innenvollmacht im Sinne des § 167 Abs. 1 Alt. 1 eingeräumt. Da diese Innenvollmacht der Höhe nach auf einen Betrag von 2 000 € begrenzt war, hat G mit der Bestellung über 3 000 € ihre Vertretungsmacht überschritten und somit ohne Vertretungsmacht, §§ 177 ff., gehandelt. Zwar könnte die Vertretung theoretisch bis zum Betrag von 2 000 € wirksam sein. Dies würde aber voraussetzen, dass sich der von G geschlossene Vertrag im Sinne von § 139 Abs. 1 entsprechend teilen lässt. Der Kauf des Sonderpostens für 3 000 € lässt sich aber nicht in einen wirksamen und einen unwirksamen Teil aufspalten. G hat somit insgesamt ohne Vertretungsmacht gehandelt.

bb) Rechtsscheinvollmacht

Etwas anderes könnte sich aus der Lehre von den Rechtsscheinvollmachten ergeben. **8** Es ist im Wesentlichen anerkannt, dass sich der Vertretene am Rechtsschein einer Bevollmächtigung festhalten lassen muss, den er in zurechenbarer Weise verursacht hat und der beim Vertragspartner ein schutzwürdiges Vertrauen in das Bestehen der Vertretungsmacht geweckt hat. Denn das Gesetz regelt in den §§ 170 ff. solche Tatbestände. Grundlage der Rechtsscheinvollmachten ist eine Vertrauenshaftung, die entweder aus § 242 oder analog §§ 171, 172 bzw. § 56 HGB entwickelt wird. G könnte aufgrund einer Duldungs- oder Anscheinsvollmacht gehandelt haben, wenn sich H nicht schon auf § 54 Abs. 3 HGB berufen kann.

(1) Gutglaubensschutz gem. § 54 Abs. 3 HGB

Möglicherweise muss H die Beschränkung der Vertretungsmacht der G gem. § 54 **9** Abs. 3 HGB nicht gegen sich gelten lassen. Dazu müsste F der G eine Handlungs-

---

[7] *Brox/Walker*, Rn. 167; Palandt/*Ellenberger*, § 145 Rn. 2.

vollmacht i.S.v. § 54 Abs. 1 HGB eingeräumt haben, die sich auch auf eine bestimmte Art von Geschäften wie z.B. den Wareneinkauf beschränken kann. Jedoch kann eine Handlungsvollmacht nur von Kaufleuten i.S. d. §§ 1 ff. HGB eingeräumt werden. Das Modegeschäft der F wäre zwar grundsätzlich für ein Handelsgewerbe i.S.v. § 1 Abs. 1 HGB geeignet, doch scheitert ihre Kaufmannseigenschaft gem. § 1 Abs. 2 HGB daran, dass ihr Gewerbebetrieb keinen in kaufmännischer Weise eingerichteten Gewerbebetrieb erfordert. F ist auch nicht nach § 2 HGB ins Handelsregister eingetragen. Damit ist § 54 HGB unanwendbar.

10   **Hinweis:**
Von Studienanfängern wird nicht erwartet, dass sie § 54 HGB bereits kennen. Die Norm wurde hier dennoch geprüft, weil die Lösung sonst unvollständig wäre. Außerdem schaden gelegentliche kleine Ausblicke auf den Stoff kommender Semester nicht, und man muss sich daran gewöhnen, dass allgemeine Vorschriften (hier: BGB) durch speziellere (hier HGB) modifiziert oder sogar verdrängt werden.

(2) Duldungsvollmacht

11   Die Duldungsvollmacht setzt voraus, dass es der Vertretene wissentlich geschehen lässt, dass ein anderer für ihn wie ein Vertreter auftritt, und der Geschäftsgegner dieses Dulden nach Treu und Glauben dahin versteht und auch verstehen darf, dass der als Vertreter Handelnde bevollmächtigt ist.[8] Da G sich bisher immer im Rahmen ihrer rechtsgeschäftlichen Vertretungsmacht gehalten hat, sind die Voraussetzungen hierfür aber nicht erfüllt.

12   **Hinweis:**
Teils wird die Duldungsvollmacht auch als konkludente Bevollmächtigung gedeutet.[9] Auch wenn man dies für richtig hält, sollte man den Begriff der Duldungsvollmacht erwähnen. Nach h.M. unterscheidet sich die Duldungsvollmacht von der stillschweigend erteilten Vollmacht dadurch, dass der Vertretene keinen Willen zur Bevollmächtigung hat.[10] Bei fehlendem Erklärungsbewusstsein kann man eine schlüssige Willenserklärung nur annehmen, wenn der Empfänger das Verhalten tatsächlich als Willenserklärung aufgefasst hat und der Erklärende dies bei Anwendung der im Verkehr erforderlichen Sorgfalt hätte erkennen und vermeiden können.[11]

(3) Anscheinsvollmacht

13   Möglicherweise ist F das Handeln der G über eine Anscheinsvollmacht zurechenbar. Erforderlich dafür ist, dass F das Handeln der G bei Anwendung pflichtgemäßer Sorgfalt hätte erkennen und verhindern können und dass H nach Treu und Glauben annehmen durfte, F dulde das Verhalten der G.[12] Fraglich ist, ob F hier den Rechtsschein einer weitergehenden Bevollmächtigung der G gesetzt hat. Die Anscheinsvollmacht setzt in der Regel eine gewisse Häufigkeit oder Dauer des Handelns des vollmachtlosen Vertreters voraus, an dem es im vorliegenden Fall wegen der Einmaligkeit des Vorfalls fehlt.[13] Allerdings kann man erwägen, ob der Rechtsschein hier nicht schon daraus folgt, dass F eine Woche in Urlaub fährt und G ohne Kontrolle zurücklässt. Indes betreibt F ein kleines Geschäft mit G als einziger Angestellten, so dass eine Kontrolle kaum sinnvoll organisiert werden kann.

---

[8] *BGH* NJW 2002, 2325, 2327; Palandt/*Ellenberger,* § § 172 Rn. 8.
[9] Näher *Bork,* Rn. 1556 m. w. N.; s. auch *Faust,* § 26 Rn. 39 f.
[10] *Köhler,* § 11 Rn. 43; *Medicus,* Rn. 930.
[11] Vgl. Fall 3 Rn. 14 ff.; s. a. *BGH* NJW 2002, 2325, 2327.
[12] *Köhler,* § 11 Rn. 44; *Larenz/Wolf,* § 48 Rn. 25 ff.
[13] *BGH* NJW 1998, 1854, 1855.

F hat daher keinen Rechtsschein gesetzt, aufgrund dessen man ihr das Handeln der G zurechnen könnte. – Selbst wenn man den erforderlichen Rechtsschein bejahen wollte, fehlt es wegen der bisherigen Zuverlässigkeit der G aber an dem zusätzlich erforderlichen Sorgfaltsverstoß der F, die mit der Eigenmächtigkeit der G nicht zu rechnen brauchte.

> **Hinweis:**   **14**
> Damit erübrigt sich auch eine Entscheidung der umstrittenen Frage, ob die Anscheins*vollmacht* ein Ersatz für die tatsächliche Vollmacht ist oder nur zu Schadensersatzansprüchen führt.[14]

4. Genehmigung der F

Damit hängt die Wirksamkeit des Vertrages für und gegen F gem. § 177 Abs. 1 von **15** deren Genehmigung ab. Indem F erklärt hat, sie könne das Geschäft der G nicht gegen sich gelten lassen, hat sie gem. §§ 182 Abs. 1, 184 Abs. 1 gegenüber H die Genehmigung des Vertrages verweigert. Dieser ist somit endgültig unwirksam geworden.

5. Ergebnis

H hat keinen Anspruch auf Kaufpreiszahlung gegen F.   **16**

II. Ansprüche der H gegen G

1. Vertragliche Ansprüche

Vertragliche Ansprüche scheiden aus, da zwischen H und G keine Verhandlungen **17** über einen Vertrag stattgefunden haben, dessen Partei G hätte werden sollen.

2. Anspruch gem. § 179 Abs. 1

H könnte gegen G einen Anspruch auf Erfüllung gem. § 179 Abs. 1 haben, also auf **18** Zahlung von 3 000 €.

a) Anspruchsvoraussetzungen

Wie bereits oben festgestellt, hat G als Vertreterin ohne Vertretungsmacht einen **19** Vertrag geschlossen, dessen Genehmigung von F verweigert wurde. Die Voraussetzungen des Anspruchs sind somit grundsätzlich erfüllt.

b) Wahl der Erfüllung

H verlangt von F ausdrücklich die Kaufpreiszahlung, also die Erfüllung des Vertra- **20** ges.

c) Ausschluss des Anspruchs

Ein Anspruch auf Erfüllung wäre gem. § 179 Abs. 2 ausgeschlossen, wenn G das **21** Fehlen ihrer Vertretungsmacht nicht bekannt gewesen wäre. G wusste aber um den genauen Umfang ihrer Vertretungsmacht, so dass die Voraussetzungen des § 179 Abs. 2 nicht vorliegen. Da H das Fehlen der Vertretungsmacht der G weder kannte

---

[14] Vgl. *Köhler*, § 11 Rn. 44; Staudinger/*Schilken*, § 167 Rn. 31.

noch kennen musste,[15] scheitert der Anspruch der H auch nicht an § 179 Abs. 3 S. 1.

d) Einrede des nichterfüllten Vertrages, § 320 Abs. 1 S. 1

22   Zu prüfen bleibt, ob G dem Anspruch die Einrede des nichterfüllten Vertrags nach § 320 Abs. 1 S. 1 entgegenhalten kann.

aa) Gegenseitiger Vertrag

23   Voraussetzung dafür ist das Bestehen eines gegenseitigen Vertrags, an dem es hier fehlt, da G aufgrund von § 179 Abs. 1 zwar auf Erfüllung des mit F nicht zustande gekommenen Vertrages haftet, jedoch ohne dadurch Vertragspartnerin der H zu werden. Aus § 179 Abs. 1 folgt nur ein gesetzlicher Erfüllungsanspruch.

24   Die Voraussetzungen des § 320 Abs. 1 sind somit an sich nicht erfüllt, doch ist der Sinn und Zweck der Haftung nach § 179 zu berücksichtigen: Die Haftung des vollmachtlosen Vertreters ist deshalb angeordnet, weil dieser beim Vertragspartner das Vertrauen darauf geweckt hat, mit dem Vertretenen einen Vertrag schließen zu können. Die Haftung des vollmachtlosen Vertreters nach § 179 Abs. 1 soll dieses Vertrauen schützen[16] und demzufolge nur die Nachteile der fehlenden Vertretungsmacht ausgleichen, den Vertragspartner aber nicht darüber hinaus begünstigen. Dies wäre aber der Fall, könnte der Vertreter nicht zumindest die Einwendungen erheben, die der Vertretene im Fall eines wirksamen Vertragsschlusses auch gehabt hätte. Aus diesem Grunde kann G dem Anspruch der H also etwa die Einwendungen und Einreden der §§ 320ff. entgegenhalten, obwohl gar kein Vertrag besteht.[17] Damit begründet § 179 Abs. 1 im Ergebnis zwischen dem Vertragspartner und dem Vertreter ohne Vertretungsmacht unabhängig von dessen Willen ein gesetzliches Schuldverhältnis, dessen Inhalt sich nach dem nicht zustande gekommenen Vertrag richtet.[18] Der Vertreter erlangt faktisch die Stellung einer Vertragspartei, jedoch nur hinsichtlich der gegen ihn gerichteten Ansprüche.[19]

25   Wäre zwischen F und H ein Vertrag zustande gekommen, so wäre dies ein Kaufvertrag, also ein gegenseitiger Vertrag i.S.v. § 320 Abs. 1 gewesen. Die Kaufpreiszahlungs- und die Lieferpflicht würden in diesem Kaufvertrag als Hauptpflichten im Gegenseitigkeitsverhältnis stehen.

bb) Nichterfüllung einer fälligen, vollwirksamen Hauptleistungspflicht

26   G verweigert die Kaufpreiszahlung, weil H nicht geliefert hat. Die Einrede des § 320 setzt voraus, dass der Gegenanspruch der G vollwirksam und fällig ist. Zwar erlangt der Vertreter nach h.M. durch die Haftung nach § 179 Abs. 1 selbst dann keinen Anspruch auf Erfüllung gegen den anderen Teil, wenn dieser die Erfüllung gewählt hat. Konsequenterweise müsste man den erforderlichen Gegenanspruch der

---

[15]   Das heißt fahrlässig nicht kannte, § 122 Abs. 2.

[16]   *BGH* NJW 2000, 1407, 1408; *Köhler*, § 11 Rn. 68; *Larenz/Wolf*, § 49 Rn. 17; MünchKomm/ *Schramm*, § 179 Rn. 1 f.

[17]   Soergel/*Leptien*, § 179 Rn. 16; Staudinger/*Schilken*, § 179 Rn. 15.

[18]   *Larenz/Wolf*, § 49 Rn. 21; Soergel/*Leptien*, § 179 Rn. 16; MünchKomm/*Schramm*, § 179 Rn. 32. Es handelt sich gerade nicht um eine Vertragsübernahme, da der Vertrag infolge der Genehmigungsverweigerung (endgültig) unwirksam geworden ist, *Larenz/Wolf*, § 49 Rn. 21.

[19]   Palandt/*Ellenberger*, § 179 Rn. 5.

G verneinen. Die h.M. beschränkt sich aber darauf, dem voll machtlosen Vertreter einen nicht isoliert durchsetzbaren Erfüllungsanspruch zu geben. Er erwirbt also durch die Inanspruchnahme auf Erfüllung ein Recht auf die Gegenleistung, vermag dieses aber nur über § 320 Abs. 1 durchzusetzen.[20] Denn andernfalls bekäme der Vertragspartner eine Leistung ohne Gegenleistung. Daher ist bei der Anwendung des § 320 Abs. 1 S. 1 auf die Situation abzustellen, die bestünde, wenn der Vertrag mit dem Vertretenen zustande gekommen wäre. Wäre ein Vertrag zwischen F und H zustande gekommen, hätte F dem Anspruch der H über § 320 Abs. 1 S. 1 ihren Erfüllungsanspruch aus § 433 Abs. 1 S. 1 entgegenhalten können, der vollwirksam und mangels anderer Abreden gem. § 271 Abs. 1 auch fällig gewesen wäre.

cc) Keine Vorleistungspflicht der G

Eine Vorleistungspflicht der F war nicht vereinbart; sie ist im Kaufrecht auch sonst **27** nicht vorgesehen.

dd) Eigene Vertragstreue der G

Schließlich erfordert § 320 Abs. 1 S. 1 als ungeschriebenes Leistungsmerkmal noch **28** die eigene Vertragstreue des Schuldners.[21] Der Schuldner muss also bereit sein, seiner Leistungspflicht grundsätzlich nachzukommen, und darf sich also nicht etwa in Schuldnerverzug befinden.[22] Da G bislang nicht in Verzug gesetzt wurde, ist sie als vertragstreu anzusehen.

ee) Zwischenergebnis

Die Voraussetzungen des § 320 Abs. 1 S. 1 sind somit erfüllt. G ist berechtigt, die **29** Kaufpreiszahlung bis zur Lieferung der Ostfriesennerze zu verweigern.

e) Ergebnis

H kann von G Kaufpreiszahlung nach § 179 Abs. 1 Zug-um-Zug gegen Lieferung **30** der Ostfriesennerze verlangen, §§ 320 Abs. 1, 322 Abs. 1.

Frage 2: Ersatz der Kosten der Auftragsbestätigung

I. Anspruch gem. § 179 Abs. 1

Die Voraussetzungen des § 179 Abs. 1 sind gegeben. Nach dem eindeutigen Wort- **31** laut dieser Norm kann H neben ihrem Erfüllungsverlangen nicht auch noch Schadensersatz verlangen, sondern nur stattdessen. Somit stellt sich die Frage, ob H nach ihrem Erfüllungsverlangen noch zu einer Schadensersatzforderung übergehen könnte. Die h.M. sieht § 179 Abs. 1 als gesetzlich geregelten Fall der Wahlschuld i.S.v. § 262 an.[23] Dies hat zur Folge, dass die einmal getroffene Wahl gem. § 263 Abs. 2 bindend ist. Nach anderer Ansicht ist § 179 Abs. 1 dagegen als Fall der sog. elektiven Konkurrenz anzusehen,[24] also als andersartiges Wahlrecht des Gläubigers,

---

[20] *Medicus*, Rn. 986; MünchKomm/*Schramm*, § 179 Rn. 32 m.w.N.; Soergel/*Leptien*, § 179 Rn. 15; Staudinger/*Schilken*, § 179 Rn. 15.

[21] *BGH* NJW 2002, 3541, 3542f.

[22] Palandt/*Grüneberg*, § 320 Rn. 6.

[23] *Larenz/Wolf*, § 49 Rn. 23; Soergel/*Leptien*, § 179 Rn. 15; Staudinger/*Schilken*, § 179 Rn. 13; MünchKomm/*Schramm*, § 179 Rn. 31.

[24] Palandt/*Ellenberger*, § 179 Rn. 5.

bei dem eine Bindung erst viel später eintritt, sodass ein Wechsel vom einen Rechtsbehelf zum anderen möglich ist.[25] Ob man § 179 Abs. 1 so deuten sollte, kann aber dahinstehen, weil der in der Vorschrift alternativ gewährte Schadensersatz immer ein solcher „wegen Nichterfüllung" bzw. „statt der Leistung" ist. Nach § 179 Abs. 1 i. V. m. § 249 Abs. 1 könnte H also von F verlangen, so gestellt zu werden, wie sie stünde, wenn der Vertrag mit G zustande gekommen wäre. Dann wären die Kosten für die Auftragsbestätigung aber ebenso entstanden und von H zu tragen gewesen. Somit beruhen diese Vertragsabschlusskosten nicht im Sinne einer adäquaten Kausalität auf dem vollmachtlosen Handeln der G und sind daher nicht ersatzfähig; ein Ersatz des Vertrauensschadens ist in § 179 Abs. 1 nicht vorgesehen. Somit kann H von F nach dieser Vorschrift auf keinen Fall Ersatz der Kosten der Auftragsbestätigung verlangen.

II. Anspruch gem. § 179 Abs. 1 i. V. m. Abs. 2

32 Ein Anspruch auf Ersatz des Vertrauensschadens könnte H gegen G gem. § 179 Abs. 2 zustehen. Dies setzt aber voraus, dass G als Vertreterin den Mangel ihrer Vertretungsmacht nicht kannte. Da G den Mangel ihrer Vertretungsmacht kannte, sind die Anspruchsvoraussetzungen des § 179 Abs. 2 nicht erfüllt.

III. Anspruch gem. § 280 Abs. 1 i. V. m. § 311 Abs. 2 oder 3

33 H könnte gegen G einen Anspruch gem. §§ 280 Abs. 1, 311 Abs. 2 oder 3 auf Ersatz der Kosten der Auftragsbestätigung haben. Nach ganz h. M. schließt § 179 Abs. 1 einen solchen Anspruch aus culpa in contrahendo nicht aus.

34   Hinweis:
   Die Bedeutung des Anspruchs aus c. i. c. ist aber begrenzt, da § 179 Abs. 1 verschuldensunabhängig ist und überdies auf den Ersatz des Erfüllungsinteresses gerichtet ist. Demgegenüber erfordert der Anspruch aus c. i. c. zunächst einmal ein Schuldverhältnis zwischen dem Vertreter und dem Dritten, das nicht ohne weiteres bestehen muss, wie sich gleich zeigen wird. Zudem ist nach § 280 Abs. 1 nur der auf der vorvertraglichen Pflichtverletzung beruhende Schaden zu ersetzen, also der Vertrauensschaden.

1. Schuldverhältnis

35 Ein Schuldverhältnis könnte sich aus § 311 Abs. 2 Nr. 1 oder 3 ergeben, da G Vertragsverhandlungen mit H geführt hat. Allerdings hat sie dies nicht im eigenen Namen getan, sondern für die F. Das Schuldverhältnis nach § 311 Abs. 2 Nr. 1 entsteht allerdings durch die Aufnahme von Vertragsverhandlungen und deshalb zwischen den Parteien dieser Verhandlungen, im vorliegenden Fall also zwischen F und H. Bestätigt wird dies durch § 311 Abs. 3 S. 1, demzufolge ein Schuldverhältnis auch zu Personen bestehen kann, die selbst nicht Vertragspartei werden sollten.

36 Somit ist zu prüfen, ob nach § 311 Abs. 3 ggf. i. V. m. Abs. 2 ein Schuldverhältnis zwischen G und H entstanden ist. Nach § 311 Abs. 3 S. 2 wäre dies insbesondere dann der Fall, wenn G bei den Vertragsverhandlungen besonderes persönliches Vertrauen in Anspruch genommen und die Verhandlungen dadurch maßgeblich beeinflusst hätte. Dies ist hier aber nicht der Fall, vielmehr hat G lediglich einen Vertrag

---

[25] Näher *Bork,* Rn. 1680 ff.; *Medicus/Lorenz,* Rn. 110 f.; Palandt/*Grüneberg,* § 311 Rn. 60 ff. m. w. N.

ohne die erforderliche Vertretungsmacht geschlossen. Dies allein reicht für eine Eigenhaftung eines Vertreters nicht aus, weil die Regelung des § 311 Abs. 3 S. 2 eine frühere Rspr. des BGH, nach welcher ein Schadensersatzanspruch aus c.i.c. gegen einen Vertreter nur unter besonderen Voraussetzungen bestehen soll, damit es für den Vertreter nicht zu übermäßigen Haftungsrisiken kommt.[26] Dieser Schutzzweckgedanke ist bei einem vorsätzlich ohne Vertretungsmacht handelnden Vertreter allerdings nicht einschlägig, sodass man ein Schuldverhältnis nach § 311 Abs. 3 S. 1 i.V.m. Abs. 2 Nr. 3 hier bejahen kann (a.A. gut vertretbar, dann endet die Prüfung hier mit einem entsprechenden Ergebnis).

2. Pflichtverletzung

G müsste eine Pflicht aus dem vor- bzw. außervertraglichen Schuldverhältnis verletzt haben. Sie war nach § 241 Abs. 2 verpflichtet, auf die Vermögensinteressen der H die gebotene Rücksicht zu nehmen. Da ein Vertragsschluss ohne Vertretungsmacht die Vermögensinteressen der H beeinträchtigen konnte, hat G ihre Pflicht aus § 243 Abs. 2 verletzt. **37**

3. Vertretenmüssen

Gem. § 280 Abs. 1 S. 2 müsste G darlegen und beweisen, dass sie die Pflichtverletzung nicht i.S.v. § 276 Abs. 1 S. 1 zu vertreten hat. Da sie ihre Vertretungsmacht vorsätzlich überschritten hat, wird ihr dies nicht gelingen. **38**

4. Schaden

H hat einen Schaden im Sinne einer Vermögenseinbuße dadurch erlitten, dass sie einen Vertrag mit F geschlossen hat, der gem. § 177 Abs. 1 zunächst schwebend unwirksam war und auch nicht wirksam wurde. Damit muss G sie gem. 249 Abs. 1 so stellen, wie sie ohne die Pflichtverletzung stehen würde. Hätte G die Willenserklärung nicht abgegeben bzw. das Fehlen einer Vertretungsmacht offengelegt, hätte H mutmaßlich den Vertrag mit F nicht zu schließen versucht. H ist daher so zu stellen, wie sie stünde, wenn es den Antrag der G nicht gegeben hätte. Dann sie den (unwirksamen) Vertragsschluss nicht schriftlich bestätigt. Mit anderen Worten kann H Ersatz des Vertrauensschadens verlangen, der hier darin liegt, dass Sie kann also grundsätzlich die Kosten für Briefpapier, Briefumschlag und Porto ersetzt verlangen. **39**

Allerdings ist zu berücksichtigen, dass H zugleich nach § 179 Abs. 1 auf Erfüllung besteht. Wie der Wertung der §§ 179 Abs. 1 und 2, 284 zu entnehmen ist, kommt ein Ersatz von Vertrauensschäden nur bzw. allenfalls als Alternative zu einem Anspruch auf Ersatz des Nichterfüllungsschadens in Betracht. Andernfalls käme es zu einer Bereicherung des Gläubigers, weil er Kosten ersetzt bekäme, die er bei ordnungsgemäßer Erfüllung tragen müsste. Daher muss der Anspruch auf Ersatz der Kosten der Auftragsbestätigung zurücktreten, denn diese wären auch im Falle eines wirksamen Vertragsschlusses mit F entstanden. **40**

---

[26] Näher *Bork*, Rn. 1680ff.; *Medicus/Lorenz*, Rn. 110f.; Palandt/*Grüneberg*, § 311 Rn. 60ff. m.w.N.

IV. Ergebnis

41 H hat gegen G keinen Anspruch aus § 280 Abs. 1 i. V. m. § 311 Abs. 2 und 3 auf Ersatz der Kosten der Auftragsbestätigung.

Fall 40. Geprellte Erbin?

Nach BGH NJW 1995, 953.

Sachverhalt

Manni (M) ist ohne Testament im Alter von 90 Jahren kinderlos verstorben. Er hinterlässt ausschließlich seine von ihm getrennt lebende Ehefrau Frauke (F). Kurz vor seinem Ableben hat Manni seiner Lebensgefährtin Lena (L) mitgeteilt, sie solle sich nach seinem Tod mit Doris (D) in Verbindung setzen. Doris wisse schon Bescheid. Tatsächlich hatte Manni Wertpapiere an Doris übergeben und sie beauftragt, diese im Falle seines Todes an Lena weiterzuleiten. Noch am Todestag schickt Frauke ihre Tochter aus erster Ehe, Trude (T), in Mannis Wohnung, um dort nach den Wertpapieren zu suchen. In der Wohnung trifft Trude auf Lena und Doris und erklärt ihnen, sie solle nach den Wertpapieren suchen. Sie fragt die beiden, ob sie wüssten, wo die Wertpapiere seien. Dies verneinen Lena und Doris. Bei der anschließenden Suche findet Trude die Papiere nicht. Als Trude gegangen ist, übergibt Doris die Wertpapiere an Lena.

Später verlangt Frauke von Lena die Herausgabe der Wertpapiere, die dies unter Hinweis auf „Mannis letzten Willen" verweigert. Es kommt schließlich zu einem Prozess, in dem die Anwälte darüber streiten, ob Trudes Frage nach dem Verbleib der Wertpapiere rechtlich bedeutsam war. Lenas Anwalt hält dies für ausgeschlossen, da Trude mit ihrer Frage keine Willenserklärung abgegeben habe.

Kann Frauke von Lena Herausgabe der Wertpapiere verlangen?

Vorüberlegungen

Der Fall ist als wiederholende Vertiefung gedacht und deshalb für Studienanfänger weniger geeignet, jedenfalls soweit es um den eventuellen Rechtsgrund der Übereignung geht.

Zunächst einmal gilt es die Anspruchsgrundlage(n) zu klären: Sie ist nicht im Erbrecht (§ 2018) zu finden, und da vertragliche Herausgabeansprüche zwischen F und L nicht ersichtlich sind, kommen nur die bereits bekannten §§ 985 und 812 in Betracht.

Für den Anspruch aus § 985 kommt es nur darauf an, ob der Anspruchsteller im Zeitpunkt seiner Geltendmachung Eigentümer der herausverlangten Sache und der Gegner Besitzer (ohne Besitzrecht, § 986) ist. War der Anspruchsteller ursprünglich nicht Eigentümer, ist chronologisch zu untersuchen, ob er das Eigentum erworben hat und es ggf. aufgrund irgendwelcher *Verfügungen* an den Gegner oder einen Dritten wieder verloren hat. Dabei ist das Abstraktionsprinzip zu beachten: Der Rechtsgrund für eine solche Verfügung, also typischerweise die zugrunde liegende schuldrechtliche Vereinbarung, ist bei § 985 ohne Belang und daher tunlichst nicht anzusprechen! Dafür bietet, falls die Verfügung wirksam ist, die anschließende Prüfung des § 812 hinreichende Gelegenheit. Die schuldrechtliche Vereinbarung kann im Rahmen des § 985 aber beim Einwendungstatbestand des § 986 eine Rolle spielen, also für die Frage, ob der Anspruchsgegner die fremde Sache besitzen darf und deshalb nicht herausgeben muss.

Im zu lösenden Fall muss man also prüfen, ob D die Wertpapiere gem. § 929 S. 1 wirksam als Stellvertreterin der F übereignet hat. Dabei spielt eine Rolle, ob sie vom Erblasser eine Vertretungsmacht erhalten hat und ob diese gerade für den Todesfall erteilt wurde (sog. postmortale Vollmacht), sodass sie eventuell gem. § 1922 auch gegenüber der Erbin F wirkt. Dabei ist auch an die Widerruflichkeit der Vollmacht zu denken und zu berücksichtigen, dass der Widerruf ein Rechtsgeschäft ist. Dazu bedarf es einer entsprechenden Willenserklärung, die hier aber nicht von der Erbin selbst abgegeben wurde. Über den Tatbestand der Willenserklärung muss man angesichts des Sachverhalts, der also intensiver Betrachtung bedarf, sehr genau nachdenken.

Im Rahmen des bereicherungsrechtlichen Herausgabeanspruchs bedarf der eventuelle Rechtsgrund für die Leistung genauer Untersuchung. Da dieser über den Themenbereich dieses Bandes hinausgeht, sind die Ausführungen dazu kurz gehalten; an dieser Stelle sei auf § 2301 und § 516 hingewiesen.

Gliederung

Lösung

I. Anspruch F gegen L auf Herausgabe der Papiere nach § 2018

F kann von L gem. § 2018 Herausgabe der Wertpapiere verlangen, wenn sie ihren **1**
Mann M nach dessen Tod beerbt hat und L hinsichtlich der Wertpapiere Erbschaftsbesitzer ist.

Hinweis: **2**
Eine solche Aufzählung der Anspruchsvoraussetzungen für Anfänger/innen hat den Vorteil, sie dazu
zu zwingen, sich diese Voraussetzungen bewusst zu machen. Gleichwohl ist sie an sich entbehrlich,
weil ohnehin anschließend alle Voraussetzungen zu prüfen sind. Deshalb sollte man sich eine Aufzählung aller Anspruchsvoraussetzungen im Laufe des Studiums eher abgewöhnen. Ihre Niederschrift
kostet nämlich Zeit, vor allem wenn man eine umfangreichere Aufgabe mit vielen Anspruchsgrundlagen lösen muss. Sie kann auch manchen Prüfer negativ beeinflussen, weil sie überflüssig ist.

1. Erbenstellung der F

Fraglich ist, ob F Erbin des M geworden ist (§ 1922 Abs. 1). Da M kein Testament **3**
errichtet hat, ergibt sich die Erbfolge aus den gesetzlichen Regelungen der
§§ 1924 ff. Der Ehegatte hat gem. § 1931 Abs. 1 ein gesetzliches Erbrecht, dessen
Umfang davon abhängt, ob der Erblasser auch Verwandte i. S. d. § 1589 S. 1 hinterlässt. Da dies hier nicht der Fall ist, erhält F als Alleinerbin gem. § 1931 Abs. 2 die
gesamte Erbschaft.

Hinweis für Fortgeschrittene: **4**
Ein Ausschluss des Erbrechts gem. § 1933 kommt nicht in Betracht, da M weder einen Scheidungsantrag eingereicht noch dem Scheidungsantrag seiner Ehefrau zugestimmt hat. Das bloße Getrennt-
leben der Ehegatten reicht für einen Ausschluss des Ehegattenerbrechts nicht aus.[1] F ist daher Voll-

---

[1] MünchKomm/*Leipold*, § 1931 Rn. 8.

erbin des M geworden. Dies sollte angesichts der Sachverhaltsangaben zwar angesprochen, aber kurz im Urteilsstil abgehandelt werden.

2. L als Erbschaftsbesitzer

5 Zu prüfen ist, ob L hinsichtlich der streitgegenständlichen Wertpapiere Erbschaftsbesitzer i. S. d. § 2018 ist. Dazu müsste sie die Wertpapiere aufgrund eines ihr in Wahrheit nicht zustehenden Erbrechts aus der Erbschaft erlangt haben.[2] L hat die Wertpapiere zwar in ihrem Besitz, jedoch erfolgte die Inbesitznahme aufgrund der Übergabe durch D, nicht aufgrund eines angemaßten Erbrechts. L ist daher bzgl. der Wertpapiere nicht Erbschaftsbesitzerin.

3. Ergebnis

6 Ein Anspruch der F gegen L aus § 2018 scheidet somit aus.

II. Anspruch F gegen L auf Herausgabe der Wertpapiere aus § 985

7 F könnte von L gem. § 985 Herausgabe der Wertpapiere verlangen, wenn F Eigentümerin der Wertpapiere und L Besitzer ohne Besitzrecht wäre.

1. Besitz der L an den Wertpapieren

8 D hat L die Wertpapiere übergeben und ihr damit die tatsächliche Sachherrschaft gem. § 854 Abs. 1 eingeräumt. L ist somit Besitzerin.

9 **Hinweis:**
In der Regel prüft man im Rahmen des § 985 den Besitz des Anspruchsgegners erst nach der Eigentümerstellung des Anspruchstellers. Hier sprechen jedoch zwei Gründe dagegen: Zum einen wird festzustellen sein, dass F ihr Eigentum an den Wertpapieren an L verloren hat, so dass eine Prüfung der Besitzerstellung der L überflüssig wäre. Zum anderen kann der Besitz der L an den Wertpapieren mit einem Satz festgestellt werden.

2. Eigentum der F an den Wertpapieren

10 Zu prüfen ist, ob F Eigentümerin der Wertpapiere ist.

a) Eigentumserwerb der F

11 Bis zu seinem Tod war M Eigentümer. Gem. §§ 1922 Abs. 1, 1931 Abs. 2 ist nach dessen Tod sein gesamtes Vermögen auf seine gesetzliche Alleinerbin F übergegangen. F ist somit in die Eigentümerstellung des M eingetreten.

b) Verlust des Eigentums gem. § 929 S. 1

12 Möglicherweise hat F ihr Eigentum an den Wertpapieren durch Übereignung gem. § 929 S. 1 an L verloren. Dies setzt eine wirksame Einigung über den Eigentumsübergang und die Übergabe der Wertpapiere an L voraus.

aa) Wirksame Einigung über den Eigentumsübergang

13 Eine Einigung zwischen F und L i. S. d. § 929 S. 1 liegt nicht vor. Allerdings haben sich D und L darüber geeinigt, dass L das Eigentum an den Wertpapieren erhalten

---

[2] MünchKomm/*Helms*, § 2018 Rn. 18; Palandt/*Weidlich*, § 2018 Rn. 5.

soll. Die dingliche Einigung von D und L wirkt jedoch nur dann für und gegen F, wenn D die F gem. § 164 Abs. 1 wirksam vertreten hat. Dies setzt voraus, dass D die Einigungserklärung als eigene, wenn auch im Namen und mit Vollmacht der F abgegeben hat.

(1) Einigungserklärung im fremden Namen

Fraglich ist, ob D bei der Einigung in für L erkennbarer Weise im Namen der F **14** gehandelt hat. Ausdrücklich hat D nicht im Namen der F gehandelt. Möglicherweise war jedoch für L gem. § 164 Abs. 1 S. 2 aus den Umständen heraus erkennbar, dass die Folgen der Einigungserklärung nicht D, sondern F treffen sollten.[3] L war bekannt, dass D nicht Eigentümerin der Wertpapiere war und diese deshalb nicht in eigenem Namen veräußern wollte. Allerdings könnte zweifelhaft sein, ob L bewusst war, dass D gerade im Namen der Erbin F auftrat. Denn das bloße Wissen, dass ein Vertrag im fremden Namen geschlossen werden soll, reicht grundsätzlich nicht aus.[4] Doch ist die genaue Kenntnis des Geschäftsherrn ebenso wenig erforderlich; es genügt die Bestimmbarkeit des Vertragspartners im Zeitpunkt des Vertragsschlusses. Diese ist hier gegeben, da F jedenfalls mit dem Eigentümer der Wertpapiere kontrahieren wollte. D hat sich im Namen der F mit L über den Übergang des Eigentums an den Wertpapieren geeinigt.

(2) Bestehen der Vollmacht

Zu prüfen ist, ob D zur Abgabe der Einigungserklärung im Namen der F bevoll- **15** mächtigt war. F selbst hat D nicht bevollmächtigt, jedoch hat M die D beauftragt und bevollmächtigt, die Wertpapiere nach seinem Tod an L zu übereignen. Gem. § 672 S. 1 erlischt durch den Tod des Auftraggebers der Auftrag nicht. Gem. § 168 S. 1 besteht damit auch die zur Ausführung des Auftrags erforderliche Vollmacht fort. D war daher nach dem Tod des M noch rechtlich in der Lage, den Auftrag des M zu erfüllen.

> **Hinweis:** **16**
> Die rechtsgeschäftlich erteilte Vertretungsmacht (= Vollmacht, legaldefiniert in § 166 Abs. 2 S. 1) ist grundsätzlich unabhängig vom Bestehen eines Grundverhältnisses (z.B. Dienstvertrag, Auftrag, Geschäftsbesorgungsvertrag), d.h. sie entsteht auch dann, wenn das Grundverhältnis nicht zustande gekommen ist, und kann unabhängig vom Grundverhältnis grundsätzlich auch wieder widerrufen werden (§ 168 S. 2). Das Grundverhältnis begründet das rechtliche Dürfen, die Vollmacht das rechtliche Können. Wird beispielsweise ein Minderjähriger ohne Einwilligung seiner Eltern beauftragt, ein Auto zu kaufen, ist der Auftrag gem. § 108 Abs. 1 unwirksam, die darin konkludent erklärte Bevollmächtigung wegen § 107 wirksam (neutrales Geschäft). Das hat zur Folge, dass der Minderjährige zwar das Auto kaufen kann, es jedoch mangels Grundverhältnisses nicht darf. – Die Abstraktheit von Grundgeschäft und Vollmacht ist jedoch in § 168 S. 1 insoweit durchbrochen, als mit dem Erlöschen des Grundverhältnisses auch die zur Durchführung erteilte Vollmacht erlischt. Erlischt also der Auftrag, erlischt gem. § 168 S. 1 im Zweifel auch die Vollmacht, ohne dass sie gesondert widerrufen werden müsste.

(3) Widerruf der Vollmacht durch T

Die Vollmacht der D wäre gem. § 168 S. 2 erloschen, wenn sie wirksam widerrufen **17** worden wäre.

---

3   MünchKomm/*Schramm,* § 164 Rn. 15.
4   *BGH* NJW-RR 1988, 475, 476; NJW 2000, 3344, 3345; MünchKomm/*Schramm,* § 164 Rn. 18.

18 **Hinweis:**

Die Vollmacht ist jederzeit widerruflich, sofern sie nicht unwiderruflich erteilt wurde. Der Widerruf kann gem. §§ 168 S. 3, 167 Abs. 1 sowohl gegenüber dem Bevollmächtigten als auch gegenüber dem Dritten (Vertragspartner) erfolgen, unabhängig davon, ob die Vollmacht als Außen- oder Innenvollmacht erteilt wurde. Wird die Vollmacht allerdings gegenüber dem Dritten erteilt, aber gegenüber dem Bevollmächtigten widerrufen, greifen die Grundsätze der gesetzlich geregelten Rechtsscheinshaftung gem. §§ 170 ff. ein.

19 Als Erbin ist F in die Rechtsstellung des Erblassers eingetreten (§ 1922 Abs. 1), so dass ihr auch das Recht zusteht, die erteilte Vollmacht zu widerrufen.[5] F selbst hat einen Widerruf jedoch nicht erklärt. Möglicherweise hat aber die von F bevollmächtigte Tochter T die Vollmacht der D widerrufen, § 164 Abs. 1 S. 1. Das setzt eine entsprechende Willenserklärung der T voraus.

20 Ein ausdrücklicher Widerruf der T liegt nicht vor. Ein Widerruf könnte allerdings in der an D gerichteten Frage der T nach dem Verbleib der Wertpapiere gesehen werden. Ob diese Äußerung gem. §§ 133, 157 als Widerruf ausgelegt werden kann, hängt davon ab, ob nach objektivem Empfängerhorizont durch die Frage der T ihr Wille zum Ausdruck gebracht wurde, alle die Erbenstellung der F beeinträchtigenden Verfügungen zu unterbinden.

21 Für eine großzügige Interpretation der Anfrage als Vollmachtswiderruf könnte sprechen, dass der Erbe nach dem Tod des Erblassers typischerweise keinen Überblick darüber hat, ob bzw. wem der Erblasser vor seinem Tod noch Vollmacht erteilt hat.[6] Die als Vertreterin der F getätigte Äußerung der T, sie suche die Wertpapiere, konnte daher aus der Sicht der D nur dahingehend verstanden werden, die Wertpapiere für sich in Anspruch nehmen zu wollen. Insbesondere musste D bewusst sein, dass T vom Bestehen der Vollmacht keine Kenntnis hatte, und somit ihren Willen, die Wertpapiere dem Vermögen der Erbin zu erhalten, nicht genauer zum Ausdruck bringen konnte. Dieser Ansicht nach läge der objektive Erklärungstatbestand eines Vollmachtswiderrufs vor.[7]

22 Dagegen spricht aber, dass eine Aussage nur dann eine Willenserklärung darstellt, wenn ihr durch Auslegung der eindeutige Wille zu entnehmen ist, eine bestimmte Rechtsfolge herbeizuführen.[8] Die Frage der T nach dem Verbleib der Wertpapiere hat zunächst nur einen informatorischen Gehalt. Sie diente zwar offensichtlich dem Zweck, einen Verlust der Wertpapiere bei einer Wohnungsauflösung zu verhindern. Dennoch lässt sich der Frage ohne Hinzutreten weiterer Umstände aus dem objektiven Empfängerhorizont (§§ 133, 157) nicht eindeutig der Wille entnehmen, die Papiere der L auch dann vorzuenthalten, wenn die Übereignung an L dem „letzten Willen" des Erblassers entsprach. Denn für einen objektiven Dritten in der Situation von D war es auch denkbar, dass T bei Kenntnis der Vollmacht den „letzten Willen" des M respektiert und von einem Widerruf der Vollmacht abgesehen hätte[9] oder die Frage zumindest mit F besprochen hätte. Damit ist es aber ausgeschlossen, der Frage der T nach den Wertpapieren den objektiven Erklärungsgehalt eines Vollmachtswiderrufs beizumessen.

---

[5] Palandt/*Weidlich*, Einf. v. § 2197 Rn. 13.
[6] *Schultz*, NJW 1995, 3345, 3347.
[7] So *Schultz*, NJW 1995, 3345, 3347 ff.
[8] Bamberger/Roth/*Wendtland*, § 133 Rn. 4, 8.
[9] A. A. *Schultz*, NJW 1995, 3345, 3347.

Hinweis: 23

Das Problem, ob sich die Frage der T objektiv als Widerruf auslegen lässt, stellt einen Schwerpunkt des Falles dar. Dem muss durch die Ausführlichkeit der Streitdarstellung und Argumentation Rechnung getragen werden (richtige Gewichtung).

Die Vollmacht der D wurde nicht gem. § 168 S. 2 widerrufen. Eine wirksame Eini- 24 gung zwischen D und L gem. § 929 S. 1 liegt damit vor.

bb) Übergabe der Wertpapiere an L

D hat die Wertpapiere i.S.v. § 929 S. 1 an L übergeben, ihr die Sachherrschaft ein- 25 geräumt.

cc) Berechtigung der F

F war als Eigentümerin der Wertpapiere zur Übereignung berechtigt. 26

c) Zwischenergebnis

Die Übereignung der Wertpapiere an L gem. § 929 S. 1 ist damit wirksam. F hat 27 ihr Eigentum an den Wertpapieren an L verloren.

3. Ergebnis

F kann von L nicht Herausgabe der Wertpapiere gem. § 985 verlangen. 28

III. Hilfsgutachten bei Annahme eines Vollmachtswiderrufs

Hilfsgutachtlich ist zu klären, ob sich etwas anderes ergibt, wenn man die Frage der 29 T nach dem Verbleib der Wertpapiere als Widerruf der Vollmacht auslegt.

Hinweis: 30

Nach dem Sachverhalt streiten die Anwälte der Parteien darüber, ob die Frage der T nach den Wertpapieren auch wegen fehlenden Erklärungsbewusstseins keinen wirksamen Widerruf darstellt. Die Falllösung muss auf jedes im Sachverhalt angesprochene Problem eingehen. Da hier schon der objektive Erklärungstatbestand verneint wurde, kann zu diesem Problem daher nur hilfsgutachtlich Stellung genommen werden. Zwar könnte man auch erwägen, den Streit um den objektiven Erklärungstatbestand zunächst offenzulassen, um festzustellen, ob die beiden Ansichten nicht letztendlich zum gleichen Ergebnis gelangen. Dies würde die Falllösung hier aber sehr unübersichtlich machen.

Zu prüfen ist, ob die Vollmacht der D durch Widerruf gem. § 168 S. 2 erloschen 31 ist.

1. Objektiver Tatbestand des Widerrufs

D musste als objektiver Empfänger davon ausgehen, dass die Frage der T nach dem 32 Verbleib der Papiere ihrem Willen Ausdruck verlieh, als Vertreterin der Alleinerbin F alle Verfügungen zu verhindern, die die Interessen der Erbin beeinträchtigen könnten. Hierzu gehört auch die Vollmacht der D, die Wertpapiere an L zu übereignen.

2. Subjektiver Tatbestand des Widerrufs

Das objektiv Erklärte muss bei einer Willenserklärung jedoch von einem korrespon- 33 dierenden inneren Willen des Erklärenden getragen sein. Wille und Erklärung müssen sich decken. Der Widerrufserklärung der T muss demzufolge ein innerer Handlungs-, Erklärungs- und Geschäftswille zugrunde liegen.[10] Da die Frage der T ein bewusstes äußeres Verhalten darstellt, liegt der Handlungswille unproblematisch vor.

a) Erklärungsbewusstsein der T

34 Fraglich ist allerdings, ob T bei der Abgabe der Widerrufserklärung ein Erklärungsbewusstsein hatte. Darunter versteht man das Bewusstsein, mit einer Äußerung überhaupt eine Willenserklärung abzugeben, also rechtsgeschäftlich tätig zu sein. T hatte vom Bestehen der Vollmacht keine Kenntnis. Die Frage nach den Wertpapieren sollte daher aus ihrer Sicht auch keinen Vollmachtswiderruf darstellen, sondern nur eine tatsächliche Äußerung. Dass T bewusst war, mit ihrer Frage überhaupt eine rechtserhebliche Erklärung abzugeben, kann ihr nicht unterstellt werden.

b) Folgen fehlenden Erklärungsbewusstseins

35 Fraglich ist, ob das fehlende Erklärungsbewusstsein der T zwingend zur Unwirksamkeit des Vollmachtswiderrufs führt.

36 Einer Meinung in der Literatur[11] zufolge ist das Bewusstsein, eine rechtsverbindliche Erklärung abzugeben, unverzichtbarer Bestandteil einer Willenserklärung. Ohne Erklärungsbewusstsein stellt die abgegebene Willenserklärung keine privatautonome Entscheidung des Erklärenden dar und ist deshalb nichtig. Dementsprechend wäre der Vollmachtswiderruf ohne weiteres nichtig.

37 Demgegenüber vertreten Rechtsprechung und h.L. die Ansicht, trotz fehlenden Erklärungsbewusstseins liege eine Willenserklärung dann vor, wenn der Erklärende bei Beachtung der im Verkehr erforderlichen Sorgfalt hätte erkennen können, dass seine Äußerung als Willenserklärung aufgefasst werden durfte, und der Empfänger auch tatsächlich von einer solchen ausgegangen ist.[12] Ob diese Voraussetzungen hier vorliegen, kann nach überwiegender Auffassung dahinstehen. Denn diese Ausnahme vom grundsätzlichen Erfordernis, dass Wille und Erklärung übereinstimmen müssen, dient ausschließlich dem Schutz des Erklärungsempfängers.[13] Dessen Vertrauen auf die Rechtswirksamkeit der Erklärung soll nicht enttäuscht werden, wenn der Erklärende fahrlässig den Anschein erweckt hat, sich rechtlich binden zu wollen. In der vorliegenden Fallkonstellation hätte die Annahme einer wirksamen Willenserklärung trotz fehlenden Erklärungsbewusstseins aber das Gegenteil zur Folge, nämlich eine Besserstellung des sich missverständlich ausdrückenden Erklärenden. Mit anderen Worten: Gerade die fahrlässig unsorgfältig formulierte Erklärung der T hätte zur Folge, dass die Widerrufserklärung wirksam und der Herausgabeanspruch der F aus § 985 begründet wäre. Dies widerspräche dem beabsichtigten Schutz des Erklärungsempfängers.[14] Deshalb liegt auch nach dieser Ansicht kein wirksamer Widerruf der Vollmacht vor (a.A. vertretbar).

---

[10] Erman/*Arnold,* Vor § 116 Rn. 2 ff.; MünchKomm/*Armbrüster,* Vor § 116 Rn. 22 ff.; Palandt/*Ellenberger,* Einf. v. § 116 Rn. 1 ff.; *Hirsch,* Rn. 173 ff.

[11] *Canaris,* NJW 1984, 2279, 2281 f.; *Fabricius,* JuS 1966, 1; *Thiel,* JZ 1969, 405, 407; *Wieacker,* JZ 1967, 385, 389; w. N. bei *Hirsch,* Rn. 718.

[12] *BGH* NJW 2002, 363, 365; BGHZ 91, 324 ff.; 109, 171, 177; *Brox/Walker,* Rn. 85; *Hirsch,* Rn. 719 ff. m. w. N.; *Jahr,* JuS 1989, 249, 256; *Köhler,* § 7 Rn. 5.

[13] *BGH* NJW 1995, 953.

[14] Krit. *Habersack,* JuS 1996, 585, 587 f. Die Lehre vom fehlenden Erklärungsbewusstsein sei vom *BGH* (BGHZ 91, 324, 329 f.) auch mit dem Schutz des Erklärenden begründet worden, da das Anfechtungsrecht dessen privatautonomer Entscheidungsfreiheit besser Rechnung trägt als die Nich-

c) Zwischenergebnis

Der Umstand, dass T sich nicht bewusst war, rechtsgeschäftlich tätig zu werden, **38** führt zur Unwirksamkeit des Vollmachtswiderrufs. D handelte bei der Einigung im Namen der F mit Vollmacht.

3. Unwirksamkeit der Vertretung gem. § 138 Abs. 1

Die Einigung über den Eigentumsübergang an den Wertpapieren wäre jedoch gem. **39** § 138 Abs. 1 nichtig, wenn D und L vorsätzlich kollusiv zusammenwirkten, um der F einen Schaden zuzufügen.[15] Erforderlich hierfür ist zum einen ein zur Schädigung des Vertretenen führender Treuebruch des Vertreters und zum anderen eine bewusste Ausnutzung dieses Treuebruchs durch den Vertragspartner.[16] D und L einigten sich über den Eigentumsübergang, obwohl beide davon ausgehen mussten, dass die Vollmacht von T widerrufen wurde; ebenfalls hat die Übereignung der Wertpapiere an L zu einem Schaden der F geführt. Allerdings wird man zugunsten von D und L annehmen müssen, dass sie aus ihrer laienhaften Sicht durch die Übereignung F nicht schädigten, sondern lediglich den letzten Willen des M erfüllten. Das gleiche Argument kann auch gegen den Einwand der unzulässigen Rechtsausübung (§ 242)[17] angeführt werden. Der pflichtwidrige Gebrauch der Vollmacht war für L jedenfalls nicht evident, da sich aus ihrer Laiensicht kein Zweifel an der Rechtmäßigkeit des Vollmachtgebrauchs aufdrängen musste. Weder § 138 Abs. 1 noch § 242 steht der Wirksamkeit der dinglichen Einigung entgegen.

4. Ergebnis

Die dingliche Einigung von D und L über die Eigentumsübertragung ist wirksam. **40** Mit der Übergabe der Wertpapiere an L ist das Eigentum gem. § 929 S. 1 auf L übergegangen. Ein Herausgabeanspruch der F gegen L aus § 985 scheidet somit aus.

IV. Anspruch F gegen L auf Herausgabe der Wertpapiere, § 812 Abs. 1 S. 1, 1. Alt.

F könnte gegen L einen Anspruch auf Herausgabe der Wertpapiere gem. § 812 **41** Abs. 1 S. 1, 1. Alt. haben. Dazu müsste L etwas ohne Rechtsgrund durch Leistung erlangt haben.

1. Etwas erlangt

L hat Besitz und Eigentum an den Wertpapieren und somit einen Vermögensvorteil **42** erlangt.

---

tigkeit. Außerdem wäre die Rechtssicherheit schwer beeinträchtigt, würde man in solchen Fällen die Gültigkeit einer Willenserklärung davon abhängig machen, ob diese dem Erklärungsempfänger Vor- oder Nachteile bringt, was zudem oft nicht leicht festgestellt werden könne.

[15] Palandt/*Ellenberger*, § 164 Rn. 13; *BGH* NJW 1989, 26; NJW-RR 1989, 642; *OLG Hamm* NJW-RR 1997, 737, 738.

[16] *BGH* NJW-RR 1989, 642.

[17] Ausführlich zum Meinungsstand über die Voraussetzungen des Missbrauchs der Vertretungsmacht, MünchKomm/*Schramm*, § 164 Rn. 108 ff.

2. Durch Leistung

43 L müsste diesen Vermögensvorteil durch Leistung erlangt haben. Leistung ist jede bewusste, zweckgerichtete Mehrung fremden Vermögens.[18] D hat L die Wertpapiere zum Zweck der Übereignung übergeben und somit deren Vermögen bewusst gemehrt. L hat die Wertpapiere daher durch Leistung der D erlangt.

3. Ohne Rechtsgrund

44 L müsste den Vermögensvorteil ohne Rechtsgrund erlangt haben. Im Rahmen der Leistungskondiktion fehlt der rechtliche Grund, wenn der mit der Leistung verfolgte Zweck nicht erreicht wurde, beispielsweise wenn das der Leistung zugrunde liegende Kausalverhältnis nicht (mehr) besteht und deshalb auf eine in Wahrheit nicht bestehende Schuld geleistet wurde.[19]

a) Schenkung unter Lebenden durch M, § 516 Abs. 1

45 Rechtsgrund für das Behaltendürfen der Wertpapiere könnte ein zwischen M und L zustande gekommener Schenkungsvertrag sein. Ein Schenkungsvertrag beinhaltet die unentgeltliche Zuwendung eines Vermögenswertes, § 516 Abs. 1. Zu Lebzeiten hat M die L nur darauf hingewiesen, sie solle sich nach seinem Tode an D wenden. Das reicht für den Abschluss eines Schenkungsvertrags unter Lebenden nicht aus.

b) Schenkung von Todes wegen, § 2301 Abs. 1

46 Denkbar wäre eine Schenkung von Todes wegen, § 2301 Abs. 1. Denn der Hinweis des M an L, sie solle sich nach seinem Tod an D wenden, die schon Bescheid wüsste, könnte ein auf den Tod des M befristetes Schenkungsversprechen unter der Bedingung darstellen, dass L den M überlebt, und welches von D nur noch vollzogen werden sollte. Immerhin hatte M die D auch beauftragt, nach seinem Tod die Wertpapiere der L zu übereignen. Damit wären gem. § 2301 Abs. 1 S. 1 die Vorschriften über Verfügungen von Todes wegen zu beachten und somit nach h. M. die Formvorschrift des § 2276 einzuhalten,[20] die eine notarielle Beurkundung verlangt. Doch kann man auch einen Schenkungsvertrag von Todes wegen aufgrund der Unbestimmtheit der Äußerung nicht annehmen. Weder eine eindeutige Schenkungsabsicht noch der Schenkungsgegenstand gingen aus der Äußerung hervor.

47 **Hinweis:**
Das Schenkungsversprechen von Todes wegen gem. § 2301 Abs. 1 setzt voraus, dass der Erblasser noch vor seinem Tod ein Schenkungsversprechen abgibt, dessen Wirksamwerden durch seinen Tod befristet und durch das Überleben des Bedachten aufschiebend bedingt ist.[21] Vollzieht der Schenker das Schenkungsversprechen von Todes wegen noch zu Lebzeiten, ist dieses Schenkungsversprechen gem. § 2301 Abs. 2 als Schenkung unter Lebenden zu behandeln. Vollzug setzt nach h. M. voraus, dass das Vermögen des Schenkers durch die Schenkung sofort und unmittelbar gemindert wird.[22] Dies ist der Fall, wenn dem Beschenkten ein Anwartschaftsrecht[23] eingeräumt wird, also der Gegenstand übergeben und die Übereignung unter der aufschiebenden Bedingung und Befristung des

---

[18] BGHZ 58, 184; 111, 382; *BGH* NJW 1999, 1393; Erman/*Buck-Heeb*, § 812 Rn. 11; Palandt/ *Sprau*, § 812 Rn. 3.

[19] Erman/*Buck-Heeb*, § 812 Rn. 44 f.; zum Begriff des rechtlichen Grundes im Rahmen des § 812 ausführlich: *Kupisch*, NJW 1985, 2370 ff.

[20] *Palandt/Weidlich*, § 2301 Rn. 6 m. w. N.

[21] *Brox*, Erbrecht 24. Aufl., 2010, Rn. 741 f.; Erman/*Schmidt*, § 2301 Rn. 3 ff.

[22] *Brox*, Erbrecht 24. Aufl., 2010, Rn. 744.

[23] *OLG Hamburg* NJW 1961, 76; *BGH* WM 1971, 1338, 1339; *Schreiber*, Jura 1995, 159, 161.

§ 2301 Abs. 1 S. 1 erfolgt.[24] Kein Vollzug liegt daher vor, wenn der Gegenstand von einem Vertreter nach dem Tod des Schenkers übereignet werden soll.[25] Strittig ist der Vollzug, wenn wegen der Einschaltung eines Erklärungsboten die Übereignung erst nach dem Tod des Schenkers eintritt. Nach h. M. liegt auch in diesem Fall Vollzug vor, damit dieser nicht davon abhängt, ob der Schenker zufällig zwischen der Abgabe und dem Zugang der Willenserklärung stirbt;[26] anders ist es aber, wenn das Übereignungsangebot nach der Weisung des Schenkers erst nach seinem Tod durch den Boten überbracht werden sollte. In diesem Fall liegt keine lebzeitige Vermögensminderung des Schenkers vor. Privilegiert wird daher nur die „schon auf den Weg gebrachte" dingliche Einigungserklärung.[27] Solange der Bote die Übereignungserklärung noch nicht überbracht hat, können die Erben gem. § 130 Abs. 1 S. 2 die Willenserklärung widerrufen. – Eine Schenkung unter Lebenden gem. § 516 Abs. 1 liegt hingegen vor, wenn der Schenker das Schenkungsversprechen unbedingt erteilt und nur den Vollzug durch seinen Tod befristet.[28]

Möglicherweise hat aber D im Auftrag des M und im fremden Namen ein solches **48** Schenkungsversprechen von Todes wegen abgegeben. Mit der dinglichen Einigung schlossen D und L konkludent auch einen Schenkungsvertrag, und D verfügte auch noch über die dazu erforderliche Rechtsmacht, da weder der Auftrag noch die darin konkludent erteilte Vollmacht des M gem. §§ 672 S. 1, 168 S. 1 durch dessen Tod erloschen sind und es auch nicht zu einem Vollmachtswiderruf gekommen ist. Doch muss ein Schenkungsversprechen von Todes wegen tatbestandlich auf den Tod des Versprechenden befristet und durch das Überleben der Beschenkten L bedingt erteilt sein.[29] Da D nach den Vorstellungen des M die Wertpapiere der L erst nach seinem Tod schenken sollte, konnte dieses Ereignis (Tod des M) nicht mehr Wirksamkeitsbedingung der Schenkung sein.[30] Auch eine analoge Anwendung des § 2301 Abs. 1 scheidet aus, da davon auszugehen ist, dass M für L vorsorgen und daher die Zuwendung nicht von seinem Tod abhängig machen wollte.

c) Schenkungsversprechen unter Lebenden, § 516 Abs. 1

Aus dem Vorstehenden ergibt sich, dass der Schenkungsvertrag erst nach dem Tod **49** des M zwischen seiner Erbin F, gem. § 164 Abs. 1 S. 1 wirksam vertreten durch D, und L zustande gekommen ist. Der Schenkungsvertrag ist nicht mehr nach §§ 125 S. 1, 518 Abs. 1 nichtig, da der Formmangel gem. § 518 Abs. 2 durch die Bewirkung der versprochenen Leistung, also durch die Übereignung der Wertpapiere, geheilt wurde. Die Leistung wurde daher in Erfüllung eines wirksamen Schenkungsvertrages gem. § 516 Abs. 1 und daher mit Rechtsgrund erbracht.

d) Kein Widerruf nach § 530 Abs. 1

Ein Herausgabeanspruch bestünde auch, wenn F die Schenkung wirksam widerru- **50** fen hätte, § 531 Abs. 2. Zwar könnte das Herausgabeverlangen der F eine Wider-

---

24 Zum Teil wird Vollzug auch dann bejaht, wenn die Übereignung von selbst mit dem Tod des Schenkers eintritt, ohne dass die dem Beschenkten eingeräumte Rechtsstellung schon zu Lebzeiten des Schenkers unzerstörbar ist (MünchKomm/*Musielak*, § 2301 Rn. 19, 22).

25 BGHZ 87, 19, 25.

26 *Schreiber,* Jura 1995, 159, 161; MünchKomm/*Musielak*, § 2301 Rn. 23; *Brox,* Erbrecht, 23. Aufl. 2009, Rn. 752 ff.; a. A. Erman/*Schmidt*, § 2301 Rn. 8.

27 Vgl. hierzu *Otte,* Jura 1993, 643 ff. in krit. Auseinandersetzung mit dem „Bonifatiusfall" (RGZ 83, 223 ff.).

28 *Brox,* Erbrecht, 24. Aufl., 2010, Rn. 742.

29 *Brox,* Erbrecht, 24. Aufl., 2010, Rn. 741; Erman/*Schmidt*, § 2301 Rn. 3 ff.

30 Vgl. hierzu MünchKomm/*Musielak* § 2301 Rn. 23; *Brox,* Erbrecht, 23. Aufl., 2009, Rn. 751.

rufserklärung i.S.v. § 531 Abs. 1 enthalten, doch steht ihr als Erbin des Schenkers M das Widerrufsrecht gem. § 530 Abs. 2 nur zu, wenn der Beschenkte den Schenker vorsätzlich und widerrechtlich getötet oder am Widerruf gehindert hat. Dies ist hier nicht der Fall.

4. Ergebnis

51 Ein Anspruch der F gegen L auf Herausgabe der Wertpapiere gem. § 812 Abs. 1 S. 1 Alt. 1 besteht nicht.

V. Anspruch F gegen L auf Herausgabe der Wertpapiere, §§ 823 Abs. 1, 826, 249

52 F könnte Herausgabe der Wertpapiere im Wege des Schadensersatzes in Form der Naturalrestitution verlangen. Dies setzt bei § 823 Abs. 1 eine rechtswidrige und schuldhafte Verletzung eines Rechtsguts der F voraus. Zwar hat L darauf hingewirkt, dass F ihr Eigentum an den Wertpapieren an sie verlor, allerdings hat L nach den obigen Ausführungen weder rechtswidrig noch schuldhaft gehandelt. Ein Anspruch der F gegen L aus §§ 823 Abs. 1, 249 scheidet daher aus und erst recht ein Anspruch aus § 826 wegen vorsätzlicher sittenwidriger Schädigung.

Fall 41. Weihnachtliches Rechtsproblem

Sachverhalt

Manni (M) und Frauke (F) sind die Eltern (E) des zweijährigen Seppi (S). Sie schenken ihm eine Holzeisenbahn zu Weihnachten. Achtzehn Jahre später studiert Seppi Jura und fragt sich jetzt, ob er die Holzeisenbahn, die im Keller seiner Eltern eingelagert ist, von diesen herausverlangen kann.

Vorüberlegungen

Der kurze Fall zeigt, dass es manchmal nicht ganz einfach ist, das sich als „richtig" aufdrängende Ergebnis mit Hilfe des BGB zu konstruieren. Zunächst ist natürlich die Anspruchsgrundlage zu suchen: S verlangt Herausgabe – auch Anfänger sollten zwei gesetzliche Anspruchsgrundlagen dafür kennen.

Da S erst zwei Jahre alt war, als er die Holzeisenbahn bekam, spielen zwangsläufig die Vorschriften über die Geschäftsunfähigkeit eine Rolle. Man muss also überlegen, wie für einen Geschäftsunfähigen gehandelt werden kann, und eine Möglichkeit ersinnen, wie die Eltern geschäftsunfähigen Kindern etwas wirksam zuwenden können. Letztlich werden die Eltern „auf beiden Seiten des Geschäfts" tätig. Da es bei einer solchen Konstellation zu Interessenkollisionen kommen kann, gibt es dafür eine allgemeine gesetzliche Vorschrift im Vertretungsrecht. Man muss sich zur Lösung des Falles die Frage stellen, ob ihr Schutzzweck in der vorliegenden Konstellation einschlägig ist, um so die „richtige" Lösung zu entwickeln.

Gliederung

Lösung

I. Anspruch des S gegen die E auf Herausgabe der Holzeisenbahn, § 985

1 S hat gegen die E einen Anspruch auf Herausgabe der Holzeisenbahn gem. § 985, wenn er deren Eigentümer und die E nichtberechtigte (§ 986) (Mit-)Besitzer sind.

1. Besitzer

2 Die E müssten als Schuldner des Herausgabeanspruches Besitzer der Holzeisenbahn sein. Besitz ist die tatsächliche Herrschaftsgewalt über eine Sache ohne Rücksicht auf die Rechtsbeziehungen zu der Sache (§ 854 Abs. 1).[1] Die E lagern die Eisenbahn in ihrem Keller und sind daher (Mit-) Besitzer.

3 **Hinweis:**
Man kann auch erst das Eigentum des S prüfen. Die vorgezogene Prüfung des meist einfach festzustellenden Besitzes hat den Vorteil, dass man nicht ausführlich die oft problematische Eigentumslage untersuchen und den Anspruch am Ende wegen fehlenden Besitzes doch noch ablehnen muss. Freilich gilt das nur, wenn die Eigentumsprüfung nicht noch für andere Zwecke erforderlich ist.

2. Eigentümer/Eigentumsverlust

4 Entscheidend ist, ob S Eigentümer der Holzeisenbahn ist. Ursprünglich stand die Eisenbahn im Miteigentum der E (§§ 1006, 1008). Möglicherweise haben die E dieses Recht durch dingliche Einigung und Übergabe gem. § 929 S. 1 an S verloren.

a) Übergabe

5 Laut Sachverhalt hat S die Holzeisenbahn zu Weihnachten geschenkt bekommen. Damit ist es jedenfalls zu einer Übergabe, also einer Besitzverschaffung, gekommen.

b) Dingliche Einigung zwischen den E und S selbst

6 Zu prüfen ist, ob ein wirksamer Einigungsvertrag zwischen den E und S vorliegt. Zwar ist von einer grundsätzlichen konkludenten Einigung angesichts der schenkungsbedingten Übergabe auszugehen. Doch ist S auf der Erwerberseite selbst als Vertragspartner aufgetreten. Da er erst zwei Jahre alt ist, ist er gem. § 104 Nr. 1 geschäftsunfähig und seine Willenserklärung damit gem. § 105 Abs. 1 nichtig. Auf diesem Wege konnte es nicht zu einer wirksamen Einigung kommen.

c) Dingliche Einigung zwischen den E und S, vertreten durch E

7 Daher ist zu prüfen, ob S bei der Einigung von seinem gesetzlichen Vertreter, also gem. §§ 1626 Abs. 1 S. 1, 1629 Abs. 1 S. 1 von seinen Eltern E, wirksam vertreten worden ist (§ 164 Abs. 1 S. 1).

[1] Bamberger/Roth/*Fritzsche*, § 854 Rn. 3.

aa) Eigene Willenserklärung der E im fremden Namen mit Vertretungsmacht

Da es möglich sein muss, dass Eltern ihren geschäftsunfähigen Kindern wirksam **8** etwas schenken, ist davon auszugehen, dass diese bei der „Schenkung" zugleich für das Kind eine eigene Willenserklärung abgeben. Dass sie dabei auch im Namen des Kindes handeln wollen, ergibt sich aus den Umständen, was nach § 164 Abs. 1 S. 2 ausreicht. Vorliegend haben auch die Eltern, also M und F, gehandelt. Zu prüfen bleibt, ob die E die erforderliche Vertretungsmacht hatten. Diese ergibt sich aus § 1629 Abs. 1 S. 1 und ist für den hier vorliegenden Fall auch nicht gem. §§ 1629 Abs. 2, 1795 oder gem. § 1643 Abs. 1 beschränkt.

bb) Beschränkung der Vertretungsmacht bei Insichgeschäft, § 181

Dennoch könnte die Vertretung unwirksam sein, wenn die Vertretungsmacht der E **9** gem. § 181 ausgeschlossen wäre. Dann wäre S durch die E allein wegen §§ 1629 Abs. 2, 1795 Abs. 2, 181 nicht wirksam vertreten gewesen.

(1) Insichgeschäft

Dazu müsste ein Fall des Selbstkontrahierens vorliegen. Die E traten einerseits als **10** Vertreter des Beschenkten S in dessen Namen, andererseits als Veräußerer im eigenen Namen auf. Sie wurden also auf beiden Vertragsseiten tätig. Dieses Selbstkontrahieren ist nach § 181 grundsätzlich verboten, soweit es nicht vom Vertretenen gestattet ist oder der Erfüllung einer Verbindlichkeit dient. Ersteres scheidet hier aus.

(2) Handeln in Erfüllung einer Verbindlichkeit

Die Vertretung wäre gem. § 181 a. E. wirksam, wenn die Übereignung der Erfüllung **11** einer bestehenden Verbindlichkeit gedient hätte. Als zu erfüllende Verbindlichkeit kommt hier ein Schenkungsvertrag gemäß § 516 Abs. 1 in Betracht, wenn ein solcher schuldrechtlicher Vertrag seinerseits wirksam zustande gekommen ist. Angesichts der Umstände – es handelt sich um ein „Weihnachtsgeschenk" – bestehen an einer Einigung i. S. v. § 516 Abs. 1 keine Zweifel.

Doch könnte der Schenkungsvertrag gem. § 125 S. 1 formnichtig sein. Gemäß **12** § 518 Abs. 1 S. 1 ist das Schenkungsversprechen notariell zu beurkunden. Da hier die E ihre Erklärung nur mündlich abgegeben haben, entbehrte sie der erforderlichen Form und ist somit nichtig (§§ 518 Abs. 1 S. 1; 125 S. 1). Dieser Formmangel könnte aber durch die Bewirkung der versprochenen Leistung, also durch Übergabe und (wirksame) Übereignung der Eisenbahn an S geheilt worden sein (§ 518 Abs. 2).

> **Hinweis:** **13**
> An dieser Stelle droht nun ein Zirkelschluss: Die Übereignung setzt nach § 181 einen wirksamen Schenkungsvertrag voraus; dieser kommt aber nur durch Vollzug, also durch wirksame Übereignung, zustande. Das sollte man erkennen und durch Abstellen auf den Zweck des § 181, den Vertretenen zu schützen, zum richtigen Ergebnis kommen.

Wie bereits oben geprüft, ist diese Übereignung wegen § 181 ihrerseits aber nur **14** dann wirksam, wenn der Schenkungsvertrag wirksam ist. Nach ganz h. M. genügt es für die Erfüllung des Tatbestandsmerkmals des § 181 „Erfüllung einer Verbindlichkeit" nicht, dass die Verbindlichkeit erst durch die Erfüllung wirksam wird,[2] denn

---

[2] RGZ 94, 150; Erman/*Maier-Reimer,* § 181 Rn. 31; Staudinger/*Schilken,* § 181 Rn. 62.

damit wäre einer Umgehung des § 181 Tür und Tor geöffnet. Damit erfolgte die Übereignung der Holzeisenbahn nicht in Erfüllung einer Verbindlichkeit. Nach dem Wortlaut des § 181 wäre damit eine wirksame Vertretung des S durch die E zu verneinen.

cc) Teleologische Reduktion

15 Fraglich ist aber, ob eine Anwendung des § 181 aus anderen Gründen ausgeschlossen sein könnte. In Betracht kommt eine teleologische Reduktion des § 181.

(1) Unzulässigkeit der Reduktion?

16 Die frühere Rechtsprechung und ein Teil der Literatur[3] haben allein auf den Wortlaut des § 181 abgestellt und die Norm als formale Ordnungsvorschrift verstanden, die aus Gründen der Rechtssicherheit nicht durch Ausnahmen „aufgeweicht" werden dürfe: Ein Interessengegensatz sei zwar gesetzgeberisches Motiv, aber nach dem gesetzlichen Tatbestand nicht erforderlich. Diese Ansicht führte indes zu unbilligen Ergebnissen, wenn zwar Personenidentität, aber kein Interessenkonflikt vorhanden war. So könnten demnach z.B. Eltern Geschenke, die sie ihren geschäftsunfähigen Kindern machen, nicht in deren Vertretung wirksam annehmen.

(2) Reduktion bei fehlendem Interessengegensatz

17 Deshalb ist man sich inzwischen überwiegend einig, dass bei Insichgeschäften ohne Interessenkonflikt keine Notwendigkeit für eine Anwendung des § 181 besteht. Umstritten ist aber, wovon dies abhängt. Nach der Mindermeinung kommt es darauf an, ob *im Einzelfall* keine konkrete Interessenkollision besteht, die den Schutz des Vertretenen erfordert.[4] Eine solche wäre hier zu verneinen und § 181 daher nicht anzuwenden.

18 Nach heutiger Rechtsprechung und h.L. ist dagegen entscheidend, ob ein Interessenkonflikt *nach der Art des Geschäfts* generell ausgeschlossen ist. Sie stellen also nicht auf die Umstände des Einzelfalls ab,[5] weil der Rechtsverkehr einen konkreten Interessenwiderstreit im Einzelfall nicht ohne weiteres erkennen kann, der eine Anwendung des § 181 erfordert. Daher ist auf objektive, abstrakt feststellbare Fallgruppen abzustellen. Es liegt nahe, dieser Ansicht zu folgen, da sie den Interessen des Vertretenen am besten gerecht wird und bei der Anwendung des § 181 Rechtsunsicherheiten vermeidet.

19 Als eine **Fallgruppe,** bei der typischerweise ein Interessenkonflikt nicht entstehen kann, könnten sich **Geschäfte mit lediglich rechtlichem Vorteil** für den Vertretenen darstellen. Denn nach § 107 ist ein Schutz des beschränkt geschäftsfähigen Minderjährigen nicht erforderlich, wenn ihm die Willenserklärung einen lediglich rechtlichen Vorteil bringt. Die Interessenlage bei § 181 ist ähnlich, denn die Norm soll die Interessen des Vertretenen vor Willenserklärungen des Vertreters schützen, dessen Urteilsfähigkeit durch seine eigene Beteiligung am Rechtsgeschäft beeinträchtigt ist. Auch der Vertretene bedarf keines Schutzes, wenn er durch das Geschäft des Vertreters lediglich einen rechtlichen Vorteil erlangt. Ob das Geschäft für

---

3 RGZ 157, 24, 31; BGHZ 21, 229, 230; 50, 8, 11; *Flume,* § 48, 1; *Pawlowski,* Rn. 794 ff.
4 *Brox/Walker,* Rn. 592 f.; *Erman/Maier-Reim,* § 181 Rn. 2.
5 BGHZ 56, 97, 102 f.; 94, 232, 235. *Bork,* Rn. 1592 f.; MünchKomm/*Schramm,* § 181 Rn. 15; *Köhler,* § 11 Rn. 64; *Medicus,* Rn. 961; Staudinger/*Schilken,* § 181 Rn. 6 f. m.z.N.

den Vertretenen ausschließlich einen rechtlichen Vorteil beinhaltet, ist wie bei § 107 im Grundsatz relativ leicht feststellbar, mag es auch Einzelfälle geben, in denen dies nicht ganz einfach ist. Die Rechtssicherheit wird daher nicht beeinträchtigt.[6] Daher ist § 181 aufgrund einer teleologischen Reduktion analog § 107 unanwendbar, wenn das Geschäft seiner Art nach dem Vertretenen einen lediglich rechtlichen Vorteil bringt.[7] Gleiches gilt für die Bestimmung des § 1795.[8]

Entscheidend ist also, ob vorliegend die (Schenkung und) Übereignung der Eisen- **20** bahn dem S bzw. allgemein die Schenkung von Spielzeug einem Kleinkind lediglich einen rechtlichen Vorteil verschafft. Da das Geschäft lediglich zum Eigentumserwerb führt, ohne zugleich eine persönliche Verpflichtung zu begründen, ist dies zu bejahen. Es besteht also offensichtlich keine Gefahr, gegen die S von § 181 geschützt werden müsste. Die Notwendigkeit einer Ergänzungspflegschaft nach § 1909, die möglich wäre, würde zu unpraktikablen Ergebnissen führen. Der Normbereich des § 181 ist daher einschränkend zu interpretieren (teleologische Reduktion).

Da sich kein Unterschied zu der Gegenauffassung ergibt, bedarf es keiner Entschei- **21** dung der Kontroverse: Die E haben also auch das Einigungsangebot wirksam im Namen des S angenommen (§ 164 Abs. 1 S. 1). Damit liegt die erforderliche Willenserklärung vor, die Holzeisenbahn wurde somit wirksam an S übereignet.

Hinweis:　　　　　　　　　　　　　　　　　　　　　　　　　　　　　　　　 **22**
Die wirksame Übereignung hat auch die Wirksamkeit des Schenkungsvertrages zur Folge, denn der Formmangel wird gemäß § 518 Abs. 2 durch Vollziehung der Schenkung geheilt. Dass auch der Schenkungsvertrag als Insichgeschäft geschlossen wurde (§ 181), schadet nicht, da die Schenkung dem S ebenfalls lediglich einen rechtlichen Vorteil bringt, nämlich den Übereignungsanspruch nach § 516. – Die Gesamtbetrachtungslehre[9] zu § 107 ist hier ohne Bedeutung, da die Übereignung selbst bereits rechtlich vorteilhaft war und zudem nicht in Erfüllung eines wirksamen Schenkungsvertrages erfolgte, sondern dessen Formnichtigkeit erst heilte (§ 518 Abs. 2).

3. Besitzrecht, § 986 Abs. 1

Weiter dürften die E kein Besitzrecht im Sinne des § 986 Abs. 1 haben. Zwar be- **23** stand zunächst aufgrund der elterlichen Sorge (§ 1626 Abs. 1), die die E zur Verwahrung der dem minderjährigen S gehörenden Sachen verpflichtete, ein gesetzliches Besitzrecht der E.[10] Dieses endete jedoch mit Eintritt der Volljährigkeit, arg. § 1698 Abs. 1. Da der inzwischen volljährige S die Holzeisenbahn im Keller der Eltern eingelagert ließ, käme grundsätzlich ein Verwahrungsvertrag (§ 688) in Betracht, aus welchem die E ein Besitzrecht gegenüber S ableiten könnten, aber auch ein bloßes Gefälligkeitsverhältnis, das kein Besitzrecht begründet.[11] Für Letzteres spricht, dass die Eltern ihrem Sohn – mutmaßlich – lediglich einen Gefallen im Rahmen ihrer Verwandtschaftsbeziehung tun wollten, ohne für den Erhalt der Eisenbahn haften (§ 690) zu wollen. Hinzu kommt der geringe Wert der Eisenbahn

---

6　BGHZ 94, 232, 235; NJW 1989, 2542, 2543; a. A. insofern Jauernig/*Jauernig,* § 181 Rn. 7.
7　BGHZ 94, 232 ff.; BGHZ 112, 339, 341; Bamberger/Roth/*Valenthin,* § 181 Rn. 19 m. w. N.; *Brox/Walker,* Rn. 592; HK/*Dörner,* § 181 Rn. 13; *Köhler,* § 11 Rn. 64.
8　*BGH* NJW 1975, 1885.
9　BGHZ 78, 28, 34 f.; Palandt/*Ellenberger,* § 181 Rn. 22; Bamberger/Roth/*Valenthin,* § 181 Rn. 40.
10　*BGH* NJW 1989, 2542, 2544.
11　Bamberger/Roth/*Fritzsche,* § 986 Rn. 5, 17.

und der Umstand, dass sich die Parteien vermutlich am 18. Geburtstag auch keine (rechtsgeschäftlichen) Gedanken über die Eisenbahn gemacht haben dürften. Letztlich kann die Entscheidung aber offenbleiben, da auch bei Annahme eines Verwahrungsvertrages (§ 688) das Besitzrecht der E mit dem Herausgabeverlangen des S endet und diesem somit nicht mehr entgegensteht, da der Hinterleger gem. § 695 die Sache jederzeit zurückfordern kann.

4. Ergebnis

24 S kann Herausgabe der Holzeisenbahn gem. § 985 von den E verlangen.

II. Weitere Anspruchsgrundlagen

25 Als weitere Anspruchsgrundlage kommt zum einen § 695 in Betracht, der nach den eben angestellten Erwägungen aber am Fehlen eines Verwahrungsvertrags scheitert, und zum anderen § 812 Abs. 1 S. 1, da ein Rechtsgrund für den Besitz der Eltern nicht ersichtlich ist. Ob sie den Besitz freilich durch Leistung des S oder in sonstiger Weise erlangt haben, ist dem Sachverhalt nicht zu entnehmen.

26 **Hinweise zu weiteren Fällen mit § 181:**
Ähnliche Probleme gibt es auch in anderen Konstellationen, so z. B. bei der im Rahmen des § 107 oft problematischen Schenkung und Übereignung von belastetem Grundeigentum. Soweit der Gesamtvorgang wegen der Belastung nicht lediglich rechtlich vorteilhaft ist, bedarf auch der beschränkt geschäftsfähige Minderjährige der Mitwirkung seiner Eltern. Ist zumindest ein Elternteil Schenker, greift wieder § 181 ein. Es bedarf dann letztlich der Bestellung eines Ergänzungspflegers nach § 1909, um die Schenkung wirksam vornehmen zu können. Man kann also § 181 nicht stets so „hinbiegen", dass jede Schenkung wirksam wird. – Auch eine erweiternde Anwendung des § 181 ist anerkannt, wenn die von der Norm vorausgesetzte *Personenidentität* nicht gegeben ist, aber gleichwohl ein Interessenkonflikt vorliegt, z. B. bei Einsatz eines Untervertreters.[12]

---

[12] Vgl. nur *Köhler,* § 11 Rn. 64; HK/*Dörner,* § 181 Rn. 15.

Fall 42. Zu spät?

Sachverhalt

Mutter Muriel (M) leiht ihrem Sohn Seppi (S) am 1. 3. 2004 den Betrag von 50 €, den Seppi nach den Sommerferien am 1. 9. 2004 aus Mitteln zurückzahlen soll, die er sich bei einem Ferienjob verdient hat. Die Angelegenheit gerät in Vergessenheit. Am 1. 10. 2005 zieht Seppi aus und studiert Jura. Jahre später, im Februar 2008, geraten Muriel und Seppi in Streit, weil Seppi zur Examensvorbereitung die Repetitorin Hammer-Albtraum aufsuchen will und deshalb mehr Unterhalt verlangt. Muriel verlangt daraufhin von Seppi die 50 € zurück. Seppi meint, ohne schriftliche Vereinbarung und nach so langer Zeit müsse er das Geld nicht (mehr) zurückzahlen.

1. Kann Muriel von Seppi Zahlung von 50 € verlangen?

2. Wie verhält es sich, wenn Muriel bereits im Dezember 2007 Rückzahlung verlangt hat und Seppi daraufhin den Anspruch zunächst anhand seiner Unterlagen prüfen wollte?

3. Hat es Auswirkungen, wenn Muriel gegen Seppi noch im Dezember 2007 einen Mahnbescheid beantragt hat, der erst Mitte Januar 2008 zugestellt wird?

Vorüberlegung

Auch für diesen Fall muss man erst einmal die passende Anspruchsgrundlage finden. Auch wenn man im allgemeinen Sprachgebrauch Geld leiht oder verleiht, handelt es sich dennoch juristisch gesehen nicht um eine Leihe, sondern um ein Darlehen. Angesichts des Hinweises im Sachverhalt muss man auch kurz auf die Frage der Formbedürftigkeit des Geschäfts eingehen.

Der Rückzahlungsanspruch besteht offensichtlich und ist seit dem besagten 1. 9. fällig. Fraglich ist, ob sich S zu Recht auf Verjährung beruft, § 214 Abs. 1, wie er es mit dem Hinweis auf den Zeitablauf tut. Die Verjährung ist in § 214 Abs. 1 als Leistungsverweigerungsrecht ausgestaltet; dies ist der Prüfungsaufhänger. Man beginnt die Prüfung der Verjährung also **nicht** mit den Worten: „Der Anspruch könnte verjährt sein." (bzw. nur, wenn dann sogleich auf § 214 Abs. 1 und seine Rechtsfolge verwiesen wird). Die Verjährung ist selten das einzige Problem eines Falles; sie ist es selbst hier nicht, wo es primär um die Verjährung geht.

Unter dem Obersatz eines möglichen Leistungsverweigerungsrechts muss man die für den zu prüfenden Anspruch geltende Verjährungsfrist feststellen und den Fristbeginn sowie das Fristende ermitteln. Ist demnach Verjährung eingetreten, muss man noch darüber nachdenken, ob es aus irgendeinem Grunde zu einer Hemmung der Verjährung nach den §§ 203 ff. gekommen sein könnte, denn die Hemmung verlängert gem. § 209 die Verjährungsfrist. Das spielt insbesondere in den Varianten eine Rolle.

Für die zweite Variante braucht man keine besonderen Kenntnisse im Zivilprozessrecht. Man muss nur § 167 ZPO kennen, der wie folgt lautet: „Soll durch die Zustellung eine Frist gewahrt werden oder die Verjährung neu beginnen oder nach § 204 des Bürgerlichen Gesetzbuchs gehemmt werden, tritt diese Wirkung bereits mit Eingang des Antrags oder der Erklärung ein, wenn die Zustellung demnächst erfolgt." Man sollte sich die Norm neben § 204 in das BGB hineinschreiben.

Gliederung

Lösung

I. Frage 1: Anspruch der M gegen S gem. § 488 Abs. 1 S. 2 Alt. 2

1 M könnte gegen S einen Anspruch auf Rückzahlung der 50 € gem. § 488 Abs. 1 S. 2 Alt. 2 haben. Dazu müsste zwischen den beiden ein Darlehensvertrag bestehen und der Rückzahlungsanspruch fällig sein.

1. Anspruchsentstehung

2 Ein Darlehensvertrag i.S.v. § 488 Abs. 1 setzt voraus, dass M sich verpflichtet hat, dem S einen bestimmten Geldbetrag zur Verfügung zu stellen, den S später zurückzahlen sollte. Dies ist nach dem Sachverhalt der Fall, M sollte (und hat) S am 1. 3. 2004 50 € überlassen, die am 1. 9. 2004 zurückgezahlt werden sollten. Zwar könn-

te man auch an eine Leihe i. S. v. § 598 denken, doch darf S die 50 € nicht nur benutzen, sondern auch ausgeben; er muss also nicht den gleichen Schein zurückgeben. Angesichts der verwandtschaftlichen Beziehung zwischen M und S könnte man allerdings erwägen, ob es sich bei der Überlassung nicht nur um eine Gefälligkeit handelt. Die Vereinbarung sollte aber offensichtlich beide Parteien binden, die Rückzahlung war jedenfalls zunächst gewollt. Dies spricht zugleich gegen eine Schenkung. Das Darlehen muss, wie der Wortlaut des § 488 Abs. 1 S. 2 zeigt, zudem nicht entgeltlich sein. Damit liegt ein Darlehensvertrag vor.

Zu prüfen ist, ob der Darlehensvertrag gem. § 494 Abs. 1 nichtig ist. Dazu müsste **3** es sich um einen Verbraucherdarlehensvertrag i. S. v. § 491 Abs. 1 handeln, also um einen entgeltlichen Darlehensvertrag zwischen einem Unternehmer als Darlehensgeber und einem Verbraucher als Darlehensnehmer. Dies ist schon deshalb nicht der Fall, weil kein Zins vereinbart wurde, der Vertrag also nicht entgeltlich ist. Im Übrigen hat die Darlehensgeberin M den Vertrag nicht im Rahmen einer gewerblichen oder selbständigen beruflichen Tätigkeit und somit nicht als Unternehmerin i. S. v. § 14 Abs. 1 abgeschlossen.

Der Rückzahlungsanspruch setzt gem. § 488 Abs. 1 S. 2 zudem die Fälligkeit des **4** Darlehens voraus. Hier hatten die Parteien vereinbart, dass die Rückzahlung am 1. 9. erfolgen sollte. Damit ist an diesem Termin Fälligkeit eingetreten. Somit ist der Rückzahlungsanspruch entstanden und am 1. 9. 2004 fällig geworden.

2. Erlöschen des Anspruchs

Für ein Erlöschen des Anspruchs, etwa gem. § 362 Abs. 1 oder infolge des Ab- **5** schlusses eines Erlassvertrags gem. § 397, gibt der Sachverhalt keine Anhaltspunkte.

3. Leistungsverweigerungsrecht gem. § 214 Abs. 1

Zu prüfen ist, ob S gem. § 214 Abs. 1 berechtigt ist, die Rückzahlung des Darle- **6** hens im Februar 2008 wegen Verjährung zu verweigern.

a) Maßgebliche Verjährungsfrist

Da in den §§ 488 ff. und den §§ 196–198 keine besondere Verjährungsfrist vorge- **7** sehen ist, gilt für den Darlehensrückzahlungsanspruch die allgemeine Verjährungsfrist des § 195 von drei Jahren.

b) Fristbeginn, § 199 Abs. 1

Die regelmäßige Verjährung beginnt gem. § 199 Abs. 1 mit dem Ende des Jahres, **8** in dem der Anspruch entstanden ist (Nr. 1) und der Gläubiger von den anspruchsbegründenden Tatsachen und der Person des Schuldners Kenntnis erlangt hat oder hätte erlangen müssen (Nr. 2). Trotz des Gesetzeswortlauts kommt es gem. Nr. 1 nicht nur auf die Anspruchsentstehung, sondern auch auf die Fälligkeit des Anspruchs an.[1] Der Anspruch ist am 1. 9. 2004 fällig geworden und entstanden; zu diesem Zeitpunkt hatte M Kenntnis von dem Anspruch und der Person des Schuldners. Damit begann die Verjährung mit Ende des Jahres 2004, also am 31. 12. 2004 um 24 Uhr, zu laufen.

---

[1] Palandt/*Heinrichs*, § 199 Rn. 3.

c) Fristende, § 188 Abs. 2

9 Die Frist endet gem. §§ 188 Abs. 2, 195 drei Jahre später, also am 31. 12. 2007.

d) Fristverlängerung infolge Hemmung, §§ 209, 207, 203

10 Zu prüfen ist, ob sich ein anderes Ergebnis aus dem Umstand ergibt, dass ein Zeitraum, während dessen die Verjährung gehemmt war, gem. § 209 in die Verjährungsfrist nicht einzurechnen ist. Dazu müsste es zu einer Hemmung gem. §§ 203 ff. gekommen sein; zu denken wäre angesichts der Verwandtschaft zwischen M und S an eine Hemmung aus familiären und ähnlichen Gründen gem. § 207. Eine solche Hemmung sieht § 207 Abs. 1 S. 2 Nr. 2 im Verhältnis von Eltern und Kindern aber nur für die Dauer der Minderjährigkeit der Kinder vor. Damit ist es hier nicht zu einer Hemmung nach § 207 gekommen. Denkbar wäre auch noch eine Hemmung durch Verhandlungen der Parteien über den Anspruch oder die ihn begründenden Umstände, § 203 S. 1. Solche haben jedoch, wenn überhaupt, erst nach Verjährungseintritt stattgefunden und konnten diesen daher nicht mehr hinausschieben.

e) Zwischenergebnis

11 Im Februar 2008 ist der Anspruch verjährt, so dass S gem. § 214 Abs. 1 die Rückzahlung verweigern kann.

4. Ergebnis

12 M kann von S gem. § 488 Abs. 1 S. 2 Alt. 2 nicht mehr erfolgreich die Rückzahlung der 50 € verlangen.

II. Frage 2 (Fortsetzung)

13 Die Prüfung läuft zunächst wie im Ausgangsfall. Es ist aber ein weiterer Hemmungsgrund zu prüfen:

1. Fristverlängerung infolge Hemmung durch Verhandlungen, §§ 203, 209

14 Die Verjährungsfrist könnte jedoch gem. § 203 gehemmt sein, wenn Schuldner und Gläubiger miteinander Verhandlungen über den Anspruch oder die den Anspruch begründenden Umstände führen. S teilte M auf deren Zahlungsaufforderung im Dezember 2007 lediglich mit, er müsse zunächst in seinen Unterlagen nachsehen. Fraglich ist, ob hierin schon eine Verhandlung über den Anspruch i. S. d. § 203 S. 1 gesehen werden kann. Der Verhandlungsbegriff des § 203 S. 1 ist jedoch weit auszulegen. Schon jeder Meinungsaustausch über den Anspruch ist als „Verhandlung" i. S. d. § 203 S. 1 einzustufen, sofern das Begehren des Gläubigers nicht abgelehnt wird.[2] Ebenso stellt eine Mitteilung, den Anspruch prüfen zu wollen, eine Verhandlung dar und löst mithin die Hemmungswirkung des § 203 S. 1 aus.[3] Durch den Hinweis, in seinen Unterlagen nachsehen zu wollen, brachte S seine Bereitschaft zum Ausdruck, den von M geltend gemachten Anspruch prüfen zu

---

[2] St. Rspr., etwa *BGH* NJW 2007, 587 Rn. 10; NJW 2011, 1594 Rn. 14 m. W. N.; Bamberger/Roth/*Spindler,* § 203 Rn. 4; *Köhler,* § 18 Rn. 25; *Mansel,* NJW 2002, 89, 98.

[3] MünchKomm/*Grothe,* § 203 Rn. 5.

wollen. Zwischen den Parteien schwebten somit über den Anspruch Verhandlungen. Die Verjährungsfrist des Rückzahlungsanspruchs wurde somit gem. § 203 S. 1 gehemmt.

Gem. § 209 bewirkt die Hemmung des Fristlaufs nur, dass dieser Zeitraum nicht in **15** den Fristlauf mit eingerechnet wird. Daher ist entscheidend, wie lange sich die Verjährungsfrist verlängert hat. Grundsätzlich endet die Hemmung dann, wenn eine der Parteien unmissverständlich zum Ausdruck bringt, nicht mehr weiter verhandeln zu wollen, § 203 S. 1 a. E.[4] Da sich S einfach nicht gemeldet hat, liegt eine ausdrückliche Weigerung des S, die Verhandlungen weiter fortzusetzen, nicht vor. Fraglich ist, was gilt, wenn die Parteien die Verhandlungen lediglich „einschlafen" lassen. In diesem Fall ist ein Verhandlungsende zu dem Zeitpunkt anzunehmen, an dem eine Reaktion der einen Partei auf die letzte Stellungnahme der anderen Partei nach Treu und Glauben zu erwarten gewesen wäre.[5] Im vorliegenden Fall wäre es Sache des S gewesen, der M das Ergebnis seiner Prüfung mitzuteilen. Bis wann dies genau geschehen musste und wann M nach Treu und Glauben (§ 242) die Stellungnahme des S vielleicht nochmals hätte einfordern müssen, um eine Gleichsetzung des Schweigens mit der endgültigen Verweigerung weiterer Verhandlungen zu vermeiden,[6] kann jedoch dahinstehen. Denn gem. § 203 S. 2 tritt Verjährung nicht vor Ablauf von drei Monaten nach dem Ende der Verhandlungen ein, und bei Beginn der Verhandlungen erst im Dezember 2007 kann somit im Februar 2008 keinesfalls Verjährung eingetreten sein.

2. Zwischenergebnis

Der Rückzahlungsanspruch der M gegen S aus § 488 Abs. 1 S. 2 Alt. 2 war daher **16** nicht verjährt. S kann sich nicht gem. § 214 Abs. 1 auf Verjährung berufen.

3. Ergebnis

M kann von S Rückzahlung des Darlehens i. H. v. 50 € verlangen.　　　　　　　　**17**

III. Frage 3

Der Mahnbescheidsantrag könnte zu einer Hemmung der Verjährung nach § 204 **18** Abs. 1 Nr. 3 geführt und somit gem. § 209 die Verjährungsfrist verlängert haben.

1. Verjährungshemmung gem. § 204 Abs. 1 Nr. 3

Dazu müsste S aufgrund des Rückzahlungsanspruchs ein Mahnbescheid (§ 688 **19** ZPO) zugestellt worden sein, bevor die Verjährung eingetreten ist. M hat zwar einen Mahnbescheid noch im Dezember 2007 beantragt. Zugestellt wurde dieser dem S allerdings erst Mitte Januar und somit zu einem Zeitpunkt, in dem der Anspruch schon verjährt gewesen wäre. Die Zustellung des Mahnbescheids hätte somit keine fristhemmende Wirkung. Etwas anderes könnte sich jedoch aus § 167 ZPO ergeben. Danach tritt die Wirkung der Zustellung bereits mit Eingang des Antrags

---

4　*BGH* NJW 2008, 576 Rn. 21 ff.; Palandt/*Ellenberger,* § 203 Rn. 4.
5　*BGH* NJW 2009, 1806 Rn. 10 ff. m. w. N.; Bamberger/Roth/*Spindler,* § 203 Rn. 7; Begr. zum RegE, BT-Drs. 14/6040, S. 112.
6　Vgl. *BGH* NJW-RR 1990, 664, 665; MünchKomm/*Grothe,* § 203 Rn. 8.

auf Erlass eines Mahnbescheides ein, wenn die Zustellung demnächst erfolgt. M beantragte den Mahnbescheid schon im Dezember 2007, also noch vor Verjährungseintritt. Fraglich ist allerdings, ob die Zustellung eines im Dezember 2007 beantragten Mahnbescheids Mitte Januar 2008 noch als „demnächst" i.S. d. § 167 ZPO angesehen werden kann. Dies ist danach zu beurteilen, ob der Zeitraum zwischen Fristablauf, also Verjährungseintritt, und Zustellung nach den konkreten Umständen noch als angemessen zu beurteilen ist.[7] Hierfür ist entscheidend, ob die zustellende Partei die Zustellungsverzögerung verschuldet hat. Ein Zeitraum von mindestens 14 Tagen wird allerdings in jedem Fall für unschädlich gehalten.[8] Hier lief die Verjährungsfrist am 31. 12. 2007 ab, die Zustellung erfolgte Mitte Januar. Daher ist unabhängig von einem Verschulden der M (für das im Sachverhalt auch keine Anzeichen bestehen) die Zustellung noch „demnächst" i.S. d. § 167 ZPO erfolgt. Die Verjährungsfrist wurde durch den Mahnbescheid gem. § 204 Abs. 1 Nr. 3 gehemmt.

2. Ende der Verjährungshemmung

20 Zu prüfen ist, wann die Hemmung der Verjährungsfrist endete. Gem. § 204 Abs. 2 ist dies erst sechs Monate nach Beendigung des eingeleiteten Verfahrens der Fall. Die Hemmung besteht also im Februar 2008 auf jeden Fall fort, unabhängig davon, was in dem Mahnverfahren ansonsten noch geschieht.

3. Ergebnis

21 Der Rückzahlungsanspruch gem. § 488 Abs. 1 S. 2 Alt. 2 ist somit durchsetzbar, so dass S sich nicht auf § 214 Abs. 1 berufen kann. M kann von S Rückzahlung des Darlehens i.H.v. 50 € verlangen.

---

7 Thomas/Putzo/*Hüßtege,* § 167 Rn. 10.
8 St. Rspr., *BGH* NJW 1993, 2811, 2812; NJW 2011, 1227 Rn. 8 m.w.N.; Thomas/Putzo/*Hüßtege,* § 167 Rn. 13. – Weitergehend Zöller/*Greger,* ZPO, 28. Aufl., 2010, § 167 Rn. 11: sogar bei zu vertretender Fristüberschreitung mindestens sechs Wochen unschädlich.

3. Teil. Hinweise zur Anfertigung von Hausarbeiten

A. Vorbemerkung

Die Hausarbeit im Bürgerlichen Recht für Anfänger bildet für viele Studierende **1** den Einstieg in die vertiefte Lösung eines Falles aus dem Zivilrecht. Zuvor hat man typischerweise den Stoff des BGB AT und vielleicht noch etwas Delikts- und sonstiges Schuldrecht in einer Vorlesung gehört und dazu eine Veranstaltung zur Technik der Fallbearbeitung besucht, die an den einzelnen Fakultäten ganz unterschiedliche Namen haben. Nun gilt es aber, einen größeren Fall zu lösen und dabei die sog. Standards guten wissenschaftlichen Verhaltens zu beachten, die man früher vereinfachend als Hausarbeitsformalia bezeichnet hat. Die Formalien an sich sollte man aber von den Grundsätzen wissenschaftlichen Arbeitens unterscheiden, das dadurch gekennzeichnet ist, dass man sich mit fremden Meinungen – in der Rechtswissenschaft also auch mit der Rechtsprechung – auseinandersetzt und dies durch Quellenangaben in den Fußnoten der Arbeit kenntlich macht. Alle damit zusammenhängenden Fragen sollen im Folgenden erörtert werden. Es ist aber **zu betonen,** dass es entsprechende Hinweise und Anleitungen heute an vielen Fakultäten und/oder auf vielen Lehrstuhl-Homepages gibt. **Zu beachten sind aber in erster Linie die Hinweise der eigenen Fakultät bzw. des Aufgabenstellers,** denn im Detail kann man die Dinge durchaus unterschiedlich sehen.

B. Formalien einer Hausarbeit

Zunächst sollen nun die eigentlichen Formalien erläutert werden. **2**

I. Überblick

Die Hausarbeit setzt sich – in dieser Reihenfolge – zusammen aus einem **Deck-** **3** **blatt,** dem **Sachverhalt** der Hausarbeit, einem **Inhaltsverzeichnis** (Gliederung), einem **Literaturverzeichnis** und der eigentlichen Arbeit, dem **Rechtsgutachten.** Die Hausarbeit soll (in der Regel) am Ende **unterschrieben** sein. Meist wird sie jedoch auch bewertet, wenn dies nicht der Fall ist. Ein Abkürzungsverzeichnis muss nur angefertigt werden, sofern man unübliche Abkürzungen benutzt.[1]

Das **Inhalts-** und das **Literaturverzeichnis** werden **fortlaufend** mit **römischen** **4** **Ziffern** nummeriert, das **Gutachten** dagegen mit **arabischen Ziffern.** Die Blätter dürfen **nur einseitig** beschrieben sein. Aus optischen Gründen empfiehlt es sich, für den Text der Arbeit und die Fußnoten Blocksatz zu verwenden und die Silbentrennung des Textverarbeitungsprogramms zu aktivieren.

Außerdem sind die konkreten Vorgaben zum zulässigen Umfang der **Lösung** (!) der **5** Hausarbeit und den dabei einzuhaltenden Formatierungen zwingend einzuhalten. Die **Nichteinhaltung** führt in der Regel zu **Punkteabzug.** Die entsprechenden

---

[1] Zu den üblichen Abkürzungen s. *Kirchner,* Abkürzungsverzeichnis der Rechtssprache, aber auch die Kommentare zum BGB; vom *Palandt* ist insofern abzuraten, da er aus Platzgründen auch grundsätzlich unübliche Abkürzungen für den Text verwendet.

Vorgaben findet man meist am Ende des Hausarbeitssachverhalts; unter Umständen könnten sie von einer Fakultät aber auch allgemein geregelt oder vom Lehrstuhl an anderer Stelle hinterlegt sein.

II. Deckblatt

6 Die Arbeit beginnt mit einem Deckblatt. Es enthält Angaben zu: Verfasser/in nebst Anschrift, Matrikelnummer, Semesterzahl; Art der Arbeit und die Lehrveranstaltung, um die es geht, sofern die Hausarbeit einer Vorlesung oder Übung zugeordnet ist. Viele Fakultäten und/oder Lehrstühle stellen ein Musterdeckblatt zur Verfügung, an das man sich halten sollte. Für die anzugebende Semesterzahl ist bei Ferienhausarbeiten maßgeblich, in welchem Fachsemester man sich in dem Semester befindet, zu dem die Übung zählt.

III. Inhaltsverzeichnis (sog. Gliederung)

7 Das Inhaltsverzeichnis gibt die Gliederung der Lösung wieder und enthält alle **Überschriften** des Gutachtens **mit den entsprechenden Seitenzahlen** am rechten Seitenrand.[2] Die Seitenzahlen des Inhaltsverzeichnisses selbst bestehen aus römischen Ziffern.

8 Die Überschriften sollen keine vollständigen Sätze, sondern nur Stichworte enthalten. Übrigens kann man das Inhaltsverzeichnis nach der Fertigstellung der Lösung vom Textverarbeitungsprogramm automatisch erstellen lassen, wenn man die Überschriften im Text als Überschriften formatiert hat. In juristischen Arbeiten **übliche Gliederungspunkte** sind: A. I. 1. a) aa) (1) (a) (aa).

9   **Hinweise:**
   (1.) Jede Überschrift im Text muss mit dem gleichen Wortlaut (und der Seitenzahl) auch in der Gliederung erscheinen! **(2.)** Die „Nummerierung" der Gliederungspunkte sollte „stimmen". Damit ist gemeint, dass nach einem Gliederungspunkt A. ein Punkt B. folgen muss, nach einem „II." ein „III." und nicht etwa „IV." oder wieder „II.". Fehler in diesem Bereich hinterlassen sehr früh einen schlechten Eindruck, da man sie durch eine minimale Endkontrolle der Arbeit vermeiden kann.

IV. Literaturverzeichnis

10 Das Literaturverzeichnis, das mit römischen Ziffern nummeriert wird, enthält alle in den Fußnoten zitierten Beiträge (und nur diese!), **alphabetisch sortiert** nach den Nachnamen der Autoren bzw. Herausgeber (letztere mit dem Zusatz „Hrsg.").

11 **Gerichtsurteile** und **Gesetze** stehen **nicht** im Literaturverzeichnis. Gleiches gilt für Bundestags-Drucksachen und andere Gesetzesmaterialien. Anders verhält es sich, wenn sie besonders bearbeitet sind, wie insbesondere *Mugdan*, Benno (Hrsg.), Gesamte Materialien zum Bürgerlichen Gesetzbuch für das Deutsche Reich, 1899–1900.

12 Ist eine Person mit mehreren Werken (als Autor oder Herausgeber) vertreten, so sind diese Werke chronologisch zu sortieren; der Name muss dann nicht stets wiederholt werden, sondern kann durch die Angabe „ders." (= der- bzw. dieselbe) ersetzt werden.

---

[2]   Rechts neben dem Gliederungspunkt ist die erste Seite anzugeben, auf welcher die Ausführungen zu dem Gliederungspunkt im Gutachten beginnen.

Stammen von einem Autor mehrere Lehrbücher oder Monografien, ist nach den **13** Angaben zum Werk in Klammern anzugeben, wie die unterschiedlichen Werke in den Fußnoten zitiert werden (also z.B.: zitiert *Lettl*, KartellR, *Lettl*, WettbewerbsR, *Lettl*, UrhR). Ansonsten sind Hinweise zur Zitierweise in den Fußnoten nicht erforderlich, sofern man dort den üblichen Gepflogenheiten folgt.

> **Hinweis:** **14**
> Was beim Zitieren üblich ist, lernt man bei den Literatur- und Rechtsprechungsrecherchen für die Hausarbeit nebenbei, wenn man die Fußnoten in Lehrbüchern und Kommentaren liest. Bei Aufsätzen ist es etwas anders, weil sie kein Literaturverzeichnis enthalten; daher müssen dort die Werktitel in den Fußnoten zumindest einmal angegeben werden, um darauf später mit einem Zusatz wie „(o. Fn. 3)" zu verweisen.

Bei mehreren Aufsätzen eines Autors (oder einem Aufsatz neben einem Buch) **15** scheiden Unklarheiten in den Fußnoten aus, weil der Aufsatz durch die notwendige Angabe der Zeitschriftenfundstelle als solcher erkennbar ist. Hier bedarf es keiner weiteren Klarstellung.

Man kann das Literaturverzeichnis nach Kommentaren, Monografien, Lehrbü- **16** chern, Aufsätzen, Festschriftbeiträgen und Urteilsanmerkungen untergliedern. Dies ist aber **nicht erforderlich** und wird zunehmend unüblicher.

Repetitorien, Skripten und Fallsammlungen sowie Frage-und-Antwort-Bücher **17** („Prüfe Dein Wissen") sind **nicht** zitierfähig! Gleiches gilt für die meisten Internetquellen, insbesondere für Rechtsauskünfte auf Seiten wie „GuteFrage" oder in Internetforen, aber auch speziell juristische Portale oder Wikipedia. (Letztere kann man allenfalls für nichtjuristische Begriffe verwenden, falls diese ausnahmsweise klärungsbedürftig sein sollten.)

Im Literaturverzeichnis sind anzugeben: **18**

(1) **Name,**[3] **Vorname** des Autors (ohne akademische Titel!) oder Herausgebers **19** (Letzterer mit Kennzeichnung als „Hrsg.").

Hat ein Werk mehrere Autoren/Hrsg., sind grundsätzlich alle anzugeben, abgetrennt durch einen Schrägstrich; bei mehr als drei Personen kann man sich aber auf die ersten beiden beschränken und das Vorhandensein der übrigen durch „u.a." oder „et. al." andeuten. Hat ein Kommentar (etc.) einen Sachtitel (z.B. Münchener Kommentar zum BGB), ist dieser anzugeben; die Herausgeber sind dann zusätzlich (ggf. auch nach dem Gesamttitel des Werkes) anzugeben. – Der jeweilige **Bearbeiter** einer Vorschrift in einem Kommentar oder eines Abschnitts in einem Handbuch (etc.) ist *nicht* im Literaturverzeichnis, sondern lediglich in den Fußnoten anzugeben.

(2) **Titel** des **Buches, Auflage,**[4] **Erscheinungsort** und **-jahr;** bzw. **Titel** des **Aufsat- 20 zes** mit **Zeitschrift** (übliche Abkürzung der Zeitschrift), **Jahrgang** sowie **Anfangs-** und **Endseite.**

Beispiele für Kommentare:

| Palandt, Otto | Bürgerliches Gesetzbuch, 71. Auflage, München, 2012 |
| Erman, Walter | Bürgerliches Gesetzbuch, Band I: §§ 1–811, 13. Auflage, Köln, 2011 |

---

[3] Adelstitel werden dem Vornamen nachgestellt.
[4] Die Angabe zur Auflage entfällt, sofern es bislang nur eine Auflage des Werkes gibt.

Beispiele für Lehrbücher:

Köhler, Helmut	BGB, Allgemeiner Teil, 35. Auflage, München, 2011
Medicus, Dieter/Petersen, Jens	Bürgerliches Recht, 23. Auflage, Köln, München u. a., 2011

Beispiele für Aufsätze, Anmerkungen und Festschriftbeiträge:

Arnold, Arnd	Das neue Recht der Rücktrittsfolgen, JURA 2002, 154–160
Canaris, Claus-Wilhelm	Die einstweilige Unmöglichkeit der Leistung, in: Festschrift für Ulrich Huber (hrsg. v. Theodor Baums u. a.), Tübingen, 2006, 143–164
Fritzsche, Jörg	Der Abschluss von Verträgen, JA 2006, 674–681
Giesen, Dieter	Anmerkung zu BGH vom 13. 10. 1992, JZ 1993, 519 ff.

21   **Hinweise:**

    1. Wenn man nicht – wie oben – mit einer Einrückung arbeitet, sondern den Titel gleich nach dem Verfasser-/Herausgebernamen angibt, ist nach dem Vornamen ein Komma zu setzen! Muss man mehrere Werke mit langen oder mehreren Autorennamen zitieren, lässt sich dies formatierungstechnisch am einfachsten durch Einfügung einer **Tabelle als Literaturverzeichnis** bewerkstelligen. **2.** Es sind **stets** die **aktuellen Auflagen** der Werke zu zitieren, sofern man nicht ausnahmsweise eine frühere Auflage deshalb angibt, weil dort noch eine andere Ansicht vertreten wurde oder eine später weggelassene Aussage stand.

22   Der **Umfang des Literaturverzeichnisses** sollte den Eindruck erwecken, dass der Verfasser sich tatsächlich vertieft mit dem Fall und seinen Problemen auseinandergesetzt hat. Allein mit zwei Lehrbüchern, einem Kurzkommentar und einem Aufsatz ist die geforderte **wissenschaftliche** Falllösung nicht wirklich zu erreichen. Man sollte also in mehrere Kommentare, Lehrbücher, Aufsätze usw. hineinschauen, diese im Literaturverzeichnis angeben und in den Fußnoten zitieren. Sonst kann man sich selbst gar nicht mit den Kontroversen und Argumenten auseinandersetzen. Davon abgesehen müssen Jurist(inn)en ihr ganzes Arbeitsleben lang ständig mit Kommentaren, Aufsätzen und Urteilen arbeiten. Deshalb gehört es auch zum ordnungsgemäßen Studium, sich frühzeitig daran zu gewöhnen.

V. Quellenangaben in Fußnoten zu Zitaten

23   Zitate sind angebracht, um eine inhaltliche Aussage zu untermauern, die man dem Gesetzestext allein nicht ohne Weiteres entnehmen kann, oder wenn eine **in der Literatur oder Rechtsprechung vertretene Meinung dargestellt** wird. Dazu und zu Gesetzeszitaten im Text näher unten unter C. V.; beachten sollte man in diesem Zusammenhang auch die „Grundregeln wissenschaftlicher Sorgfalt" (oder ähnlich) der eigenen Fakultät, die vielleicht nach der Causa zu Guttenberg aufgestellt worden sind und auf der Homepage zu finden sein dürften.

24   Sofern man die **Aussagen und Meinungen anderer Autoren bzw. von Gerichten** (oder sonstiger Institutionen/Quellen) wiedergibt (zitiert) ist **stets eine Quellenangabe** erforderlich. Das Gleiche gilt, wenn man zum Ausdruck bringen will, dass eine eigene Aussage auch bei anderen Autoren oder Gerichten zu finden ist. Dies zählt zu den allgemein anerkannten **Grundsätzen wissenschaftlichen Arbeitens.**

25   Diese **Quellenangaben** erfolgen jeweils in einer **Fußnote.** Fußnoten finden sich auf der jeweiligen Seite, auf der das Zitat verwendet wurde, und nicht gesammelt am Ende der Arbeit (eben Fußnoten im Gegensatz zu Endnoten). Dabei ist das Fußnotenzeichen im Text eine hochgestellte Zahl.[5] Es ist nach dem Punkt am Satzende anzubringen, wenn sich das Zitat auf den ganzen Satz bezieht; wenn es sich dagegen

---

[5]   Bei Microsoft Word bis 2003 unter Einfügen-Referenz-Fußnote zu finden, ab 2007 unter Verweise.

lediglich auf einen Satzbestandteil oder sogar nur auf ein einzelnes Wort bezieht, ist es direkt dahinter zu setzen.

Der Text jeder Fußnote beginnt mit einem Großbuchstaben, jede Fußnote endet **26** mit einem Punkt.

Hinweis: **27**
Man darf Zitate aus anderen Werken nicht ungeprüft übernehmen, also etwa Nachweise zu Gerichtsentscheidungen aus Kommentaren oder Lehrbüchern einfach abschreiben. Denn gelegentlich sind die Quellenangaben falsch, weil der Autor bei ihrer Erstellung einen Fehler gemacht hat (falsche Zeitschrift, falsches Jahr, falsche Seite). Auch gibt es Fehlzitate, die seit Jahrzehnten durch die Kommentare geschleppt werden.

Die Quellenangaben in Fußnoten zu den Aussagen (bzw. Zitaten) im Text sollten **28** den folgenden Mustern entsprechen:

Rechtsprechung zitiert man mit der Bezeichnung des Gerichts, Angabe der Ent- **29** scheidungssammlung bzw. Zeitschrift, Band bzw. Jahrgang, Anfangsseite, konkrete Seite;

Beispiele:
BGHZ 110, 140, 144; *BGH* NJW 1994, 3170, 3171; *OLG* Celle JZ 1990, 294, 296.

Neue BGH- und BVerfG-Entscheidungen (ab ca. 2006) enthalten offizielle Rand- **30** nummern. Daher belegt man die konkrete Aussage nun mit einer Randnummernangabe:

Beispiel: *BGH* NJW 2012, 48 Rn. 9.

Hinweise: **31**
1. Ist eine Entscheidung eines obersten Gerichtshofs in eine amtliche Sammlung (z.B. BVerfGE, BGHZ, BGHSt) aufgenommen, ist diese zu zitieren. Ist dies nicht der Fall, ist die Entscheidung mit einer Zeitschriftenfundstelle zu zitieren.[6] Die Angabe von Parallelfundstellen ist nicht notwendig, erfolgt aber ggf. mit dem Zeichen „=" zwischen den Fundstellen (s. Beispiel oben; wo man dann die Rn.-Angabe macht, ist egal). **2.** Die bloße Angabe von Gericht, Datum und Aktenzeichen ohne jegliche Fundstelle bzw. nur mit einer Internetquelle ist nur dann zulässig, wenn die Entscheidung nirgendwo abgedruckt ist oder die Zeitschrift in der UB nicht vorhanden ist **und die Entscheidung auch nicht in juris** oder einer anderen Online-Datenbank **enthalten ist;** ansonsten ist dem Gerichtsnamen, Datum und Aktenzeichen die Fundstellenangabe „juris" (oder z.B. BeckRS 2011, 435 687) beizufügen. **3.** Werden Entscheidungen mehrerer Gerichte angegeben, hängt die Reihenfolge von der „Dignität" der Gerichte ab, also: EuGH, BVerfG, BGH, OLG, LG, AG. Bei den Gerichten unterhalb des BGH ist der Ort des Gerichts mit anzugeben. – Mehrere Entscheidungen in einer Fußnote werden durch ein Semikolon voneinander getrennt.

Kommentare/Handbücher zitiert man mit ihrem Namen, so wie man ihn im Lite- **32** raturverzeichnis angegeben hat, plus Bearbeiter-Zusatz, § + Randnummer.[7]

Beispiele:
Palandt/*Ellenberger*, § 173 Rn. 1; MünchKomm/*Ernst*, § 275 Rn. 15.

Lehrbücher zitiert man nach ihrem Autor mit Angabe der Randnummer (notfalls: **33** Gliederung und Seite), auf der sich die konkrete Aussage findet. Sofern man von einem Autor **mehrere** Bücher zitiert, ist – entsprechend der Angabe dazu im Literaturverzeichnis – noch ein Unterscheidungszusatz zu machen.

---

6 Hat man eine Entscheidung in einer Zeitschrift gefunden, kann man mit Hilfe von juris online nachprüfen, ob diese in einer amtlichen Sammlung zitiert wurde.

7 Viele Kommentare etc. geben am Anfang einen Zitiervorschlag, den man übernehmen sollte.

Beispiel:

Köhler, § 18 Rn. 12; *Brox/Walker,* AT, § 7 Rn. 8.

34 **Monografien** zitiert man **nach** ihrem Autor mit Angabe der Seiten, auf denen sich die konkreten Aussagen finden, bzw. nach Randnummern, falls vorhanden.

Beispiel:

Grigoleit, S. 111 ff., 117.

35 **Aufsätze** in Zeitschriften zitiert man nach Autor, Zeitschrift, Jahrgang,[8] Anfangsseite, zitierte Seite.

Beispiel (gilt auch für Urteilsanmerkungen):

Arnold, JURA 2002, 154, 156; *Mayer-Maly,* AcP 194 (1994), S. 105, 113.

36 **Beiträge** in Festschriften und anderen Sammelwerken zitiert man nach Autor, Festschrift (bzw. sonstigem Werk), Anfangsseite, zitierte Seite.

Beispiel:

Canaris, FS Huber, S. 143, 161.

37 Ist ein Autor im Literaturverzeichnis mit mehreren Werken vertreten, so ist in der Fußnote zusätzlich der abgekürzte Titel des gerade zitierten Werkes anzugeben (z. B. *Brox/Walker,* AT, § 18 Rn. 430), damit dem Leser eine Unterscheidung möglich ist. In diesem Fall muss bereits im Literaturverzeichnis die Zitierweise angegeben werden (s.o.). – Werden von dem Autor neben einer Monografie oder einem Lehrbuch nur Aufsätze zitiert, ergibt sich die Unterscheidung bereits daraus, dass das Buch mit *Autor,* S. 99 ff., 105 (oder *Autor,* Rn. 438) zitiert wird, während bei Aufsätzen eine Zeitschrift angegeben ist (*Autor,* NJW 2007, 452, 455).

C. Technisches und Inhaltliches zum Gutachten

I. Allgemeines

38 Verlangt ist in einer Hausarbeit für Anfänger, sofern nichts anderes angegeben ist, ein **Gutachten** zu allen für die Falllösung relevanten Rechtsproblemen.

39 **Zunächst** sollte man den Aufgabentext mehrfach lesen und den „Bearbeitervermerk", also die eigentliche Aufgabenstellung zur Kenntnis nehmen.

40 Dann sollte man versuchen, die **Arbeit** (wie in einer Klausur) **nur mit Hilfe des Gesetzes zu lösen** bzw. die Lösung zu skizzieren. Dabei ist genau auf die **Fallfrage** zu achten. So gelangt man zu einer groben Skizze für die Lösung des Falles, die nach Anspruchstellern und Anspruchsgrundlagen gegliedert sein muss. Wie in einer Klausur sollte man sich neben den Anspruchsgrundlagen und ihren Voraussetzungen auch gleich Aspekte notieren, die als (echtes oder vermeintliches) Problem auffallen.

41 Nach der Grobgliederung und Herausarbeitung möglicher **Problemfelder** sind letztere mit Hilfe von **Literatur und Rechtsprechung** zu bearbeiten und unterschiedliche Meinungen in die Lösung einzubauen. Auch in dieser Phase sollte man den Sachverhalt nicht aus den Augen verlieren.

---

[8]   Ein paar Zeitschriften zitiert man abweichend, nämlich nach Bänden mit dem Jahrgang als Klammerzusatz, vor allem AcP, ZHR, RabelsZ. Ein solches Zitat findet sich im Text als Beispiel.

Die Arbeit muss **sinnvoll gegliedert** sein, also etwa nach **Sachverhaltskomplexen,** 42 **Anspruchstellern** und **Anspruchsgegnern,** nach **Anspruchszielen** (Schadensersatz, Herausgabe, etc.) und schließlich nach **Anspruchsgrundlagen.** Innerhalb der einzelnen Anspruchsgrundlagen gliedert man nach Anspruchstatbestand und Einwendungen (und jeweils weiter nach den Tatbestandvoraussetzungen). Sämtliche in Betracht kommenden Anspruchsgrundlagen, auf die sich der Anspruch stützen könnte, sind zu prüfen.

Wichtig ist es, **ausreichend Überschriften** und Unterüberschriften zu verwenden, 43 um einen klaren Aufbau erkennen zu lassen. Auch bei einzelnen Tatbestandsvoraussetzungen sollte man noch untergliedern, sofern es dort „Probleme" gibt.

II. Gutachtenaufbau, Gutachtenstil und Subsumtion

Die allgemeinen Vorgaben zu **Gutachtentechnik** und **Gutachtenstil** aus Teil 1 sind 44 bei der Ausarbeitung der Lösung unbedingt zu beachten. Ihre weitgehende Nichtbeachtung führt meist zur Bewertung einer Arbeit mit „mangelhaft", insbesondere wenn statt des geforderten Anspruchsgutachtens ein Aufsatz mit rechtlichen Erwägungen zum Fall geliefert wird. Eine Erörterung juristischer Probleme losgelöst vom Fall führt zu Punkteabzügen.

Insbesondere sind **allgemeine Vorbemerkungen** oder dergleichen und **Erläuterun-** 45 **gen zum Aufbau auf keinen Fall** angebracht. Man kann alle für die Lösung des Falles relevanten Gesichtspunkte bei den zu prüfenden Tatbestandsmerkmalen der Anspruchs- oder Einwendungsnormen unterbringen, aus denen sich auch zwangsläufig der Aufbau des Gutachtens ergibt.

Am Anfang jeglicher Ausführungen steht immer eine Anspruchsgrundlage. Danach 46 folgt stets ein **Obersatz,** der die Anspruchsgrundlage exakt benennt. Tatbestandsmerkmale sind zu **definieren,** der Sachverhalt ist unter diese zu **subsumieren,** und Ansichten, die man äußert, sind zu **begründen.** Bei Anspruchsgrundlagen oder Einwendungen sind jeweils **alle Voraussetzungen** zu prüfen, wobei man **unproblematische Stellen kurz** halten kann. Zu jeder Anspruchsvoraussetzung muss ein klares Ergebnis erkennbar sein, es darf nichts offenbleiben (außer bei Kontroversen, bei denen die verschiedenen Ansichten im konkreten Fall zum gleichen Ergebnis gelangen).

Bei der Formulierung der Lösung sollte man etwas nur als fraglich bezeichnen, 47 wenn es das auch ist. Den für den Gutachtenstil typischen Konjunktiv sollte man nicht übertrieben oft einsetzen. Generell ist auf guten sprachlichen Ausdruck zu achten. Die Waffe der Juristen ist nun einmal das Wort, und wenn der Ausdruck misslingt, wirkt sich das unmittelbar auf die Note aus, die man am Ende erhalten wird (s. auch III.).

Ganz wichtig ist es, die **abstrakten Voraussetzungen** einer Anspruchsgrundlage **auf** 48 **den Fall** zu übertragen bzw. anzuwenden **(Subsumtion)!** Ein verbreiteter Anfängerfehler ist es, den Sachverhalt nachzuerzählen und dabei ein paar Paragrafen einzustreuen, um anschließend zu behaupten, deshalb sei eine Norm im konkreten Fall erfüllt. Das ist keine Subsumtion.

Beispiel (falsch): Der K brauchte unbedingt einen Drucker, weil sein alter kaputt war. Er hat deshalb 49 in der Zeitung eine Anzeige aufgegeben. Dann hat ihm der V geschrieben, dass er seinen Drucker für

99 € haben kann. Das könnte ein Angebot nach § 145 sein. Das müsste der K angenommen haben. Er hat den Drucker dann bei V abgeholt und bezahlt. Also ist ein Kaufvertrag entstanden.

Beispiel (richtig): Damit zwischen den Parteien ein Vertrag geschlossen worden sein kann, bedarf es zunächst eines Antrags i. S. v. § 145 BGB. Ein Antrag muss den Inhalt des zu schließenden Vertrags so konkret vorgeben, dass der Empfänger nur noch sein Einverständnis zu erklären braucht, um den Vertrag zustande zu bringen; insbesondere muss der Antrag daher die essentialia negotii enthalten und von einem Rechtsbindungswillen getragen sein. Im vorliegenden Fall hat K zunächst in der Zeitung inseriert, dass er günstig einen (…) Drucker zu kaufen suche. Darin könnte ein Antrag liegen, wenn die Annonce den Vertragsschluss hinreichend bestimmt anträgt und den notwendigen Rechtsbindungswillen des B erkennen lässt. Die Anzeige lässt allerdings offen, mit wem der Vertrag geschlossen werden soll, welcher Typ von Drucker es sein soll und was das Gerät kosten soll. Hinzu kommt noch, dass (…). Daher stellt die Anzeige nur eine invitatio ad offerendum dar, nicht aber einen Antrag.

Ein Antrag könnte aber in der schriftlichen Mitteilung des V an K liegen, er könne ihm einen gebrauchten Drucker des Typs Laserwriter 444c zum Preis von 99 € überlassen. Damit stehen neben den potentiellen Vertragsparteien V und K auch die für einen Kaufvertrag typischen Hauptleistungen fest, so dass K nur noch die Annahme zu erklären braucht; V wollte sich auch erkennbar (§§ 133, 157 BGB) durch sein Schreiben binden. Dieses stellt somit einen Antrag i. S. v. § 145 BGB dar. Zu prüfen ist weiter …

50 Ansprüche, die nach dem Sachverhalt einmal bestanden haben und infolge weiterer Ereignisse wieder „entfallen" sind, muss man manchmal prüfen und manchmal nicht. Das hängt meist von der Aufgabenstellung ab; ist diese insofern uneindeutig, finden sich meist im Sachverhalt Äußerungen der beteiligten Personen, aus denen sich ergibt, welche Rechtsschutzziele sie anstreben.

51 **Beispiel:** Hat eine Anfechtung zum „Wegfall" des Anspruchs geführt, so muss man diesen Aspekt so prüfen, wenn nach dem vertraglichen Anspruch gefragt ist. Ist hingegen nur gefragt, ob in diesem Fall die eine Partei von der anderen die Herausgabe des Erlangten verlangen kann, muss man auf den (entfallenen) vertraglichen Anspruch nicht mehr eingehen, sondern die Anfechtung in § 812 I 1 Alt. 1 BGB beim Fehlen des rechtlichen Grundes untersuchen. Ähnlich ist es beim Erlöschen von Ansprüchen nach § 275 I–III BGB: Verlangt der Gläubiger die Leistung noch, muss man den Leistungsanspruch und seinen Wegfall prüfen. Will der Gläubiger Schadensersatz statt der Leistung oder den gezahlten Kaufpreis nach einem Rücktritt zurück haben, kann man den Aspekt des § 275 BGB bei den Folgeansprüchen (Sekundäransprüchen) „unterbringen".

52 Und schließlich: Man darf in den **Sachverhalt** nichts hineininterpretieren, was dort nicht erwähnt ist. Der Fall ist so auszuwerten, wie er vorgegeben ist. Gleichzeitig sind alle **Angaben aus dem Sachverhalt** soweit wie möglich zu **verwerten.** Wenn die Beteiligten z. B. **Meinungen** äußern oder Argumente austauschen, muss man **auf jeden Fall darauf eingehen.** Denn solche Äußerungen sind eine Hilfestellung des Aufgabenstellers, um die Bearbeiter/innen in die richtigen Bahnen zu lenken.

III. Grammatik und Ausdruck

53 Sehr wichtig sind auch **Rechtschreibung, korrekte Grammatik und die Zeichensetzung!** Denn eine ordnungsgemäße wissenschaftliche Arbeit hält sprachliche Standards ein, und für Jurist(inn)en ist die Sprache als Medium der Argumentation ohnehin das wichtigste Werkzeug.

54 Eine Arbeit, die in diesen Bereichen viele Fehler bzw. Schwächen aufweist, wird schlechter bewertet als eine sprachlich bessere Arbeit, die inhaltlich letztlich dieselben Aspekte anspricht. Zwei Arbeiten, welche die gleichen inhaltlichen Ausführungen enthalten, aber jeweils eigenständig formuliert sind, können also ganz unterschiedlich benotet werden. Deshalb muss man darauf achten, ob die Sätze gut verständlich formuliert sind oder missverstanden werden könnten. Schachtelsätze sollte man besser in mehrere Sätze auflösen. Und die Sätze sollten überhaupt einen Sinn ergeben, was leider in vielen Arbeiten nicht immer der Fall ist. Man muss die Arbeit vor der Abgabe einer Endkontrolle im Hinblick auf die genannten Aspekte unterziehen. Dabei entdeckt man vielleicht auch noch technische Schwächen der Gliederung.

IV. Die Probleme des Falles (Kontroversen)

In den Anfängerhausarbeiten geht es darum, Studienanfänger/innen erstmals einen **55** komplexeren Fall lösen zu lassen. Sie sollen nachweisen, dass sie das „juristische Handwerkszeug" im ersten Semester einigermaßen erlernt haben und es anwenden können (s. oben II. 2.). Wichtig ist vor allem, die für die Falllösung bedeutsamen Normen zu finden und nach den Regeln der juristischen Arbeitstechnik anzuwenden.

Ebenso wichtig ist es, nicht nur die unproblematischen Aspekte des Falles hand- **56** werklich korrekt abzuhandeln, sondern bereits auch die „Probleme" des Falles zu erkennen und darzustellen. Wo ein „Problem" ist, gibt es typischerweise auch Kontroversen über seine Lösung.

Daher sind die Probleme des Falles herauszuarbeiten, konkret zu benennen und **57** nach folgendem Muster darzustellen:
– Zunächst wird das konkrete Problem bei der Rechtsanwendung mit dem Fachausdruck (soweit vorhanden) benannt und auf die sich darum typischerweise rankende **Meinungsstreitigkeit** in Literatur und Rechtsprechung hingewiesen.
– Dann legt man zu dem Problem die **verschiedenen Ansichten,** durch Quellenangaben in Fußnoten belegt, zunächst abstrakt mit ihren jeweiligen Kernargumenten dar. – Unterschiedliche Ansichten kann es nicht nur zwischen Rechtsprechung und Schrifttum geben, sondern zwischen dem BGH und Instanzgerichten, zwischen Instanzgerichten, zwischen Autoren usw.
– Bei der Schilderung fremder Meinungen und Argumente sind diese jeweils zwingend mit einer repräsentativen Auswahl von Nachweisen aus (soweit jeweils vorhanden) Rechtsprechung und Literatur zu belegen. Oft bieten sich Quellenangaben an, die ihrerseits weitere Nachweise enthalten, also z.B.: Staudinger/*Singer,* § 119 Rn. 102 m.w.N. [oder: m.w.Nachw.].
– Keinesfalls sollte man eine ganze Kontroverse nur mit einem einzigen Lehrbuch nach dem Motto darstellen und belegen: „Es gibt drei Meinungen.[9] Die eine Meinung sagt …, die andere führt aus …, und die dritte … ."
– Nach der abstrakten Darstellung der verschiedenen Ansichten ist auch darzulegen, zu welchem Ergebnis diese für den zu lösenden Fall (mutmaßlich) kommen würden.

Nach der Darstellung von Problem und Meinungsstand folgt **zwingend die eigene 58 Stellungnahme.** Diese sollte einer der bereits vertretenen Ansichten folgen, denn der Versuch, zu altbekannten Problemen selbst eine ganz neue Lösung zu entwickeln, birgt die Gefahr in sich, aus fehlendem Überblick über die Zusammenhänge „Unsinn" zu schreiben.

---

[9] Vgl. *Köhler,* § 14 Rn. 17.

59 Die Stellungnahme muss eine **eigene (!) Begründung** enthalten, die typischerweise auf Argumente der zuvor geschilderten Ansichten zurückgreift. Je eingehender die Argumentation ist, desto positiver der Eindruck der Arbeit. Eine **eigene Stellungnahme** ist aber (nur dann) **entbehrlich,** wenn alle Meinungen bei der Lösung des konkreten Falles zum gleichen Ergebnis kommen. Dann sollte man dies aber auch so herausarbeiten.

V. Zitate im Text und Quellenangaben

60 In einem Rechtsgutachten ist es notwendig, sowohl das Gesetz als auch Aussagen in Rechtsprechung und Literatur zu zitieren. Dies geschieht auf verschiedene Weise.

1. Zitieren des Gesetzes

61 Es ist wichtig, im Gutachten immer die gesetzlichen Vorschriften zu zitieren, deren Voraussetzungen man gerade untersucht (oder aus denen sich eine Definition oder sonst etwas ergibt). Sonst bleibt unklar, ob man das Gesetz anwendet oder in freier Rechtsschöpfung tätig ist. Die **gesetzlichen Vorschriften,** mit denen man sich auseinandersetzt, gibt man stets **im laufenden Text** an und nie in Fußnoten.

62 Gesetzesvorschriften sind stets so genau wie möglich zu zitieren. Die Angabe der Paragrafennummer genügt nur bei Normen, die aus einem einzigen Satz bestehen. Sonst ist der Absatz, Satz, Halbsatz, die Nr., der Buchstabe oder die Alternative anzugeben, also z.B. § 346 Abs. 2 S. 1 Nr. 3 oder § 812 Abs. 1 S. 2 Alt. 1 BGB; man darf auch verkürzt § 346 II 1 Nr. 3 BGB oder § 812 I 1 Alt. 1 BGB schreiben, sofern das an der eigenen Fakultät oder beim Aufgabensteller nicht bekanntermaßen verpönt ist. Hat ein Paragraf nur einen Absatz, aber mehrere Sätze oder Nummern (etc.), sollte man wie folgt zitieren: § 116 S. 2 BGB, § 437 Nr. 2 BGB.

2. Literatur- und Rechtsprechungszitate in Fußnoten

63 Für den Inhalt des Gesetzes sowie für unmittelbare **Folgerungen aus dem Gesetz** bedarf es keines weiteren Zitats über die Angabe der Vorschrift hinaus. Auch **allgemein anerkannte Grundsätze usw.** muss man nicht belegen, so z.B., dass ein Vertrag durch Antrag und Annahme zustande kommt. **Beispiel** für ein überflüssiges Zitat in der Fußnote: „Gemäß § 311b I BGB bedarf der Kaufvertrag über ein Grundstück der notariellen Beurkundung.[10]"

64 Hingegen sind Zitate angebracht, um eine inhaltliche Aussage zu untermauern, die man dem Gesetzestext allein nicht ohne Weiteres entnehmen kann, oder wenn man eine **in der Literatur oder Rechtsprechung vertretene Meinung darstellt.** Zu den Formalien der Quellenangabe in Fußnoten vgl. oben I. 5.

65 Wann immer man eine fremde Ansicht schildert oder übernimmt, muss man diese also mit einer Quellenangabe belegen. **Wichtig: Wörtliche Zitate** sind in juristischen Arbeiten **nur dann ausnahmsweise zulässig,** wenn es auf eine bestimmte Formulierung ankommt! Im Regelfall erfolgt die Wiedergabe eines fremden Gedankens durch indirekte Rede (mit abschließender Fußnote!).

---

[10] Jauernig/*Stadler,* § 311b Rn. 1; Palandt/*Grüneberg,* § 311b Rn. 25.

Zitate ersetzen nicht die konkrete Aussage zum Fall, sondern belegen nur **allgemei-** **66** **ne abstrakte** Feststellungen bzw. Aussagen.

Beispiel für *falsches* **Zitieren:**
Nach einer Auffassung ist die Willenserklärung des V (konkret) wirksam, da er potentielles Erklärungsbewusstsein hatte, also etwas Rechtsverbindliches erklären wollte.[11]

Der in der Fußnote zitierte Autor wird sich nämlich in der Regel nur allgemein zu **67** dem Rechtsproblem äußern, aber keinesfalls zu dem konkreten Fall, um dessen Lösung es gerade geht. (Anders mag es sein, wenn er wirklich den gleichen Sachverhalt als Beispiel erwähnt.)

Beispiel für *richtiges* **Zitieren:**
In subjektiver Hinsicht reicht nach h.M. ein potentielles Erklärungsbewusstsein des Erklärenden (abstrakt) zur Wirksamkeit einer Willenserklärung aus.[12] V hätte demzufolge wissen müssen, dass …

Wenn man eine Ansicht durch die **h.M.** oder h.L. (herrschende Meinung bzw. **68** herrschende Lehre) untermauern will, muss man zwar nicht alle Vertreter dieser Ansicht angeben, wohl aber einige Fundstellen. Bei der h.M. bietet es sich an, Nachweise aus der höchstrichterlichen Rechtsprechung und mindestens zwei repräsentative Stimmen aus dem Schrifttum anzuführen, welche umfangreiche weitere Nachweise enthalten.

Hinweis: **69**
Der Hinweis auf die h.M. erspart **nicht** die eigene Begründung! – Während die h.M. typischerweise auch die Rechtsprechung (oder Teile davon) umfasst, ist die „herrschende Lehre" (h.L.) nur die im Schrifttum vorherrschende Ansicht. Dabei kommt es nicht nur auf die Anzahl der Vertreter, sondern auch deren „Gewicht" an – ein Kommentar hat z.B. viel mehr Gewicht als eine Urteilsanmerkung.

D. Literaturrecherche

Für die Bearbeitung der Problemfelder einer Hausarbeit muss man insbesondere **70** **Kommentare** (z.B. Palandt, Erman, Münchener Kommentar, Staudinger), **Lehrbücher** (z.B. Brox/Walker, Medicus/Lorenz, Köhler) und **Zeitschriften** (z.B. NJW, JuS, JURA, JR) verwenden. In diesen Werken findet man typischerweise (und in Abhängigkeit von ihrem Umfang) bereits erste weiterführende Literaturangaben, auch zu abweichenden Ansichten, denen man dann nachgehen muss.

Zum Einstieg bietet es sich an, die in Frage stehenden Themenkreise in dem Lehr- **71** buch nachzulesen, mit dem man normalerweise arbeitet, oder mit Hilfe der Datenbank juris nach einem einführenden Aufsatz in einer Ausbildungszeitschrift (JuS, Jura, JA) zu suchen. Es ist aber wahrscheinlich, dass damit allein die Hausarbeit nicht gut zu lösen ist, sodass man „tiefer einsteigen" muss. Dazu geben Lehrbücher oft bereits ein paar Hinweise oder eventuelle Literaturangaben aus einer Vorlesung.

Der jeweilige Bibliothekskatalog erschließt den gesamten Literaturbestand der je- **72** weiligen Universität mit dem Standort der einzelnen Werke. Man findet ihn heute im Internet und erschließt sich mit seiner Hilfe den Zugang zu Büchern (oft mit Inhaltsverzeichnissen) und Zeitschriften als solchen, nicht aber zu Aufsätzen in Zeitschriften oder Urteilen.

---

[11] *Köhler,* § 7 Rn. 35.
[12] BGHZ 109, 171, 177; Palandt/*Ellenberger,* Einf. v. § 116 Rn. 17 m.w.N.

73 Für letztere ist eine vertiefte Recherche hilfreich. Man kann sie mit Hilfe von Lehr-büchern oder Kommentaren vornehmen, heute aber auch in aller Regel mit einer **Online-Recherche** in juristischen Datenbanken. In diese kann man die Probleme, mit denen man es zu tun hat, als Stichwörter eingeben und erhält oft unmittelbaren Zugriff auf die gefundene Literatur oder Rechtsprechung. Welche Datenbanken es an Ihrer Universität gibt, muss man auf deren Internetseiten ermitteln.

E. Noch ein paar Tipps

74 Fußnoten mit den Quellenangaben sollte man sofort setzen und gleichzeitig das Literaturverzeichnis erstellen – das erspart doppelte Arbeit und somit viel Zeit und Stress kurz vor der Abgabe der Arbeit. Bei der Literaturrecherche sollte man, wenn man einen Beitrag nicht kopiert oder ausdruckt, die Hauptaussage, den Autor und die genaue Fundstelle notieren.

75 Sollte die fertige Arbeit am Schluss deutlich weniger Seiten umfassen als die zuge-lassene Seitenanzahl, hat man vermutlich Probleme übersehen oder sich bei Sub-sumtionen und/oder Begründungen zu kurz gefasst. (Die vorgegebene Seiten-höchstzahl ist in der Regel so gewählt, dass sie ausreicht, um die Arbeit mustergültig zu bearbeiten. In der Regel wird man also auch mit einer oder zwei Seiten weniger auskommen können. Die Warnung gilt nur für deutliche Unterschreitungen.)

76 Ist die Hausarbeit am Ende viel zu lang, muss man sie kürzen. Dabei ist Vorsicht geboten – kürzen sollte man v. a. an unproblematischen Stellen. Dagegen sollte man nicht an den Formalia herumtricksen – das kann zu Punkteabzügen führen! Man kann auch überlegen, ob einzelne Überschriften verzichtbar sind und die zugehöri-gen Prüfungspunkte unter einer gemeinsamen Überschrift nur durch Absätze ge-trennt dargestellt werden können.

77 Stets ist an **Rechtschreibung, korrekte Grammatik und Zeichensetzung sowie** guten und verständlichen **Ausdruck** zu denken (oben C. III.).

78 Nach Fertigstellung sollte man die Arbeit nochmals kritisch durchsehen. Schreib-fehler usw. sind auszumerzen, die Inhaltsübersicht bzw. Gliederung ist auf Fehler und Unvollständigkeiten zu prüfen, ebenso das Literaturverzeichnis. Man sollte sich nicht allein auf das Rechtschreibprogramm verlassen.

79 Soweit dies nicht schon vorher geschehen ist und bis zum offiziellen Abgabetermin noch Zeit bleibt, bietet sich ein Gespräch mit Kommiliton(inn)en über die Lösung an, um zu kontrollieren, ob man nicht etwas übersehen hat oder irgendwo „falsch abgebogen" ist.

80 Verbleibt *danach* immer noch Zeit bis zum letztmöglichen Abgabetermin, sollte man die Uni bzw. Kommiliton(inn)en eher meiden und die Arbeit tendenziell be-reits abgeben – **der offizielle Abgabetermin ist nur der letzte Termin für die Ab-gabe.** Es besteht sonst die Gefahr, dass man fortlaufend von anderen auf Gedanken gebracht wird, man habe bei der Lösung vielleicht etwas nicht berücksichtigt, ob-wohl dies vielleicht einen guten Grund hatte, den man zwar wusste, als man noch voll eingearbeitet war, im Eifer des weiteren Gefechts dann aber als erledigt ab-gehakt und einfach wieder vergessen hat.

Auch wenn die Bearbeitungszeit die gesamte vorlesungsfreie Zeit umfassen sollte **81** (dies ist ganz unterschiedlich), heißt das nicht, dass man so viel Zeit benötigt. Mehr als drei echte Arbeitswochen benötigt man für die Lösung einer Anfängerhausarbeit bei einigermaßen konzentrierter und konsequenter Arbeit nicht.

Stichwortverzeichnis

Die angegebenen Fundstellen beziehen sich auf die Fallnummern des Buches.